Tagungen und Expertengespräche zur beruflichen Bildung
Heft 27

BERUFSAUSBILDUNG UND SOZIALER WANDEL

150 JAHRE PREUSSISCHE ALLGEMEINE GEWERBEORDNUNG VON 1845

5. Berufspädagogisch-historischer Kongreß
4.-6. Oktober 1995 in Bochum

BAND II

herausgegeben von
Wolf-Dietrich Greinert, Klaus Harney,
Günter Pätzold, Karlwilhelm Stratmann

Herausgeber: Bundesinstitut für Berufsbildung · Der Generalsekretär

Diese Veröffentlichung wurde im Auftrag des Bundesministers für Bildung, Wissenschaft, Forschung und Technologie erstellt, der damit einen Beitrag zur Förderung des Berufspädagogisch-historischen Kongresses vom 4. bis 6. Oktober 1995 leistet. Die vom Verfasser vertretenen Auffassungen stimmen nicht unbedingt mit der Meinung des Bundesministers für Bildung, Wissenschaft, Forschung und Technologie überein, der ferner keine Gewähr für die Richtigkeit, Genauigkeit und Vollständigkeit der Angaben sowie die Beachtung privater Rechte Dritter übernehmen kann.

Die Deutsche Bibliothek - CIP-Einheitsaufnahme

Berufsausbildung und sozialer Wandel : 150 Jahre preussische allgemeine Gewerbeordnung von 1845 / 5. Berufspädagogisch-Historischer Kongress, 4. - 6. Oktober 1995 in Bochum. Hrsg. von Wolf-Dietrich Greinert ... Hrsg.: Bundesinstitut für Berufsbildung, Der Generalsekretär. - Bielefeld : Bertelsmann.
ISBN 3-7639-0712-2
NE: Greinert, Wolf-Dietrich [Hrsg.]; Berufspädagogisch-Historischer Kongress
  <5, 1995, Bochum>; Bundesinstitut für Berufsbildung <Berlin; Bonn>
Bd. 2 (1996)
  (Tagungen und Expertengespräche zur beruflichen Bildung ; H. 27)
NE: GT

Vertriebsadresse:
W. Bertelsmann Verlag GmbH & Co. KG
Postfach 100633
33506 Bielefeld
Telefon: (0521) 9 11 01-0
Telefax: (0521) 9 11 01-79
Bestell-Nr.: 104.027

Copyright 1996 by Bundesinstitut für Berufsbildung, Berlin und Bonn
Herausgeber: Bundesinstitut für Berufsbildung . Der Generalsekretär
                 10702 Berlin
Redaktionelle Bearbeitung: Barbara Krech
Textbearbeitung: Monika Decker
Umschlagsgestaltung: Hoch Drei Berlin
Entwurf des Kongreßplakats: Martin Weich
Druck: Bundesinstitut für Berufsbildung, Berlin
Verlag: W. Bertelsmann Verlag, Bielefeld
Bindearbeit: Reinhart & Wasser, Berlin

ISBN 3-7639-0712-2

Gedruckt auf Recyclingpapier, hergestellt aus 100 % Altpapier

INHALT

BAND I

Begrüßung

KARLWILHELM STRATMANN
   als Leiter des Bochumer Organisationsteams   11

Grußworte zur Eröffnung des Kongresses

... des Rektors der Ruhr-Universität Bochum
   Prof. Dr. MANFRED BORMANN   18

... des Präsidenten des Bundesinstituts für Berufsbildung
   Dr. HERMANN SCHMIDT   21

... des Vorsitzenden des Bundesverbandes der Lehrer an
   beruflichen Schulen
   HANS-JOSEF RUHLAND   24

... des Verbandes der Lehrer an Wirtschaftsschulen e.V., vertreten
   durch den Stellvertretenden Bundesvorsitzenden
   HELMUT PEEK   26

... des Hauptvorstandes der Gewerkschaft Erziehung und Wissenschaft
   durch den Vorsitzenden
   DIETER WUNDER   27

... im Auftrag der Kommission Berufs- und Wirtschaftspädagogik
   Prof. Dr. FRANZ-JOSEF KAISER   32

Eröffnungsvortrag

   KLAUS HARNEY
   Industrialisierungsgeschichte als Berufsbildungsgeschichte.
   Der Einzug der Schrift in die Berufsbildung:
   zur Transformation von Beruf und Berufsbildung seit 1845   37

Arbeitsgruppe 1

Sozialer Wandel im Spiegel dreier großer Zeitungen des 19. Jahrhunderts

WOLF-DIETRICH GREINERT
Zur Einführung in das Thema der AG 1   59

RAINER HÜLS
Sozialer Wandel im Spiegel der "Kreuzzeitung"   61

JOHANN PAUL
Der soziale Wandel in Deutschland zwischen 1871 und 1914
im Spiegel der "Kölnischen Zeitung"   85

PETER FRIEDEMANN
Sozialer Wandel im Licht des "Vorwärts" 1876 - 1918   97

Arbeitsgruppe 2

Sozialer Wandel im Spiegel von Literatur, darstellender Kunst und Werbung des 19. Jahrhunderts

HERMANN LANGE
Zur Einführung in das Thema der AG 2   121

LARS KRAEGELOH
Unternehmerromane des 19. Jahrhunderts als
berufspädagogisch-historische Quellen   125

PETER THURMANN
Aspekte sozialen Wandels in der deutschen Kunst
des 19. Jahrhunderts   149

CHRISTINA HOLTZ-BACHA
Sozialer Wandel im Spiegel der Werbung des Kaiserreichs   185

Arbeitsgruppe 3

Große Technologen und ihre berufspädagogische Bedeutung

MARTIN KIPP
Zur Einführung in das Thema der AG 3   203

LOTHAR HIERSEMANN
Die berufspädagogische Bedeutung des Leipziger Mechanikers
und Ingenieurs Jakob Leupold (1674-1727)   205

WOLFHARD WEBER
Große Technologen und ihre berufspädagogische Bedeutung:
Johann Beckmann (1739-1811)   225

LARS U. SCHOLL
Karl Karmarsch (1803-1879)
Forscher, Institutsgründer, Wissenschaftsorganisator   245

Arbeitsgruppe 4

Die Rolle der Arbeitervereine im sozialen Wandel des 19. Jahrhunderts

INGRID LISOP
Zur Einführung in das Thema der AG 4   265

DIETER GÖRS
Zur Rolle der Gewerkschaften im sozialen Wandel
des 19. Jahrhunderts   267

GÜNTER BRAKELMANN
Die evangelischen Arbeitervereine in ihren Anfängen als evangelische
Bildungsvereine   291

JOSEF ANTON STÜTTLER
Die Rolle der katholischen Arbeitervereine im sozialen Wandel
des 19. Jahrhunderts   301

BAND II

Öffentliche Vorträge

DIETMAR PETZINA
Die Entstehung des Ruhrgebietes als Brennpunkt
sozialen Wandels   11

JÜRGEN REULECKE
Die Urbanisierung des Lebens bei wachsender Großstadtkritik   27

Arbeitsgruppe 5

Die Entwicklung der Frauenarbeit als Indikator für sozialen Wandel

CHRISTINE MAYER
Zur Einführung in das Thema der AG 5   47

MARIANNE FRIESE
Sozialer Wandel und Frauenarbeit im 19. Jahrhundert
am Beispiel der Region Bremen   49

SYLVIA RAHN
Frauenarbeit und sozialer Wandel im 19. Jahrhundert
in der Region Bergisches Land   73

HELGA KRÜGER
Berufsbildung von Mädchen als Statuspassage
im Spiegel weiblicher Selbstkonzepte   91

Arbeitsgruppe 6

Berufsbildung als Faktor sozialen Wandels in ausgewählten europäischen Ländern

GÜNTER KUTSCHA
Zur Einführung in das Thema der AG 6 — 109

ANJA HEIKKINEN
Berufsbildung als Faktor des sozialen Wandels in Finnland — 115

WILFRIED KRUSE
Berufsbildung als Faktor sozialen Wandels in ausgewählten europäischen Ländern - Spanien — 137

FRANK COFFIELD
Social Change and Vocational Education in the United Kingdom — 143

Arbeitsgruppe 7

Industrieausstellungen als Spiegel des sozialen und ökonomisch-technischen Wandels

GÜNTER PÄTZOLD
Einführung in das Thema der AG 7 — 161

RICHARD HUISINGA
Die Weltausstellungen des 19. Jahrhunderts als Instrument der Gewerbeförderung und ihre berufspädagogische Bedeutung — 169

BERND REICHELT
Die Ausstellung von Schülerarbeiten als Leistungsschau und Motivationsfaktor an den Baugewerkenschulen Sachsens — 195

GERHARD DREES
Die Arbeit der Gewerbevereine auf dem Gebiet des Ausstellungswesens
Ein Impuls für die gewerblich-technische Ausbildung
in Industriebetrieben? 209

Öffentlicher Abschlußvortrag

KARLWILHELM STRATMANN
Berufsausbildung und sozialer Wandel
Versuch einer berufspädagogisch-historischen Analyse
der Epoche zwischen 1845 und 1897 237

Autoren 267

ÖFFENTLICHE VORTRÄGE

Die Entstehung des Ruhrgebietes als Brennpunkt sozialen Wandels [1]

DIETMAR PETZINA

Ich möchte mit einem Zitat beginnen: "Dieses Ruhrvolk ist auf dem Wege, ein eigenes Volkstum für sich zu formen und darin zu leben."[2] Mit diesen Worten hat im Jahre 1957 der Soziologe und Volkskundler Wilhelm Brepohl auf einen zentralen Sachverhalt des Ruhrgebietes aufmerksam gemacht: Die hier lebenden Menschen verkörpern nicht nur rheinische und westfälische Traditionen und Elemente, sie sind vielmehr geprägt von vielen anderen, fremden Kulturen und Bräuchen, von jenen der Hessen, Polen, Masuren, Ostpreußen, Schlesier, Holländer ebensosehr wie nach dem Zweiten Weltkrieg von jenen der Flüchtlinge aus den deutschen Ostgebieten und schließlich der Arbeitsmigranten aus Jugoslawien und der Türkei. Ihre gegenseitige Beeinflussung schuf einen regionalen Schmelztiegel ganz eigener Art, heute mehr als vier Millionen Menschen umfassend, zwar verwandt mit dem rheinischen und westfälischen Umland, und doch auch deutlich abgehoben in Alltagskultur, Sprache, sozialem Habitus und Selbstverständnis. Erfahrung und Umgang mit Zuwanderungen, Offenheit gegenüber Menschen anderer Sitte, verschiedenen Dialekts und Sprache bildeten und bilden einen Grundzug der sozialen Befindlichkeit der Menschen zwischen Ruhr und Emscher, Dortmund und Duisburg, wie er bis weit in das zwanzigste Jahrhundert hinein in kaum einer anderen Region zu erkennen war. Einige Facetten dieser Befindlichkeit und des damit einhergehenden Sozialprofils sichtbar zu machen, aber auch die Chance und Probleme dieser "Einheit in der Vielfalt" zu verdeutlichen, damit nicht zuletzt auch zum Verständnis der Probleme und Chancen des Reviers im ausgehenden zwanzigsten Jahrhundert beizutragen, soll das Ziel meiner Überlegungen sein. Dabei greife ich die folgenden Fragestellungen auf, an denen sich meine Ausführungen orientieren:

- Welche wirtschaftlichen und gesellschaftlichen Entwicklungsprozesse konstituierten das Ruhrgebiet im 19. Jahrhundert?
- Wie unterschied sich die neu entstehende Gesellschaft des Ruhrgebietes von ihrem näheren und weiteren Umfeld?

---

1 Der Vortragsstil wurde beibehalten, bibliographische Nachweise deshalb auf Zitate bzw. die Nennung von Autoren beschränkt. Weitere Belege und Literaturverweise siehe PETZINA, DIETMAR: Von der industriellen Führungsregion zum Krisengebiet. In: SCHULZE, R. (Hg.): Industrieregionen im Umbruch. Essen 1993, S. 246-274.
2 BREPOHL, WILHELM: Industrievolk im Wandel. Von der agraren zur industriellen Daseinsform. Tübingen 1957, S. 382

- Gab es spezifische Formen von sozialen Konfliktlagen und Konfliktlösungen im neuen schwerindustriellen Ballungsraum, die das Ruhrgebiet zugleich zu einem Modell der neuen industriellen Gesellschaft werden ließen?

Fragen, auf die ich angesichts der begrenzten Zeit keine erschöpfenden Antworten, doch den einen oder anderen Hinweis geben kann, vielleicht auch zum Verständnis der gegenwärtigen regionalen Befindlichkeit.

Die Herausbildung des Ruhrgebietes im 19. Jahrhundert

Das Ruhrgebiet als eindeutig abgrenzbare Sozial- und Wirtschaftsregion entstand seit den 40er Jahren des 19. Jahrhunderts mit Beginn der industriellen Revolution in Deutschland. Es konstituierte sich als Bergbaurevier, d.h. als eine Wirtschaftsregion mit spezifischen Standortfaktoren, nicht jedoch - und dies wirkt bis in die Gegenwart nach - als naturräumliche, kulturelle oder Verwaltungseinheit, auch nicht als Raum, dessen industrielle Zukunft durch besonders enge gewerbliche Verflechtungen in vorindustrieller Zeit vorgezeichnet gewesen wäre. Umfang und Abgrenzung dieser Region und seiner einzelnen Teile waren deshalb historisch immer strittig, da die jeweiligen Grenzen der industriellen Entwicklung folgten, welche im zeitlichen Ablauf unterschiedliche geographische Kerne aufwies, die bis heute als verschiedenartige soziale Räume erkennbar sind. Und da der Bergbau und der mit ihm verknüpfte Ausbau der eisenschaffenden und anderer Industrien seit mehr als einem Jahrhundert vom Süden, vom Ruhrtal, nach Norden gewandert ist, war das Ruhrgebiet als Raum sozialer Konflikte und wirtschaftlicher Tätigkeit zu verschiedenen Zeitpunkten von sehr unterschiedlicher Größe.

Eine politische oder Verwaltungseinheit war dieses Revier zu keinem Zeitpunkt. Bis 1815 auf acht weltliche und geistliche Territorien aufgeteilt, war es seither insgesamt Teil des Königreiches Preußen, freilich verwaltet von zwei Oberpräsidenten und drei Regierungspräsidenten. Die staatliche Administration hatte ihren Sitz niemals innerhalb des Industriegebietes, befand sich vielmehr an seinem Rande oder weit entfernt, in Münster, Koblenz, Düsseldorf und Arnsberg im Sauerland. Die politische Wahrnehmung von Regierenden und Regierten war auf diese Weise die längste Zeit von geographischer und gesellschaftlicher Distanz, ja von gegenseitigem Mißtrauen und von Unkenntnis bestimmt. Die preußische Verwaltungselite des 19. Jahrhunderts nahm das Revier als einen bedrohlichen Moloch wahr, der obrigkeitliche Härte, ja geradezu koloniale Verhaltensweisen zu rechtfertigen schien. Dieser administrativen Zersplitterung entsprach und entspricht im Bereich der wirtschaftlichen Selbstverwaltung bis heute die Zuständigkeit von nicht weniger als sechs Industrie- und Handelskammern, so daß eine einheitliche Willensbildung und regionale Interessenvertretung sehr erschwert war und ist. Die Grenzen des im Jahre 1920 gegründeten Siedlungsverbandes Ruhrkohlebezirk orientierten sich zudem nur zum Teil an den Wirtschaftsgrenzen des industriellen Ballungsgebietes, und gerade auch die aktuelle Diskussion um seine Nachfolgeeinrichtung, den 1975 gegründeten Kommunalverband Ruhrgebiet, verdeutlicht, wie sehr bis in die Gegenwart in den Köpfen der Regierenden die Vorstellung dominiert, das Ruhrgebiet müsse gleichsam von außen unter Kontrolle gehalten werden.

Doch zurück zu den Anfängen. Noch in den dreißiger Jahren des vorigen Jahrhunderts war die Landschaft zwischen Ruhr und Lippe, Duisburg und Hamm kleingewerblich-agrarisch geprägt, es herrschten Ackerbürgerstädte und Dörfer vor, die Einwohnerdichte betrug gerade ein Zehntel des Standes von 1900. Was sich später als Emscherzone konstituierte, wies zwischen Wäldern und Sümpfen eine Siedlungsdichte auf, die größere Ähnlichkeit mit dem ländlichen Emsland als mit den geschäftigen Gewerbezentren am Rhein hatte. Die gewerblichen Kernstädte des deutschen Westens befanden sich nicht hier, vielmehr im linksrheinischen Gebiet, im Tal der Wupper sowie im märkischen Sauerland. Die größte Stadt in den Grenzen des späteren Ruhrsiedlungsverbandes war 1816 Wesel mit etwa 10.000 Einwohnern, während die künftigen schwerindustriellen Zentren Essen, Dortmund oder Bochum zwischen 3.000 und 5.000 Einwohner zählten. Selbst in den fünfziger Jahren des vorigen Jahrhunderts, nachdem der industrielle Aufschwung bereits begonnen hatte, wies das bevölkerungsreichste Gemeinwesen, Dortmund, gerade 13.500 Einwohner auf, Bochum knapp 6.000 und Recklinghausen 4.000. Herne mit 1.400 und Wanne mit weniger als 500 Einwohnern besaßen gar noch halbdörflichen Charakter.[3] Barmen, Elberfeld oder Krefeld waren damals dreimal so groß wie die größte Stadt des Reviers. Die großen demographischen und sozialen Veränderungen der industriellen Revolution standen zu diesem Zeitpunkt noch bevor.

Der entscheidende Standortfaktor für die nach 1850 einsetzende soziale und wirtschaftliche Umgestaltung war der Reichtum an Kohle und - nicht weniger bedeutsam - die Chance der überregionalen Vermarktung des "schwarzen Goldes". Die deutsche Industrialisierung, wesentlich durch den Leitsektor Eisenbahnbau getragen, bedeutete für den Bergbau an der Ruhr sowohl verkehrswirtschaftliche Öffnung als auch eine rasche Expansion der Nachfrage nach Kohle. Die Köln-Mindener Eisenbahn nahm seit den späten vierziger Jahren durch die Erschließung des später bedeutsamen nördlichen Teils des Reviers die künftige Entwicklung des Ballungsraumes vorweg und verknüpfte das zunächst noch relativ

---

3 WIEL, PAUL: Wirtschaftsgeschichte des Ruhrgebietes. Tatsachen und Zahlen. Hg. vom Ruhrkohlenbezirk Essen. Essen 1970, S. 16 ff.

kleine Bergbaugebiet mit größeren Gewerbe- und Nachfragezentren des Rheinlandes, später auch der norddeutschen Tiefebene. Dank des vom preußischen Staat zielstrebig vorangetriebenen und in der Streckenplanung kontrollierten Eisenbahnbaues nahm die Obrigkeit dabei von Anfang an wesentlich Einfluß auf die Produktions- und Absatzbedingungen des Steinkohlereviers, das auch in anderer Hinsicht weitgehender staatlicher Reglementierung unterlag. Die Kontrolle über den Steinkohlebergbau übte seit dem 18. Jahrhundert die Königl.-Preußische Bergamtsdirektion aus, die sowohl die Ausbildung der Bergbeamten, die Arbeitsbedingungen der Bergleute als auch die Investitions- und Absatzpolitik der Bergbauunternehmen regulierte. Die Schlüsselindustrie des Reviers war somit von Anfang an eine "staatliche Veranstaltung", die für die Kräfte des Marktes nur vergleichsweise wenig Raum ließ, somit auch für private Initiative. Erst nach 1851 wurde schrittweise der privatwirtschaftliche Spielraum der Zechengesellschaften erweitert, da angesichts der Expansion von Produktion und Absatz die traditionelle staatliche Regulierung nicht mehr praktikabel war; und erst um 1860 wurde aus dem Bergmann, der vorher einen hervorgehobenen, geradezu beamtenähnlichen Status mit großen Privilegien besessen hatte, ein arbeitsrechtlich "freier" Arbeiter. Dieser Einschnitt war für die Sozialgeschichte der Region von nachhaltiger Bedeutung, da er den Übergang zum neuen Typ des Massenarbeiters markierte. Dieser hatte nicht nur einen Teil seiner historisch gewachsenen Vorteile verloren, vielmehr befand er sich einige Jahrzehnte später bezüglich seines Prestiges nur noch in einer durchschnittlichen Position innerhalb der neuen Klasse der Industriearbeiter, wenngleich ausgestattet mit einem nach wie vor überdurchschnittlichen Arbeitsverdienst.

Der Zeitraum zwischen 1840 und 1870, etwa deckungsgleich mit der Periode der industriellen Revolution, brachte den entscheidenden Aufstieg der Förderung und die Herausbildung eines von immer größeren Zechenunternehmen geprägten Förderungssystems. In diese Zeit fällt auch die Entstehung der zweiten Schlüsselindustrie des Ruhrgebietes: die Roheisengewinnung. Bei einer etwa gleichbleibenden Zahl der Zechen, insgesamt 215, stieg die Kohlenförderung zwischen 1845 und 1870 auf das Zehnfache, von 1,23 Mio. Tonnen auf 11,6 Mio. Tonnen, die Zahl der Beschäftigten von 10.000 auf 50.000, die Zahl der Hochöfen auf 49 und die Roheisenproduktion auf das 35fache, von 11.000 Tonnen auf 360,8 Tausend Tonnen. Um 1880 hatte das Ruhrgebiet jene Struktur in Wirtschaft und Gesellschaft ausgebildet, die bis zur Mitte des 20. Jahrhunderts relativ stabil bleiben sollte. Sie war geprägt von der dominierenden Stellung des Montanbereichs, wogegen Kleingewerbe und Dienstleistungen abfielen, einem schnell schrumpfenden landwirtschaftlichen Sektor und schließlich von einer dieser wirtschaftsstrukturellen Entwicklung entsprechenden Verteilung der Arbeitskräfte. Die Bevölkerung des Reviers hatte sich innerhalb einer Generation, von 1839 bis 1871, mehr als verdoppelt, von 426 Tausend auf 912 Tausend, im engeren industriellen Kern, vor allem in der Hellwegzone entlang der historischen Verkehrsachse von Duisburg nach Dortmund war sie sogar auf das Dreifache gestiegen. So eindrucksvoll sich in dieser Zeit das Wachstum der Städte darstellt und so gewichtig die sozialen Folgen der Expansion auch waren - 1871 zählte Essen 51.000 Einwohner, Dortmund 44.000 -, die eigentliche Urbanisierung stand der Region in den folgenden dreißig Jahren der Hochindustrialisierung noch bevor, damit auch der Prozeß sozialer Differenzierung und sich verschärfender Konflikte. Der dann folgende Bevölkerungsanstieg von 0,9 Mill. (1871) auf 2,93 Mill. (1905) dokumentiert diesen Prozeß eindrucksvoll, mit einer durchschnittlichen Wachstumsrate von 4,8 % jährlich zwischen 1895 und 1905.

Dabei sollte man sich freilich hüten, das Ruhrgebiet als einheitliche Region wahrzunehmen. Die alte Handels- und Gewerbezone an der Ruhr verfügte über gewachsene städtische Kerne, ähnlich wie die Hellwegzone zwischen Duisburg und Dortmund. Hier fand bis in die 70er Jahre hinein der Aufbau der neuen Industrien und Zechen statt, während die nördlich anschließende Emscherzone erst seit den 80er Jahren des 19. Jahrhunderts zum eigentlichen Wachstumspol wurde. Deren Anteil an der Bevölkerung des Ruhrgebietes stieg von 19 % im Jahre 1871 auf 38 % 1925. Hier entwickelten sich vorrangig die problembeladenen neuen Ballungskerne, ohne das korrigierende Gegengewicht vorindustrieller städtischer Traditionen.

Bevor ich auf das engere sozialgeschichtliche Profil der Region eingehe, noch einige Hinweise auf die wirtschaftlichen Folgen dieses Prozesses über das Ruhrgebiet hinaus. Aus einer agrarisch-kleingewerblichen Region, die im wesentlichen als Energielieferant für die bedeutenderen Gewerbezonen südlich und westlich des heutigen Reviers diente, war innerhalb weniger Jahrzehnte dank der überregionalen Erschließung von Absatzmärkten für Kohle und der erfolgreichen Verbindung von Bergbau und eisenschaffender Industrie das bedeutsamste industrielle Zentrum Deutschlands entstanden. Das Ruhrgebiet wurde bis zum Ende des Jahrhunderts, neben dem Raum Berlin, Schlesien und Sachsen, eine der Führungsregionen des deutschen Industrialisierungsprozesses, die ihrerseits die Entwicklung anderer Räume beeinflußte, sei es durch ihre Sogwirkung, sei es durch innovative Anstöße. Ältere traditionsreiche Gewerbezonen, etwa die Eifel, das Siegerland, aber auch das märkische Sauerland, gerieten in den Schatten dieser neuen Industrieregion. Menschen und Arbeitsplätze erlagen der Sogwirkung des entstehenden Ballungsgebietes. Und auch innerhalb des preußischen Staatsverbandes begann sich das wirtschaftliche Gewicht seither immer deutlicher nach dem Westen zu verlagern, mit weitreichenden gesellschaftlichen, schließlich auch politischen Folgen.

Die Entwicklung des Ruhrgebietes in der Hochindustrialisierung war eine Geschichte eindrucksvoller wirtschaftlicher Erfolge, freilich nicht frei von Risiken. Mit der Ausformung des Konjunkturzyklus wurde das Auf und Ab wirtschaftlicher Aktivitäten seit 1850 zu einer bestimmenden Erfahrung für die Menschen dieser Region. Dabei erwiesen sich Bergbau und eisenschaffende Industrie als Branchen, die auf die Gründerkrise nach 1873 und die sieben- bis zehnjährigen Zyklen besonders stark reagierten. Zwar läßt sich die Periode der sogenannten großen Depression von 1875 bis 1890 im Revier nicht in einer langfristigen Erzeugungsstockung nachweisen, im Gegenteil: Die Steinkohlenförderung erhöhte sich zwischen 1870 und 1890 auf das Dreifache. Doch war diese Periode charakterisiert durch einen tiefgreifenden Wandel des betrieblichen und institutionellen Gefüges der Region. Diese Veränderungen waren Spiegelbild des gesamtwirtschaftlichen Strukturwandels und begleiteten im letzten Drittel des 19. Jahrhunderts den Übergang Deutschlands zu einem hochindustrialisierten Land. Sie zeigten sich in einer sprunghaften Vergrößerung der industriellen Produktion, im dynamischen Anstieg der Kohlenförderung zwischen 1880 und 1913 auf das Fünffache, der Roheisenerzeugung auf das Zehnfache. Damit einher ging eine umfassende Konzentration des Bergbaus und der Eisen- und Stahlindustrie sowohl in Form der Herausbildung von Konzernen mit verschiedenen Verarbeitungsstufen als auch durch die Regulierung der Preise und des Absatzes durch Gründung von Kartellen und Syndikaten.

Ein für die deutsche Wirtschaftsgeschichte besonders typisches Merkmal der Hochindustrialisierung seit 1880, die Verwissenschaftlichung der bis dahin im wesentlichen empirisch betriebenen und handwerklich geprägten Produktionsprozesse, ging allerdings am Ruhrgebiet weitgehend vorüber, damit auch die mit diesem Prozeß verknüpfte Veränderung in der Zusammensetzung der Arbeitskräfte und ihrer Qualifikation. Die strukturbestimmenden expansiven Industrien des 20. Jahrhunderts - der Maschinenbau, die chemische, die elektrotechnische, die feinmechanische und optische Industrie - entstanden im letzten Viertel des 19. Jahrhunderts parallel zur Entwicklung von Naturwissenschaft und Technik oder erhielten zumindest durch sie eine neue Basis. Hier, im Auseinanderfallen des Innovationspotentials zwischen den Schlüsselindustrien des Reviers und den neuen Industriebranchen, zeichnete sich bereits am Ende des vorigen Jahrhunderts ein Strukturproblem ab, das sein volles Gewicht erst Jahrzehnte später bekommen sollte.

Auch die ruhrgebietstypischen Formen der Unternehmensentscheidungen, der Umgang des Unternehmers mit seinen Werksangehörigen, die Kommunikation zwischen Wirtschaft und Staat sowie die innerbetrieblichen Strukturen stabilisierten sich in dieser Periode. Anders als in den neuen Industrien gab es innerhalb der Ruhrwirtschaft kaum marktwirtschaftliche Mechanismen und Verhaltensweisen. Das Selbstverständnis der Ruhrindustriellen unterschied sich damit signifikant vom Typus des Chemie- und des Elektroindustriellen, war geprägt vom Bewußtsein der nationalen Sonderrolle, die die Grundstoffindustrie für die Entwicklung der Verarbeitungsindustrien besaß. Die außenwirtschaftliche Orientierung war relativ gering ausgeprägt, so daß auch die Erfahrung des Weltmarktes weithin fehlte. Die Parallelen zur Großlandwirtschaft sind unübersehbar, so daß die innenpolitische Koalition von "Korn und Eisen" sich auf ähnlichen Habitus und parallele Interessen stützen konnte. Die Verbandlichung des Ruhrbergbaus, deren Geschichte bereits im Jahre 1858 begann, bildete die eiserne Klammer der Region. Durch staatliche Verordnung wurde die Interessenorganisation des Ruhrbergbaus in den Rang einer anerkannten, gleichsam öffentlich-rechtlichen Standesorganisation erhoben, die später nachdrücklich die Gründung des Rheinisch-Westfälischen Kohlesyndikats betrieb. Durch die besonderen Formen der Verbundwirtschaft, d.h. die Integration von Hüttenindustrie und Bergbau, entstand mit diesem Syndikat ein regionales Superkartell, welches sich nicht nur staatlicher Förderung erfreute, sondern die Art und Weise wirtschaftlicher Entscheidungsprozesse und das Zusammenspiel der politischen Instanzen bis in die Zeit nach dem Zweiten Weltkrieg hinein prägte - ein Sonderweg der politischen und Unternehmenskultur im Revier. In diesem verbundwirtschaftlichen Produktionssystem verfestigte sich auf der Ebene des Managements langfristig eine Mentalität des Beharrens, die eine flexible Reaktion auf gesamtgesellschaftliche und gesamtwirtschaftliche Veränderungen im 20. Jahrhundert erschweren sollte - bis hin zur Bewältigung der Bergbaukrise seit den 60er Jahren dieses Jahrhunderts.

Die Gesellschaft der Region

Was bedeutete dieser Prozeß industrieller und demographischer Transformation für die materielle Lage der Menschen, die Schichtung der Gesellschaft, die Art und Weise der sozialen Konflikte und deren Regulierung? Klaus Tenfelde hat darauf verwiesen, daß die soziale Schichtung des späteren Ruhrgebietes in der ersten Hälfte des vorigen Jahrhunderts sich "kaum von derjenigen einer beliebigen ländlichen Siedlungsregion"[4] unterschied. Auf die Unterschicht entfielen danach um 1849 etwa zwei Drittel der Bevölkerung, auf die Mittel- und Oberschicht ein Drittel. Die größten Gruppen der Mittelschicht stellten dabei selbständige Bauern (12 %) und Handwerksmeister (8 %), und ebenso rekrutierte sich die

---

4   TENFELDE, KLAUS: Soziale Schichtung und soziale Konflikte. In: KÖLLMANN, WOLFGANG/HERMANN KORTE/DIETMAR PETZINA/WOLFHARD WEBER (Hg.): Das Ruhrgebiet im Industriezeitalter, Bd. 2. Düsseldorf 1990, S. 121-218, hier: S. 121

Unterschicht noch überwiegend aus nichtindustriellen Milieus: Handarbeiter und ländliches Gesinde, wenngleich auf die Bergarbeiter-Fabrikbevölkerung bereits ein beachtlicher Anteil entfiel. Zu diesem Zeitpunkt befand sich allerdings die Landwirtschaft, zumindest im engeren Ruhrgebiet, bereits auf schnellem Rückzug. Typisch blieb jedoch die hohe Zahl von Nebenerwerbsbauern - ein Merkmal, welches noch bis in das späte 19. Jahrhundert hinein charakteristisch für diese Region bleiben sollte. Bis 1882 war der Anteil der in der Landwirtschaft Tätigen im Kernbereich des Ruhrgebietes, in der Hellwegzone, auf 10,4 % gesunken, auf Bergbau und Hüttenwesen entfielen 39,5 %, Dienstleistungen umfaßten 18,4 %, was im Vergleich zu anderen Industrieregionen weit unterdurchschnittlich war.

Der Arbeitsmarkt hat sich in den folgenden Jahrzehnten, sieht man vom nachhaltigen Rückgang der Landwirtschaft einmal ab, nicht mehr dramatisch verändert. Er wies als Folge der Gegebenheiten in Bergbau und Schwerindustrie einen im Vergleich zu anderen Industriegebieten ungewöhnlich hohen Anteil an Arbeitern auf, die sich zudem nur gering in Qualifikation, Einkommen und Lebenslage unterschieden. Facharbeiter waren weniger vertreten als in anderen Industrierevieren. Es herrschte der Typus des körperlich schwer arbeitenden An- oder Ungelernten vor. Die großen Montanunternehmen haben erst spät - nach dem Ersten Weltkrieg - begonnen, formalisierte Ausbildungsgänge zu entwickeln. Fachlich intensiver vorgebildete Arbeiter fanden sich vor allem in speziellen Versorgungs- und Zuliefererbetrieben für den Bergbau. Ein anderes Merkmal zeichnete den Arbeitsmarkt in den Revierstädten aus. Weder Kinder- noch Frauenarbeit spielte wegen des Fehlens von Arbeitsplätzen im Dienstleistungsbereich, in der Landwirtschaft oder in der Leichtindustrie eine bedeutende Rolle. Diese Männerlastigkeit prägt, wenngleich abgeschwächt, bis in die Gegenwart den regionalen Arbeitsmarkt, obgleich in den vergangenen 30 Jahren die einseitige montanindustrielle Prägung verschwunden ist. Was einst der Not fehlender Arbeitsplätze entsprang, hat über die Generationen hinweg den Stolz des Kumpels gefördert: Seine Frau habe es nicht nötig zu arbeiten. Dieser Stolz besaß seinerzeit seinen durchaus soliden materiellen Kern, weil im Ruhrgebiet der An- und Ungelernte mehr verdiente als in anderen Regionen, häufig sogar mehr als ein Facharbeiter oder Handwerker.

Ein Vergleich der Einkommensschichtung in einigen Städten des Ruhrgebiets und in Preußen insgesamt bestätigt diesen Sachverhalt: Der Anteil der Bevölkerung mit einem Einkommen zwischen 900 und 3.000 Mark jährlich lag in den Städten des Reviers 1906 deutlich höher als anderswo, und mit einem durchschnittlichen Jahreslohn von 1.300 bis 1.400 Mark stand der Bergmann an der Spitze aller vergleichbaren Arbeiterberufe. Allerdings fehlte ein zahlenmäßig bedeutsamer Mittelstand, der für ältere Gewerbestädte des Wuppertales und der Rheinlande typisch war. Handwerk und Handel, Gymnasiallehrer und Verwaltungsbeamte, Büroangestellte und Kleinunternehmer waren an der Ruhr weniger vertreten als etwa in Krefeld, Elberfeld, Barmen oder Köln, von den ehemaligen Residenzstädten wie Bonn oder Münster gar nicht zu sprechen. 1907 entfielen in Gelsenkirchen neun von zehn Erwerbstätigen innerhalb der Industrie auf die Arbeiterschaft, wovon wiederum 95 % im Bergbau und in der Hüttenindustrie zu finden waren. Selbständige gab es nur 4,6 % und Angestellte 5,8 %. In den älteren Hellweg-Städten Essen und Dortmund war die soziale Pyramide nicht derartig einseitig, doch tendenziell galt auch hier ähnliches.

Auf ein weiteres Merkmal sozialstruktureller Entwicklung möchte ich noch hinweisen. Katholiken waren überproportional innerhalb der Arbeiterschaft zu finden, während sie in der Mittel- und Oberschicht, bei Unternehmern und Verwaltungsbeamten, Zechenangestellten oder Lehrern unterdurchschnittlich vertreten waren. Ich greife wiederum das Stichjahr 1907, das Jahr der letzten Betriebszählung vor dem Ersten Weltkrieg und als Beispiel die "Stadt Montan", Duisburg, heraus. Von der Bevölkerung von 204.000 waren 52,9 % Katholiken, ihr Anteil bei den Industriearbeitern betrug 60,2 %, bei den Angestellten im Bergbau und der Hüttenindustrie aber nur 37,8 %, bei Beschäftigten des öffentlichen Dienstes 44,4 %, und im Bereich der preußischen Spitzenbeamten waren Katholiken eine Rarität.

Diese konfessionelle Schieflage hatte zwei Gründe. Zum einen war die Mehrheit der ins Ruhrgebiet Zuwandernden katholisch, zum anderen hat es vermutlich bis weit in das zwanzigste Jahrhundert hinein ein konfessionsspezifisches Bildungsdefizit gegeben, das erst nach dem Zweiten Weltkrieg endgültig abgebaut wurde. Entscheidend war freilich die erstgenannte Ursache, die Zuwanderung, deren Höhepunkt im ausgehenden 19. Jahrhundert erreicht wurde. Begonnen hatten die großen Wanderungen in der Mitte des vorigen Jahrhunderts, als gleichsam über Nacht die verschlafenen Ackerbürgerstädte des Hellwegs zu einer wildwuchernden Stadtlandschaft wurden, deren bedeutendste Zentren, Duisburg, Essen, Dortmund und Bochum, innerhalb einer Generation den Rang von Großstädten erhielten. Im Bergbau, aber auch in den neu entstehenden Eisenwerken waren Massen von zumeist unqualifizierten Arbeitern gefragt, die bereit und in der Lage waren, körperlich hart zu arbeiten. Die ländliche Überschußbevölkerung aus dem Münsterland, aus dem nördlichen Hessen, dem Sauerland hoffte, in den Städten des mittleren und östlichen Ruhrgebietes Lohn und Brot zu finden, genauso wie die Nachkommen von Kleinbauern aus dem linksrheinischen Mittelgebirge in Duisburg, Mülheim oder Oberhausen.

Eine zweite große Zuwanderungswelle nach der Nahwanderung der 50er und 60er Jahre setzte um 1880 ein. Sie stand in direktem Zusammenhang mit der Erschließung der Emscherzone und der damit verbundenen Nordwanderung des

Bergbaus Richtung Emscher und Lippe. Die neuen Zuwanderer aus den ostdeutschen Provinzen Preußens, aus Ost- und Westpreußen sowie aus Schlesien, waren zumeist ehemalige Landarbeiter, die als ungelernte Arbeitskräfte im Bergbau Beschäftigung fanden. Vor allem kamen jüngere Männer, für die eine hohe Mobilität zwischen den Zechen des Reviers typisch war. Ein mehrfacher Wechsel des Arbeitsplatzes, selbst innerhalb eines Jahres, war eher die Regel denn die Ausnahme, so daß es im Bergbau, anders als in den Eisen- und Stahlwerken des Ruhrgebietes, vor dem Ersten Weltkrieg kaum zur Bildung von Stammbelegschaften kam. Demographisch hatte der Zuzug vor allem junger Menschen ein überdurchschnittliches Bevölkerungswachstum zur Folge. Die Geburtenrate lag deutlich über dem Niveau anderer städtischer Räume Deutschlands, die Sterblichkeit war hingegen geringer. Hohe Zuwanderung und hohe Geburtlichkeit haben das Revier zu einer jungen Region werden lassen, mit hohen Kinderzahlen und allen damit zusammenhängenden Vorzügen und Folgeproblemen. Letztere zeigten sich in einem hohen Bedarf an Infrastruktur-Investitionen, die die Städte vor besondere finanzielle Herausforderungen stellten, erstere in einer ausgeprägten regionsspezifischen Anpassungs- und Mobilitätsbereitschaft, die das Ruhrgebiet zu einer fremden Einflüssen gegenüber offenen Region werden ließ, zumindest auf längere Sicht.

Die jüngeren Städte des Reviers, vor allem jene im nördlichen Teil, Gelsenkirchen, Wanne-Eickel, Herne, mußten sich innerhalb weniger Jahre jene Fähigkeiten zur Daseinsvorsorge im Interesse ihrer Neubürger aneignen, für die ältere Gemeinwesen generationenlang Erfahrungen hatten sammeln können. Das Fehlen einer eingesessenen und erfahrenen Kultur- und Verwaltungselite sowie die Übermacht industrieller Interessen führten zu vielfältigen baulichen und sozialen Verwerfungen, an denen die Bevölkerung des Reviers bis in das 20. Jahrhundert zu tragen hatte. Zudem waren die Städte trotz hoher Industriedichte arm, verglichen mit anderen Großstädten in Deutschland - Folge der geringen Zahl leistungsfähiger Steuerbürger. Dieses Gefälle blieb auch in unserem Jahrhundert zu Lasten des Ruhrgebiets erhalten, so daß selbst im Jahre 1990 die kommunale Steuerkraft der Region nur etwa 80 % des übrigen Nordrhein-Westfalen erreichte. So überrascht es nicht, daß unzureichende Ausstattung mit öffentlichen Einrichtungen sowie planlose oder an den Interessen der Zechen orientierte Siedlungsformen das Antlitz namentlich der nördlichen Stadtteile der Hellweg- sowie der gesamten Emscher-Städte prägten. Regionale Identität und bürgerlicher Stolz konnten sich unter diesen Bedingungen nur zögerlich entwickeln, zumal die eingesessene Bevölkerung zumeist nur eine kleine Minderheit darstellte. Rascher ging demgegenüber die Identifikation mit dem Vorort bzw. mit der Siedlung voran, erklärbar aus der Überschaubarkeit und der Ähnlichkeit der jeweiligen Lebenswelt. Diese mentale Verhaftung im Kleinräumigen widerlegt nicht nur jede Behauptung von den ununterscheidbaren, gesichtslosen Ruhrgebietsstädten, sie erwies sich auch als zählebig bis in die jüngste Vergangenheit, als längst nachhaltig positive Veränderungen in Bauweise, Städtebildung und Infrastruktur erfolgt waren.

Der Schmelztiegel und seine Folgen

Was bedeutete diese problembeladene städtische Gemengelage, der ständige Zustrom von Arbeitsmigranten über viele Jahrzehnte hinweg für die Gesellschaft des Ruhrgebietes? Welche Spuren sind davon im 20. Jahrhundert geblieben? Stimmt die eingangs getroffene Feststellung vom "Schmelztiegel Ruhrgebiet"? Fragen, die darauf verweisen, daß die lebendige Gegenwart der regionalen Gesellschaft ohne ihr historisches Gedächtnis nicht vorstellbar ist.

Was wir zunächst konstatieren: Integration der Zuwanderer, die ausschließlich auf die Anpassung der Fremden an die Kultur und das Wertesystem der Einheimischen abhob, hat es vor dem Ersten Weltkrieg nur in Ansätzen gegeben. Die ursprünglich Einheimischen und die große Zahl der Zuwanderer, die in den Wellen von Nah- und Fernwanderung kamen, entwickelten sich zu einer neuen, industriell geprägten Gesellschaft. In einem komplizierten Prozeß entstand ein eigenes "Ruhrvolk". Im Jahre 1910 betrug der Anteil der Zuwanderer, d.h. der außerhalb des Rheinlandes bzw. Westfalens Geborenen an der Gesamtbevölkerung des Ruhrgebietes 53,5 %, und auch in der Minderheit von 46,5 % versteckte sich noch ein hoher Anteil der Kinder von Zuwanderern. Fremdsein war das Schicksal der Mehrheit bis zum Ersten Weltkrieg, insoweit bestimmend für die gesamte Region. Festzustellen bleibt darüber hinaus: Das Problem der zuwandernden Ausländer, genauer: der Fremden mit nichtdeutscher Muttersprache war ein Teilaspekt gesellschaftlicher Neuformierung in der Region, ähnlich wie die Ausbildung scharf geschiedener sozialer Klassen, wenngleich zu Beginn des 20. Jahrhunderts ein besonders bedeutsamer. Etwa 350.000 Polen lebten seinerzeit im Ruhrgebiet, dazu 180.000 Masuren, die ebenfalls polnisch sprachen, sich jedoch nach Selbstverständnis und Konfession von den eigentlichen Polen unterschieden.[5] Annähernd jeder fünfte Bewohner war demnach Nichtdeutscher, während es 1992 in dieser Region bei gut 455.000 Ausländern nur jeder zehnte war.

Ein wichtiges Merkmal unterschied die Fremden vor dem Ersten Weltkrieg von denen der Gegenwart: Polen und Masuren, die Hauptmasse der damaligen Gastarbeiter, waren ganz überwiegend Staatsbürger Preußens und des Deutschen Reiches, besaßen somit einen preußischen Paß, das Wahlrecht und die Chance zur politischen Artikulation in jenen engen Grenzen, die das wilhelminische Deutsch-

---

5 KLESSMANN, CHRISTOPH: Polnische Bergarbeiter im Ruhrgebiet 1870-1945. Göttingen 1978, S. 22

land gegenüber jeglicher demokratischer Betätigung zog. Sozialgeschichtliche Erfahrungen des Reviers ernst nehmen bedeutet deshalb für das heutige Zusammenleben mit Ausländern: Ein selbstbewußtes Miteinander als Bedingung von Integration erfordert für die Minderheit einen gesicherten rechtlichen Status, etwa mit Hilfe des kommunalen Wahlrechts und der doppelten Staatsbürgerschaft. Nur auf diese Weise ließe sich im Falle der Türken vorantreiben, was für die Polen seinerzeit in der zweiten und dritten Generation, wenn auch mit vielen Rückschlägen, gelungen ist: aus dem Nebeneinander allmählich ein Miteinander werden zu lassen. Die Zusammenballung von Nichtdeutschen in den Städten des Ruhrgebietes hat damals diesen Prozeß verlangsamt, da auf diese Weise Ghettos entstanden, die von den Einheimischen gemieden werden konnten. So betrug der Anteil der polnischen Bevölkerung 1907 in Recklinghausen 23,1 %, in Herne 21,6 % und in Gelsenkirchen 17,7 %, während der Spitzenwert der Ausländerquote 1991 bei 15,3 % lag und im Durchschnitt der kreisfreien Städte 10 % nur vereinzelt überschritt.

Der preußische Staat hat das Problem der Fremden im Ruhrgebiet zunächst ignoriert, dann jedoch seit den 90er Jahren nachhaltig repressiv reagiert. Polnische Zuwanderer wurden durch ein breitgefächertes Instrumentarium einem schweren Anpassungsdruck unterworfen, ideologisch gerechtfertigt durch eine verzerrte Wahrnehmung der Minderheit. Verbot der Zweisprachigkeit von Aufschriften innerhalb der Bergwerke, Sprachenerlasse und das Reichsvereinsgesetz von 1908 versuchten, den Gebrauch der polnischen Sprache in öffentlichen Versammlungen zu kriminalisieren; schließlich die Schul- und Bildungspolitik: Schulklassen mit hohem Polenanteil wurden geteilt, polnischsprachige Kinder - im Landkreis Gelsenkirchen 1910 immerhin ein Drittel, in Recklinghausen 28,7 % - in eigene Klassen separiert. Das Gespenst des Polenstaates im Ruhrgebiet diente zur Rechtfertigung einer Politik, die letztlich das Gegenteil dessen erreichte, was sie bewirken wollte: Statt schneller Assimilation entwickelten Polen ein geschärftes Bewußtsein eigener Identität und formierten eine nationale Subkultur, deren Merkmale und Stoßrichtung ihrerseits nicht frei waren von militanter Abgrenzung. Die offizielle Anerkennung einer polnischen Minderheit erfolgte erst in der Weimarer Republik. Sie wirkte, unbeschadet der Ab- und Rückwanderung eines Teils der Minderheit nach Frankreich bzw. in den neugegründeten polnischen Staat, entspannend und förderte letztlich die Integration - bis hin zum allmählichen Schwinden des Gebrauchs der polnischen Sprache in der zweiten und dritten Generation.

Erfolg oder Mißerfolg von Integrationsstrategien waren und sind freilich niemals nur abhängig von staatlicher Politik. Polen wurden von Unternehmen als Arbeitskräfte ins Ruhrgebiet geholt und mit vielen Versprechungen gelockt. Vergleichbares galt für die Gastarbeiter der 60er Jahre dieses Jahrhunderts, wobei anstelle der Polen nunmehr Jugoslawen und Türken in den Bergbau und die Stahlindustrie strömten. Ohne die Aufbauleistung von Ausländern und Fremden hätte es keine Entwicklung zum industriellen Ballungszentrum gegeben, ebensowenig den Umbau der Region seit der Kohlekrise in den vergangenen Jahrzehnten. Der Bergmann aus dem Posener Hinterland um die Jahrhundertwende und der Stahlwerker um 1970 aus dem anatolischen Hochland wiesen dabei verblüffende soziale Gemeinsamkeiten auf: Beide waren geprägt von landwirtschaftlichen Lebensbedingungen und zunächst wenig vertraut mit industrieller Technik- und Maschinendisziplin. Parallelen waren auch bei den Integrationsproblemen festzustellen: bei den Schwierigkeiten, eine angemessene Unterkunft zu finden, bei der Eingewöhnung in die neue industrielle und sprachliche Umwelt, bei der Erfahrung ethnisch bestimmter Hierarchien innerhalb der Betriebe. Unternehmen hatten im Falle der polnischen Arbeitsmigranten eine Politik der Trennung von Deutschen und Nichtdeutschen verfolgt, sowohl innerhalb der großen Betriebe durch die Konzentration ethnisch homogener Belegschaften als auch durch die Trennung von Deutschen und Polen in den Zechensiedlungen am Rande der Städte. Nach dem Zweiten Weltkrieg wurde die Trennung am Arbeitsplatz durchbrochen; der Kern des Integrationsproblems besteht bei Türken jedoch in ähnlicher Weise wie seinerzeit bei Polen. Die Vermischung kam nur zögerlich in Gang - am Arbeitsplatz, beim Wohnen, in der Freizeit, bei Heiraten. Ähnliches gilt auch für die Mehrzahl der heutigen Gastarbeiter, so daß damals wie heute "Agenten der Integration" gefragt waren und sind, um aus dem Nebeneinander der Volksgruppen ein Miteinander werden zu lassen. Der Schule und dem beruflichen Bildungssystem kam und kommt dabei eine bedeutsame Rolle zu.

Das rasche Ansteigen der Bevölkerungszahl hat historisch derartige Integrationsprobleme verschärft, da es eine Fülle sozialer Probleme aufwarf, die die Ängste und das Bemühen um Abgrenzung bei den jeweils Einheimischen, seßhaft Gewordenen verstärkte. Weitgehend ungelöst blieb vor dem Ersten Weltkrieg vor allem die Wohnungsfrage. Seinerzeit stellte sich insbesondere für den Bergbau das Problem, durch eigene Siedlungen die Arbeiter in der Region seßhaft zu machen, da die Zechen nicht gewachsenen Siedlungsstrukturen folgten, vielmehr geologischen Gegebenheiten. Seit 1870 entstand auf diese Weise eine Reihe von Zechenkolonien, d.h. von Siedlungen von zumeist ein- und zweigeschossiger Bauweise. Sie prägten bis nach dem Zweiten Weltkrieg die Wohnform in den Bergbaustädten des nördlichen Reviers. In Recklinghausen-Hochlarmark etwa oder in Oberhausen-Eisenheim lassen sich bis heute diese besonderen Wohnquartiere erkennen. Diese Tradition des Wohnungsbaus hat sich bis in die fünfziger Jahre unseres Jahrhunderts fortgesetzt und zu verstärkter Bindung der Zuwanderer an die Unternehmen geführt, aber auch identitätsstiftend für die neuen

Industriestädte gewirkt. Was später als ein besonderes Guthaben des Ruhrgebiets entdeckt wurde - solidarische Lebensformen, relativ offene Wohngemeinschaften, geringe soziale Differenzierung -, hat hier seine Wurzeln. Die Kehrseite sollte jedoch nicht vergessen werden: Die hier entstehende, im Laufe der Zeit auch ethnisch durchmischte Wohn- und Arbeitskultur führte zu einer generationenlangen Trennung von Arbeiterschaft und der zahlenmäßig geringfügigen Mittel- und Oberschicht, die bis zum Ende der Weimarer Republik sozialen Konflikten eine besondere Schärfe verlieh. Vom großen Bergarbeiterstreik von 1890 bis zum Ruhreisenstreik von 1928 zieht sich eine Abfolge von Arbeitskämpfen, deren besondere Härte vor dem Hintergrund dieser regionsspezifischen Besonderheiten besser verständlich wird.

Sind derartige Besonderheiten, diese Frage sei abschließend aufgegriffen, heute noch prägend für das Ruhrgebiet? Gibt es überhaupt noch jenes im 19. Jahrhundert als Brennpunkt sozialer Konflikte entstandene Ruhrgebiet als Einheit, bestimmt von den Eigentümlichkeiten der Lebenslagen, der Herkunft, der Arbeitsverhältnisse, der urbanen Defizite, wie sie bis in die fünfziger Jahre dieses Jahrhunderts existierten? Die Antworten hierauf sind nicht eindeutig. Einerseits gibt es das Ruhrgebiet noch als Einheit vor allem in der Fremdwahrnehmung - mit seinen gemeinsamen Problemen, die die sozial- und wirtschaftsstrukturellen Veränderungen der vergangenen Jahrzehnte hervorgerufen haben. Nach wie vor existiert der Mythos des Bergmannes in der gesamten Region von Duisburg bis Hamm, wenn auch allmählich verblassend. Andererseits haben sich innerhalb einer Generation die sozialen Befindlichkeiten, die materielle Situation der Menschen, die Zusammensetzung des Arbeitsmarktes tiefgreifender verändert als in anderen deutschen Ballungsgebieten. Bildhaft läßt sich von einer "Aufholjagd" (Tenfelde) gegenüber anderen Regionen sprechen, was zugleich bedeutet, daß dieser Region neue Lebenschancen zuflossen, womit sich auch die besonderen Muster sozialer Ungleichheit - typisch für die ruhrindustrielle Klassengesellschaft um die Jahrhundertwende - abschwächten. Anders gesagt: Jede pauschale Außenwahrnehmung des Ruhrgebietes als schwerindustrielles Revier verkennt, daß um 1990 nur noch jeder zwanzigste Erwerbstätige im Bergbau, hingegen annähernd 60 % im Dienstleistungsbereich im weiteren Sinne beschäftigt sind. Die Tertiärisierung der Wirtschaft und die Umschichtung der Industrie haben das soziale Profil des Ruhrgebietes vielfältiger werden lassen, damit auch ähnlicher jenem anderer Industriegebiete. Die Arbeiterklasse als soziale Formation ist damit nicht völlig verschwunden, aber sie hat an Schärfe ihrer Konturen verloren, ist quantitativ zurückgegangen, erweist sich im Erwerbsbild zwischenzeitlich als hochgradig diversifiziert, wird seit den 60er Jahren unseres Jahrhunderts von vergrößerter Chance zu individuellem Aufstieg bestimmt.

Die seit dreißig Jahren tiefgreifend modernisierte Infrastruktur - nicht zuletzt auch im Bereich der Bildungseinrichtungen - hat historisch entstandene Nachteile relativiert oder sogar eingeebnet. Die Versorgung mit Krankenhausbetten und medizinischem Personal entspricht heute dem Durchschnitt der Städte der Bundesrepublik, Gymnasiasten gibt es in Dortmund kaum weniger als in Düsseldorf, die Zahl der Veranstaltungen öffentlicher Theater erreichte in den achtziger Jahren in Bochum oder Essen jene von Köln. Vor allem verfügt die Region inzwischen mit ihrer Vielzahl hochqualifizierter junger Menschen, ihren Universitäten und wissenschaftlichen Instituten - deutlich mehr als 100.000 Studierende an sechs Universitäten und drei Fachhochschulen sowie 6.000 Wissenschaftler - sowie der Vielfalt des kulturellen Angebotes über ein Qualifikations- und Innovationspotential von hohem Rang, das heute als entscheidender Standortfaktor erkannt wird. Ähnliche Aussagen gelten grundsätzlich auch für die Qualifikation der Arbeitnehmer sowie die technologische Kompetenz innerhalb der Unternehmen. Freilich sind diese Qualifikationsprofile mehrheitlich nach wie vor auf die Bedürfnisse der Großindustrie zugeschnitten, doch angesichts des qualifikatorischen Rückstandes über ein Jahrhundert hinweg relativiert sich diese Aussage. Dieses Aufholen, man könnte von Normalisierung sprechen, bedeutete Verlust und Gewinn gleichermaßen. Verlust, da die Nestwärme überschaubarer sozialer Bedingungen, die mit der Monostruktur der Region einherging, weitgehend geschwunden ist. Vorzug, da das Ruhrgebiet erstmals in seiner 150jährigen Geschichte den Menschen Lebensbedingungen bietet, die mit denen anderer städtischer Regionen vergleichbar sind. Normalisierung - ich mache mir ein Argument von Tenfelde zu eigen - bedeutet nach einem 100jährigen regionalen Sonderweg somit

- die nachhaltige Minderung sozialer Ungleichheiten, nicht zuletzt als Folge der Bildungsoffensive seit den 60er Jahren,
- die Wiederherstellung bzw. die "Revitalisierung" einer für gesellschaftlichen Wandel und für Arbeitsplätze unentbehrlichen Mittelschicht
- und schließlich das allmähliche Schwinden einer besonderen Lebensweise und Lebensform, die dieser Region ihre spezifische Identität gegeben hat.[6]

Dies meint freilich nicht, daß alle sozialgeschichtlich begründeten Besonderheiten geschwunden wären. Höhere Arbeitslosigkeit als Langzeitfolge von Bergbau- und Stahlkrise prägte die vergangenen Jahrzehnte ebenso wie eine besondere politische Kultur, die seit den Mitbestimmungsvereinbarungen seit dem Zweiten Weltkrieg von einem engeren Zusammenwirken der gesellschaftlichen Gruppen bestimmt war als anderswo. Mit dieser Praxis des sozialen Konsenses und mit der

---

6   TENFELDE: Soziale Schichtung und soziale Konflikte, S. 186

Fähigkeit, Wirtschafts- und Arbeitsverhältnisse innerhalb von zwei Jahrzehnten grundlegend zu verändern, hat das Ruhrgebiet seine im 19. Jahrhundert entwickelte historische Rolle, das industriegeschichtliche Labor Deutschlands zu sein, erneut bestätigt, diesmal zum Positiven hin.

Diese Eignung, Herausforderungen zu begegnen, ist aktuell jedoch noch in anderer Weise gefragt. Sie leitet sich aus der angesprochenen Erfahrung ab, in bestimmten Perioden seiner Geschichte herausragendes Ziel von Zuwanderern gewesen zu sein. Die Wahrnehmung der Region ist nach wie vor in hohem Maße von der ihr zugeschriebenen und vielzitierten Fähigkeit bestimmt, Schmelztiegel von Einheimischen und Fremden gewesen zu sein. War es auch ein von der Wirklichkeit nur teilweise bestätigter Mythos, so könnte er in der Gegenwart doch positiv genutzt werden. Im alten Revier gab es vor 1914 jene "Agenten der Integration", die Identitätsstiftung und Zusammenwachsen von Fremden und Einheimischen förderten, vor allem dank der katholischen Kirche und der Gewerkschaften. Es bedurfte der Hilfe von Institutionen, die von ihrem Selbstverständnis und von ihrer Praxis her national übergreifend waren, um Integration möglich zu machen. "Pollack" und "Katholik" war Kampfruf und friedensstiftende Formel gleichermaßen, bei der Sicherung der Seelsorge in der Muttersprache, bei der Abgrenzung von, aber auch der Begegnung mit Einheimischen. Kirchliche Organisationen und Bildungsinstitutionen, so der geschichtliche Befund, wurden zu einem entscheidenden Vehikel für die praktische Eingliederung in das öffentliche Leben der Region.

Diese alles in allem erfolgreiche Praxis des Schmelztiegels zu einem Modell wechselseitiger Annäherung von Einheimischen und Fremden weiter zu entwickeln könnte eine von mehreren Aufgaben dieser historisch sehr besonderen Region sein. So wäre es vorstellbar, daß das Ruhrgebiet nicht nur ein bedeutsames Modell für sozialverträglichen ökonomischen Strukturwandel bildet, vielmehr beim Umgang mit den Fremden seiner Rolle als gesellschaftliches Experimentierfeld erneut gerecht werden könnte.

Ich gebe zu, daß letzteres mehr Wunsch als Wirklichkeit ist, doch sollten sozialgeschichtliche Erfahrungen nicht gering geschätzt werden: Der schwierige Weg in die industriegesellschaftliche Moderne wurde stellvertretend für die Mehrzahl anderer deutscher Regionen von den Menschen des Ruhrgebietes gebahnt. Nirgendwo in Deutschland sammelte sich damit ein derartiges Potential an Konflikten, Veränderungs- und Anpassungszwängen an, das dem Revier für ein Jahrhundert eine Sonderrolle zumaß. Diese Erfahrungen in einer neuen gesellschaftlichen und weltwirtschaftlichen Umbruchphase einzubringen schiene mir eine aufregende Aufgabe, die dieser Region zugleich eine neue Vision geben könnte.

Die Urbanisierung des Lebens bei wachsender Großstadtkritik

JÜRGEN REULECKE

Als Einstieg in das Thema bietet es sich an, kurz über eine Episode zu berichten, die sich bei einem Empfang zugetragen hat, den die Universität der türkischen Stadt Bursa Ende September 1995 zu Ehren der in Bursa weilenden nordrhein-westfälischen Wissenschaftsministerin Anke Brunn gegeben hat. Anwesend war auch der Oberbürgermeister der in kürzester Zeit zur Millionenmetropole gewachsenen Stadt, die heute in der Türkei das moderne Industrie- und Technologiezentrum ist. In einem Diskussionsbeitrag bat der Oberbürgermeister die Ministerin geradezu beschwörend, ihm nordrhein-westfälisches Know-how zur Bewältigung der gravierenden Verstädterungsprobleme Bursas bereitzustellen, denn - so der Bürgermeister sinngemäß - "was wir jetzt erleben, habt ihr doch im 19. Jahrhundert ebenfalls erlebt und gut bewältigt". Nun kann man nicht simpel aus der Geschichte lernen, aber ein wenig erinnert die Vorstellung des Bürgermeisters von Bursa an das Marxsche Wort, daß eine fortgeschrittene Gesellschaft einer Nachfolgegesellschaft immer das auch auf sie zukommende Schicksal vorspiegelt, nur daß Marx dieses vom Kapitalismus geprägte Pionier-Nachzügler-Verhältnis negativ gesehen hat, während das Stadtoberhaupt jener jährlich mit einem ca. fünfprozentigen Bevölkerungswachstum explodierenden türkischen Stadt in der historischen Entwicklung des (aus türkischer Sicht) Pionierstaats Deutschland jedoch eher einen Rettungsstrohhalm in seiner eigenen extrem bedrohlichen Lage sehen wollte. Wer allerdings mit dem Wissen über die Zusammenhänge der deutschen Urbanisierungsgeschichte die heutigen Großstadtprobleme der an die Tore der EU klopfenden Türkei beobachtet, der fühlt sich - was vor allem die so geschichtsträchtige Stadt Istanbul mit ihren inzwischen über zwölf Millionen Einwohnern angeht - an ein berühmtes Ablaufschema von Patrick Geddes erinnert. Geddes hatte Anfang unseres Jahrhunderts die idealtypische Entwicklung der sich ständig ausdehnenden Stadt in fünf Etappen unterteilt: Auf die Polis als normale Stadt folgt die Metropolis als ausstrahlendes Zentrum mit hoher Leitbildfunktion, dann die Megalopolis mit ersten krankhaften Zügen und einer Übersteigerung ihrer Selbsteinschätzung und Mittelpunktrolle, schließlich die Parasitopolis, die nur noch durch eine intensive Aussaugung des gesamten Landes eine Weile existieren kann, und schließlich die Pathopolis, d.h. die an sich selbst erstickende und in einem selbstmörderischen "Superslum" zugrundegehende Stadt.[1]

Auf eine holzschnittartige Beurteilung gebracht: Die deutsche Entwicklung mit Blick auf dieses Fünfstufenschema konnte um 1900 etwa beim Zustand der Megalopolis aufgefangen werden, indem der quantitative Prozeß des städtischen Wucherns, d.h. die Verstädterung im engeren Sinn, definitiv durch den qualitativen Prozeß der Urbanisierung zunächst des städtischen Lebens, dann in immer weiter ausgreifendem Ringen auch der Gesamtgesellschaft abgelöst wurde.[2] Die Situation Istanbuls wie auch vieler weiterer Riesenstädte in Asien und Südamerika dürfte aber die des allmählichen Übergangs von der Parasitopolis zur Pathopolis sein. Eine Änderung der Entwicklungsrichtung ist nicht in Sicht, im Gegenteil - der Prozeß beschleunigt sich ständig!

Und da Bursa noch nicht ganz so weit wie Istanbul auf diesem Weg fortgeschritten ist, erhoffte sich der Oberbürgermeister Rat, wie seine Stadt den quantitativen in einen qualitativen Prozeß verändern könne. Daß tatsächlich rein statistisch - zeitversetzt um rund neunzig Jahre - zwischen der deutschen und der türkischen Verstädterungsentwicklung deutliche Parallelen bestehen, d.h. sich die Türkei trotz aller Unterschiede im einzelnen demographisch an einer Schwelle befindet, die im Deutschen Reich um 1900 erreicht war, sollen einige statistische Daten belegen:

Tabelle 1: Daten zum Verstädterungsprozeß - ein diachroner Vergleich Deutschland - Türkei 1871/1910 bzw. 1960/1993

I. Bevölkerungswachstum

Deutsches Reich			Türkei		
	Einwohner in Mill.	pro km²		Einwohner in Mill.	pro km²
1871	41	76	1960	28	34
1910	65	120	1993	60	74
Zuwachs	+59%		Zuwachs	+114%	

---

1 Zum Ablaufschema von Geddes siehe SCHNEIDER, WOLF: Überall ist Babylon. Die Stadt als Schicksal des Menschen von Ur bis Utopia. München 1965, S. 436; vgl. dazu grundsätzlich auch MUMFORD, LEWIS: Die Stadt. Geschichte und Ausblick. Köln 1963, passim.
2 Den folgenden Ausführungen liegen verschiedene Vorstudien des Verf. zugrunde, vor allem seine Überblicksdarstellung: Geschichte der Urbanisierung in Deutschland. Frankfurt/Main 1985.

II. Altersstruktur

Deutsches Reich			Türkei			z. Vergleich BRD + DDR
1871	0-14	34,3 %	1960	0-14	41,3 %	20,4 %
	15-64	61,1 %		15-64	55,2 %	68,0 %
	65+	4,6 %		65+	3,5 %	11,6 %
1910	0-14	34,2	1993	0-14	32,7	15,3
	15-64	60,8		15-64	62,8	69,7
	65+	5,0		65+	4,6	15,0

III. Stadtbevölkerung (=Bevölkerung in Städten über 10.000 Ew.)

Deutsches Reich		Türkei	
1871	ca. 17,5%	1960	ca. 26%
1910	ca. 41,7%	1993	ca. 55%

(1910 lebten in 48 Großstädten über 100.000 Ew. = 21,3% der Bevölkerung)

(1993 lebten in den 4 Städten Istanbul, Ankara, Izmir und Bursa 25% der Bevölkerung)

Quellen:
Angaben zum Deutschen Reich und zur Bundesrepublik Deutschland (in den Grenzen von 1990) aus der Reichsstatistik bzw. dem Statistischen Jahrbuch für die Bundesrepublik Deutschland 1994. Wiesbaden 1994, S. 64; zur Türkei für 1960: Südosteuropa-Handbuch IV: Türkei. Göttingen 1985, S. 474, für 1993 lt. Prof. B. Senatalar, Istanbul, in einem Vortrag im September 1995 im Rahmen der 2. deutsch-türkischen Sommerakademie der Körberstiftung.

Die Ähnlichkeiten sind recht verblüffend (z.B. die Entwicklung der Altersstruktur betreffend), die Unterschiede jedoch um so auffälliger: Das türkische Bevölkerungswachstum war in den rund dreieinhalb Jahrzehnten von 1960 bis 1993 doppelt so hoch wie im Deutschen Reich zwischen 1871 und 1910 - trotz der Auswanderung von jeweils über zwei Millionen Menschen; und vor allem erfolgte die Zusammenballung der städtischen Menschenmassen in Deutschland dezentral, d.h. in einer Vielzahl von Großstädten, in der Türkei dagegen im wesentlichen in vier Agglomerationen, von denen Istanbul inzwischen jedes in Europa bekannte Maß sprengt.

Wie ist es in Deutschland bis zum Vorabend des Ersten Weltkriegs (trotz aller weiterhin bestehenden sozialen Probleme in den Ballungsräumen) letztlich doch gelungen, von der Verstädterung zur Urbanisierung zu kommen? Urbanisierung wird hier verstanden sowohl als Sammelbegriff für alle Formen eines urbanen Lebensstils in einer modernen Massenzivilisationsgesellschaft als auch als Oberbegriff für ein dichtes Netz von Daseinsvorsorgemaßnahmen, von Infrastruktur- und Städtetechnikeinrichtungen sowie von vielfältigen sonstigen Formen kommunaler Leistungsverwaltung.

I.

Zur Einleitung in den Versuch, eine zugegeben nur sehr knappe Antwort auf diese Frage zu geben, bietet es sich an, mit einem Zitat aus dem Jahre 1882 zu beginnen:

> *"Nach und nach erstehen aus der Selbstverwaltung der deutschen Städte alljährlich die stolzesten Schöpfungen für die Wohlfahrt der Bürger. Enge und schmutzige Straßen verschwinden, um geräumigen Plätzen und Verkehrswegen Platz zu machen; prächtige Schulen, Kirchen und Museen, Justiz- und Verwaltungsgebäude, Kranken- und Versorgungsanstalten, Bahnhöfe und Postgebäude, Schlachthäuser, Wasserversorgungs- und Gasanstalten, schöne öffentliche Anlagen, Volksbibliotheken und zahlreiche gemeinnützige Institute legen Zeugnis ab von dem neuen Leben, das in unsere Gemeinden eingezogen und vorzugsweise der Förderung des Gesamtwohls der Gemeindeangehörigen gewidmet ist."*

Diese von Fortschrittsoptimismus und Bürgerstolz geprägten Worte finden sich in einem Aufsatz, den im Jahre 1882 einer der damals führenden bürgerlichen Sozialreformer, der Direktor des Sächsischen Statistischen Büros Wilhelm Böhmert, unter dem programmatischen Titel "Die socialen Aufgaben der Gemeinden" in einer Zeitschrift mit dem ebenfalls programmatischen Namen "Der Arbeiterfreund" veröffentlicht hat.[3] Zeitpunkt, inhaltliche Schwerpunktsetzung und Verfasser sind m.E. in einem solchen Ausmaß aufschlußreich und exemplarisch, daß es sich anbietet, von diesem Zitat auszugehen.

Beginnen wir mit dem Zeitpunkt. Die 80er Jahre des vorigen Jahrhunderts stellen in der deutschen Stadt- und Urbanisierungsgeschichte wie auch in der Sozialgeschichte zwar kaum unter verfassungsrechtlichem, um so mehr aber unter verwaltungspraktischem und sozialpolitischem Blickwinkel eine Epochenschwelle dar. Einerseits handelt es sich um das Jahrzehnt, in dem erstmalig in einem modernen Industriestaat eine umfassende staatliche Sozialversicherung, also von "oben", in Angriff genommen wurde. Zum anderen setzte sich im Grunde - trotz eines langen Vorlaufs - erst in diesen Jahren das moderne Verwaltungswesen auf

---

[3] BÖHMERT, WILHELM: Die socialen Aufgaben der Gemeinden. In: Der Arbeiterfreund 20 (1882), S. 167-177, Zitat S. 169

breiter Front durch: Waren es in den 50er und 60er Jahren noch weitgehend die traditionellen ehrenamtlichen Honoratiorenliten, die mit einem nur sehr kleinen Stab von besoldeten Fachleuten das Schicksal der Stadtentwicklung bestimmten, so hatten die sich rasant zuspitzenden Probleme im Gefolge von Industrialisierung und Verstädterung gezeigt, daß es so nicht weitergehen konnte. Die Kompetenz der unbesoldeten Magistratsmitglieder und Beigeordneten reichte nicht mehr aus, um den technischen, finanziellen, hygienischen und sozialen Herausforderungen sachadäquat begegnen zu können. In allen größeren Städten wurden nun in schnell wachsendem Umfang zunächst Verwaltungsjuristen, dann auch Ärzte, Architekten, Ingenieure, Baufachleute usw. eingestellt. Auf diese Weise entstand seit den 60er/70er Jahren jenes neue kommunale Berufsbeamtentum, das - angeführt durch eine Reihe von eindrucksvollen Oberbürgermeisterpersönlichkeiten - den Modernisierungsprozeß in besonderem Maße als Herausforderung und das planerische Eingreifen in den ablaufenden Wandel als schöpferische Tat des modernen "homo faber" erlebte. Geradezu in einer Art Trotzhaltung gegenüber einer massiven Großstadtkritik von seiten des konservativen Bürgertums (s.u.) formulierte diese neue Verwaltungselite ihr Credo von der Stadt als Ausdruck höchster Modernität und Chance zu einer zivilisatorischen Höherentwicklung der Menschen. Hatte der konservative Publizist und Kritiker Hermann Wagener noch 1865 in seinem "Staatslexikon" die Städte als Orte "der religiösen und sittlichen Verkommenheit, des sozialen Elends und der revolutionären Neuerungssucht" angeklagt[4], so beherrschte die durchweg nationalliberalen kommunalen Spitzenbeamten die Zuversicht, sie könnten die ohne Zweifel vorhandenen sozialen Zuspitzungen mit Hilfe moderner Verwaltung, Technik und Naturwissenschaft durch rationale Planung in den Griff bekommen und so das "Gesamtwohl der Gemeindeangehörigen" (Böhmert) auf Dauer entscheidend verbessern - dies alles vor dem Hintergrund und im Kontext einer auf den Freiherrn vom Stein zurückgeführten Selbstverwaltungslehre.

Während sich die traditionellen Honoratioren mehr und mehr aus dem Stadtregiment zurückzogen, gewannen diese hauptamtlichen Spezialisten immer größeren Einfluß auf die Stadtparlamente und damit auf die Stadtgestaltung. Sie lieferten Pläne, Berechnungen, Argumente und Perspektiven, die von den gewählten Stadtverordneten nur schwer zu widerlegen waren, und begannen seit den 70er Jahren, einen "brain-trust" zu bilden, der sich selbstbewußt seiner Bedeutung gewiß war. Was ihren "Städtepatriotismus" angeht, so standen diese meist von außen kommenden Kommunalbeamten keineswegs hinter den örtlichen Honora-

---

4 WAGENER, HERMANN: Art. "Städte, Städteverfassung, Städtewesen". In: Staats- und Gesellschaftslexikon, hg. von Hermann Wagener, Bd. 19. Berlin 1865, S. 626-649, Zitat S. 627

tioren und Eliten zurück, ganz im Gegenteil! Das traditionelle kommunale "Polizeywesen" transformierte sich nun zu einem immer mehr Aspekte beachtenden Eingreifen in all jene Bereiche, die man heute mit den Begriffen Städtetechnik, kommunale Daseinsvorsorge und Leistungsverwaltung bezeichnet. Zeitweise hat man mit ideologiekritischem Unterton dieses Handeln, das nun nicht mehr wie bisher in erster Linie reaktiv, sondern gestaltend und planend-vorausschauend war, mit dem Schlagwort vom "Munizipalsozialismus" belegt; spöttisch sprach man auch vom "Gas-Wasser-Sozialismus". Hinter diesem Engagement stand die Auffassung bzw. die Einsicht in die Notwendigkeit, daß öffentliche Verwaltung sich nicht mehr wie früher auf die "Aufrechterhaltung von Ordnung und Sicherheit" beschränken könne: Das Zusammendrängen von immer mehr Menschen auf engstem Raum habe - so hieß es - dazu geführt, daß viele alltägliche Bedürfnisse, wie z. B. die Versorgung mit Wasser, Brennstoff, Beleuchtung, Lebensmitteln und Wohnung, nicht mehr quasi autark von den Familien selbst befriedigt werden könnten. Für das alltägliche Dasein mußte also vorgesorgt werden - dies in Form öffentlicher Dienstleistungen bzw. "sozialer Daseinsvorsorge", wie Ernst Forsthoff und andere diesen Komplex staatlich-kommunalen Handelns dann später genannt haben. Anregungen für ihr Handeln erhielt jene neue Verwaltungselite durch den Austausch von Erfahrungen anläßlich der immer häufiger stattfindenden regionalen und später dann auch überregionalen Städtetage, insbesondere aber auch dadurch, daß sie als Juristen, Mediziner, Bauspezialisten, Ingenieure und Nationalökonomen oft Mitglieder in fachspezifischen oder sozialreformerischen Verbänden waren bzw. zumindest deren Schriften und Periodika zur Kenntnis nahmen. Das Spektrum solcher Verbände - alle im letzten Drittel des 19. Jahrhunderts gegründet - reichte vom "Preußischen Medizinalbeamten-Verein" über den "Deutschen Verein für Armenpflege" und die "Centralstelle für Arbeiter-Wohlfahrtseinrichtungen" bis hin zum "Centralausschuß zur Förderung der Jugend- und Volksspiele", um nur einige wenige zu nennen.

Seit Beginn der 80er Jahre des 19. Jahrhunderts, als Wilhelm Böhmert den einleitend zitierten Aufsatz schrieb, war jedenfalls, wenn auch von Stadt zu Stadt höchst unterschiedlich und von den jeweiligen finanziellen Grundlagen ebenso abhängig wie vom Durchblick der jeweils Verantwortlichen, ohne Zweifel in Deutschland der Schritt von der rein quantitativen, d.h. Masse und Enge produzierenden Verstädterung hin zur Urbanisierung als einem qualitativen Prozeß begonnen. Motor und zugleich Vehikel dieses Umbruchs war in starkem Maße die neuentstandene Kommunalbeamtenschaft. Mit Recht konnte also Böhmert von einem "neuen Leben" in den Städten sprechen, auch wenn damals die jungen Industriestädte etwa des Ruhrgebiets noch sehr weit von dem von ihm gelobten Standard entfernt waren.

Schaut man sich nun das Spektrum der neuen kommunalen Errungenschaften genauer an, so sind es in erster Linie technische, Versorgungs- und Verwaltungseinrichtungen sowie Maßnahmen, die der Hygiene, der öffentlichen Ordnung und der äußeren Ästhetik dienen, die Böhmert erwähnt - eine breite Palette, in der dann auch Museen und Volksbibliotheken, also Einrichtungen zur Befriedigung kultureller Bedürfnisse wie auch zur Weiterbildung der Bürger aller Schichten auftauchen. Prüft man die Böhmertsche Argumentation jedoch etwas genauer, dann findet sich so etwas wie ein Generalbaß, dessen Ton alle die vielfältigen Errungenschaften untermalt bzw. der den bereits angegangenen und den noch zu bewältigenden "sozialen Aufgaben" ihren eigentlichen Klang verleiht. Zwar betont Böhmert nachdrücklich, die kommunale Daseinsvorsorge solle zur Hebung des Gemeinwohls und zur Verbesserung der Lebensverhältnisse besonders der unteren Klassen führen, doch ging es den bürgerlichen Planern in erster Linie darum, soziale und hygienische Gefahren abzuwehren, potentielle Konflikte durch vorherige sozialdisziplinierende Maßnahmen zu verhindern und angeblich bedrohlichen Elementen den Boden zu entziehen. Über die vielen sozialbefriedenden Einzelmaßnahmen hinaus forderte Böhmert deshalb eine systematische "Heimatkunde", d.h. für den Mikrokosmos jeder einzelnen Stadt sog. "soziale Beobachtungsstationen", die - ähnlich wie meteorologische Stationen - das Entstehen "sozialer Stürme" beobachten und frühzeitig Abwehrmaßnahmen in die Wege leiten sollten. Böhmerts Kernsatz lautete dementsprechend[5]:

"Die unserer Zeit so nothwendige Liebe zur Heimath und zu den Gemeindegenossen kann nur da recht gepflegt und das Beste des Gemeinwesens nur da erfolgreich gefördert werden, wo man die vergangenen und gegenwärtigen Zustände seiner nächsten Umgebung sorgfältig zu erkennen und die heimischen Erlebnisse, Sitten, Arbeitsleistungen und Einrichtungen unter eine scharfe öffentliche Controlle zu stellen sucht."

Damit kommen wir zu Böhmert selbst, der damals - wie gesagt - Direktor des Sächsischen Statistischen Büros war. Er steht stellvertretend für eine breite, wenn auch heterogene Bewegung im Kaiserreich, die man unter dem Oberbegriff bürgerliche Sozialreform zusammenfassen kann. Diese Sozialreformer lassen sich als Stoßtrupp in einem höchst verwickelten und differenzierten bürgerlichen Lernprozeß beim Umgehen mit den sozialen Herausforderungen des Industriezeitalters begreifen.[6] Ihre Anhänger - von den sog. Kathedersozialisten über sozial engagierte Unternehmer, höhere Beamte und Bildungsbürger bis hin zu prote-

---

5   BÖHMERT: Die socialen Aufgaben der Gemeinden, S. 170
6   Zum Spektrum der bürgerlichen Sozialreform siehe BRUCH, RÜDIGER VOM (Hg.): Weder Kommunismus noch Kapitalismus. München 1985, bes. S. 82 ff.

stantischen und katholischen Befürwortern einer neuen Sozialethik - sahen in den Städten die eigentlichen gesellschaftlichen Brennpunkte ihrer Zeit und verstanden sich zugleich als Mahner wie auch als über den Parteien bzw. den Klassengegnern stehende Berater und Ideenlieferanten.

Da die politischen Mitwirkungsmöglichkeiten im Kaiserreich in der staatlichen Arena nur gering waren - dies besonders in Preußen mit seinem Dreiklassenwahlrecht -, sah vor allem das fortschrittsgläubige liberale Bürgertum in den Kommunen das Feld, wo sozialreformerisches Engagement entscheidend dazu beitragen konnte, den wachsenden sozialen Sprengstoff zu entschärfen. Die Möglichkeiten, auf der Gemeindeebene Sozialpolitik und Kulturpolitik zu betreiben, wurden geradezu in einem Komplementärverhältnis zum staatlichen Handeln gesehen. Nach Bismarcks antiliberalem Schwenk 1878 blieb deshalb für längere Zeit die Kommunalpolitik eine Domäne des Nationalliberalismus. Der 1844 gegründete "Centralverein für das Wohl der arbeitenden Klassen" mit seiner ab 1863 herausgegebenen Zeitschrift "Der Arbeiterfreund" und sein knapp dreißig Jahre jüngerer, 1872 gegründeter Kompagnon, der "Verein für Socialpolitik" - beide in vielfacher Weise durch Personalunionen miteinander verbunden - versuchten deshalb, hier nachdrücklich auf die gesellschaftliche Entwicklung Einfluß zu nehmen. Insbesondere forderten sie frühzeitig den Aufbau einer verläßlichen Sozialstatistik, um - so Böhmert - durch die "wechselseitige Erkenntnis und Vergleichung der Zustände einer größeren Anzahl von Gemeinden" dem allgemeinen Fortschritt die solide Datengrundlage zu geben.[7]

II.

Bisher habe ich als Elemente fortschreitender Urbanisierung im wesentlichen nur Maßnahmen der technisch-physischen und der sozialen Daseinsvorsorge erwähnt. Da Urbanisierung jedoch in mindestens ebenso bedeutsamem Ausmaß auch etwas mit den sog. "geistigen Daseinsvorsorgemaßnahmen" zu tun hat, also mit Bemühungen, die Mentalität der Stadtbewohner zu beeinflussen, ihren Lebensstil zu verändern und eine urbane Kultur zu entwickeln, soll im zweiten Teil des Vortrags dieser Bereich im Mittelpunkt stehen, zumal hier auch die im Titel angekündigte Großstadtkritik hingehört.

Zunächst zum Begriff "Kultur": Wenn man einen weiten Begriff von Kultur, ausgehend von einer an vielerlei ältere Vorbilder anknüpfenden neueren "Kulturgeschichte", zugrundelegt, dann gehören all jene Bestrebungen, dem Gemeindeleben durch Innovationen auf dem Gebiete der Daseinsvorsorge neue Form zu verleihen, im weitesten Sinne zur Kulturförderung. "Kultur" meint hier das sich in ständigem Wandel befindliche Netz[8], durch das sich die Menschen in ihren

---

7   BÖHMERT: Die socialen Aufgaben der Gemeinden, S. 169

Gemeinwesen und Lebenszirkeln mit Hilfe von Regeln, Institutionen, Symbolen und Ritualen Sicherheit und Klarheit verschaffen wollen. Insofern bezeichnet der Begriff "Kultur" in seiner weiten Definition die Summe aller Austausch-, Deutungs- und Vergesellschaftungsprozesse, über die Gesellschaften de facto und in der Wahrnehmung konkreter Menschen in ihrer Zeit erst hergestellt werden. Jener Kulturbegriff aber, um den es in unserem Kontext geht, ist ein deutlich engerer, auch wenn der erstgenannte als Rahmen unausgesprochen dahintersteht. Das sich seiner Deutungsmacht und historischen Bedeutung selbstsicher bewußte, gebildete Bürgertum hatte mit "Kultur" im Laufe des 19. Jahrhunderts, das ja nicht zufällig das "bürgerliche Jahrhundert" genannt wird, einen Kanon von Einrichtungen und Erzeugnissen des menschlichen Geistes zu bezeichnen begonnen, der als eigenständiger Bereich neben den großen Handlungsfeldern der Wirtschaft, der Politik und des Sozialen vor allem die Wissenschaften, die Künste und die Bildungseinrichtungen umfaßte. Die Kriterien, was in diesem Kontext kulturell bedeutsam und wertvoll war und an denen sich alle gesellschaftlichen Schichten orientieren sollten, setzte in einer - aus der Rückschau gesehen - oft geradezu naiven und unreflektierten Weise jene bürgerliche Elite, die - mit einer humanistischen Bildung ausgestattet - die Bildungs- und Erziehungsinstitutionen sowohl personell wie inhaltlich dominierte. Wie diese Elite dann Ende des 19. Jahrhunderts einerseits den wachsenden Verlust ihres Einflusses selbst als Krise erlebte und andererseits die gesamte Krisenhaftigkeit der wilhelminischen Gesellschaft sowie die immer deutlicher sichtbar werdende Januskröpfigkeit der Moderne mit Erschrecken reflektierte, dazu später abschließend einige Hinweise. Hier interessiert zunächst, mit welcher Stoß- und Zielrichtung diese Kreise begannen, Kultur in ihrem Sinne nicht mehr nur als Aufgabe spezieller Kreise für deren Klientel, sondern als Teil der Kommunalpolitik bzw. der kommunalen Daseinsvorsorge zu begreifen.

Grundsätzlich war dieser Schritt wie auch in den anderen Daseinsvorsorgebereichen weniger die Fortsetzung allgemeiner philanthropischer Erwägungen des frühen 19. Jahrhunderts, die z. B. auf die "Hebung" auch der unteren Schichten zu einem höheren Menschsein abzielten, sondern die Reaktion auf Bedrohungen, denen man allerdings positiv, d. h. nicht restriktiv begegnen wollte. Die Vermittlung von Elementen der bürgerlichen Hochkultur durch öffentliche Einrichtun-

---

8   Zur aktuellen Auseinandersetzung um den Kulturbegriff in der neueren Sozialgeschichte siehe die Beiträge von UTE DANIEL ("Kultur" und "Gesellschaft". Überlegungen zum Gegenstandsbereich der Sozialgeschichte), REINHARD SIEDER (Sozialgeschichte auf dem Weg zu einer historischen Kulturwissenschaft) und RICHARD VAN DÜLMEN (Historische Kulturforschung zur Frühen Neuzeit), alle in: Geschichte und Gesellschaft 19 (1993), S. 69-88, 20 (1994), S. 445-468 und 21 (1995), S. 403-429.

gen wie städtische oder durch die Städte unterstützte Theater, Bibliotheken, Vortragsveranstaltungen, Volksbildungs- und Volksfeierabende sollte im Grunde zwei Ziele erreichen. Zum einen sollten der Arbeiterschaft als der am meisten virulenten und potentiell bedrohlichen Kraft in der Gesellschaft - wie es Böhmert in den 90er Jahren einmal ausgedrückt hat - "mehr persönliche und gesellschaftliche Achtung und mehr Anteil an den Fortschritten der Produktion, des Verkehrs und der Kultur" gewährt werden[9], um sie von ihrer Distanz bzw. oft sogar Gegnerschaft zur bürgerlichen Gesellschaft des Kaiserreichs abzubringen. Auf diese Weise sollte nicht zuletzt der Sozialdemokratie das Wasser abgegraben werden. Zum anderen ging es bei der Forderung nach breiter Kommunalisierung von Kultureinrichtungen darum, die von vielen sozioökonomischen Entwicklungen ebenso wie von den Verführungen der entstehenden Massenkultur in den Großstädten bedrohten alten und neuen Mittelschichten, ganz besonders aber die Jugend, mit der für wertvoll gehaltenen nationalen Kulturtradition vertraut zu machen. Ziel war hier, den Mittelstand so in seiner Selbsteinschätzung und sozialen Position zu stärken, daß er als solider Puffer zwischen den ökonomischen Klassen wirken konnte. Neben Überlegungen zur Lösung der Arbeiterwohnungsfrage, zur Förderung des Wissens über rationale Haushaltsführung und gesundes Leben, ja sogar in Ansätzen zur Arbeitergewinnbeteiligung und Mitbestimmung in den Betrieben spielten deshalb bei den sozialreformerischen Ideenproduzenten seit der Mitte der 80er Jahre vor allem die Fürsorge für die Bildung der unteren Klassen und Bestrebungen zur "Veredelung der Volkserholung" eine zentrale Rolle.[10] Ein erster Höhepunkt in diesem Kontext stellte ein großer Freizeitkongreß dar, zu dem die "Centralstelle für Arbeiter-Wohlfahrtseinrichtungen", eine Art halbstaatliche Dachorganisation verschiedener (insgesamt 16) sozialreformerischer Verbände im Verein mit kommunalen Fachleuten aus zehn Städten, Ministerialbeamten und einer Reihe sozial engagierter Unternehmer, am 26. April 1892 nach Berlin eingeladen hatte. Ohne jetzt auf Details eingehen zu können, seien hier nur die Grundvoraussetzungen des Handlungswillens der Beteiligten zitiert. Sie lauteten[11]:

"Mit jedem Jahr schwindet ein Theil des Druckes, den lange und schwere Arbeit dem Menschengeschlechte auferlegt. Die Technik erleichtert nicht nur körperliche Arbeit, sondern bewirkt auch eine Verkürzung der Arbeitszeit und eine Verlängerung der Feierabende."

---

9   BÖHMERT: zit. n. Der Arbeiterfreund 33 (1895), S. 414
10 Siehe dazu REULECKE, JÜRGEN: "Veredelung der Volkserholung" und "edle Gesellgkeit". Sozialreformerische Bestrebungen zur Gestaltung der arbeitsfreien Zeit im Kaiserreich. In: HUCK, GERHARD (Hg.): Sozialgeschichte der Freizeit. Wuppertal 1980, S. 141-160.
11 Die zweckmäßige Verwendung der Sonntags- und Feierzeit. Berlin 1892, S. 28

Die "zweckmäßige Verwendung der Sonntags- und Feierzeit" wurde daher als eine "gerade jetzt ... brennende" Aufgabe bezeichnet, weil die Chance genutzt werden müsse, ein "Überhandnehmen der Unzufriedenheit und der Umsturzgedanken in den arbeitenden Klassen" durch gezieltes sozialreformerisches Wirken, das sich verstärkt auch den Bereichen der Kultur, der "Erholung" und der "Geselligkeit" zuzuwenden habe, zu verhindern. Nur zur Erinnerung: 1890 war das "Gesetz gegen die gemeingefährlichen Bestrebungen der Sozialdemokratie", kurz Sozialistengesetz genannt, vom Reichstag nicht mehr verlängert worden. Die "Versöhnung und Ausgleichung der sozialen Gegensätze" - so lautete die Devise praktisch aller sozialreformerischen Kreise - galt jetzt als eine Kulturaufgabe erster Ordnung, die vor allem in den Städten zu bewältigen war, und dies mit Hilfe von Kultur für das Volk nach dem Motto: "Für unser Volk ist das Beste gerade gut genug!" Der Oberbegriff war dementsprechend "Volkswohl"; damit war ein Bündel von Initiativen gemeint, die darauf hinauslaufen sollten, daß "die Angehörigen der verschiedenen Volksklassen wirklich wie Brüder und Schwestern miteinander verkehren und sich gegenseitig darin unterstützen, reine Freude am Dasein und tieferes Interesse an praktischer Arbeit und Handfertigkeit wie an den Schätzen der Wissenschaft und Kunst überall zu verbreiten"[12]

Neu waren an dieser Zielsetzung und den genannten Forderungen nicht die Inhalte als solche - sie tauchten als Ideen in einzelnen Vereinen oder bei engagierten Arbeiterfreunden schon seit den 40er Jahren auf -, neu war das auf die Schaffung einer harmonischen "Volksgemeinschaft" gerichtete, flächendeckende Programm, an dem jetzt die Städte entscheidenden Anteil haben sollten - dies in engem Zusammenwirken mit den diversen Volkswohlinitiativen sozialreformerischer Kreise. Mit und in dem Volk - "als Volk" - zu feiern, Kultur zu erleben, sich zu erholen und zu vergnügen, das war fortan die Devise: Volksunterhaltungsabende, Volkstheater, Volksbibliotheken und -lesehallen, Volksheime, Volkskaffeehäuser, Volkspaläste, Volksspiele, Volksparks und viele sonstige Aktivitäten mit der Vorsilbe "Volk" wurden seit den 90er Jahren des 19. Jahrhunderts in vielfältiger Weise propagiert, geplant und auch realisiert.

In dem gerade zitierten Programm tauchen zwei Begriffe auf, die auf einem Kongreß über Berufsausbildung und sozialen Wandel besondere Beachtung verdienen, nämlich die Betonung der Notwendigkeit einer Erziehung zur praktischen Arbeit und zur Handfertigkeit, die vor allem auf den Nachwuchs gerichtet war. Ein kurzer Exkurs dazu: Der Kampf der bürgerlichen Sozialreformer gegen die verderblichen Einflüsse der um sich greifenden Großstadtverführungen gipfelte 1889 u.a. in einem ersten Jugendschutzaufruf, um - wie es hieß - "der Jugend Hülfe

---

12 Ebd., S. 24

zu leisten im Kampf gegen Leichtsinn und Laster und vor allem gegen die stets bereite Verführung zur Unsittlichkeit, welche die Grundlage des Staates, die Familie, an der Wurzel untergräbt und daher die größte Feindin derselben ist"[13]. Parallel dazu wurde aber auch eine falsche Schulausbildung kritisiert, die durch ihre zu einseitige Schwerpunktsetzung auf geistige Stoffe die Erziehung der Jugend z.B. zur Willensstärke und Selbstzucht vernachlässigt habe. Um hier ein Gegengewicht zu schaffen, gründeten führende Mitglieder des "Centralvereins für das Wohl der arbeitenden Klassen" bereits im April 1876 den "Verein für häuslichen Gewerbefleiß". Sie griffen dabei z.T. zwar auf die schon ältere Arbeitsschulidee zurück, schlossen sich aber in erster Linie den Empfehlungen eines dänischen Rittmeisters namens Adolf von Clausson-Kaas an[14], der - neben der Einrichtung von Arbeitsschulen - "die Verwerthung müßiger Stunden im Dienste einer nützlichen und anregenden Hausindustrie für Alle, Jung und Alt jedes Standes" als wichtiges Mittel ansah, solche Mußezeit nicht zu einem "Verderben" werden zu lassen, sondern für die Erziehung besonders der männlichen Jugend und der "Förderung eines sittlichen Familienlebens" zu nutzen. Durch "Erziehung zur Arbeit durch Arbeit", vor allem in den Schulen der Großstädte, und durch die aus einem künstlerischen Dilettantismus entspringende "Freude an der Arbeit" sollten schon die jugendlichen Arbeiter ihre berufliche Tätigkeit nicht mehr bloß als Last oder notwendiges Übel, sondern als schöpferische Leistung, "als Segen" erkennen lernen.

Neben der pädagogischen und mittelstandsfördernden Zielsetzung spielte aber noch eine weitere, eine ökonomisch-technische, bei der Propagierung der Handfertigkeit eine bedeutsame Rolle: Franz Reuleaux, der Direktor der Berliner Gewerbeakademie (der späteren Technischen Hochschule), hatte 1876 in offenen Briefen von der Weltausstellung in Philadelphia der deutschen Öffentlichkeit schonungslos klargemacht, daß die deutschen Erzeugnisse im Vergleich zu denen anderer Industrienationen oft "billig und schlecht" seien[15]. Den Grund dafür fand dann der Nationalökonom Karl Bücher in der bisher vernachlässigten und dürftigen gewerblichen Ausbildung: Vor allem die technisch-naturwissenschaftlichen Kenntnisse müßten stärker gefördert werden, wenn Deutschland den Anschluß an die internationale Entwicklung behalten wolle. Hier liegen die Anfänge einer

---

13   Zit. n. Der Arbeiterfreund 27 (1889), S. 527 (Aufruf und Statut des Berliner Vereins "Jugendschutz", verfaßt vom Vorstand)
14   CLAUSSONS-KAAS, ADOLF VON: Die Arbeitsschule neben der Lernschule und der häusliche Gewerbefleiß. In: Der Arbeiterfreund 14 (1876), S. 181-202
15   REULEAUX, FRANZ: Briefe aus Philadelphia. Braunschweig 1877, S. 6. - Hierzu und zum folgenden BLANKERTZ, HERWIG: Bildung im Zeitalter der großen Industrie. Hannover 1969, S. 103 f. und S. 129 f.

allmählichen Umwertung innerhalb der bisherigen, vorwiegend von den humanistischen Bildungsidealen bestimmten bürgerlichen Wertehierarchie, einer Umwertung, die Ende des 19. Jahrhunderts eine der wichtigsten Wurzeln der oft zitierten Krise des Bildungsbürgertums war. Und schließlich sei auch noch auf einen individualpsychologischen Gesichtspunkt hingewiesen, der bei der Propagierung der Knabenhandarbeit in den folgenden Jahrzehnten eine fördernde Funktion besaß: Die Handfertigkeitsausbildung galt wie das Turnen als wichtigstes Mittel zur Stärkung der Willenszucht: "Handfertigkeit ist gewissermaßen das Turnen am Werkzeug" - auf diesen Nenner brachte 1898 Jessen, der Direktor des Berliner Kunstgewerbemuseums, die Verbindung von Körperertüchtigung, die dann in der Folgezeit immer ausschließlicher mit Wehrertüchtigung gleichgesetzt wurde, mit der Erziehung zur Selbstdisziplin.[16]

Dies alles waren nur Facetten in einem breiten Spektrum von Maßnahmen, mit denen eine vom Auseinanderfall bedrohte bürgerliche Gesellschaft versuchte, den nicht zuletzt durch die Verstädterung hervorgerufenen sozialen und sozialpsychologischen Sprengstoff zu entschärfen. Ohne die negativen Erscheinungen, die Gefahren und manche Fehlentwicklungen zu leugnen, glaubten viele kommunale Spitzenbeamte, Sozialreformer und an der Stadtentwicklung interessierte Wissenschaftler an die Möglichkeit einer mittelfristigen Überwindung der großstädtischen Zivilisationsschäden mittels moderner Technik und Rationalität. So wies etwa der Historiker Dietrich Schäfer, einer der Autoren in dem berühmt gewordenen Sammelband "Die Großstadt" aus dem Jahre 1903, auf die Kulturleistung der Stadt gerade in Richtung auf die Herausbildung des modernen Freiheitsgedankens und parlamentarischer Institutionen hin, und Karl Bücher, der bereits Ende der 80er Jahre die Verstädterung als notwendigen und letztlich positiven Vorgang gedeutet hatte, hielt die "Schäden und Gefahren" der Großstadt für "kurierbar" und für bloße Übergangserscheinungen[17]. Hugo Preuß, der spätere Mitvater der Weimarer Reichsverfassung, deutete zur selben Zeit die Städte bereits als Inseln einer "urbanen Kultur"[18], deren starke Ausstrahlungskraft auf die Gesamtgesellschaft und den Staat er nicht zuletzt deshalb nachdrücklich begrüßte, weil sie ihm deutliche Impulse zu einer immer weitergehenden Demokratisierung und Emanzipation des einzelnen aus überkommenen Zwängen zu liefern versprach. Und noch ein letztes typisches Zitat; es stammt von dem Essener Beigeordneten Robert Schmidt, der dann nach dem Ersten Weltkrieg lange Jahre

---

16 Zit. n. Der Arbeiterfreund 36 (1898), S. 417, aufgrund eines Vortrags Jessens zum Thema: "Die hygienische Bedeutung der erziehenden Knabenhandarbeit"
17 BÜCHER, KARL, u.a.: Die Großstadt. Dresden 1903
18 Zit. n. HEFFTER, HEINRICH: Die deutsche Selbstverwaltung im 19. Jahrhundert. 2. Aufl., Stuttgart 1969, S. 754 f.

der Präsident des Ruhrsiedlungsverbandes war. Sein Planen lief auf die Schaffung eines gesunden "Großstadtorganismus" hinaus[19]:
> *Die Stadt war für ihn ein "planmäßig einwandfrei angelegtes und geleitetes Großunternehmen, das aufgebaut ist nach den Grundsätzen des Gemeinwohles" und dem sich eine "gesunde, frohe, arbeitsame Bevölkerung" zugehörig fühlte. Dieses Gefühl der Zugehörigkeit zur Vaterstadt galt ihm gleichzeitig als Basis für "Nationalstolz und Vaterlandsfreude."*

In heutigen Ohren mögen diese Überlegungen allzu pathetisch klingen, doch mußten sich die Propagandisten einer "Großstadtheimat" gegen jene vor allem in bildungsbürgerlichen Kreisen verbreitete Großstadtkritik zu behaupten versuchen, die vom "Moloch Stadt" sprach, der die Menschen entwurzele, körperlich und seelisch zugrunde richte und schließlich vernichte, weil das Band "mit der allnährenden Mutter Erde" zerrissen sei - so der Agrarromantiker und Zivilisationskritiker Georg Hansen[20]. Auf das Ruhrgebiet bezogen, lauteten die Etikettierungen aus diesen Kreisen schon vor dem Ersten Weltkrieg "slavische Überfremdung" und "unklarer Siedlungsbrei". Spätere, in nationalsozialistische Richtung weisende Kritiker redeten dann von "Blutmischung" und davon, daß die Mehrzahl der Ruhrgebietsbewohner von Generation zu Generation "rassisch, kulturell und gesellschaftlich" immer "minderwertiger" geworden sei.[21]

Im Zuge der gegen Ende des 19. Jahrhunderts um sich greifenden Identitätskrise vor allem beträchtlicher Teile des Bildungsbürgertums erhielt die Großstadt eine spezifische und breitenwirksame Sündenbockfunktion zugewiesen. Die bürgerlichen Gruppen, die sich bisher als unbestrittene Hüterinnen des humanistischen bzw. klassischen Bildungsideals und daher als gesamtgesellschaftliche Orientierungskraft mit entsprechendem Prestige hatten verstehen können, erlebten die sozioökonomischen Wandlungen, vor allem das Entstehen neuer Eliten und Meinungsbildner und die zunehmende Bedeutung und Wertschätzung von Technik und Naturwissenschaften, als Bedrohung der eigenen Position und suchten nach umfassenden Erklärungen für ihre Lage und nach Lösungen ihrer Probleme. Eine für die deutsche Geschichte verhängnisvolle Folge dieser "fin-de-siècle"-Stimmung war eine jetzt stark zunehmende Hinwendung von ehemals liberalen bürgerlichen Kreisen zum Konservativismus, zur Idealisierung vergangener Zu-

---

19 SCHMIDT, ROBERT: Denkschrift betreffend Grundsätze zur Aufstellung eines General-Siedelungsplanes für den Regierungsbezirk Düsseldorf (rechtsrheinisch). Essen 1912, S. 101
20 HANSEN, GEORG: Die drei Bevölkerungsstufen. 2. Aufl., München 1915, S. 407
21 Vgl. hierzu KAUFMANN, DORIS: Heimat im Revier? Die Diskussion über das Ruhrgebiet im Westfälischen Heimatbund während der Weimarer Republik. In: KLUETING, EDELTRAUD (Hg.): Antimodernismus und Reform. Beiträge zur Geschichte der Deutschen Heimatbewegung. Darmstadt 1991, S. 171-190, bes. S. 188 f.

stände und damit auch zur Kritik an der Großstadtzivilisation, in der sich der angeblich gesamtgesellschaftliche Wert- und Formverlust am deutlichsten ausprägte. Oswald Spengler, der vermutlich populärste Deuter und am weitesten gehende Interpret dieser Erscheinung, hat zwei Jahrzehnte später gerade die Stadtentwicklung als einen Ausgangspunkt für seine Untergangsvisionen verstanden[22]:

"Bedeutet die Frühzeit die Geburt der Stadt aus dem Land, die Spätzeit den Kampf zwischen Stadt und Land, so ist Zivilisation der Sieg der Stadt, mit der sie sich vom Boden befreit und an dem sie selbst zugrunde geht."

Die planlos wuchernde, krankhafte Zusammenballung von immer riesigeren Menschenmassen in gesichts- und seelenlosen Großstädten wurde im Gefolge des Krisengefühls als Beweis dafür betrachtet, daß der Kampf zwischen Stadt und Land mit der endgültigen Niederlage des Landes zu enden drohte, wenn nicht grundlegende Änderungen eintreten würden. Ein breites Spektrum von Schriftstellern und Künstlern unterstützte mit ihren Werken diese Debatte. Das Land, keineswegs nur vom ländlichen Bildungsbürgertum zunehmend verherrlicht als der eigentliche und ursprünglich gesunde Wurzelgrund des Volkes, schien durch die parasitäre Existenz und das krebsartige Wuchern der großen Städte in deren unausweichliche Katastrophe mit hineingezogen zu werden, wenn es sich nicht auf seine Funktion als völkischer "Urquell" besann und entsprechend durch den Staat geschützt und gefördert wurde. Das Land wiederum aber war personifiziert im Bauernstand, und auf ihn richteten sich vielerlei Erneuerungs- und Konsolidierungshoffnungen.

Psychologische, biologische, soziologische und medizinische Erkenntnisse der Zeit wurden bei der Auseinandersetzung um die Stadt zu einem vulgärwissenschaftlichen Gesamtbild zusammengefügt, das nicht zuletzt dadurch, daß es eine statistisch belegbare und wissenschaftlich fundierte Objektivität suggerierte, so viele Anhänger im Bürgertum fand. So versuchten Sozialdarwinisten wie Otto Ammon z.B. durch Schädelmessungen und die Analyse sonstiger somatischer Merkmale wie Haar- und Hautfarbe die körperliche und psychische Degeneration der Großstädter nachzuweisen und zu belegen, daß die Wanderung in die Großstädte eine negative Auslese und Verkümmerung der Rasse bewirke und dahinsiechende Unterschichten auf der einen sowie durch "Überzivilisation" degenerierte, zeugungsunfähige höhere Stände auf der anderen Seite schaffe. Eine Vielzahl mehr oder weniger radikaler, aber auch mehr oder weniger zukunftszugewandter Abwehr-, Flucht- und Erneuerungsbewegungen entstand. Ihr Spektrum reichte von den Lebensreformern, Vegetariern, Naturheilkunde- und Frei-

---

22 SPENGLER, OSWALD: Der Untergang des Abendlandes. München 1922, Bd. 2., Kapitel II

körperkulturanhängern über die Landerziehungsheim- und Jugendkulturbewegung, über die "aus grauer Städte Mauern" hinausstrebende bürgerliche Jugendbewegung der Wandervögel und Freideutschen bis hin zur Gartenstadt- und Bodenreformbewegung, zu den Anhängern der Heimatkunst- und Heimatschutzbestrebungen usw.[23] Wenn hier auch gelegentlich bis ins Abstruse gehende Vorschläge zur Heilung der kranken Gesellschaft wie auch des angeblich durch das Leben in der Stadt denaturierten Individuums vertreten wurden, darf dennoch nicht übersehen werden, daß diese Bewegungen durchaus an realen Gefährdungen der Gesellschaft durch Industrie, Technik und Verkehr ansetzten, diese der Öffentlichkeit bewußtzumachen suchten und gerade durch ihre Übertreibungen auch die seriöse wissenschaftliche Auseinandersetzung mit dem Phänomen Stadt provozierten. Und auch die Idee eines sog. "Dritten Weges" zwischen Sozialismus und Kapitalismus gehört in diesen Zusammenhang[24]:

Siedlungsgenossenschaften sollten "nicht nur dem Einzelnen ein Leben abseits von Industrie und Großstadt, mit optimalen Möglichkeiten zu kultureller Selbständigkeit, individueller Entfaltung eines Lebens in Licht, Luft und Sonne (ermöglichen), sondern auch wirtschaftliche Autarkie, eine ökonomische Basis durch genossenschaftliches Arbeiten und Wirtschaften, sei es auf handwerklichem, gärtnerischem oder landwirtschaftlichem Gebiet", verschaffen.

Beide Richtungen - die urbanisierungskritische wie die positive Beurteilung der kulturschöpferischen Herausforderungen der "Großen Stadt" - setzten sich in der Weimarer Republik fort und polarisierten sich Ende der 20er Jahre dieses Jahrhunderts immer stärker. Wurde einerseits der urbane Mensch, d.h. das unabhängige, freie Individuum, zum Leitbild erhoben und die moderne Großstadt als Experimentierfeld für modernen Lebensstil und fortschreitende Demokratisierung verstanden, so galten andererseits den Völkischen, den Antisemiten, den Nationalisten usw. die kulturellen Erzeugnisse des Großstadtlebens als Ausdruck einer "Asphaltkultur" und einer von Liberalen, jüdischen Intellektuellen, kommunistischen Demagogen und Marionetten eines kalten Kapitalismus betriebenen "Entartung" der deutschen Kultur. Ein Teil des Erfolgs der Nationalsozialisten seit Anfang der 30er Jahre bestand dann darin, daß sie die entsprechenden völkischen, sozialen und politischen Ressentiments in der Bevölkerung, vor allem im bürgerlichen Mittelstand, in ihrer Propaganda und "Heilslehre" aufgriffen und in demagogischer Weise für sich nutzten. Eine "Revolution der Jungen" gegen die angeblich verrottete Kultur der Alten sollte zugleich eine radikale Kulturrevolu-

---

[23] Vgl. dazu neuerdings vor allem den Sammelband von KLUETING (Hg.): Antimodernismus und Reform, s. Anm. 21.
[24] FRECOT, JANOS: Die Lebensreformbewegung. In: VONDUNG, KLAUS (Hg.): Das Wilhelminische Bildungsbürgertum. Göttingen 1976, S. 141 f.

tion sein, durch die eine kampfbereite, von völkischer Opferbereitschaft und nationalem Idealismus beseelte junge Generation neue kulturelle Gemeinschaftsformen jenseits der verderblichen Großstadtzivilisation schaffen und zugleich die Basis für die zukünftige Weltherrschaft der arischen Herrenrasse legen würde - ein geradezu wahnwitziges "Kulturprogramm", an dem jedoch die führenden Nationalsozialisten bis zu ihrem Untergang festgehalten haben.

Ich komme zum Schluß: Ob diese knappe Tour d'horizon durch die deutsche Urbanisierungsgeschichte dem eingangs zitierten Stadtoberhaupt von Bursa etwas bei der Bewältigung seiner akuten heutigen Verstädterungsprobleme nützen könnte, weiß ich nicht. Aber vielleicht kann er das folgende Zitat aus dem berühmten Werk "Die Stadt" von Lewis Mumford als Tröstung und Ansporn nehmen[25]:

Trotz aller Verfallserscheinungen lasse *"die heutige Großstadt selbst in ihrer wirrsten und verdorbensten Gestalt noch gewisse neue Leistungen bei der Ausbreitung menschlicher Kultur erkennen, die es früher, als alle höheren Lebensformen ein Monopol von Zitadelle und Tempel waren, nicht gegeben hat. Der historische Kern der Metropole hat immer noch eine Aufgabe zu erfüllen, sofern seine Bewohner begreifen, daß weder sein ehemaliges Monopol noch sein heutiger Zerfall bis in absehbare Zeit fortdauern können. Wenn man einen physikalischen Ausdruck entlehnen darf, so besteht heute die große Aufgabe darin, physische Masse in psychische Energie zu verwandeln. Wir müssen neue Mittel erfinden, um automatische Ballung in zielbewußte Beweglichkeit umzuwandeln, um den Behälter zu vergeistigen, um den Magneten neu zu laden und das Magnetfeld zu vergrößern. Diese Möglichkeiten rücken vielleicht in greifbare Nähe, wenn wir zunächst die Fehlentwicklungen der Vergangenheit betrachten."*

---

25 MUMFORD: Die Stadt. Geschichte und Ausblick, S. 622 (hier zitiert nach der dtv-Taschenbuchausgabe, München 1979)

ARBEITSGRUPPE 5

DIE ENTWICKLUNG DER FRAUENARBEIT ALS INDIKATOR FÜR SOZIALEN WANDEL

Zur Einführung in das Thema der AG 5

CHRISTINE MAYER

Das Thema "Frauenarbeit" hat sich in den letzten Jahren verstärkt zu einem Gegenstand historischer und sozialwissenschaftlicher Forschung entwickelt. Die bisherigen Bearbeitungen konzentrieren sich jedoch weitgehend auf das ausgehende 19. Jahrhundert. Forschungen zur Vor- bzw. Frühindustrialisierung, die einen Bezugspunkt auch für das Thema dieser Arbeitsgruppe hätten geben können, liegen dagegen kaum vor. Darin spiegeln sich die Schwierigkeiten wider, die mit der Untersuchung der frühen Formen von Frauenarbeit verbunden sind.

Zugleich kann Frauenarbeit nicht nur als Erwerbsarbeit betrachtet werden, denn darunter fällt ein Spektrum verschiedener Arbeitsformen, das von der häuslichen Reproduktions- und Erziehungsarbeit bis zur marktvermittelten Lohnarbeit reicht - ein Aspekt, der im zweiten der folgenden Referate noch ausführlich behandelt wird.

Erst im Kontext fortschreitender Industrialisierung begann sich das Muster individueller Erwerbsarbeit auszubreiten. Haus- und Erwerbsarbeit standen zuvor noch in enger Verbindung miteinander, und die verschiedenen Formen der Frauenarbeit waren noch weitgehend an das Haus gebunden. Frühe zeitgeschichtliche Statistiken und Erhebungen können deshalb nur bedingt als Quellenmaterial zur Spezifizierung der Frauenarbeit herangezogen werden, denn die unterschiedlichen Arten und das reale Ausmaß der Frauenarbeit lassen sich daraus nicht oder nur sehr unzulänglich erschließen.

Bei dem in dieser Arbeitsgruppe diskutierten Thema handelt es sich somit um einen noch wenig konturierten Gegenstand. Zur Bearbeitung der Frage wurde für die ersten beiden Referate eine regionalbezogene Zugangsweise gewählt. Dieses Vorgehen bietet u.a. den Vorteil, daß sozialgeschichtlich relevante Strukturen auf lokalspezifischer Basis besser erfaßt und en detail verdeutlicht werden können.

Für den Beitrag MARIANNE FRIESES bildet die Region Bremen den Hintergrund, eine Region, in der die Industrialisierung erst relativ spät einsetzte und deren Wirtschaftsstruktur im 19. Jahrhundert weitgehend vom Handel geprägt war. Ausgangspunkt ist ein Vergleich verschiedener Frauenerwerbsarbeiten in Zeiträumen mit unterschiedlichem Industrialisierungsgrad. Prozesse von Migration, sozialer Mobilität, proletarischer Familienbildung sowie expandierender Wirtschaftsverhältnisse bilden dabei den Hintergrund, vor dem die Entwicklung der Frauenarbeit im Schnittpunkt von Haus- und Berufsarbeit untersucht wird.

Der Beitrag SYLVIA RAHNS ergänzt den ersten Vortrag. Im Mittelpunkt steht das Bergische Land mit den beiden Industriezentren Elberfeld und Barmen.

Untersucht wird also eine Region, die sich in Wirtschaftsstruktur und Industrialisierungsgrad vom ersten Beispiel deutlich unterscheidet. Mit Hilfe eines Analyserasters werden die verschiedenen Entwicklungsmomente und Formen der Frauenarbeit in dieser Region im Hinblick auf die Frage des sozialen Wandels in den Phasen der Früh- und Hochindustrialisierung herausgearbeitet.

Die Entwicklung und die Strukturen der Frauenerwerbsarbeit bilden eine wichtige sozialgeschichtliche Folie für die Berufsbildung von Mädchen. Als charakteristisch für die frühen Formen der Frauenarbeit kann angesehen werden, daß sich diese nur auf wenige Tätigkeitsfelder und Erwerbsarten beschränkte und Frauen ihre beruflichen Qualifikationen zumeist im häuslichen Milieu oder "irgendwo" erwarben. Für Mädchen und Frauen bestanden, da sie vom traditionellen handwerklichen Ausbildungssystem, der Meisterlehre, ausgeschlossen waren, während des 19. Jahrhunderts zunächst keine formellen Ausbildungsmöglichkeiten. Erst in dessen zweiter Hälfte konstituierten sich - und dann auch nur für Mädchen bürgerlichen Milieus - schulische Berufsbildungswege, und erst mit der Anerkennung der von Frauen ausgeübten Gewerbe als Handwerke (insb. Schneiderei, Putzmacherei und Wäschenäherei) begann zu Beginn des 20. Jahrhunderts die Integration der Mädchen in das System der modernen Berufsausbildung. Dieser Integrationsprozeß ist bekanntlich bis heute noch nicht abgeschlossen. So lag der Anteil der weiblichen Auszubildenden in der dualen Form der Berufsausbildung 1993 bei knapp über 40 %. In den schulischen Berufsbildungsgängen waren Frauen dagegen überproportional vertreten. Ihr Anteil an schulischen Berufsausbildungsformen mit vollqualifizierendem Abschluß (sog. Schulberufe) belief sich 1993 auf über 80 %.[1]

Gleichwohl zeichnete sich seit den siebziger Jahren ein sozialer Wandel ab, der sich in veränderten Bildungsstrukturen (höhere Bildungsabschlüsse) und höherem Qualifikationsniveau bei der jetzigen Generation junger Frauen niedergeschlagen hat. Vor allem aber hat sich im Rahmen dieses Wandels das berufliche Selbstkonzept im Lebenslauf dieser Frauengeneration verändert - ein Prozeß, den HELGA KRÜGER, ausgehend von der Lebenslaufperspektive auf der Basis eines Intergenerationenvergleichs näher untersucht. Im Mittelpunkt stehen dabei Bedeutung und Funktion der Berufsbildung für Frauen im Kontext eines zwischen Familie und Erwerbsarbeit angelegten weiblichen Lebensverlaufs sowie die Realisierung der beruflichen Selbstkonzepte von Frauen im Rahmen strukturell veränderter gesellschaftlicher Bedingungen.

---

1   Siehe Bundesministerium für Bildung, Wissenschaft, Forschung und Technologie (Hg.): Berufsbildungsbericht 1995. Bad Honnef 1995, S. 53 und 62.

Sozialer Wandel und Frauenarbeit im 19. Jahrhundert am Beispiel der Region Bremen

MARIANNE FRIESE

Wenn Frauenarbeit als Indikator des sozialen Wandels gelten kann, erscheint es aus historischer Perspektive sinnvoll, zum einen den Ausgangspunkt der Moderne, den Transformationsprozeß zur Industrialisierung und modernen bürgerlichen Gesellschaft, zum anderen diejenigen Weichenstellungen des 19. Jahrhunderts, die strukturelle Veränderungen der modernen Geschlechter- und Klassenverhältnisse in Gang setzten, in den Blick zu nehmen. Eine solche Perspektive verlangt eine regionale, zeitliche und berufsspezifische Einschränkung, die im folgenden an der Region Bremen vorgenommen wird, und zwar im Vergleich von jeweils zwei Arbeiterinnengruppen in zwei Phasen der Industrialisierung.

Daß Frauenarbeit einerseits als entscheidender Motor der ökonomischen, demographischen, kulturellen und politischen Modernisierung gelten kann, soll für die erste Phase der Industrialisierung an den Dienstmädchen und Tabakarbeiterinnen der Hausindustrie, für die zweite Phase an den Textilfabrikarbeiterinnen und Selbständigen bzw. Handwerkerinnen aufgezeigt werden. Andererseits sind im gleichen Prozeß geschlechts- und klassenspezifische "Modernisierungsfallen" angelegt, die sich bis heute als außerordentlich wirksam für die Kontinuität von Segmentierungs- und Schließungsprozessen auf dem Arbeits- und Berufsbildungsmarkt, nicht zuletzt für die Durchsetzung des Geschlechterverhältnisses in der Reproduktionssphäre erweisen. Dabei wird Reproduktion nicht lediglich als abgetrennte "symbolische Lebenswelt"[1] erfaßt. Im Gegenteil: Die Analyse proletarischer Frauenarbeit im Zusammenspiel von Migration, sozialer Mobilität, proletarischer Familienbildung und expandierendem Markt bietet sich in hervorragender Weise an, den Schnittpunkt von Haus- und Berufsarbeit, von Produktions- und Reproduktionssphäre als ineinandergreifenden Prozeß der Modernisierung aufzuzeigen.

Geschlechtliche Arbeitsteilung und proletarische Familienbildung: frühindustrielle Vorleistungen

Die Entwicklung begann mit dem Niedergang des alten Handwerks und der Herausbildung neuer verlags- und hausindustrieller Produktionsformen und dem parallelen Durchbruch Bremens zum Welthandel, ein Prozeß, der im letzten

---
1 Vgl. HABERMAS, JÜRGEN: Theorie des kommunikativen Handelns. 2 Bde., Frankfurt/Main 1981.

Drittel des 18. Jahrhunderts durchgesetzt war und der für die Entwicklung des weiblichen Proletariats entscheidende ökonomische und kulturelle Weichen stellte. Wichtig ist, daß in Bremen der Übergang vom alten Handwerk zu neuen kapitalistisch geprägten Produktionsformen im wesentlichen im Rahmen der Familiengründung der Gesellen stattfand. Die zünftigen Heiratsschranken wurden schon seit dem 16. und 17. Jahrhundert zurückgedrängt, wobei eine deutliche Konzentration der Heiratsmöglichkeiten im Textilgewerbe und im Bausektor stattfand. Bereits um die Mitte des 18. Jahrhunderts waren die bremischen Gesellen zu 75 % verheiratet, einheimisch und gründeten einen eigenen Haushalt. Die Reproduktion dieser Familien erfolgte auf der Basis kapitalistisch geprägter Lohnarbeit und agrarisch-handwerklicher Familienwirtschaft, in die der Geselle ebenso wie die Ehefrau und die Kinder eingebunden waren.[2]

Hier deutet sich ein spezifischer Zusammenhang von geschlechtlicher Arbeitsteilung, Arbeitsmarktsegmentierung und proletarischer Familienbildung an.[3] Denn ein wesentliches Merkmal des Zusammenhangs von Familienbildung und Frauenarbeit war, daß sich weibliche Lohnarbeit vor allem dort abzeichnete, wo gleichzeitig Verheiratung und Familiengründung der Gesellen möglich war wie zum Beispiel im Textilgewerbe oder im Baugewerbe. Dabei waren die Formen der weiblichen Arbeit vielfältig. Während Frauen als Hilfskräfte vor allem im Textilgewerbe arbeiteten und gleichzeitig in der hausindustriellen Spinnerei und Weberei die Kooperation der Eheleute notwendige Voraussetzung zum Überleben der Familie und des Gewerbes war[4], bewirtschafteten die Ehefrauen der Baugesellen die für die Existenzerhaltung der Familien wesentlichen Zweige der agrarischen Eigenproduktion. Eine weitere typische Weichenstellung für die Segmentierung des Arbeitsmarktes bestand darin, daß die Frauen als "billige" Arbeitskräfte in den untergehenden Gewerben, ebenfalls vor allem im Textilgewerbe, verblieben,

---

2   Vgl. SCHWARZ, KLAUS: Die Lage der Handwerksgesellen in Bremen während des 18. Jahrhunderts. Veröffentlichungen aus dem Staatsarchiv der Freien Hansestadt Bremen 44. Bremen 1975, S. 344 u. 377 ff. Das Phänomen der verheirateten Gesellen ist ebenfalls für andere Städte und Regionen nachgewiesen; vgl. WUNDER, HEIDE: Frauen in der Gesellschaft Mitteleuropas im späten Mittelalter und in der Frühen Neuzeit (15. - 18. Jhdt.). In: VALENTINITSCH, H. (Hg.): Hexen und Zauberer. Die große Verfolgung - ein europäisches Phänomen in der Steiermark. Graz/Wien 1987, S. 123-154.
3   Ausführlich in FRIESE, MARIANNE: Frauenarbeit und soziale Reproduktion. Eine Strukturuntersuchung zur Herausbildung des weiblichen Proletariats im Übergangsprozeß zur bürgerlich-kapitalistischen Gesellschaft - dargestellt an der Region Bremen. Forschungsreihe des Forschungsschwerpunkts "Arbeit und Bildung" der Universität Bremen, Bd. 20. Bremen 1991, S. 125 ff.
4   Den Charakter der Ehe als Arbeitsbeziehung stellt auch Peter Kriedte für das Krefelder Seidengewerbe fest. Vgl. KRIEDTE, PETER u. a. (Hg.): Industrialisierung vor der Industrialisierung. Gewerbliche Warenproduktion auf dem Land in der Formationsphase des Kapitalismus. Göttingen 1977, S. 184.

während die Männer in kapitalistisch geprägte zukunftssichere Produktionsbereiche wechselten.

Demgegenüber fand umgekehrt die unbezahlte "mithelfende" Frauenarbeit vor allem in jenen Gewerben statt, in denen das Heiratsverbot der Gesellen aufrechterhalten blieb. Die traditionellen Gewerbe der Bekleidungsbranche (Schneider und Knopfmacher), der Metallverarbeitung, der Holzverarbeitung, der Nahrungs- und Genußmittelbranche (Bäcker, Fleischer, Müller, Brauer und Branntweinbrenner) waren reine Familienbetriebe. Entscheidend ist, daß aus dieser Form der Hauswirtschaft die beiden größten weiblichen Berufsgruppen der ersten Phase der bremischen Industrialisierung hervorgingen; die Dienstbotinnen und die Tabakarbeiterinnen.

So waren bereits im Jahre 1842 etwa 10 % der weiblichen Bevölkerung Dienstbotinnen, im Jahre 1862 waren es 40,5 % der erwerbstätigen Frauen, und selbst im Jahre 1895, als sich in Bremen die für die Frauenarbeit bedeutsame Textilindustrie gründete, betrug der Dienstbotinnenanteil an den erwerbstätigen Frauen noch 35 %.[5] Vergleicht man demgegenüber die männliche Erwerbsentwicklung, stellt sich heraus, daß sich im gleichen Prozeß und gleichen Maße der Feminisierung des städtischen Dienstbotenberufs die Emanzipation der vormals männlichen Hausgehilfen, die bei einer näheren Differenzierung allerdings gewerbliche Hausangestellte waren, aus der Familien-Gesinde-Wirtschaft abzeichnete. Die ehemaligen männlichen "Gesindebürger" professionalisierten sich in zunehmendem Maße als Gewerbs-, Handwerks- oder Handlungsgehilfen, als Gesellen, Matrosen oder auch als selbständige Schiffsmakler und Kapitäne. In der zweiten Hälfte des 19. Jahrhunderts entwickelte sich analog zu der über 90%igen weiblichen Dienstbotenarbeit die männliche Domäne mit einer Beteiligung von über 80 % im Bereich Handel und Verkehr (von 1867-1907)[6], also in einem für Bremen entscheidenden Wirtschaftsbereich (*vgl. Diagramm 1*).

Parallel zur Dienstbotennachfrage expandierte die Tabak(haus)industrie. Während im Jahre 1816 nur 23 Tabakfabriken und eine Tabak- und Zigarrenfabrik ausgewiesen waren, waren es im Jahre 1847 bereits 14 Tabak-, 55 Tabak- und Zigarrenfabriken und 170 Zigarrenfabriken. Mit der Expansion wandelten sich die Produktionsformen. Fand die Tabakverarbeitung noch um 1820 im familialen Kleinbetrieb statt, war sie in den 30er und 40er Jahren zu einem großen Teil

---

5 Zur geschlechtsspezifischen Bevölkerungsentwicklung und Erwerbsstruktur ausführlich FRIESE: Frauenarbeit und soziale Reproduktion, S. 190 ff., 201 ff.
6 Berufs- und Betriebszählung vom 12. Juni 1907 im Bremischen Staate, Heft 4, Berufszählung. Bremen 1914, S. 6; ebenfalls SCHMITTER, ROMINA: Dienstmädchen, Jute-Arbeiterinnen und Schneiderinnen. Weibliche Arbeitskräfte der Stadt Bremen 1871-1914. Texte und Materialien zum historisch-politischen Unterricht. Bremen (im Erscheinen), S. 22 ff.

Diagramm 1: Dienstboten und Dienstbotinnen im bremischen Staat

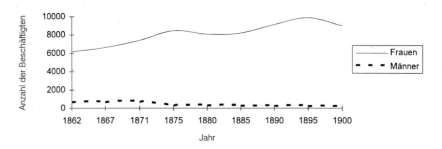

hausindustriell und verlagsmäßig organisiert. Nach einer Zählung, die aufgrund der ausgegebenen Arbeitsbücher vorgenommen wurde, waren durchschnittlich 10 bis 12 Personen in jeder Fabrik beschäftigt. Darunter war die weibliche Beteiligung bemerkenswert hoch. Im Jahre 1841 wurden 368 Arbeiterinnen und 1.649 Arbeiter nachgewiesen[7], 1850 waren 5.601 Tabakarbeiter und 1.209 Frauen (das waren ca. 4 % der weiblichen Bevölkerung) als Wickelmacherinnen und Abstreiferinnen im Tabak- und Zigarrengewerbe beschäftigt[8]. Damit dürften sie nach den Dienstbo-

Diagramm 2: Entwicklung der Arbeitskräftezahlen in der Tabakfabrikation

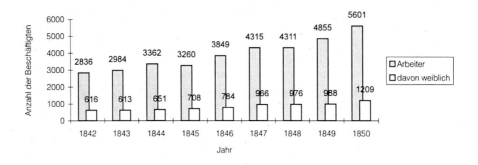

---

[7] Deputationsbericht betreffend gesetzlicher Bestimmungen wegen der Arbeiter in den Fabriken vom 4. Jan. 1842, Bürger-Convents-Verhandlungen 1842

[8] HERMS, DORIS: Die Anfänge der bremischen Industrie. Vom 17. Jahrhundert bis zum Zollanschluß (1888). Veröffentlichungen aus dem Staatsarchiv Bremen 20. Bremen 1952, S. 49. Die Zahlen enthalten aufgrund der Erhebungsmethoden zwar Ungenauigkeiten, geben aber dennoch wichtige Tendenzen wieder. Da die Frauen häufig ohne Arbeitsbuch arbeiteten, ist von einer erheblich höheren Beteiligung auszugehen.

tinnen zu den bedeutendsten Gruppen erwerbstätiger Frauen in Bremen gehört haben *(vgl. Diagramm 2).*

Im folgenden stellt sich die Frage, wie sich aufgrund dieser ökonomischen Voraussetzungen die demographischen, soziokulturellen und berufspädagogischen Entwicklungen gestalteten. Zunächst interessiert die Gruppe der Dienstmädchen, die am prägnantesten den Schnittpunkt zwischen Produktion und Reproduktion markierten.

Dienstmädchen

Ein entscheidendes demographisches Ereignis der Urbanisierung war die Migration, zeitgenössisch der "Zug nach der Stadt"[9], der entscheidend durch die Dienstmädchen geprägt wurde. Wenn die Frauen-Zeitung im Jahre 1850 über die Entwicklung in Berlin feststellte: "Es strömen ... aus der Provinz Hunderte von armen Mädchen, ihre wenigen Habseligkeiten auf dem Rücken, nach der Stadt ... um dort ihr Glück, das heißt einen Dienst zu suchen"[10], galt diese Entwicklung nicht weniger für Bremen. Das Bevölkerungswachstum Bremens war im 19. Jahrhundert in erster Linie auf Wanderungsgewinne zurückzuführen.[11] Zugleich gehörte Bremen zu den Städten mit besonders hohem Frauen- und Dienstbotenanteil.[12] Nach einer massenbiographischen Auswertung der Daten von fast 6.000

---

9 KUCZYNSKI, ROBERT: Der Zug nach der Stadt. Statistische Studien über Vorgänge der Bevölkerungsbewegung im Deutschen Reiche. Münchener volkswirtschaftliche Studien, hrsg. v. Lujo Brentano und Walter Lotz, Bd. 24. Stuttgart 1897

10 HABERLAND, BENNO: Weibliches Elend. In: Die Frauen-Zeitung von Louise Otto, Nr. 11, 1850, S. 4

11 MARSCHALCK, PETER: Zur Bevölkerungsentwicklung Bremens im 19. Jahrhundert. Ergebnisse einer historisch-demographischen Analyse. In: PETZINA, DIETMAR/JÜRGEN REULECKE (Hg.): Bevölkerung, Wirtschaft, Gesellschaft seit der Industrialisierung. Festschrift für Wolfgang Köllmann zum 65. Geburtstag. Dortmund 1990, S. 45-55

12 Die folgenden Daten beruhen auf statistischen Daten (Bevölkerungslisten der Stadt Bremen 1807, 1818, 1823 [Staatsarchiv Bremen], im folgenden: StAB) 2-D.20.c.4.b sowie Volkszählung vom 1. Dezember 1900 im Bremischen Staate, 1. Bd., 6. Kap., S. 63 ff. Die demographischen Ergebnisse zu den Sozialbeziehungen der Dienstmädchen und Tabakarbeiterinnen wurden gewonnen durch die Kombination von folgenden massenbiographischen Quellen: Aus den 30er Jahren des vorigen Jahrhunderts existiert eine umfangreiche Krankenkassenerhebung (StAB 2-T.7.d.B.5.c), die für einige tausend Dienstboten der Stadt Bremen neben Daten zur sozialen Lage auch biographische Angaben über regionale Herkunft enthält. Biographische Auskünfte geben ebenfalls die Bürgereidbücher, Bürgerrechtsakten und Emigrationskonsense. Für die Tabakarbeiterinnen konnten aus Inspektionsprotokollen der Tabak(haus)industrie der Jahre 1844-1846 (StAB 2.SS.5.b.35.D) ebenfalls einige tausend biographische Daten ermittelt werden. Die Daten wurden in Kombination mit den Geburts- und Heiratsregistern, die in Bremen für die Jahre 1815-1875 erhalten sind, ausgewertet; vgl. ausführlich FRIESE: Frauenarbeit und soziale Reproduktion, S. 189 ff.

Dienstbotinnen, die in der Zeit zwischen 1830 und 1833 der Dienstbotenkrankenkasse beitraten, kamen dabei 58 % aus Hannover und Oldenburg, 28 % aus anderen deutschen Staaten und nur 13 % aus der Stadt Bremen, und zwar, wie die Untersuchung der sozialen Herkünfte zeigt, als Töchter der proletarisierten Landarbeiter und Gesellen.[13]

Von Interesse für den Zusammenhang von sozialem Wandel und Proletarisierungsprozessen im 19. Jahrhundert ist, daß sich die Tendenz der sozialen Herkunft ganz entscheidend auf die Eheschließung auswirkte. Die Auswertung der Heiratsregister belegt, daß die verbreitete These vom Aufstieg der Dienstmädchen durch Heirat keineswegs zutreffend ist. Im Gegenteil! Die Dienstmädchen heirateten zu 81 % proletarische Ehemänner. Gegenüber der Herkunft verschob sich das soziale Profil der Dienstmädchen durch Heirat also beträchtlich zugunsten des proletarischen Milieus. Als die Frauen in ökonomischer Hinsicht längst aus dem Handwerk verdrängt waren, trafen sie sich auf der soziokulturellen Ebene mit dessen proletarischem Element *(vgl. Diagramm 3 - 5)*.

Diagramm 3: Herkunftsregionen der Dienstboten um 1830

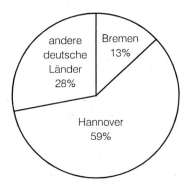

Dieses Zusammenspiel von wachsender Mobilität und proletarischer Familienbildung, das auch als kulturelle "Modernisierung von unten" gelten kann, wirkte gleichwohl auch als Motor für bildungspolitische Reformen und institutionelle Prozesse, die ich als "Modernisierung von oben" kennzeichnen möchte. Schon als die ersten industriellen Produktionsformen entstanden, ging es nicht nur darum,

---

13 Die hohe Beteiligung der Dienstmädchen an der Nahwanderung und ihre Herkunft aus ländlich-proletarisierten Schichten werden für das Deutsche Reich ebenfalls bestätigt durch BERNAYS, MARIE: Das Berufsschicksal des modernen Industriearbeiters (1912). In: FÜRSTENBERG, FRIEDRICH (Hg.): Industriesoziologie. Vorläufer und Frühzeit 1835-1934. Neuwied 1959, S. 126 ff. und LANGEWIESCHE, DIETER: Wanderungsbewegungen in der Hochindustrialisierungsphase. Regionale, interstädtische und innerstädtische Mobilität in Deutschland 1880-1914. In: Vierteljahrschrift für Sozial- und Wirtschaftsgeschichte, 64 (1977), 1, 1977, S. 25 ff.

Diagramm 4: Berufe der Väter heiratender Dienstmädchen (geboren 1786 bis 1843)

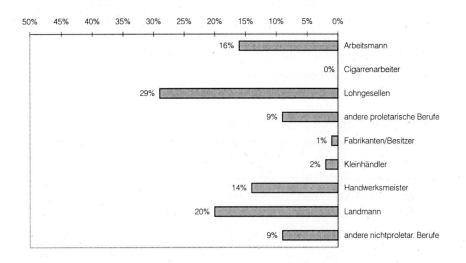

Diagramm 5: Die Berufe der Ehemänner von Dienstmädchen (Heiraten 1820 bis 1850)

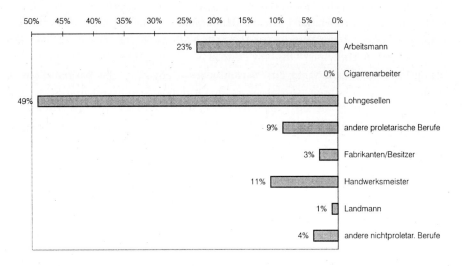

die Arbeitskraft kapitalistisch zu nutzen. Die Erziehung einer "Klasse ungelernter Arbeiter" im "Geist des Kapitalismus"[14] wurde zum zentralen Element der kapitalistischen Fürsorge, die von Anfang an geschlechtstypische Muster vorsah. Auch in Bremen waren es zwei unverzichtbare Elemente - die weibliche Erziehung zur Textilarbeit und zum Dienen -, die die Arbeitspädagogik der Waisenhäuser und Industrieschulen prägten. So lernten schon nach der Anweisung des "Rothen Waisenhauses" die "Knaben rechnen. Die Mägdlein aber lernen von den größeren anstatt des Rechnens das Nähen." Gleichzeitig wurden die "Knaben ... entweder zum Studieren gehalten, oder zu ehrlichen Hanthierungen oder Handwercken, die Mädchen aber ehrlichen Leuten zu dienen"[15].

Diese geschlechtsspezifische Ausbildung setzte sich fort, als es im Ausgang des 18. Jahrhunderts darum ging, die überkommenen patriarchalen Normen des "ganzen Hauses" mit den modernen Erfordernissen einer sich wandelnden Hauswirtschaft und der sich konstituierenden bürgerlichen Kleinfamilie in Einklang zu bringen. Politisch-kulturell sollte das mit der Aufklärung und Romantik entwikkelte bürgerliche Familienmodell und das damit verbundene Frauenideal der Gattin, Hausfrau und Mutter auch im Proletariat verankert werden. Dazu war das bürgerliche Konzept jedoch den Erfordernissen einer modernisierten Ökonomie und proletarisierten Gesellschaft anzupassen. Schon im späten 18. Jahrhundert begann die Debatte über die Notwendigkeit, das Gesinde zu "bilden". Parallel zur Feminisierung des Dienstbotenberufs wurde im 19. Jahrhundert aus diesem allgemeinen moralischen Appell der Aufklärer die Forderung, die bürgerliche Hausfrau müsse zur professionellen Ausbilderin der Mägde werden. Die Bremerin Mathilde Lammers, Redakteurin der bürgerlich-liberalen Wochenzeitung "Nordwest" und Protagonistin der Dienstmädchen(aus)bildung erkannte die Anforderungen der Zeit, die der Wandel von der "alten Mamsell" zur "neuen Stütze" der Hausfrau mit sich brachte.[16] Ihr ging es nicht nur darum, den armen Töchtern der Arbeitsleute und Tagelöhner ein "wesentliches Element ..., das bei häuslichem Thun nicht zu entbehren ist, den Sinn für Ordnung, Sauberkeit und Sorgsamkeit"[17], zu vermitteln. Sie wußte gleichzeitig, daß die "Hebung der Gesindekultur" vorzüglich mit der "Hebung der Arbeiterkultur" zu verbinden war. Denn nach Meinung der politischen Protagonisten, und zwar bürgerlich-liberaler wie proletarischer, war es nach wie vor die fehlende hauswirtschaftliche Unterweisung, vor

---

14 WEBER, MAX: Die protestantische Ethik und der "Geist" des Kapitalismus. In: Gesammelte Aufsätze zur Religionssoziologie, Bd. 1. Tübingen 1920 (1904)
15 Ausführlich dazu FRIESE: Frauenarbeit und soziale Reproduktion, S. 144 ff.; für Hamburg: MAYER, CHRISTINE: Zum Verhältnis von Frauenarbeit, Berufsausbildung und Arbeitsmarkt - eine historische Analyse. In: BONZ, BERNHARD, u. a. (Hg.): Berufsbildung und Gewerbeförderung. 4. Berufspädagogisch-historischer Kongreß 6. - 9. Oktober 1993 in Stuttgart. Bielefeld 1994, S. 275-300.
16 LAMMERS, MATHILDE: Die alte Mamsell und die neue Stütze. In: Nordwest, Nr. 4, Jg. 1, 1878, S. 38-40
17 LAMMERS, MATHILDE: Ausbildung von Dienstmägden. In: Nordwest, Jg. 1, Nr. 2, 1878, S. 25

allem aber die zunehmende Fabrikarbeit der Frauen, die das "häusliche Glück" des Proletariats verhinderten. So bot es sich an, die Institutionalisierung der hauswirtschaftlichen Unterweisung mit der Mägdeausbildung zu verbinden wie in dem 1873 von der Inneren Mission gegründeten bremischen Marthasheim, das das ausdrückliche Ziel verfolgte, "jüngere ehrbare Mädchen ... im Geist evangelisch-christlicher Zucht und Liebe"[18] zu erziehen. Gleichzeitig betonte Mathilde Lammers ausdrücklich, daß es bei der hauswirtschaftlichen Ausbildung auch darum gehe, eine "tüchtige, fleißige und wirtschaftliche Hausfrau für einen braven Arbeiter"[19] auszubilden. Auch der Sozialpolitiker Wilhelm Böhmert, Direktor des Sächsischen Statistischen Landesamtes, lobte die "sozialpolitische Wichtigkeit des Dienstmädchenberufs"[20].

In der Folgezeit wurden in Bremen 1889 und 1897 drei Haushaltungsschulen gegründet mit dem Zweck, "die Töchter wenig bemittelter Eltern, wenn es den letzteren zu einer genügenden Anleitung ihrer Kinder an Zeit, Kraft oder Einsicht fehlt, in den Arbeiten eines einfachen kleinbürgerlichen Haushalts praktisch zu unterweisen"[21]. Die Tatsache, daß sich oft gerade Arbeitertöchter der hauswirtschaftlichen Ausbildung versagten, da der moralische Gestus bürgerlicher Wohltätigkeit und kleinbürgerlicher Ordnungsideale mit ihren Lebensumständen und kulturellen Normen kollidierte, weist nicht nur auf die vorhandenen Widerstandsformen hin. Faktum ist auch, daß der pädagogische Prozeß der "fürsorglichen Belagerung"[22] der Bürgerinnen gegenüber Dienstmädchen und Arbeiterinnen ein doppeltes Herrschaftsverhältnis ausdrückte, in dem neben der patriarchalen Ordnung zwischen Hausherrn und Dienstmagd auch die soziale und politische Differenz zwischen Frauen, zwischen "Herrin" und "Magd" eingeschlossen war. Die äußerst restriktive bremische Gesindeordnung[23], die Berichterstattung in der zeitgenössischen sozialdemokratischen Presse wie in der "Bremer Bürger-Zeitung" und der "Gleichheit" sowie auch die Berichte über den Arbeitsalltag der Dienstmädchen[24] legen ein beredtes Zeugnis ab über die katastrophalen Arbeits-

---

18 SCHMITTER, ROMINA: Dienstmädchen, S. 33
19 LAMMERS, MATHILDE: Marthasheim, in Nordwest, Jg. 1, Nr. 5, 1878, S. 52
20 BÖHMERT, WILHELM: Fürsorge für weibliche Dienstboten. In: Statistisches Jahrbuch Deutscher Städte, Bd. 16. Breslau 1909, S. 261-273
21 SCHMITTER, ROMINA: Dienstmädchen, S. 32
22 FREVERT, UTE: "Fürsorgliche Belagerung". Hygienebewegung und Arbeiterfrauen im 19. und frühen 20. Jahrhundert. In: Geschichte und Gesellschaft, Jg. 11, S. 420-446
23 Die äußerst feudal geprägte bremische Gesindeordnung wurde 1829 erlassen und bestand nach den Revisionen von 1868, 1894 und 1898 ohne wesentliche Veränderungen bis zum Jahre 1918; ausführlich dazu FRIESE: Frauenarbeit und soziale Reproduktion, S. 296 ff.
24 Biographische Hinweise finden sich in den Criminalia und Bürgerrechtsdokumenten; für autobiographische Berichte um die Jahrhundertwende; stellvertretend VIERSBECK, DORIS: "... in fester Stellung". Leben eines Hamburger Dienstmädchens um 1900. Düsseldorf 1986.

bedingungen und subtilen bis offenen Formen der Kontrolle über die Dienstmädchen, die bis zur körperlichen Züchtigung reichten. So hieß es z. B. in einer Zeugenbefragung der Polizei zu einer Beschwerde des Vaters eines Dienstmädchens: "Die Linsing gibt auf Befragen an, daß sie schon wiederholt von der Frau Wiedau mit der Hand geschlagen und auch gestoßen worden sei, zuletzt sei dies am 7. d. Mts. der Fall gewesen. Frau Wiedau habe sie auf den Rücken geschlagen"[25]. Nicht nur der selbstverständliche Zugriff des Hausherrn auf den Körper des Dienstmädchens, auch die psychologische Herrschaft und körperliche Mißhandlung durch die bürgerliche Hausfrau waren also Bestandteil eines Prozesses von Pädagogisierung und Institutionalisierung, in dem sich die drei Kategorien "Geschlecht", "Klasse" und "Ethnizität" überlagerten.

Tabakarbeiterinnen

Für die Tabakarbeiterinnen stellte sich die Entwicklung in anderer Weise, jedoch mit gleichen strukturellen Vorzeichen dar. Ein interessanter Unterschied zu den Dienstbotinnen zeigt sich zunächst im regionalen Herkunftsprofil der Tabakarbeiterinnen, die mehrheitlich (zwischen 1819 und 1845 zu 85 %) aus der Stadt Bremen kamen. Ein Grund hierfür mag in den Vorbehalten der stadtbremischen Frauen gegenüber der persönlichen Abhängigkeit des äußerst feudal-restriktiv gekenneichneten Dienstverhältnisses liegen, wie die zeitgenössischen Klagen über die sogenannte "Leuthenot" und die erfolgreiche Abwerbung der jungen Tabak(haus)industrie bestätigen.[26] Die für andere Städte häufig bemerkte Abwanderung der Dienstboten in die Fabrik war in Bremen aufgrund der schwachen Industrie beschränkt. Zudem fiel es den einheimischen Frauen leichter, sich auf dem freien Arbeitsmarkt als Lohnarbeiterinnen und Gewerbegehilfinnen zu verkaufen. Ausschlaggebender aber mögen die ökonomischen und sozialen Bedingungen der in der Tabakindustrie vorherrschenden Familienarbeitsorganisation gewesen sein, in der sich die Prinzipien der vorindustriellen Familien-Lohn-Ökonomie fortsetzten. Die Eheschließung von Cigarrenmacher und Wickelmacherin bildete nämlich gleichzeitig die Basis einer proletarischen, hausindustriellen Produktionsgemeinschaft, die allerdings deutlich geschlechtsspezifische Züge aufwies. Denn nur der Cigarrenmacher wurde direkt vom Fabrikanten eingestellt und entlohnt, die Wickelmacherin arbeitete als Hilfskraft und lohnabhängig vom Cigarrenmacher. Dieser konnte ebenso der Ehemann wie der Bruder oder Schwager sein.

---

25   StaB 4,14/1-IV.F.2.e; SCHMITTER: Dienstmädchen, S. 51
26   SUSEMIHL-GILDEMEISTER, LISSY: Dienstbotenfragen und -Nöte. In: Die Güldenkammer. Eine bremische Monatsschrift, Jg. 1, H. 1. Okt. 1910, S. 341-348

Dieses System der Familienhausarbeit, das sich bis zur Jahrhundertwende fortsetzte, beeinflußte nicht zuletzt wesentlich die Tatsache, daß die Wickelmacherinnen im Hinblick auf ihre soziale Abstammung noch deutlicher ein proletarisches Profil aufwiesen. Während schon die Dienstbotinnen zu fast 55 % aus proletarisierten Haushalten, allein 30 % aus Lohngesellen-Familien stammten, kamen die Tabakarbeiterinnen zu fast 82 % aus proletarischen, häufig Tabakarbeiterfamilien. Auf ein äußerst homogenes Berufsspektrum zielten dann schließlich auch die Heiratsstrategien im Tabakproletariat. Die Wickelmacherinnen heirateten zu 90 % proletarisch. Allein 68 % der Ehemänner waren Cigarrenarbeiter *(vgl. Diagramme 6 - 8)*.

Spiegeln Eheschließung und Familienbildung einerseits den demo-ökonomischen Prozeß der Verknüpfung von Arbeit und Familienbeziehungen wider, stellt sich andererseits die Frage, wie dieser Prozeß den Arbeitsalltag des Tabakproletariats beeinflußte. Denn die Ehebeschränkungen für bestimmte Stände wie Handwerksgesellen hatten nicht nur durch die ökonomische Entwicklung ihre

Diagramm 6: Herkunftsregionen der Wickelmacherinnen der Geburtsjahrgänge 1819-1945

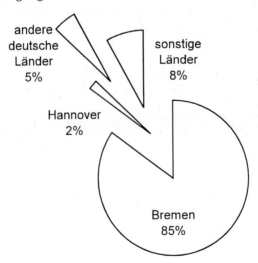

Wirksamkeit verloren. Die Tatsache, daß viele Gesellen trotz der materiellen Nachteile und der versagten Meisterwürde die frei gewählte "vergnügteste Ehe"[27] der Einheirat in den Meisterhaushalt vorzogen, läßt auf eine zunehmende kulturelle Emanzipation des jungen Proletariats schließen, an dem die Frauen durchaus

---

[27] So nannten es die Zinngießer im Jahre 1790; vgl. StAB 2-S.6.o.2.

Diagramm 7: Berufe der Väter heiratender Wickelmacherinnen
(geboren 1819-1845)

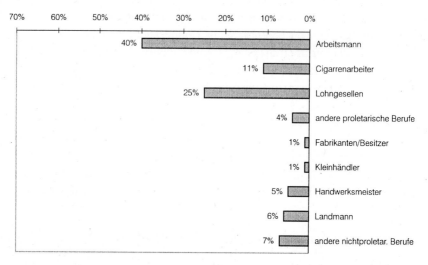

Diagramm 8: Berufe der Ehemänner von Wickelmacherinnen
(Heiraten 1844-1870)

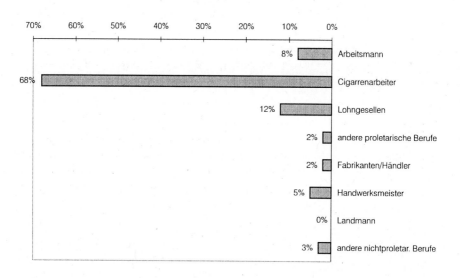

selbständig beteiligt waren. Die Berichte der ersten bremischen Tabakfabrikinspektion, die in vier Bänden für die Zeit von 1842 bis 1862 dokumentiert sind, spiegeln auch von Frauen initiierte sexuelle Praktiken wider. Die Tabakarbeiterin

Helene Persina z.B., deren Bruder den Cigarrenmacher Andreas Warnken im Jahre 1844 wegen gewalttätiger Schläge anzeigte, hatte sich gegen den Vorwurf zu wehren, "daß sie ihn von hinten angefaßt, auf eine Weise, die er als verheirateter Mann nicht habe dulden können. Sie gab das Anfassen zu. Es sei aus Spaß geschehen".[28] In einem anderen Streitfall aus dem Jahr 1851 gab die Wikkelmacherin Emilie Sieckmann zwar zu, "daß sie gesagt, sie habe kleine Brüste, obgleich sie bereits zwei Kinder gehabt, stellte indeß in Abrede, daß sie ihre Brüste öffentlich gezeigt habe. Sie habe sich bloß das Tuch zurückgeschoben". Der beklagte Cigarrenmacher Franz Huber hingegen behauptete: "Die Sieckmann habe gesagt, ob sie ihre Brust auf einmal zeigen solle, worauf alle Cigarrenmacher ja gesagt. Er habe sie angefaßt, weil sie ihn zuerst angefaßt und geblinzelt habe." Der Cigarrenmacher Friedrich Huber bekräftigte: "Die Sieckmann habe sich erboten, ihre Brust zu zeigen. Darauf habe er versucht, ihr die Nadel von den Brüsten wegzuziehen. Er leugne, daß er ihr habe unter den Rock fassen wollen."[29]

Die wenigen Ausschnitte deuten die Ambivalenz des Geschlechterverhältnisses zwischen "Lust und Last", "Liebe und Gewalt" an. "Schläge ins Gesicht", "Schläge gegen die Brust", "Werfen mit Gegenständen", "mit Wasser begießen", "in den Leib treten", "Schnittwunden am Arm", "unanständiges Anfassen", "Hurenschelte" und "Schwängerung", "verletzte Ehre", "nicht eingehaltene Eheversprechen" - die Fabrik-Inspektionsprotokolle zeichnen ein gewalttätiges Geschlechterverhältnis, in dem die Frauen zwar nicht nur Opfer, jedoch tendenziell unterlegen waren. Dabei war die Entlassung wegen Schwangerschaft noch die mildere Form der Sanktion, bei "Fremden" wurde Schwangerschaft vornehmlich mit der Abschiebung in die Heimat sanktioniert, wie zahlreiche Gnaden- und Bittgesuche junger Frauen dokumentieren. Hier schließt sich der Kreis der "vergnüglichen Lust", dessen soziale Last in jedem Fall die Frau zu tragen hatte.

Aber auch den Prozeß der Zurichtung der Ehefrau für einen "braven Arbeiter" erfuhren die Tabakarbeiterinnen wie die Dienstmädchen, jedoch in anderer Weise. Auffällig ist, daß die gleichen gepriesenen Eigenschaften des "weiblichen Arbeitsvermögens", wie Ordnung und Sauberkeit, Verantwortungsgefühl und Integrationskraft, je nach Konjunktur- und Arbeitsmarktlage von den Cigarrenfabrikanten und der staatlichen Obrigkeit einmal als Argument für die Fabrikarbeit von Frauen verwendet wurden, ein anderes Mal dazu dienten, Frauen aus der Fabrik auszuschließen und sie auf die Sicherung des häuslichen Glücks zu verweisen. Als die besorgten bürgerlichen Zeitgenossen zunehmend über die unerhörte Zuchtlosigkeit und Unsittlichkeit unter den Arbeitern und Arbeiterinnen klag-

---

28 Fabrik-Inspektionsprotokoll v. 7. 3. 1844, Bd. 2, Nr. 35 (StAB 2.SS.5.b.35.D)
29 Fabrik-Inspektionsprotokoll v. 4. 3. 1851, Bd. 3, Nr. 54 (StAB 2.SS.5.b.35.D)

ten[30], sah sich der Senat veranlaßt einzugreifen. Als entscheidender Hebel zur Regulierung diente ein "Berufsverbot" für Frauen. So erließ die erste bremische Zigarrenfabrikordnung im Jahre 1842 ein staatliches Arbeitsverbot für Tabakfabrikarbeiterinnen mit dem Argument der Gefährdung der "sittlichen und geistigen Cultur der Fabrikarbeiter". Ausgenommen war die "Beihülfe, welche etwa Frauen ihren Männern und Töchter ihren Eltern bei deren Arbeit, und zwar im Hause derselben leisten möchten"[31]. Mit der ökonomisch unverzichtbaren Arbeitskraft der Ehefrauen und Töchter blieb so die patriarchale Struktur der Hausindustrie erhalten. Bereits zwei Jahre später stieg der Arbeitskräftebedarf, und die Fabrikanten warben um die billigen weiblichen Arbeitskräfte u.a. mit dem Argument, "daß es in der Fabrik, wo Mädchen mitarbeiten, ruhiger zugeht, als da, wo keine Mädchen sind"[32]. Der Bremer Senat hob das eingeschränkte Frauenarbeitsverbot im Jahre 1847 auf. Die Tabakindustrie expandierte. Als sich die Hansestadt jedoch nach 1853 nicht dem Zollverein anschloß, die Fabrikanten abwanderten und Tabakarbeiter arbeitslos wurden, erließ der Senat ein neues eingeschränktes Frauenarbeitsverbot. Einschränkung bedeutete in diesem Fall eine krasse männliche "Quotierung": Frauen sollten nur eingestellt werden, wenn keine männlichen Bewerber vorhanden waren. Als Bremen endlich im Jahre 1861 die Gewerbefreiheit einführte, wurde die bremische Tabakfabrikation größtenteils wieder hausindustriell und vorwiegend mit Familienangehörigen betrieben. So sah auch die bremische Stellungnahme zur 1875 durchgeführten Enquête über den Schutz der in Fabriken gefährdeten Frauen im Tabakgewerbe kein "dringendes Bedürfnis im Interesse der Sittlichkeit"[33]. Mit den gleichen Argumenten wie die Dienstmädchen wurden die Tabakarbeiterinnen schließlich für die weibliche Kulturaufgabe und ständige Verfügbarkeit als Ressource des Arbeitsmarktes disponiert.

Textilfabrikarbeiterinnen

Ein struktureller Wandel des bremischen Arbeitsmarktes zeichnete sich in der zweiten Hälfte des 19. Jahrhunderts mit der Einführung der Gewerbefreiheit im Jahre 1861[34], vor allem mit der seit dem Zollanschluß von 1888[35] entstandenen

---

30 Vgl. Die Cigarrenmacher. In: Bremisches Unterhaltungsblatt Nr. 46 vom 5. 6. 1841, S. 183.
31 Deputationsbericht betreffend gesetzlicher Bestimmungen wegen der Arbeiter in den Fabriken vom 4. Januar 1842, Bürger-Convents-Verhandlungen 1842
32 Vgl. BURGDORF, DAGMAR: Blauer Dunst und rote Fahnen. Ökonomische, soziale, politische und ideologische Entwicklung der Bremer Zigarrenarbeiterschaft im 19. Jahrhundert. Bremen 1984, S. 90.
33 StAB 2.M.6.e.11.b.1
34 In der Auseinandersetzung um die Gewerbeordnung ist relevant die Gewerbeordnung vom 6.

Textilfabrikarbeiterinnen

Ein struktureller Wandel des bremischen Arbeitsmarktes zeichnete sich in der zweiten Hälfte des 19. Jahrhunderts mit der Einführung der Gewerbefreiheit im Jahre 1861[34], vor allem mit der seit dem Zollanschluß von 1888[35] entstandenen Textilindustrie[36] ab. Um 1900 betrug die Arbeiterbevölkerung ca. 56 % der Erwerbstätigen in der Stadt Bremen, der Anteil der Arbeiterinnen an den weiblichen Erwerbstätigen betrug ca. 48 % gegenüber 58 % bei den männlichen Arbeitern. Überprüft man die geschlechtsspezifische Verteilung in den Berufsgruppen, also die horizontale Segmentierung, scheinen sich die Weichenstellungen der ersten Industrialisierungsphase zu wiederholen. So waren Frauen in den expandierenden Berufsgruppen wie "Steine, Erden" (0,9 %), "Metallverarbeitung" (0,3 %), "Maschinen, Werkzeuge, Instrumente" (0,4 %) und "Baugewerbe" (0,2 %) oder im Bereich "Handel und Verkehr" in den Gruppen "Geld- und Kredithandel" (1,5 %) oder Fuhrwerk (0,1 %) nicht nennenswert präsent. Der Großteil der Frau-

Diagramm 9: Frauenanteil in ausgewählten Branchen in Bremen um 1890

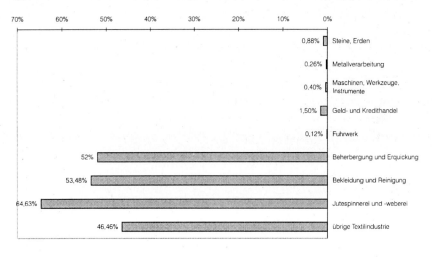

---

34 In der Auseinandersetzung um die Gewerbeordnung ist relevant die Gewerbeordnung vom 6. Oktober 1851. Die Gewerbefreiheit wurde mit Gesetz vom 4. April 1861 eingeführt. Ab 1869 galt die Gewerbeordnung des Norddeutschen Bundes; vgl. BRANDIG, URSULA: Die Einführung der Gewerbefreiheit in Bremen und ihre Folgen. Veröffentlichungen aus dem Staatsarchiv der Freien Hansestadt Bremen, H. 19. Bremen 1951
35 Vgl. HERMS: Die Anfänge der bremischen Industrie.
36 Zur Entwicklung der Textilindustrie in der Region Bremen: ELLERKAMP, MARLENE: Industriearbeit, Krankheit und Geschlecht. Zu den sozialen Kosten der Industrialisierung: Bremer Textilarbeiterinnen 1870-1914. Göttingen 1991.

Zu wiederholen schien sich gleichfalls ein anderer Prozeß, nämlich das Zusammenspiel von wachsender Migration und Mobilität, zunehmender Frauenlohnarbeit, proletarischer Familienbildung und expandierendem Markt. Im Unterschied zur ersten Phase der Industrialisierung, die durch Nahwanderung zwischen dem Raum Ems und Niederelbe, darüber hinaus aus Westfalen und dem Mittelweserraum gekennzeichnet war, speiste sich die Zuwanderung mit dem Durchbruch der "großen Industrie" aus nichtdeutschen Gebieten, und zwar vor allem als Ost-West-Bewegung[38]. Entscheidend ist, daß auch in diesem Prozeß die weibliche Arbeitsmigration wiederum von entscheidender Bedeutung war, was erhebliche Konsequenzen für die ökonomische Entwicklung des Arbeitsmarktes und den Wandel proletarischer Sozialbeziehungen hatte. So rekrutierte die für Bremen wirtschaftlich entscheidende Textilindustrie, vor allem aber die Jute-Industrie als Arbeiterinnen vornehmlich Migrantinnen, und zwar aus osteuropäischen Gebieten. Nach der Reichs-Berufs- und Betriebszählung von 1907 kamen nur 9 % der Jute-Arbeiterinnen aus der Stadt Bremen und knapp 17 % aus den übrigen Gebieten des bremischen Staates, aber fast die Hälfte (47 %) aus dem sogenannten reichsdeutschen "Ausland", namentlich aus Böhmen und Mähren *(vgl. Diagramm 10).*[39]

Diagramm 10: Herkunftsregionen der Jutearbeiterinnen um 1907

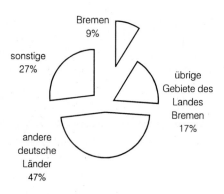

---

38 Vgl. BARFUSS, MARTEN: "Gastarbeiter" in Nordwestdeutschland 1884-1918. Veröffentlichungen aus dem Staatsarchiv der Freien Hansestadt Bremen, Bd. 52. Bremen 1985.
39 Berufs- und Betriebszählung vom 12. Juni 1907 im Bremischen Staate, Heft IV, Berufszählung. Bremen 1914, S. 5

Wenn die Leitung der Jute-Spinnerei und -Weberei ihre "Vorliebe für ausländische, namentlich böhmische Arbeiter" damit zu begründen versuchte, daß die "hiesige ortsansässige Bevölkerung das Weben fast nie erlerne"[40], drückte dies nur einen Aspekt aus. Ein Grund für die Rekrutierung der Migrantinnen war neben der zunehmenden Verschlechterung der Erwerbsmöglichkeiten in den Heimatgebieten die ausgesprochene Aversion der einheimischen Arbeiterschaft gegen die Fabrikarbeit. Im Notstandsbericht der bremischen Gewerbeinspektion von 1901 heißt es beispielsweise: "Die hiesige Bevölkerung nimmt nur schwer, häufig sogar notgedrungen Arbeit in der Textilindustrie an und ergreift je früher desto lieber die Gelegenheit, die Beschäftigung mit einer anderen zu vertauschen."[41] Ausschlagnehmend war darüber hinaus die Lohnstrategie der Textilindustrie, die schon in ihrer Entstehung im Zangengriff hoher lokaler Löhne und extremer schottischer und indischer Niedriglohnkonkurrenz stand.[42] Im Vergleich der Arbeiterinnenlöhne standen die Jute-Arbeiterinnen auf der untersten Stufe, im Geschlechtervergleich der Jute-Arbeiterschaft betrug die Lohndifferenz mehr als 30 % zuungunsten der Frauen.[43] Im Rahmen einer Differenzierung der Beschäftigten der Jute-Industrie nach Erwachsenen und Jugendlichen, Männern und Frauen, Einheimischen und Zugewanderten besaß die jeweils billigere Alternative den Vorrang, so daß sich die Struktur der Belegschaft im Laufe der Zeit derart entwickelte, daß ein extrem hoher Anteil der Belegschaft aus sehr jungen, vorzugsweise jugendlichen Migrantinnen bestand.

Entscheidend waren jedoch nicht zuletzt arbeitspsychologische und rechtliche Herrschaftsstrategien. So galt aus Sicht der Betriebe nicht nur "der Galizier als ein guter, beständiger, geschickter Arbeiter", aus Sicht der Bremer Handelskammer im Jahre 1911 nicht nur die "ausländisch-polnische(n) Arbeiter (als) arbeitswillig, nüchtern und pünktlich, (die) weniger als deutsche Arbeiter zum "Blaumachen" (neigten)". Vor allem die Polinnen wurden gelobt, weil sie "größere Fingerfertigkeit und Gewandtheit (besäßen) und gern Akkordarbeiten (verrichteten)"[44]. Jedoch nicht nur der Rückgriff auf das spezielle weibliche Arbeitsvermögen, auch die Anpassungsfähigkeit der jungen Zuwanderinnen sowie die psychologische wie rechtliche Verfügbarkeit über jugendliche Migrantinnen waren von Vorteil. Über die Anreise der Arbeitskräfte, die von kritischen Zeitgenossen mit "Gefangenen-

---

40 RHEIN, H.: Die Frauenarbeit in den Fabriken. In: 1. Jahresbericht des Arbeitersekretariats, Bremen und Umgebung, Geschäftsjahr 1900. Bremen 1901
41 Notstandsbericht der Gewerbeinspektion an die Senatskommission für die Gewerbeinspektion vom 23. 11. 1901 (StAB 3-S.3 Nr. 316)
42 Vgl. BARFUSS: "Gastarbeiter", S. 39 ff.
43 Ebd. und ELLERKAMP: Industriearbeit, Krankheit und Geschlecht, S. 118 ff.
44 BARFUSS: "Gastarbeiter", S. 41, S. 204

transporten" verglichen wurden, erfahren wir auch, daß sich in besonderer Weise Agenten als "Mädchenhändler" hervortaten, "die junge Frauen unter anderem für Zwecke der gewerblichen Prostitution suchten und mitreisenden Müttern ihre blutjungen Töchter abzuhandeln trachteten"[45]. Hier wiederholte sich eine Erfahrung, die schon die jungen Mägde und Tagelöhnerinnen in der ersten Industrialisierungsphase gemacht hatten.

Einmal angekommen, waren die jungen Arbeiterinnen aber vor allem einem subtilen System von Kontrolle, Kasernierung, rechtlosen Arbeitsverhältnissen und kapitalistischer Arbeitserziehung unterworfen. Die Arbeitsordnungen spiegeln in sehr drastischer Form die reglementierten Arbeitsbedingungen und die Psychologie einer Herrschaftsordnung wider, die in bemerkenswerter Weise an das frühbürgerliche Konzept der "Erziehung im Geiste des Kapitalismus" anschloß: Das patriarchalisch strenge Reglement schrieb lange Arbeitszeiten fest und dekretierte hohe Strafen für Verspätungen und andere Verstöße. Die von der Fabrik geforderten Pflichten waren als christliche Gebote verbrämt, überhaupt diente die Religion als Vehikel, die Unterwerfung der Belegschaft unter das Ordnungssystem der Firma zu rechtfertigen. Im Geiste der protestantischen Ethik wurde die Frömmigkeit der überwiegend aus ländlich-katholischen Gegenden Zugewanderten genutzt, um sie in den Dienst ihrer Unterordnung unter das Firmenregiment zu stellen.[46] Die regligiös verkleidete Ordnung hielt Fabrikherren und Aufseher andererseits nicht davon ab, die rechtliche und psychologische Herrschaft mit sexueller Verfügbarkeit über die Arbeiterinnen zu verknüpfen.

Diese Form des patriarchalen Zugriffs auf den Körper der Frau erlebten die Fabrikarbeiterinnen wie die Tabakarbeiterinnen und Dienstmädchen. Verknüpft wurde dies mit einer spezifischen Form der weiblichen Erziehung, Kontrolle und Sicherung der Arbeitskrafterhaltung, für die das Mädchenheim der Nordwolle ein anschauliches Beispiel bietet: Das Leben war dort streng reglementiert. Die Mädchen nahmen ihre Mahlzeiten, bei denen "besonderer Wert auf kräftige und reichhaltige Ernährung" gelegt wurde, gemeinschaftlich ein. Abendliches Ausgehen war auf 22 Uhr begrenzt, weil ausreichender Schlaf als unerläßlich angesehen wurde. Über die Einhaltung der Hausordnung wachte eine "Oberin". In der werkseigenen Hauskapelle verklärte allsonntäglich ein dem protestantischen Geist der Gründerfamilie Lahusen verpflichteter Pastor das Ordnungssystem des Unternehmens zu gottgewollter Herrschaft. Wurde eine Werksangehörige krank oder stand eine Arbeiterin vor der Entbindung, so ermöglichte die werkseigene

---

45   Ebd., S. 120
46   Ebd., S. 59

Gesundheitsfürsorge die Fortsetzung der Kontrollen und stellte die Wiedereingliederung in den Produktionsprozeß dem Unternehmen anheim.[47]

Dieses Instrument der Sozialfürsorge als "Wohlfahrtsfessel" war in noch stärkerem Maße für die Familien von Bedeutung. Von den verheirateten Frauen der Jute arbeiteten 40 % zusammen mit ihren Ehemännern im selben Betrieb. Davon war ein Teil gemeinsam angeworben worden, zum Teil mit den Kindern, wodurch erhebliche Anwerbekosten im Hinblick auf zukünftige Arbeitskräfte gespart wurden. Häufig hatten sich die Ehepartner jedoch am Arbeitsplatz oder in den Sozialeinrichtungen kennengelernt. Bedeutsam ist, daß die Jute nach dem Modell des "Trucksystems" ein subtiles Sozialsystem in Form von Werkswohnungen und Sozialeinrichtungen aufbaute, das als verlängerter Kontrollarm zwischen Fabrik und Privatsphäre fungierte und das es ermöglichte, die ökonomische wie psychologische Abhängigkeit, Kontrolle und Verfügbarkeit über die Arbeitskräfte auch langfristig abzusichern. So zahlte das Unternehmen beispielsweise geringfügige Gratifikationen bei familiären Ereignissen wie Kommunion unter der Bedingung, daß die Kinder nach ihrer Schulentlassung ein halbes Jahr in der Fabrik arbeiteten. Gleichzeitig behielt sich die Bremer Jute in ihren Mietverträgen ausdrücklich das Recht vor, nach eigenem Gutdünken Logisgäste bei ihren Mietern einzuquartieren und letzteren das Kostgeld vorzuschreiben. Die Nordwolle ließ es anfangs sogar zu, daß Familien bis zu siebzehn Kostgänger in die relativ kleinen Werkswohnungen aufnahmen.[48] Die materiellen und hygienischen Nöte der "Aftermieter" und "Kostgänger" sowie der Familien sind aus den zeitgenössischen Quellen hinreichend bekannt.

Bedeutsam für den sozialen Wandel ist aber auch die Tatsache, daß sich das Aftermietwesen sowie die Schaffung der Sozialeinrichtungen erheblich auf die Entwicklung der Familienbildung auswirkte. Zum einen aufgrund der Tatsache, daß die ledigen Einlogierer, von denen die Jute wiederum mit gut 30 % aller Frauen und knapp 3 % Männern vertreten war, häufig bei Landsleuten ein Unterkommen fanden und nach der Heirat wiederum selbst in eine Werkswohnung wechselten, um in dieser Landsleute als Kostgänger oder Aftermieter aufzunehmen. Zum anderen zeigt die Auswertung der Heiratsregister und Personenstandsakten, daß die Ehestrategien in vierfacher Hinsicht, nämlich herkunftsmäßig, sozial, sprachlich und konfessionell auf ein homogenes kulturelles Milieu zielten.[49] Abermals prädestinierten gleiche Herkunft, gemeinsames Arbeiten und

---

47   Ebd., S. 141; ebenfalls ELLERKAMP: Industriearbeit, Krankheit und Geschlecht, S. 146
48   Vgl. BARFUSS: "Gastarbeiter", S. 144 ff.; ELLERKAMP: Industriearbeit, Krankheit und Geschlecht, S. 140 ff.
49   Vgl. BARFUSS: "Gastarbeiter", S. 168 ff. Aus explizit rassehygienischer Perspektive kommt Hans Duncker in seiner Untersuchung der Meldebücher aus Bremen-Blumenthal ebenfalls zu dem

Wohnen sowie gemeinsame Unterdrückungserfahrungen zu proletarischer Eheschließung und Familienbildung. Letztendlich konstituierte sich ein "Juteproletariat", das in Arbeitswelt und Gesellschaft als unterste Schicht der Lohnabhängigen eine relativ geschlossene Gruppe bildete, deren Elend und Fremdheit irritierten, Vorurteile nährten und Distinktionen bzw. Differenzierungen innerhalb der Klasse beförderten. Die Erwerbstätigen und auch die Frauen spalteten sich in eine im wesentlichen aus Migranten und vor allem Migrantinnen bestehende Fabrikarbeiterschaft und ein Konglomerat der übrigen Berufe aus Einheimischen, Nahwanderern und den restlichen Personen des Deutschen Reiches. Speziell die Migrantinnen besetzten die Arbeitsplätze, die erstens Männer und zweitens einheimische Frauen "übrig" ließen. Demgegenüber kamen die Dienstbotinnen auch um die Jahrhundertwende weiterhin vor allem als Nahwanderinnen aus der ländlichen Umgebung, die Tabak(haus)arbeiterinnen waren vor allem verheiratete Frauen der bremischen Tabakarbeiterschicht, während sich gleichzeitig ein weiterer Teil der bremischen weiblichen Erwerbstätigen im Bereich von Handel und Gewerbe konzentrierte. Im folgenden wird untersucht, wie sich die Entwicklungen im handwerklich-gewerblichen Bereich und unter den selbständigen Gewerbetreibenden fortsetzten.

Selbständige Frauen und Handwerkerinnen

Auffällig ist zunächst die Kontinuität der geschlechtsspezifischen Segmentierung der Berufsgruppen, die im Bereich der selbständigen Gewerbetreibenden wie in der handwerklichen Berufsausbildung beharrlich war. Im geschlechtsspezifischen Vergleich hatten die weiblichen Gewerbetreibenden ihren Betrieb weniger im Handel (24 %) als in der Industrie (38 %), hier vor allem in der Textilindustrie (71 %), im Bekleidungs- und Reinigungsgewerbe (65 %), im Hausierhandel (48 %), im Kleinhandel (38 %) sowie im Bereich "Beherbergung und Erquickung", das heißt vor allem in dem zum Handel gezählten Gaststätten- und Hotelgewerbe (37 %) *(vgl. Diagramm 11)*.[50] Erwähnenswert ist, daß die Betriebe der Frauen im Unterschied zu denen der Männer zum größten Teil "Alleinbetriebe" waren, die sich am Rande des Existenzminimums bewegten. Wie schon nach dem Zusammenbruch der Textilindustrie in der ersten Industrialisierungsphase die als selbständig ausgewiesene "Näherin" zugleich als Handarbeiterin wie Tagelöhnerin

---

Ergebnis einer vorwiegend sozial und regional geprägten homogenen Familienbildungsstrategie der aus Polen eingewanderten Arbeitskräfte; vgl. DUNCKER, HANS: Polnische Einwanderung nach Bremen. In: Der Schlüssel. Bremer Beiträge zur deutschen Kultur und Wirtschaft, 8. Jg., H. 2. Bremen 1943, S. 32-38.
50 Vgl. SCHMITTER: Dienstmädchen, S. 115.

Diagramm 11: Anteile der selbständigen Frauen in ausgewählten Branchen

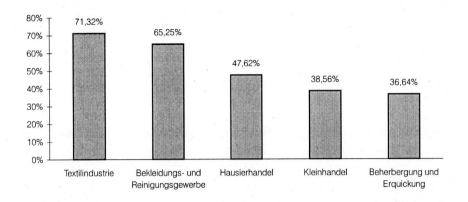

gegen Kost-, Zeit- und Stücklohn im bürgerlichen Haushalt arbeitete, waren auch um die Jahrhundertwende die typischen Vertreterinnen weiblicher Selbständigkeit die alleinarbeitende Näherin, die Schneiderin und die Wäscherin, die meist auch Büglerin war.

Aus den Bremer Adreßbüchern geht hervor, daß die Schneiderinnen bzw. Handwerkerinnen der "Damenkonfektion" als größte Gruppe der weiblichen Gewerbetreibenden fast immer zur Miete wohnten, in ihrer Wohnung auch den Arbeitsplatz hatten, nicht selten mit der Schwester oder Mutter lebten und arbeiteten, also eine Form des weiblichen Erwerbs betrieben, der an der Schnittstelle zwischen Heim(haus)arbeit und selbständiger Erwerbsarbeit lag. Diese ökonomische und soziale Lage war auch charakteristisch für verheiratete Frauen, deren Ehemänner nach den Adreßbüchern immerhin zu zwei Dritteln aus proletarischem bzw. kleinem Handwerker- bzw. Handelsmilieu stammten.[51] Für die selbständigen weiblichen Gewerbetreibenden galt ebenso wie für die Arbeiterinnen, daß sie die von Marie Bernays charakterisierte "Doppelseitigkeit" als "Berufsschicksal"[52] auf sich nahmen, nicht zuletzt damit der Unterhalt der Familie gesichert war.

Diese Form des weiblichen Erwerbs am Rande des Existenzminimums hatte im Hinblick auf die moderne Berufsbildungsdebatte jedoch noch weitere Konsequenzen. Wenn z.B. die Schneiderin Helene Letzas in einem Brief an die Bremer Gewerbekammer schrieb, daß sie "auf Lehrlinge angewiesen" sei, weil sie "den

---

51 NIERMANN, CHARLOTTE: Die Bedeutung und sozioökonomische Lage Bremer Kleinhändlerinnen zwischen 1890 und 1914. In: Geschäfte. Teil 1. Der Bremer Kleinhandel um 1900. Beiträge zur Sozialgeschichte Bremens, H. 4. Bremen o.J., S. 96 ff.
52 BERNAYS: Berufsschicksal, S. 129

Lohn eines Gehilfen nicht zahlen" könne[53], und gleichzeitig aus den Unterlagen des Gewerbeamtes hervorgeht, daß Schneiderinnen als Arbeitgeberinnen im Hinblick auf Arbeitszeit, Löhne und Qualifizierung immer wieder Bestimmungen der Arbeiterinnenschutzgesetzgebung verletzten, mag das zum einen der wirtschaftlich desolaten Situation der weiblichen Selbständigen und dem männlichen Konkurrenzdruck geschuldet sein. Zum anderen setzte sich eine Tradition der Verhinderung der qualifizierten weiblichen Handwerkslehre fort, die auf die Verdrängung der Frauen aus dem Handwerk im 18. Jahrhundert zurückging. Genau an diesem Punkt wurde um die Jahrhundertwende vor allem von dem durch bürgerlich-liberale Frauen initiierten "Verband für handwerksmäßige und fachgewerbliche Ausbildung der Frau"[54] parallel zur Konstitution des modernen Berufsbildungssystems eine erneute Debatte um die gewerbliche Ausbildung der Frau entfacht, die einerseits als Motor für die erste Bildungsreform der gewerblichen Arbeiterin wirkte, andererseits jedoch die historischen Weichen der Berufsausbildung markierte, die bis heute für die Herausbildung sog. "Frauenberufe" und die permanente Segmentierung und Schließung dualer Berufsbildungsgänge sorgen.

In diesem Prozeß kam dem bremischen Handwerk eine herausragende Rolle zu. Als die Reichs-Berufszählungen im Ausgang des 19. Jahrhunderts[55] das "zahlreiche Eindringen unqualifizierter Frauen auch in Handwerksberufe"[56] auswiesen, leitete der deutsche Handwerks- und Gewerbekammertag im Jahre 1906, nicht zuletzt auf Initiative der Gewerbekammer Bremen, eine reichsweite Untersuchung über die Frau im Gewerbebetrieb ein[57]. Dem bremischen Ersten Konsulenten der Gewerbekammer, Dr. Michaelis, wurde die Erhebung und Auswertung der Enquête sowie die Berichterstattung auf dem Nürnberger Kammertage übertragen. Ein Ergebnis fällt auf: Zwar unterschied sich die Verteilung der Berufe

---

53 SCHMITTER: Dienstmädchen, S. 129
54 Vgl. SCHLÜTER, ANNE: Neue Hüte - alte Hüte? Gewerbliche Berufsausbildung für Mädchen zu Beginn des 20. Jahrhunderts - Zur Geschichte ihrer Institutionalisierung. Düsseldorf 1987 und DIES. (Hg.): Quellen und Dokumente der gewerblichen Berufsbildung von Mädchen (Quellen und Dokumente der Berufsbildung in Deutschland, Reihe C, Bd. 1. Köln 1987
55 Es handelt sich um die Berufszählungen von 1882, 1895 und 1907. Vgl. auch: Die gewerbliche Frauenarbeit im Staate Bremen. In: Bremer Nachrichten v. 2. 8. 1910: Der prozentuale Anteil des weiblichen Geschlechts ist im Vergleich der Bundesstaaten relativ niedrig (z.B. 1907: 16, 19 % gegenüber Hamburg mit 21,6 %). Im Hinblick auf das Gesamtgewerbe einschließlich Industrie ist die Reihenfolge: Erquickungsgewerbe, Schneiderei und Kleiderkonfektion, Wäscherei und Plätterei, Beherbergung, Handel mit Manufakturwaren, Jutespinnerei, Handel mit Kolonial-, Eß- und Trinkwaren.
56 MICHAELIS: Die Frau im Handwerk. In: Das Deutsche Handwerksblatt. Mitteilungen des deutschen Handwerks- und Gewerbekammertages, 1. Jg., 1907, S. 18
57 Vgl. StAB 6,12-I.F.22. Bd.1.

regional, deutlich aber war die Konzentration auf wenige typische weibliche Handwerke. Die Frauen waren Putzmacherinnen oder Modistinnen, Weißnäherinnen, Strickerinnen, in Bremen vor allem Damenschneiderinnen, Friseurinnen und Photographinnen. Und in eben diesen Gewerben führte nach Meinung der Zeitgenossen die gewerberechtlich unkontrollierte Ausbildung, nicht zuletzt das "Unwesen" der unqualifizierten Meisterinnen zu scharfer weiblicher Konkurrenz.

Der Bremer Syndikus machte weitreichende Reformvorschläge. Genauer betrachtet argumentierte er aber nicht in erster Linie im Interesse der Arbeiterinnen selbst, sondern eher aus der Perspektive der Ökonomie und Sozialpolitik. Es ging um ein dreifaches Ziel: Zum einen glaubte er mit der Ausschaltung der Frauenkonkurrenz der befürchteten Tendenz entgegenzuwirken, die den Zeitgenossen seit dem Entstehen des Proletariats Sorge bereitete: nämlich, daß sich die Bevölkerung proletarisch vermehre. In Bremen z.B. habe sich die Fabrikbevölkerung in der Zeit von 1879 bis 1899 fast verdreifacht, sie betrage über 7 % der Gesamtbevölkerung.[58] Zweitens sah er in fachlich qualifizierten jungen Arbeiterinnen auch Vorteile für die Entwicklung des Handwerks, denn die expandierende deutsche Wirtschaft solle nicht durch fachtechnisch mangelhaft ausgebildete Frauen aufgehalten werden. Schließlich werde zur gleichen Zeit, so hieß es im Bericht der bremischen Gewerbekammer 1900, "in allen Gewerbszweigen über den Mangel an Arbeitern, namentlich an gut gelernten und geschulten Kräften geklagt"[59]. Vorgesehen war diese Qualifikation allerdings drittens nicht für alle Frauen, sondern vor allem für die jungen ledigen Arbeiterinnen. Die verheiratete Frau gehöre ins Haus. Solange das ideale Ziel, so Michaelis' Motto "Heraus aus der Fabrik, zu deiner Familie, deinem Kind zurück", nicht erreicht sei, sollten Koch-, Näh-, Handarbeits-, Haushaltungsschulen, Horte, Jugendheime und ähnliche Einrichtungen ersetzen, was die proletarische Jugend wegen der aus Erwerbsnot erforderlichen Aushäußigkeit der Mutter (Eltern) an Familiensinn, wirtschaftlicher Ausbildung usw. entbehren muß"[60]. Und nicht ohne Stolz vermerkte die Gewerbekammer: "Seit November 1889 besitzt auch Bremen eine sogenannte Haushaltungsschule, eine Einrichtung zur Förderung der Ausbildung solcher Mädchen für den Hausfrauenberuf, denen die Verhältnisse nicht gestatten, sich von Haus aus diejenigen hauswirthschaftlichen Kenntnisse zu eigen zu machen, deren Fehlen später oft der Grund ist für die Nothlage so mancher Familien"[61]. Abermals also sollte das "häusliche Glück" ein Beitrag zur sittlichen "Hebung" des Arbeiterstandes und damit zur Lösung der "socialen Frage" sein.

---

58 Vgl. Bericht der bremischen Gewerbekammer Mai 1898 - März 1900, vom 28. Mai 1900.
59 Vgl. ebd.
60 MICHAELIS: Die Frau im Handwerk, S. 19
61 Vgl. Bericht der bremischen Gewerbekammer Mai 1898 - März 1900, vom 28. Mai 1900.

Im historischen Rückblick stellen sich die Ergebnisse der ersten Bildungsreform für gewerbliche Arbeiterinnen äußerst widersprüchlich dar. Zwar fand eine zögerliche rechtliche Angleichung der Frauenberufe statt. Davon profitierten aber vor allem die Mädchen des Mittelstandes. Die Rekrutierung von Arbeitertöchtern für Frauenberufe fand erst zu einem Zeitpunkt statt, als eine erhöhte Nachfrage auf dem Arbeitsmarkt und gewandelte Berufsstrukturen griffen. Gleichzeitig gelangen die Erschließung wesentlicher neuer Berufsfelder und die Öffnung der gewerblich-technischen Männerberufe nicht. Die Entwicklung des Lehrlingswesens nach 1910 zeigt die nach wie vor vorhandene Fixierung auf wenige Berufe. In der Zeit von 1917 bis 1928 waren z.B. in Bremen 491 weibliche Lehrlinge gegenüber 3.376 männlichen Lehrlingen erfaßt, dies entspricht einem Mädchenanteil von 14,6 %. Dabei verteilte sich dieser Anteil der Mädchen auf die typischen Frauenberufe: Schneiderin 283, Wäscheschneiderin 48, Putzmacherin 61, Stikkerin, 12, Friseurinnen 87.[62]

Entscheidend ist, daß diese uns heute als typische Frauenberufe bekannten Tätigkeiten weder schon immer Frauenberufe noch allen sozialen Schichten zugänglich waren, sondern erst in einem historischen Prozeß feminisiert und proletarisiert wurden. So entwickelten sich typische Frauentätigkeiten, wie z.B. der Dienst der Köchin, der zunächst durch Dienstboten mittlerer sozialer Herkunft ausgeübt wurde, in dem Moment zum Männerberuf, in dem der Wandel von der feudal geprägten Hauswirtschaft zur industriellen Lohnarbeit stattfand. Umgekehrt entwickelte sich der ökonomisch wenig lukrative Friseurberuf historisch von einem Männerberuf zu einem Frauenberuf. Er steht bis heute in der Besetzung der Ausbildungsberufe für Mädchen an oberster Stelle. Mit den beschränkten Berufsbildungsmöglichkeiten schließen sich letztendlich hier die Elemente eines spezifischen demo-ökonomischen, soziokulturellen und berufspädagogischen Bildungsprozesses zu einer komplexen Struktur, deren generative Prinzipien bereits in der frühbürgerlichen Gesellschaft herausgebildet wurden und die sich im weiteren Verlauf der Modernisierung als außerordentlich wirksam für die Durchsetzung der modernen Geschlechterverhältnisse erwiesen.

---

62 Vgl. STAATSARCHIV BREMEN (Hg.): Bremer Frauen in der Weimarer Republik 1919-1933. Bremen 1991, S. 102.

Frauenarbeit und sozialer Wandel im 19. Jahrhundert in der Region Bergisches Land

Sylvia Rahn

Einleitung

Eines der größten sozialen Probleme seiner Zeit - so schreibt 1845 der im Bergischen Land aktive frühsozialistische Publizist Moses Hess -[1]
> sei *"die Vernachlässigung der Arbeiter durch die Gesellschaft im Allgemeinen, wenn sie durch die Concurrenz, durch Einführung vollkommenerer Maschinen, durch Anstellung von Weibern und Kindern ... brodlos ... geworden sind."*

Im Jahr 1988 veröffentlicht die Bundeszentrale für politische Bildung ein Themenheft zur Industrialisierung und zur sozialen Frage im 19. Jahrhundert; dort heißt es[2]:
> *"Eine ... düstere Seite ist die Frauen- und Kinderarbeit der Frühindustrialisierung ... Die Beschäftigung von Frauen und Kindern in der Fabrikarbeit hatte ihre wichtigste Ursache ... darin, daß Frauen und Kinder billige Arbeitskräfte waren. In der englischen Textilindustrie im Anfang des vorigen Jahrhunderts schätzte man für eine Zeitlang, daß die Mehrheit der Fabrikarbeiter aus Frauen und Kindern bestand, während die Männer arbeitslos zu Hause saßen, aber sehr bald wurden die schädlichen Auswirkungen für die Familie, die Gesundheit, die Erziehung, aber auch die Effektivität der Arbeit von vielen Seiten bemerkt, von konservativen und liberalen Vertretern sowohl in England wie auch später in Deutschland und dann vor allen Dingen von den Vertretern der aufkommenden Arbeiterbewegung."*

Zwischen beiden Zitaten liegt eine Zeitspanne von mehr als 140 Jahren, und doch fällt die weitgehend gleiche Perspektive auf, in der Frauenarbeit in den Texten thematisiert wird: Sowohl der zeitgenössische Beobachter im frühen 19. als auch die Verfasser des Themenheftes der Bundeszentrale im ausgehenden 20. Jahrhundert nennen Frauenarbeit in einem Atemzug mit der Kinderarbeit, nehmen sie als unliebsame Konkurrenz für die männlichen Arbeiter wahr und stellen die Frauenarbeit so im Kontext der sozialen Frage dar. Die Lösung des identifizierten Problems Frauen- und Kinderarbeit wurde im Verlaufe des 19. Jahrhunderts - so faßt die Publikation der Bundeszentrale zutreffend zusammen - schließlich in der

---
1 O. V. (HESS, MOSES): An die Leser und Mitarbeiter des Gesellschaftsspiegels. In: Gesellschaftsspiegel. Organ zur Vertretung der besitzlosen Volksklassen und zur Beleuchtung der gesellschaftlichen Zustände der Gegenwart, Bd. 1. Elberfeld 1845, Reprint Amsterdam 1971 (Ohne Pag.)
2 BUNDESZENTRALE FÜR POLITISCHE BILDUNG (Hg.): Informationen zur politischen Bildung, Heft 164: Das 19. Jahrhundert, Bd. 2: Industrialisierung - Soziale Frage. Bonn 1988, S. 17

Abschaffung des Phänomens selbst geschen. Der "gerechte Familienlohn"[3] des Mannes als Voraussetzung für die Freisetzung der Frau für häusliche Reproduktions- und Erziehungstätigkeit wurde zu einem zentralen Thema der zeitgenössischen Diskussion.

Die sozialgeschichtliche Historiographie machte sich diese Sichtweise dann insofern weitgehend zu eigen, als sie Frauenarbeit kaum als Problem an und für sich erforschte, sondern zumeist mit der Frage der Männerarbeit verknüpfte. Die bereits angedeutete Konsequenz hieraus war, daß auch in der wissenschaftlichen Retrospektive Frauenarbeit im 19. Jahrhundert als ein Problem erschien, dessen Lösung mittelbar aus der Verbesserung der Arbeitsbedingungen und der Entlohnung der männlichen Arbeiter resultiere. Frauenarbeit - so läßt sich resümieren - wurde in der zeitgenössischen Auseinandersetzung des vorigen Jahrhunderts und in der modernen Sozialgeschichtsschreibung ab den 60er Jahren dieses Jahrhunderts übereinstimmend als Zeichen unbewältigten sozialen Wandels und nur als solches thematisiert.

Eine derartige Perspektive allein vermag in der Auseinandersetzung mit dem Gegenstand Frauenarbeit aber nicht mehr zu befriedigen. Implizit liegt ihr nämlich mit dem bürgerlichen Familienbild und der darin enthaltenen Vorstellung einer gesellschaftlich als erwünscht erachteten Arbeitsteilung der Geschlechter ein Modell als Beurteilungsmaßstab zugrunde, das in den letzten 25 Jahren sukzessive an faktischer und normativer Geltung verloren hat. Die Maxime ernst nehmend, daß jegliche historische Forschung ihre Fragestellungen aus aktuellen Entwicklungen bezieht, Geschichtsschreibung sich also - wie es der Geschichtsdidaktiker Karl-Ernst Jeismann prägnant auf den Begriff gebracht hat - im "Horizont der Gegenwart"[4] vollzieht, muß die sich aus der Zugrundelegung des bürgerlichen Familien- und Frauenbildes resultierende Verengung des Blickwinkels aufgegeben werden. Während die traditionelle sozialgeschichtliche Historiograhie wegen ihrer - in der Regel nicht als solche reflektierten - vornehmlichen Orientierung an diesem Maßstab Frauenarbeit ausschließlich mit Frauener-

---

3   Vgl. hierzu DE BUHR, HERMANN: Sozialer Wandel und Moderne im Wuppertal der Gründerzeit. In: BEECK, KARL-HERMANN (Hg.): Gründerzeit. Versuch einer Grenzbestimmung im Wuppertal. Abhandlungen und Spezialbibliographie. Köln 1984, S. 42-63, hier: S. 51; KÖLLMANN, WOLFGANG: Sozialgeschichte der Stadt Barmen im 19. Jahrhundert. Tübingen 1960, S. 139; ROSENBAUM, URSULA: Sozialgeschichte der Stadt Barmen zur Zeit des Kaiserreichs (1870-1914). München 1955, S. 197.
4   Siehe hierzu JEISMANN, KARL-ERNST: Geschichte als Horizont der Gegenwart. Über den Zusammenhang von Vergangenheitsdeutung, Gegenwartsverständnis und Zukunftsperspektive. Paderborn 1985, hierin besonders: DERS.: Didaktik der Geschichte. Die Wissenschaft von Zustand, Funktion und Veränderung geschichtlicher Vorstellungen im Selbstverständnis der Gegenwart, S. 27-42.

werbsarbeit identifizierte, weil diese augenscheinlich mit dem erwünschten Soll-Zustand konfligierte, legen jüngere Forschungen die Auffassung nahe, daß der Begriff Frauenarbeit keineswegs nur mit marktförmig ausgeübter und entlohnter Frauenerwerbsarbeit gleichzusetzen ist. Die Diskussion um die Erosion des vorrangig von Frauen getragenen sozialen Ehrenamts[5] etwa kann dabei als nur ein Beleg dafür gelten, daß Frauen in der Vergangenheit Arbeitsleistungen erbracht haben, die erst dann als solche bewußt wahrgenommen wurden, als sie in die Krise zu geraten drohten.

Um auch derartige, bislang häufig ignorierte Formen von Frauenarbeit einbeziehen und also das Verhältnis von Frauenarbeit und sozialem Wandel umfassend beschreiben und analysieren zu können, wird im folgenden an die Befunde der sozialwissenschaftlichen und historischen Frauen- bzw. Geschlechterforschung angeknüpft. Sie ist seit den 80er Jahren dieses Jahrhunderts verstärkt darum bemüht, ein wissenschaftliches Instrumentarium zu entwickeln, mit dessen Hilfe auch die bis dato weitgehend unterhalb der Wahrnehmungsschwelle der Forschung angesiedelten Arbeitsleistungen von Frauen adäquat erfaßt werden können.[6] Das wohl elaborierteste und für das hier verfolgte Vorhaben, Frauenarbeit im 19. Jahrhundert umfassend zu untersuchen, theoretisch tragfähigste Analyseraster hat unlängst Ursula Beer vorgelegt.

Sie unterscheidet auf der Basis von zwei Differenzierungsmerkmalen, nämlich erstens der Entgeltlichkeit bzw. Unentgeltlichkeit der Arbeit und zweitens dem Allokationsprinzip, das der Arbeitsaufnahme zugrunde liegt, vier verschiedene Formen von Frauenarbeit. Auf diese Weise gelangt Beer zu einer Differenzierung von zunächst selbständiger und abhängig ausgeübter Frauenarbeit und unterteilt letztere darüber hinaus in erstens marktvermittelt-entgeltliche, zweitens familienvermittelt-unentgeltliche und schließlich drittens verbandsvermittelt-unentgeltliche Frauenarbeit.[7] So ist ein Modell entstanden, das nahezu alle denkbaren Facettierungen von Frauenarbeit im 19. Jahrhundert von der selbständigen Gewerbetreibenden über die Lohnarbeiterin bis hin zur mithelfenden Familienangehörigen und ehrenamtlich sozial tätigen Frau erfassen kann. Deshalb wird im weiteren das Verhältnis von Frauenarbeit und sozialem Wandel im 19. Jahrhun-

---

5 Siehe hierzu BACKES, GERTRUD: Frauen und soziales Ehrenamt. Zur Vergesellschaftung weiblicher Selbsthilfe. Augsburg 1987; zur Diskussion um die "Erosion des sozialen Ehrenamts" den Sammelband von MÜLLER, SIEGFRIED/THOMAS RAUSCHENBACH (Hg.): Das soziale Ehrenamt. Nützliche Arbeit zum Nulltarif. Weinheim 1988.
6 Siehe hierzu den Überblick über den Stand der Frauenarbeitsforschung und die in diesem Bereich konkurrierenden Klassifikationssysteme in BEER, URSULA: Geschlecht, Struktur, Geschichte. Soziale Konstituierung des Geschlechterverhältnisses. Frankfurt/Main 1990, S. 192 ff., besonders S. 202-203.
7 Ebd., S. 203-204

dert durch die Operationalisierung des von Beer entwickelten Analyserasters untersucht.

Mit diesem Vorhaben sind jedoch einige Probleme verknüpft: Denn obwohl mit der Region Bergisches Land respektive mit seinem industriellen Mittelpunkt, den Städten Elberfeld und Barmen, die heute die Stadt Wuppertal bilden, ein Untersuchungsraum bearbeitet wurde, der sich für die Analyse der Frauenarbeit im 19. Jahrhundert wegen seiner bekannten Vorreiterrolle im Industrialisierungsprozeß[8] und seiner für Frauen angesichts der Dominanz der Textilindustrie besonders aufnahmefähigen Wirtschaftsstruktur als günstig erwiesen hat, ist eine exakte quantifizierende Analyse des relativen Gewichts und der Entwicklung der verschiedenen Formen der Frauenarbeit im 19. Jahrhundert nicht möglich. Das heutige Wuppertal gehört zwar zu den wohl besterforschten Wirtschaftsregionen überhaupt, dennoch sind in der wissenschaftlichen Literatur empirische Ergebnisse nicht nur zu den bislang eher vernachlässigten Arbeitsformen, sondern auch zur Frauenerwerbsarbeit im engeren, d. h. marktvermittelt-entlohnten Sinne eher rar. Dies liegt im wesentlichen in der Quellenlage begründet. So fehlt nicht nur - wie zu erwarten war - jegliche Quantifizierung des Volumens familienvermittelt-unentlohnter Reproduktionstätigkeit und verbandvermittelt-unentlohnter Frauenarbeit, sondern darüber hinaus ist der Frauenanteil aus den zur Erwerbsarbeit von Männern und Frauen vorliegenden Statistiken - insbesondere für die frühindustrielle Zeit - zumeist nicht zu entnehmen. Für die Phase der Hochindustrialisierung ist dann zwar eine deutlich bessere Materiallage zu verzeichnen, aber eine quantitative Untersuchung des gesamten Spektrums der Frauenarbeit ist auch für diese Zeitspanne nur bedingt möglich. Bekannterweise haben selbst die im 19. Jahrhundert durchgeführten Reichsberufszählungen etwa die mithelfenden Familienangehörigen nicht korrekt erfaßt.[9]

Insgesamt basieren deshalb die folgenden Ausführungen zumeist weniger auf eindeutig interpretierbaren Statistiken als auf einem Konglomerat teils quantita-

---

8 Siehe hierzu KÖLLMANN, WOLFGANG: Das Wuppertal in der deutschen Geschichte. In: JORDAN, HORST/HEINZ WOLFF (Hg.): Werden und Wachsen der Wuppertaler Wirtschaft. Von der Garnnahrung 1527 zur modernen Industrie. Wuppertal 1977, S. 14-22, hier: S. 16; REULECKE, JÜRGEN: Das Wuppertal - ein Vorreiter im deutschen Modernisierungsprozeß. Ein Nachwort. In: HERBERTS, HERMANN: "Alles ist Kirche und Handel ..." Wirtschaft und Gesellschaft des Wuppertals im Vormärz und in der Revolution 1848/49. Neustadt an der Aisch 1980, S. 239-255; REULECKE, JÜRGEN: Nachzügler und Pionier zugleich: das Bergische Land und der Beginn der Industrialisierung in Deutschland. In: POLLARD, SIDNEY (Hg.): Region und Industrialisierung. Studien zur Rolle der Region in der Wirtschaftsgeschichte der letzten zwei Jahrhunderte. Göttingen 1980, S. 52-68.
9 Siehe hierzu MÜLLER, WALTER/ANGELIKA WILLMS/JOHANN HANDL: Frauenarbeit im Wandel. Forschungsfragen und Datenbasis. In: DIES.: Strukturwandel der Frauenarbeit 1880-1980. Frankfurt/Main 1983, S. 7- 24, hier: S. 20-21.

tiver, teils qualitativer Materialien. Es liegt darum auf der Hand, daß die im weiteren zu formulierenden Ergebnisse kein exaktes Bild der vielschichtigen Entwicklung der Frauenarbeit erzeugen können. Abgebildet werden Trends, die aber für die bisher häufig nur verkürzt dargestellte Geschichte der Frauenarbeit doch aufschlußreich sein können.

In einer dreischrittigen Argumentation wird im folgenden der Frage nachgegangen, wie sich die verschiedenen Formen von Frauenarbeit im Verlaufe des 19. Jahrhunderts verändert haben, welchen Stellenwert sie für den hinsichtlich des sozialen Wandels im 19. Jahrhundert maßgeblichen Industrialisierungsprozeß jeweils hatten und inwieweit die zu skizzierende Entwicklung den sozialen Wandel im 19. Jahrhundert nicht nur spiegelte, sondern ihn selbst trug. Während Frauenarbeit also traditionell als Zeichen unbewältigten sozialen Wandels gekennzeichnet wurde, wird sie hier als Indikator *für* sozialen Wandel begriffen. So wird zu verdeutlichen sein, daß Frauenarbeit allein deshalb nicht pauschal als negativ zu bewertende Folge sozialen Wandels verstanden werden kann, weil sie ebensosehr Bestandteil der sozialen Frage war wie auch Medium ihrer gesellschaftlichen Bearbeitung. Zu diesem Zweck wird das Verhältnis von Frauenarbeit und sozialem Wandel in drei Abschnitten untersucht. Im ersten Schritt wird die Frauenarbeit in der Phase der Frühindustrialisierung entfaltet, und im zweiten Schritt werden kontrastierend die Veränderungen in der Hochindustrialisierung dargestellt. Drittens schließlich wird ausblickartig an die Befunde eines am Lehrstuhl für Berufs- und Wirtschaftspädagogik der Ruhr-Universität Bochum durchgeführten DFG-Projektes angeknüpft, das in berufspädagogischer Perspektive die Lebens- und Arbeitswelten von Wuppertaler Arbeiterjugendlichen beiderlei Geschlechts untersucht hat. Vor diesem Hintergrund wird der Versuch unternommen, die am Beispiel der Städte Elberfeld und Barmen erzielten Ergebnisse zur Geschichte der Frauenarbeit im 19. Jahrhundert in ihrer Bedeutung für die historische Berufsbildungsforschung kenntlich zu machen.

Zur Situation und Entwicklung der Frauenarbeit im Wuppertal der Frühindustrialisierung

Der Prozeß sozialen Wandels, wie er sich in Elberfeld und Barmen im Kontext der Frühindustrialisierung realisierte, wird in der mit der Erforschung dieser Region befaßten sozial- und wirtschaftsgeschichtlichen Literatur im wesentlichen auf drei Ebenen beschrieben, und zwar erstens als Prozeß demographischen Wandels, zweitens als Prozeß wirtschaftsstrukturellen und arbeitsorganisatorischen Wandels und schließlich drittens als Prozeß sich sukzessive verändernder Denk- und Verhaltensweisen, mit denen die Zeitgenossen wiederum auf die grundlegenden Modifikationen ihrer Um- und Lebenswelt reagierten. Die Kennzeichen des so gefaßten sozialen Wandels im Vollzug der Frühindustrialisierung lassen sich dabei knapp wie folgt zusammenfassen: In den drei Dezennien zwischen 1820 und 1850, auf die die Phase der Frühindustrialisierung der Wupperstädte Elberfeld und Barmen im allgemeinen datiert wird, hat sich die Bevölkerung des Wuppertals von im Jahre 1820 rund 42.000 auf um 1850 etwa 83.000 nahezu verdoppelt, wobei der Anstieg zu etwa einem Drittel auf Wanderungsgewinne und zu zwei Dritteln auf Geburtenüberschuß zurückzuführen ist.[10] Gleichermaßen als Voraussetzung und als Folge der so bevölkerungsstatistisch nachweisbaren Verstädterung des Wuppertals veränderte sich auch die Wirtschaftsstruktur und Arbeitsorganisation, was für die Zeitspanne der Frühindustrialisierung häufig mit der Formel der "Gleichzeitigkeit des Ungleichzeitigen"[11] auf den Begriff gebracht wird. Sie bringt die Ambivalenz der sich herausbildenden frühindustriellen Wirtschaft im Wuppertal zum Ausdruck, die einerseits durch die starke Kontinuität von traditionellen Handwerksbetrieben sowie von in weiten Teilen der textilen Produktion und Verarbeitung verlagsmäßig organisiertem Heimgewerbe und andererseits durch die sich in anderen Sparten der textilen Wirtschaft durchsetzende Industriearbeit gekennzeichnet war. Auf die infolge der Verstädterung und der allmählichen Expansion zentraler Produktionsweisen immer offenkundiger werdende soziale Not als nunmehr unübersehbares Massenphänomen reagierten die Zeitgenossen mit der "Entdeckung" und Diskussion der sogenannten "sozialen Frage" sowie der Entwicklung und Erprobung diesbezüglicher Lösungs- respektive Bearbeitungsversuche, unter denen das sich ab den 40er Jahren abzeichnende und 1853 endgültig konzipierte "Elberfelder System" einer kommunalen, ehrenamtlich organisierten Armenfürsorge sicherlich das prominenteste Beispiel bildet.[12]

In welchem Verhältnis stand nun die Frauenarbeit im frühen 19. Jahrhundert zu den angedeuteten Signien sozialen Wandels im frühindustriellen Wuppertal? Für die Beantwortung dieser Frage ist zunächst wichtig, daß die demographische Entwicklung als ein wesentliches Charakteristikum sozialen Wandels nicht nur durch die Geburt und Versorgung der Kinder wesentlich von Frauen, sondern zudem durch ihre Beteiligung an den Wanderungsgewinnen getragen wurde. Wenn auch der Frauenanteil an den Migranten für die erste Hälfte des 19. Jahr-

---

10 Siehe hierzu SANDER, HELMUT: Bevölkerungsexplosion im 19. Jahrhundert. In: JORDAN: Werden und Wachsen der Wuppertaler Wirtschaft, S. 110-119.
11 So in REULECKE: Das Wuppertal - ein Vorreiter im deutschen Modernisierungsprozeß, S. 239; siehe auch HUTTEL, KLAUS PETER: Wuppertaler Bilddokumente. Ein Geschichtsbuch zum 19. Jahrhundert in Bild und Text, Bd. 1. Wuppertal 1985, S. 203.
12 Vgl. WEISBROD, BERND: Wohltätigkeit und "symbolische Gewalt" in der Frühindustrialisierung. Städtische Armut und Armenpolitik im Wuppertal. In: MOMMSEN, HANS/WINFRIED SCHULZE (Hg.): Vom Elend der Handarbeit. Probleme historischer Unterschichtenforschung. Stuttgart 1981, S. 334-357.

hunderts nicht genau zu ermitteln ist, so lassen sich doch Indizien dafür finden, daß er nennenswert war. So ermittelt etwa eine zeitgenössische Erhebung bezogen auf Elberfeld für das Jahr 1850, d. h. für die Endphase der Frühindustrialisierung, rund 4.300 zuwandernde Personen, von denen 2.060, also fast die Hälfte, weiblichen Geschlechts waren.[13] Welche Arbeitsformen diese Mädchen und Frauen künftig ausübten, liegt zwar im Dunkeln, ist aber eine berechtigte Vermutung, daß sich - wie Wolfgang Köllmann dies am Beispiel Barmens für die Hochindustrialisierung nachgewiesen hat[14] - ein Teil dieser Mädchen und Frauen im Wuppertal als Magd oder Dienstmädchen verdingten.

Damit ist bereits ein wesentlicher Aspekt der weiblichen Erwerbsstruktur im frühindustrialisierten Wuppertal benannt: Der Großteil der marktvermittelt-entlohnt erwerbstätigen Frauen war in dieser Phase als Magd oder im häuslichen Dienst beschäftigt. So unzuverlässig die Zahlenangaben der preußischen Gewerbetabellen insgesamt auch sein mögen, sie weisen doch die große Bedeutung dieses Sektors für die weibliche Erwerbstätigkeit nach. Hierzu nur folgende Angaben: In Elberfeld arbeiteten im Jahr 1816 bei einer Bezugsgröße von etwa 4.500 Frauen im Alter zwischen 15 und 60[15] Jahren ca. 900 Mädchen und Frauen als Gesinde, waren also - wie es in der Erhebung heißt - "Domestike zur persönlichen Bequemlichkeit der Herrschaft"[16]. 1849 waren dies bei nun allerdings einer Bezugsgröße von etwa 14.000 Frauen im Alter von 17 bis 60[17] Jahren schon über 2.000[18]. Insgesamt hat sich also die absolute Zahl der als Gesinde und in den häuslichen Diensten beschäftigten Mädchen und Frauen in den 33 Jahren mehr als verdoppelt. Relativ gesehen ist ihr Anteil in bezug auf die ortsansässige weibliche Bevölkerung der genannten Altersgruppe Elberfelds aber von etwa 1/5 auf 1/7 gesunken. Unabhängig davon, wie man die Entwicklung dieser Sparte weiblicher Lohnarbeit im einzelnen auch interpretieren mag, klar ist, daß sie - wenn auch mit abnehmender Tendenz - eine dominante Rolle in der marktvermittelt-entlohnten Frauenarbeit spielte, dergegenüber die von den Zeitgenossen so stark beachtete weibliche Fabrikarbeit von geringerer Bedeutung war. Noch 1858 weist nämlich die sogenannte Statistik der Fabrikanstalten nur etwa 2.000 weibli-

---

13 COUTELLE, KARL (Hg.): Elberfeld, topographische-statistische Darstellung. Elberfeld 1852, Nachdruck Wuppertal-Elberfeld 1963, S. 30-31
14 KÖLLMANN: Sozialgeschichte der Stadt Barmen, S. 83-84 und S. 86
15 Entnommen aus Stadtarchiv Wuppertal, E IV 1002, 38: Statistische Tabelle des städtischen Theils der Gemeinde Elberfeld für das Jahr 1816, Bl. 3.
16 Ebd., Bl. 4
17 Die Zahl kann nur den Stellenwert eines Näherungswertes beanspruchen. Sie wurde errechnet nach COUTELLE: Elberfeld, topographische-statistische Darstellung, S. 31-32.
18 Entnommen aus Stadtarchiv Wuppertal, E IV 1000, 42: Gewerbetabellen und statistische Übersichten von 1819-1851, Bl. 236 (v)

che Beschäftigte aus. Und diese 2.000 Mädchen und Frauen waren keineswegs alle Fabrikarbeiterinnen im heutigen Sinne des Wortes, vielmehr wurde in der Statistik auch eine nicht näher zu beziffernde Marge von weiblichen Beschäftigten im Verlagssystem erfaßt.[19] Daß allerdings die industriell produzierenden Textilbetriebe des Wuppertals in hohem Umfang weibliche Personen beschäftigten, verdeutlicht die Aufstellung des Personalbedarfs einer Baumwollspinnerei bei Elberfeld für das Jahr 1840.[20] Bei einer Gesamtbelegschaft von etwa 350 Personen waren rund 100 weiblich, insgesamt war der Mädchen- und Frauenanteil aber vermutlich wesentlich höher. Für den Regierungsbezirk Düsseldorf ist hinsichtlich der zentralisierten Betriebe in der Baumwollspinnerei - allerdings ohne Berücksichtigung der Altersdifferenzierung - nachgewiesen worden, daß in ihnen um die Mitte der 40er Jahre das Geschlechterverhältnis fast ausgeglichen war.[21] Insofern läßt sich mit Blick auf die marktvermittelt-entlohnte Frauenarbeit festhalten, daß die Tätigkeit als Magd oder Dienstmädchen überwog, Frauen aber in bestimmten Branchen des Textilgewerbes in nennenswertem Maße - für einzelne Fabriken sogar nahezu ausschließlich - Trägerinnen der industriellen Arbeitsvollzüge waren[22].

Das größte Kontingent weiblicher Arbeitskraft dürfte im frühindustrialisierten Wuppertal allerdings von anderen Arbeitsformen als der marktvermittelt-entgeltlichen abgeschöpft worden sein, und zwar in erster Linie von der gewerbestatistisch nicht erfaßten Tätigkeit als mithelfende Familienangehörige. Verdeutlichen läßt sich dies anhand der für die Wuppertaler Wirtschaft wichtigen Weberei. So beziffert die bereits erwähnte zeitgenössische Erhebung von 1851 die Zahl der in Elberfeld existierenden Webstühle auf rund 2.400.[23] Dem standen etwa 1.500 Meister und 800 Gesellen und Lehrlinge, also insgesamt 2.300 männliche Arbeits-

---

19 Siehe Hauptstaatsarchiv Düsseldorf, Reg. Düs., 2166: Gewerbetabelle 1858 nach Kreisen, Bl. 38 ff.
20 Siehe Stadtarchiv Wuppertal, Nachlaß Jung, Bd. III: Nachrichten über Hammerstein (A), Bl. 204 f. Die herangezogene Aufstellung wurde zuerst ausgewertet von EMSBACH, KARL: Die soziale Betriebsverfassung der rheinischen Baumwollindustrie im 19. Jahrhundert. Bonn 1982, S. 268 bis 269; ebenso in DAMASCHKE, SABINE: Zwischen Anpassung und Auflehnung. Die Lage der Wuppertaler Textilarbeiterschaft in der Mitte des 19. Jahrhunderts. Wuppertal 1992, besonders S. 122.
21 EMSBACH: Die soziale Betriebsverfassung der rheinischen Baumwollindustrie im 19. Jahrhundert, S. 325-326
22 So ist in dem bei Damaschke abgedruckten "Reglement für das in der Dampfweberei und Winderei von M. Leser & Comp. beschäftigte Arbeiter=Personal" aus dem Jahr 1855 nur von Arbeiterinnen die Rede. Siehe hierzu DAMASCHKE: Zwischen Anpassung und Auflehnung, S. 115 bis 121.
23 Siehe hierzu und zum folgenden COUTELLE: Elberfeld, topographische-statistische Darstellung, S. 48.

kräfte gegenüber. Zudem wurden 150 auf Webstühlen beschäftigte Personen weiblichen Geschlechts benannt. Die Zahl der explizit aufgeführten Arbeitskräfte überstieg jene der Webstühle folglich nur knapp. Wenn auch für die eigentliche Bedienung eines Handwebstuhles - und um solche handelt es sich hier - eine einzelne Person ausreichte, der gesamte Arbeitskräftebedarf der Weberei lag jedoch, wenn man die notwendigen Vor- und Zuarbeiten berücksichtigt, wesentlich höher. Der exakte Personalbedarf der verlagsmäßig organisierten Heimweberei ist zwar nur sehr schwer zu beziffern, er dürfte aber etwa bei zwei Beschäftigten pro Stuhl gelegen haben.[24] Nun ist der Frauenanteil von den allein in der Weberei erforderlichen rund 2.400 mithelfenden Familienangehörigen nicht zu benennen. Berücksichtigt man aber, daß über die Ehefrauen und Töchter der Heimweber hinaus ebenfalls jene der übrigen rund 1.900 Meister Elberfelds[25] im Betrieb mitgearbeitet haben dürften, ist die Dominanz der familienvermittelt-unentgeltlichen Arbeit für das gesamte Spektrum der Frauenarbeit in der Frühindustrialisierung deutlich.

An dieser Auffassung kann auch dann festgehalten werden, wenn man die 1.800 weiblichen Erwerbstätigen zur Kenntnis nimmt, die nach der Gewerbetabelle von 1849 in Elberfeld von selbständiger - so der Quellentext - "Handarbeit als Näherin, Wäscherin" etc. gelebt haben sollen.[26] Diese Zahl ist mit größter Vorsicht zu interpretieren und keineswegs so, als belege sie die Bedeutung der selbständigen Tätigkeit als einen nennenswerten Faktor im Gesamtspektrum der Frauenarbeit in der ersten Hälfte des 19. Jahrhunderts. Als selbständige Frauenarbeit im engeren Sinne, d. h. Arbeit in einem eigenen Betrieb, weist die Gewerbestatistik nämlich nur die Putzmacherinnen und explizit damit für das Jahr 1850 einen Kreis von 36 Personen aus. Die in der Statistik von 1849 so hoch angesetzte Zahl selbständiger Handarbeiterinnen aber ist in dem Klassifikationssystem von Ursula Beer nicht eindeutig zu verorten. So belegen qualitative Materialien wie etwa die vorliegenden Lebenserinnerungen des Sohnes einer Wuppertaler Heimweberfamilie, daß die Frauen nicht nur die notwendigen Hilfsarbeiten in der Weberei leisteten, sondern in den häufigen Notzeiten zudem andere Tätigkeiten, etwa solche als Waschfrau, verrichteten.[27] Somit gilt vermutlich die von Wolfgang Köllmann formulierte Aussage, daß vor 1850 "ein erheblicher Teil der Bevölke-

---

24   Vgl. hierzu EMSBACH: Die soziale Betriebsverfassung der rheinischen Baumwollindustrie im 19. Jahrhundert, S. 116-122.
25   Siehe COUTELLE: Elberfeld, topographische-statistische Darstellung, S. 54.
26   Stadtarchiv Wuppertal, E IV 1000, (42): Gewerbe-Tabellen und statistische Übersichten von 1819 bis 1851, Bl. 236
27   Siehe hierzu: Die kleine, mühselige Welt des jungen Hermann Enters. Erinnerungen eines Amerika-Auswanderers an das frühindustrielle Wuppertal. Wuppertal 1970, S. 27, S. 31, S. 36, S. 39, S. 43-44.

rung Einkommen aus mehr als einer Erwerbstätigkeit bezog"[28], in besonderem Maße für die Frauen. Mithin ist eine konsequente und empirisch stichhaltige Operationalisierung des von Beer entwickelten Analyserasters zur Erfassung der verschiedenen Formen von Frauenarbeit hinsichtlich der drei erstgenannten nicht nur aufgrund der zeitgenössischen Erhebungspraxis, sondern auch aus sachlogischen Gründen für die erste Hälfte des 19. Jahrhunderts nur bedingt möglich.

Soviel sollte aber deutlich geworden sein: Frauenarbeit bedeutete im Wuppertal der Frühindustrialisierung in erster Linie familienvermittelt-unentgeltliche Tätigkeit als mithelfende Familienangehörige, im wesentlichen Umfang marktvermittelt-entgeltliche Tätigkeit in den häuslichen Diensten und in - quantitativ gesehen - geringerem Maße Fabrikarbeit, wohingegen selbständige weibliche Gewerbetreibende, die sich auf diese Weise selbst versorgten, eher die Ausnahme gebildet haben dürften. Wenn also mit Blick auf die ersten beiden Aspekte des sozialen Wandels im Vollzug der Frühindustrialisierung, d. h. hinsichtlich der Bevölkerungsentwicklung und vor allem der sich allmählich verändernden Wirtschaftsstruktur und Arbeitsorganisation im Wuppertal, durch den Nachweis der Vielschichtigkeit der Frauenarbeit deutlich geworden sein sollte, daß sie diesbezüglich die Kontinuität traditioneller Strukturen ebenso induziert wie deren Wandel, bleibt mit Blick auf den dritten obengenannten Gesichtspunkt des sozialen Wandels, nämlich die Bearbeitungsformen, mit denen die Zeitgenossen auf die soziale Situation ihrer Zeit reagierten, festzuhalten, daß Frauenarbeit in diesem Kontext zunächst fast bedeutungslos war. Bis 1850 etwa war Frauenarbeit zwar Bestandteil der sozialen Frage, nicht aber Trägerin ihrer gesellschaftlichen Thematisierung. Dort, wo sich Kirchen, Kommunen und Vereine um die Lösung der sozialen Frage bemühten, waren Frauen in der ersten Hälfte des 19. Jahrhunderts kaum involviert. Von dem wegweisenden System kommunaler, ehrenamtlich geleisteter Armenfürsorge Elberfelds blieben sie vorerst ebenso ausgeschlossen wie von den Diskursen der evangelischen Amtskirche, so daß von einer verbandsvermittelt-unentgeltlichen Tätigkeit von Frauen bis zur Mitte des 19. Jahrhunderts kaum eine Rede sein kann.

Insgesamt ergibt sich also vor dem Hintergrund des Analyserasters von Ursula Beer folgendes Bild der Frauenarbeit im frühindustriellen Wuppertal.

Ohne daß damit etwas über die genaue Relation zwischen den Sparten ausgesagt wäre, bleibt festzuhalten, daß die abhängige Arbeit quantitativ gesehen von wesentlich größerer Bedeutung gewesen ist als die selbständige. Innerhalb der

---

28 KÖLLMANN, WOLFGANG: Einleitung. In: DERS. (Hg.): Quellen zur Bevölkerungs-, Sozial- und Wirtschaftsstatistik Deutschlands 1815-1875, Bd. II: Quellen zur Berufs- und Gewerbestatistik Deutschlands 1816-1875: Preußische Provinzen. Bearbeitet von Antje Kraus. Boppard am Rhein 1989, S. 1-25, hier: S. 12

abhängigen Arbeit dominierte die familienvermittelt-unentgeltliche, gefolgt von der marktvermittelt-entgeltlichen Arbeit. Die verbandsvermittelt-unentgeltliche Arbeit schließlich war in der Frühindustrialisierung kaum existent - ein Szenario, das sich, wie nun zu zeigen ist, in der Phase der Hochindustrialisierung auffällig verändern sollte.

Zur Situation und Entwicklung der Frauenarbeit im Wuppertal der Hochindustrialisierung

In der Phase der Hochindustrialisierung setzten sich im Wuppertal die in der ersten Hälfte des 19. Jahrhunderts beginnenden Prozesse sozialen Wandels mit stark beschleunigtem Tempo fort. Die Bevölkerungszahl beider Wupperstädte stieg derart an, daß sowohl Elberfeld als auch Barmen in den 80er Jahren des 19. Jahrhunderts die 100.000er-Marke überschritten und im Rahmen der Reichsberufszählung von 1895 zu den 28 im Deutschen Reich insgesamt existierenden Großstädten gezählt wurden. Gleichzeitig wurde die Wuppertaler Wirtschaft immer mehr von industriellen Produktionsweisen geprägt. Sukzessive verlor nun ebenfalls die Weberei ihren hausindustriellen Charakter[29], wenn das Heimgewerbe auch bis zur Jahrhundertwende einen nennenswerten Einfluß auf die Wuppertaler Wirtschaft behaupten konnte. So entfielen noch 1895 etwa 13 % aller gewerblich Beschäftigten auf diesen Bereich.[30] Die Zeitgenossen reagierten auf die rasanten Wandlungsprozesse ihrer Umwelt mit einem insbesondere während des letzten Drittels des 19. Jahrhunderts nahezu explosionsartig ansteigenden Vereinswesen[31] sich manifestierenden Gestaltungswillen. Je stärker die soziale Desintegration ganzer Bevölkerungsgruppen bewußt wurde, desto zahlreicher wurden die Assoziationen, die die identifizierten Defizite bearbeiten und bewältigen sollten. Sie waren die Antwort vornehmlich des Wuppertaler Bürgertums auf die "Herausforderungen der modernen Welt"[32] - ein Kontext, in dem sich Frauenarbeit gleichermaßen als Bestandteil der wahrgenommenen Probleme wie auch als Mittel der angestrengten Lösungsversuche darstellte. Zum Bestandteil der Probleme wurde Frauenarbeit insofern, als in der zeitgenössischen Diskussion der Eindruck vorherrschte, daß sie sich in einem nie gekannten Maße als marktver-

---

29 Siehe hierzu EMSBACH: Die soziale Betriebsverfassung der rheinischen Baumwollindustrie im 19. Jahrhundert, S. 383 ff.
30 HOTH, WOLFGANG: Die Industrialisierung einer rheinischen Gewerbestadt - dargestellt am Beispiel Wuppertal. Köln 1975, S. 218
31 Zur Geschichte des Wuppertaler Vereinswesens im ausgehenden 19. Jahrhundert siehe HEINRICHS, WOLFGANG: Die Entwicklung des Vereinslebens im Wuppertal als Indikator für Gründerzeit. In: BEECK: Gründerzeit, S. 109-124.
32 Ebd., S. 124

mittelt-entgeltliche, und zwar vornehmlich in den Fabriken, realisiere. Angesichts der gesellschaftlich nicht nur als erwünscht, sondern als notwendig geltenden häuslichen Reproduktions- und Erziehungstätigkeit der Frau wurde so die Fabrikarbeiterin, die diese Aufgaben unübersehbar nur mit einem geringen Zeitkontingent erfüllen konnte, zu einer hochgradig problematischen Figur.[33]

Stellt man vor diesem Hintergrund die Frage, in welchem Maße dem Diskurs ein realer bzw. empirisch faßbarer Wandel des Gesamtspektrums der Frauenarbeit von der Früh- zur Hochindustrialisierung korrespondierte, fällt die Antwort uneindeutig aus. Auf den ersten Blick scheinen die Gewerbestatistik und die Berufszählung aus dem Jahr 1895 zu belegen, daß sich Frauenarbeit nicht mehr - wie für die Phase der Frühindustrialisierung konstatiert - vornehmlich als mithelfende, also familienvermittelt-unentgeltliche Tätigkeit realisierte. So weisen die Erhebungen für die Stadt Elberfeld einen Anteil von rund 14.000 weiblichen Beschäftigten[34] aus, die - so der Anspruch der Statistiker - die mithelfenden Familienangehörigen einschließe. Aufgegliedert nach Arbeitsformen benennen die Statistiken die erstaunlich hohe Zahl von über 3.000 selbständigen weiblichen Gewerbetreibenden bzw. Geschäftsleiterinnen und mehr als 10.000 marktvermittelt-entgeltlich tätigen Frauen, von denen etwa ein Drittel auf die häuslichen Dienste entfiel, sowie die auffällig geringe Zahl von etwa 650 mithelfenden Familienangehörigen. Berücksichtigt man zudem, daß den erfaßten 14.000 erwerbstätigen Personen eine Zahl von etwa 24.000 Frauen im Alter zwischen 15 und 60 Jahren gegenüberstand[35], also rund 10.000 Personen mehr, die als Angehörige ohne Hauptberuf erfaßt wurden, wird gemessen an der skizzierten Situation im frühindustrialisierten Wuppertal der Eindruck fundamentalen Wandels erzeugt. Aufgrund dieser Datenbasis liegt die Auffassung nahe, daß es zu einer Polarisierung im Feld der Frauenarbeit gekommen ist: Die geringe Marge mithelfender Familienangehöriger bei einem zugleich hohen Quantum selbständig und marktvermittelt-entgeltlich tätiger Frauen einerseits und das Überwiegen von Frauen ohne Hauptberuf andererseits ließen sich so interpretieren, daß diese Veränderungen der Frauenarbeit im Kontext der Hochindustrialisierung in zweifacher Hinsicht sozialen Wandel induzierten: Die scheinbare Auflösung mithel-

---

33 Zur Problematisierung der Arbeiterin im 19. Jahrhundert siehe SCOTT, JOAN W.: Die Arbeiterin. In: FRAISSE, GENEVIÈVE/MICHELLE PERROT (Hg.): Geschichte der Frauen, Bd. 4: 19. Jahrhundert. Frankfurt/Main 1994, S. 452-479.
34 Zu dieser Zahlenangabe und den folgenden siehe Statistik des Deutschen Reichs, Neue Folge, Bd. 116: Gewerbestatistik der Großstädte. Bearbeitet im Kaiserlichen Statistischen Amt. Berlin 1898, S. 52; Statistik des Deutschen Reichs, Neue Folge, Bd. 107: Berufsstatistik der deutschen Großstädte, Erster Theil. Berlin 1897, S. 198.
35 Diese Zahl wurde errechnet nach Statistik des Deutschen Reichs, Bd. 107, S. 198 und Jahrbuch der Stadt Elberfeld 8 (1911), S. 78-79.

fender Tätigkeit könnte erstens als Beleg für eine neue Qualität der Frauenerwerbsarbeit in der Hochindustrialisierungsphase im Sinne der Durchsetzung von Normalarbeitsverhältnissen für Frauen begriffen werden. So würde die Entwicklung der Frauenarbeit im 19. Jahrhundert auf die generelle Durchsetzung der marktvermittelt-entgeltlichen Arbeit im Vollzug des Industrialisierungsprozesses verweisen. Die hohe Zahl der weiblichen Angehörigen ohne Hauptberuf könnte zweitens als Hinweis auf das Gegenteil gedeutet werden. Sie könnte die Freisetzung von immer mehr Frauen für die häusliche Reproduktionsarbeit und damit die faktische Durchsetzung der im bürgerlichen Familienmodell vorgesehenen Arbeitsteilung der Geschlechter spiegeln.

Eine derartige Interpretation der in der Gewerbestatistik und der Reichsberufszählung bereitgestellten Daten ist aber mit Blick auf deren Qualität zumindest zu relativieren. Wenn in der historischen Frauenforschung jüngst darauf hingewiesen wurde, daß die Entwicklung der Frauenarbeit im 19. Jahrhundert weit mehr von Kontinuität geprägt gewesen sei, als dies bislang wahrgenommen wurde, und "daß die Geschichte der Trennung von Heim und Arbeit weniger einen objektiven Prozeß"[36] beschreibe, als vielmehr Ergebnis diskursiver Prozesse gewesen sei[37], läßt sich dies am Beispiel des Wuppertals ebensowenig stützen wie grundsätzlich widerlegen, denn weder zeichnen die verfügbaren Erhebungen ein realistisches Bild der familienvermittelt-unentgeltlichen Tätigkeit von Frauen als mithelfende Familienangehörige, noch können sie darüber Aufschluß geben, in welchem Maße die für die Frühindustrialisierung typische Mehrfachbeschäftigung von Frauen in der Hochindustrialisierungsphase fortdauerte. Letztlich bedeutet also die auch für den Zeitraum des ausgehenden 19. Jahrhunderts nicht praktikable Quantifizierbarkeit des genauen Gewichts der von Ursula Beer benannten Arbeitsformen für das gesamte Spektrum der Frauenarbeit, daß hier Kontinuität und Wandel nicht eindeutig zu gewichten sind. Unabhängig davon, ob man im Falle der Frauenerwerbsarbeit das eine oder das andere stärker akzentuiert, fest steht, daß die Zahl der Fabrikarbeiterinnen absolut gesehen im späten 19. Jahrhundert auffällig angestiegen ist[38] und daß dies ein wesentlicher Faktor für den tiefgreifenden Wandel in einem anderen Feld der Frauenarbeit gewesen ist. Wenn für die Phase der Frühindustrialisierung festgestellt wurde, daß Frauen in die Bearbeitungsstrategien im Hinblick auf die soziale Frage kaum involviert waren, ist für

---

36 SCOTT: Die Arbeiterin, S. 453
37 Ebd., S. 454
38 So benennen die Statistiken für das Jahr 1908 für Elberfeld und Barmen die Zahl von 17.334 Fabrikarbeiterinnen bei einer Fabrikarbeiterschaft von insgesamt 51.703 Personen; errechnet nach Jahrbuch der Stadt Elberfeld, S. 87 und Statistisches Jahrbuch der Stadt Barmen 7 (1910), S. 37.

die zweite Hälfte des 19. Jahrhunderts das genaue Gegenteil der Fall. Je häufiger während dieses Zeitraumes im Wuppertal die Klage laut wurde, daß die Frauen der Arbeiterschaft wegen ihrer Tätigkeit in den Fabriken nicht in der Lage seien, ihre häuslichen und erzieherischen Pflichten angemessen zu erfüllen[39], desto mehr fühlten sich die Frauen des Wuppertaler Bürgertums dazu berufen bzw. wurden damit betraut, den konstatierten Mangel zu lindern. Als Ehefrauen der Fabrikbesitzer initiierten sie Abendnähkurse für die im Betrieb des Ehemannes beschäftigten jugendlichen Arbeiterinnen, als Mitglieder der evangelischen Gemeinden gründeten und leiteten sie eine Vielzahl von an Mädchen und Frauen gerichteten Vereinen, in denen die Qualifizierung für häusliche Tätigkeiten stets einen wichtigen Stellenwert hatte.[40] Ergänzt wurde die sich so herausbildende familien- und verbandsvermittelt-unentgeltliche ehrenamtliche soziale Arbeit der Bürgerfrauen um zwar ebenfalls verbandsvermittelte, aber letztlich doch besoldete soziale Arbeit von Frauen. Ab den späten 60er Jahren entsandte nämlich das Kaiserswerther Mutterhaus eine steigende Zahl von Diakonissen in das Wuppertal, die dort wichtige Aufgaben in der Familien-, Kranken- und Jugendpflege übernahmen.[41] Auf diese Weise wurde die soziale Arbeit bzw. die soziale und christliche Hilfstätigkeit, wie es im zeitgenössischen Sprachgebrauch hieß[42], nach und nach zu einem spezifisch weiblichen Arbeitsfeld transformiert[43], zu dessen

---

39 So heißt es beispielsweise in den Verhandlungen der Elberfelder Kreissynode aus dem Jahr 1886, daß es ein "besonderer Übelstand" sei, wenn die in den Fabriken beschäftigten Mädchen auf diese Weise der Hausarbeit entfremdet würden. Archiv des Kirchenkreises Wuppertal-Barmen, Best. Barmen-Wupperfeld, BW/05-2: Verhandlungen der Elberfelder Kreis-Synode, gehalten am 28. Dezember 1886 zu Barmen, Anhang I: Assessor Pastor Krummacher: Die christliche Fürsorge für die konfirmierte weibliche Jugend, S. 30. - Siehe zum Diskurs um die hauswirtschaftliche Ausbildung der Fabrikarbeiterinnen des Bergischen Vereins für Gemeinwohl LANGE-APPEL, UTE/MANFRED WAHLE: Jugendpflege und Berufsausbildung im Wuppertal des Kaiserreichs. Zwischenbilanz zu einem DFG-Forschungsprojekt. In: Historische Kommission der DGfE (Hg.), Jahrbuch für Historische Bildungsforschung, Bd. 1. Weinheim 1993, S. 207-243, hier: S. 225-230.

40 Siehe hierzu RHEINISCHER PROVINZIAL-AUSSCHUSS FÜR INNERE MISSION (Hg.): Kurz gefaßte Uebersicht über die Arbeit der Inneren Mission und verwandter Bestrebungen in der Rheinprovinz. Coblenz 1897, S. 21-23.

41 Siehe hierzu DISSELHOFF, JULIUS: Jubilate! Denkschrift zur Jubelfeier der Erneuerung des apostolischen Diakonissen=Amtes und der fünfzigjährigen Wirksamkeit des Diakonissen-Mutterhauses zu Kaiserswerth a. Rhein. Kaiserswerth 1886, S. 137-138, S. 164-166; DERS.: Das Diakonissen-Mutterhaus zu Kaiserswerth a. Rhein und seine Tochterhäuser. Neue, erweiterte Ausgabe mit vielen Holzschnitten. Kaiserswerth a. Rhein 1892, S. 125-126.

42 So z. B. bei BUCKESFELD, FRIEDRICH WILHELM: Die christliche Frau und ihre Liebesthätigkeit in der evangelischen Kirche. Ein Beitrag zur Hebung und Förderung des christlichen Frauen- und Nähvereinswesens. Barmen 1891.

43 Siehe hierzu LANGE-APPEL, UTE: Von der allgemeinen Kulturaufgabe zur Berufskarriere im Lebenslauf. Eine bildungshistorische Untersuchung zur Professionalisierung der Sozialarbeit. Frankfurt/Main 1993, S. 50.

Bearbeitung Frauen bald auch zielgerichtet herangezogen wurden. So veranlaßte etwa die Elberfelder Armenverwaltung im Jahr 1880, daß sich ein Frauenverein konstituierte, dessen ureigener Zweck in der Unterstützung der öffentlichen Armenpflege, von deren ehrenamtlicher Ausübung Frauen ja im 19. Jahrhundert nominell ausgeschlossen waren, bestehen sollte.[44] Wenn man in Elberfeld auf diese Weise implizit eingestand, daß die gewünschte Bearbeitung der sozialen Probleme ohne die Hilfe von Frauen nicht mehr zu bewältigen war, dann ist dies der wohl beste Beleg dafür, daß die - nicht nur verbandsvermittelte und ebensowenig stets unentgeltliche - soziale Arbeit der Frauen des Wuppertaler Bürgertums erstens ein wichtiges Medium bei der gesellschaftlichen Bearbeitung der sozialen Frage und damit zweitens ein relevanter Indikator für sozialen Wandel auf der Ebene sich verändernder Denk- und Verhaltensweisen gewesen ist.

Stellt man vor diesem Hintergrund noch einmal resümierend die eingangs aufgeworfene Frage nach den Veränderungen der vier Formen von Frauenarbeit im 19. Jahrhundert sowie jene nach ihrem Stellenwert für den sozialen Wandel und problematisiert in diesem Zusammenhang die Reichweite des hier zugrundegelegten Analyserasters für die gewünschte umfassende Untersuchung des Verhältnisses von Frauenarbeit und sozialem Wandel, sind folgende drei Ergebnisse festzuhalten:

Erstens wurde im Hinblick auf die Frauenerwerbsarbeit gezeigt, daß selbständige und marktvermittelt-entgeltliche Arbeitsformen an Gewicht gewannen und familienvermittelt-unentgeltliche mithelfende Tätigkeit an Bedeutung verlor. Das genaue Ausmaß der Veränderungen war dabei aufgrund der Quellenlage nicht zu ermitteln, das Verhältnis von Kontinuität und Wandel der Frauenerwerbsarbeit mithin nicht exakt auszuloten. Deutlicher wurde, daß nicht nur die Arbeitsformen der erwerbstätigen Frauen der Arbeiterschaft dem Wandel unterlagen, sondern auch die Frauen des Wuppertaler Bürgertums neue Aufgaben übernahmen, die sich auch, aber nicht nur in dem Entstehen verbandsvermittelt-unentgeltlicher Frauenarbeit manifestierten. Deshalb wird dem Kategoriensystem von Beer hier eine vierte Form abhängiger Frauenarbeit, nämlich die verbandsvermittelt-entgeltliche, hinzugefügt.

Mit der Darstellung dieser Prozesse verknüpft, wurde zweitens gezeigt, daß sich Frauenarbeit im Verlaufe des 19. Jahrhunderts gleichermaßen als Indikator für demographischen, arbeitsorganisatorisch-wirtschaftsstrukturellen und schließlich auch mentalen Wandel - wenn man die Problematisierung der sozialen Frage so ausdeuten will - fassen läßt. Deutlich wurde dies unter anderem an der Beteiligung der Frauen an den Wanderungsgewinnen des Wuppertals, am Anstieg

---

44 Ebd., S. 48

der Frauenfabrikarbeit sowie an der Expansion des stark von Frauen getragenen sozialen Vereinswesens.

Drittens ergeben sich Schlußfolgerungen für die Reichweite des zugrundegelegten Analyseinstruments. Im Prinzip hat sich das von Beer entwickelte Kategoriensystem zwar als geeignet erwiesen, um den hier intendierten Perspektivenwechsel zugunsten einer umfassenden Analyse der Frauenarbeit bei gleichzeitiger Betonung ihres Stellenwertes als Trägerin von sozialem Wandel und nicht nur Resultat seiner mangelnden Bewältigung zu fundieren, zugleich aber wurden auch gravierende Schwächen des gewählten Verfahrens offenbar. So erwies sich nicht nur der Differenzierungsgrad immer noch als zu grob, um alle von Frauen im historischen Prozeß geleisteten Arbeitsformen klassifikatorisch zu erfassen, die Unterteilung der Arbeitsformen suggeriert zudem eine Trennschärfe, die so historisch nicht bestand. Faktisch leisteten Frauen im 19. Jahrhundert allein im Feld der Erwerbsarbeit verschiedene Arbeitsformen gleichzeitig, die sich zwar analytisch, nicht aber empirisch konkret fassen und trennen lassen. Letzteres ist das wohl gravierendste Manko des hier erprobten Ansatzes. Je breiter sich das Phänomen Frauenarbeit mit Hilfe von Beers Untersuchungsinstrument konturieren läßt, desto mehr verliert die historische Analyse an empirischer Schärfe. Das Kategoriensystem umfaßt nicht nur Arbeitsformen, die historisch nie statistisch erfaßt wurden, sondern liegt darüber hinaus gleichsam quer zu allen quantitativen Erhebungen, die im Verlaufe des 19. Jahrhunderts durchgeführt wurden. Die Konsequenz hieraus ist, daß die in der historischen Frauenforschung diskutierte Frage des genauen Verhältnisses von Kontinuität und Wandel im Feld der Frauenarbeit auf diese Weise nicht beantwortet werden kann. Wenn die Reichweite des Analyserasters von Ursula Beer für eine diachrone Analyse der Frauenarbeit also auch begrenzt ist, lassen sich die auf seiner Grundlage hier erzielten Befunde dennoch - wie folgt - nutzbringend in den Kontext einiger Ergebnisse der historischen Berufsbildungsforschung einordnen.

Ausblick

Es wurde gezeigt, daß sich die Erwerbsarbeit von Frauen im Verlaufe des 19. Jahrhunderts im Wuppertal in der Tendenz weg von familienvermittelt-unentgeltlichen hin zu marktvermittelt-entgeltlichen oder selbständigen Arbeitsformen entwickelt hat. Anders formuliert ließe sich dieser Prozeß als die Freisetzung zumindest eines Teiles der weiblichen Beschäftigten von familialen Bindungen für eine selbständige bzw. Marktmechanismen unterworfene Existenz auf dem Arbeitsmarkt beschreiben. Dieser Prozeß schuf Rahmenbedingungen, infolge derer Mädchen und Frauen zumindest theoretisch zu einem unter Qualifikations- und Berufsbildungsgesichtspunkten interessanten Personenkreis hätten werden können. Das war indessen nicht der Fall. Die zunehmende marktvermittelt-entgeltliche Erwerbstätigkeit von Mädchen und Frauen in industriellen Arbeitskontexten provozierte keine Diskussion, die etwa mit der im ausgehenden 19. Jahrhundert geführten Ungelerntendebatte hinsichtlich der männlichen Arbeitnehmer vergleichbar wäre. Vielmehr verweist die Entstehung der verbandsvermittelt-unentgeltlichen Arbeitsformen bürgerlicher Frauen im Wuppertal darauf, daß eine Auseinandersetzung um die berufliche Bildung von Mädchen und Frauen im engeren Sinne nicht im Horizont der Zeit lag. Die angedeutete inhaltliche Ausrichtung der mit Blick auf die erwerbstätigen Mädchen und Frauen der Arbeiterschaft angestrengten Initiativen zeigt, daß nicht die mangelnde Qualifikation von Frauen im Produktions-, sondern solche im Reproduktionsbereich im späten 19. Jahrhundert als Problem wahrgenommen wurde. So facettenreich sich die Frauenarbeit im Wuppertal während des 19. Jahrhunderts auch entwickelte, das Leitbild der qualifikatorischen Ansätze blieb - auf die Frauen bezogen - der spezifisch weibliche Berufsbegriff im Sinne des "Naturberufs" der Ehefrau und Mutter. In der Regel zielten diejenigen qualifikatorischen Anstrengungen, die im Wuppertal während des 19. Jahrhunderts für Mädchen und Frauen unternommen wurden, denn auch auf die Vermittlung hauswirtschaftlicher Kenntnisse. Wenn also der wohl prominenteste Berufspädagoge der wilhelminischen Ära, Georg Kerschensteiner, wie Christine Mayer dies im Rahmen des dritten Berufspädagogisch-historischen Kongresses dargestellt hat[45], die staatsbürgerliche und damit die Berufserziehung des weiblichen Geschlechts nach dem Paradigma der natürlichen Bestimmung der Frau ausgerichtet sehen wollte, war das zwar ein Programm, das - so haben die bisherigen Ausführungen gezeigt - der strukturellen Entwicklung der Frauenarbeit partiell zuwiderlief, es war aber ebenso - und das belegt das Wuppertaler Beispiel der verbandsvermittelt-unentgeltlichen Initiativen der Frauen aus dem Bürgertum - Ausdruck eines schon lange vorgeprägten Diskurses. In einem Satz: Frauenarbeit mochte im 19. Jahrhundert in vielfältiger Weise Katalysator des sozialen Wandels gewesen sein, rezipiert wurde sie hingegen primär auf der tradierten normativen Grundlage der vermeintlichen Bestimmung der Frau für das Haus und die Familie.

---

45   MAYER, CHRISTINE: "...und daß die staatsbürgerliche Erziehung des Mädchens mit der Erziehung zum Weibe zusammenfällt." - Kerschensteiners Konzept einer Mädchenerziehung. In: GEISSLER, KARLHEINZ A., u. a. (Hg.): Von der staatsbürgerlichen Erziehung zur politischen Bildung (1901 bis 1991). 90 Jahre Preisschrift Georg Kerschensteiner, 3. Berufspädagogisch-historischer Kongreß (9. - 11. Oktober 1991 in München). Berlin 1992, S. 417-431

Berufsbildung von Mädchen als Statuspassage im Spiegel weiblicher Selbstkonzepte

HELGA KRÜGER

Einführung

Einer der berühmtesten Lebenslauf- und Familienforscher aus den USA, James S. Coleman, formuliert in "The Assymetric Society" (1982; deutsch 1986) fast poetisch[1]:

"Als die Familie zu einem Anachronismus wurde, umgeben von ihr fremden Institutionen, in denen die Männer für einen großen Teil des Tages verschwanden, wurden die Frauen gleichsam im toten Gewässer zurückgelassen, das für die zentralen Aktivitäten der Gesellschaft zunehmend bedeutungslos wurde."

Vor allem aus der historischen Forschung wissen wir, wie wenig auch Frauen in diesen toten Gewässern sitzen wollten, aber auch, wie zäh das keineswegs tote Gewässer an ihren Füßen klebt. Ich frage nach der Rolle der beruflichen Bildung in entsprechenden Ausbruchsversuchen.

Dazu ist die berufliche Bildung aus der Lebenslaufperspektive von Frauen zu betrachten. Der Begriff der Statuspassage deutet dieses an, denn er fokussiert in der Soziologie den Blick auf gesellschaftlich standardisierte Übergänge von einer sozialen Position in die nächste. In der Lebenslaufforschung meint er vor allem die Übergänge von einem Lebensabschnitt in den folgenden, etwa der Jugendphase in die aktive Erwerbsarbeits- und Familienphase, und von dort in den Ruhestand. Da diese Statuspassagen ihre gesellschaftliche Standardisierung dadurch erhalten, daß sie über Institutionen strukturiert sind, lassen sie sich auch "übersetzen" als Übergänge etwa von Schule in den Arbeitsmarkt, die Familie, ins System der Altersversorgung. Ich konzentriere mich im folgenden auf die Verbindung von Berufsbildungssystem und Familie/Arbeitsmarkt.

Der Titel dieses Beitrages macht aber noch auf einen anderen Sachverhalt aufmerksam, da von "weiblichen Selbstkonzepten" die Rede ist. Damit ist die subjektive Ebene angesprochen, die Ebene der Selbstwahrnehmung und der Adaptation institutionaler Handlungsoptionen in die persönliche Planung, Vorwegnahme und Selbstgestaltung der eigenen Biographie. Die Unterscheidung zwischen gesellschaftlicher Standardisierung der Statuspassagen einerseits und

---

1 Zit. n. LIEGLE, LUDWIG: Freie Assoziationen von Familien. In: LÜSCHER, KURT/FRANZ SCHULTHEIS/MICHAEL WEHRSPAUN (Hg.): Die "postmoderne" Familie, Konstanz 1988, S. 98-115, hier S. 111

biographischer Selbstdeutung andererseits aber ist wichtig, vor allem um uns vor vorschnellen Extrapolationen vorgefundener Phänomene zu bewahren, denn was unser Handeln strukturiert und was wir denken, was es tut, kann durchaus weit auseinanderklaffen, erklärbar auch mit dem unmodern gewordenen marxistischen Begriff des falschen Bewußtseins oder, wie Levy es nennt[2], der Strukturblindheit der Subjekte, die vor allem dann schwer zu durchbrechen ist, wenn unser Denken über das, was wir tun, durch dominante Kulturmuster bestimmt ist, während die faktische Einbindung der Handlungsebene anderen Gesetzmäßigkeiten folgt.

Um dieses Problem wird es gehen, über das sich wandelnde Bewußtsein der Frauen von der Bedeutung beruflicher Bildung für ihren Lebensweg und heimlichen und versteckten Lebenslaufmarkern, dem hidden curriculum in der Statuspassagengestaltung und dessen Folgen für die Reproduktion der "weiblichen und männlichen Normalbiographie"[3], um daraus einige Schlußfolgerungen hinsichtlich des Berufsbildungssystems zu ziehen.

Zum Wandel des beruflichen Selbstkonzepts im weiblichen Lebenslauf

Anhand von vier Zitaten läßt sich die Wahrnehmung für diesen Wandel schärfen, allesamt entnommen unserem Projektzyklus zu Lebensverlauf und Lebensführung von Frauen und Männern zweier Generationen, einerseits den heute rund 65jährigen Eltern - die Frauen haben ihre berufliche Bildung in den Jahren 1947/48 abgeschlossen (also gleich nach Kriegsende) - und andererseits ihren heute erwachsenen Kindern (zwischen 32 und 40 Jahren).[4] Die Zitate, typische Thematisierungen für die jeweilige Bezugsgruppe, beleuchten schlaglichtartig Veränderungen, und es fällt nicht schwer, die Bezugsgruppe zu erraten, wenn ich sage:

"*Ich steh' da auch heute noch für, daß 'ne Frau - ist 'ne Hausfrau ... Das ist einfach so, nicht? Verheiratet, dann bleibt se zu Hause.*" (26)

---

2   LEVY, RENÉ: Structure-blindness. A non-ideological component of false consciousness. In: GEYER, FELIX/ WALTER R. HEINZ (eds.): Alienation, society and the individual. Continuity and change in theory and research. New Brunswick (USA) and London 1992, S. 61-74
3   LEVY, RENÉ: Der Lebenslauf als Statusbiographie. Die weibliche Normalbiographie in makrosoziologischer Perspektive. Stuttgart 1977
4   Es handelt sich um die Projekte: "Statussequenzen von Frauen zwischen Erwerbsarbeit und Familie", durchgeführt 1988-1991 zus. mit C. Born und M. Scholz; "Erwerbsverläufe als Innovationsprozeß für Familienrollen. Zur Interdependenz von Passagengestaltungen und Verarbeitungsmustern bei Ehepaaren", durchgeführt 1991-1993 zus. mit C. Born, Chr. Erzberger sowie H. Stenger (halbe Laufzeit) und G. Braemer (halbe Laufzeit); "Statuspassagengestaltung und intergenerationales Erbe. Zum Wandel der Sequenzmuster zwischen Erwerbsarbeit und Familie im Generationentransfer", durchzuführen zus. mit C. Born, Chr. Erzberger, G. Braemer 1994 bis 1996.

Es ist dies die ältere männliche Generation. Dieses Zitat dürfte übrigens zum Zeitpunkt der Etablierung unseres Berufsbildungssystems um die Jahrhundertwende ähnlich geklungen haben. Bleiben wir bei den Männern, nun deren Söhne zur Erwerbstätigkeit ihrer Frau:

"Bei mir gibt's keine Gründe dagegen, nur Gründe dafür: das Kinderblabla, der Haushalt, die Rente, sich qualifizieren, am Ball bleiben." (041)

Es zeigt sich zwischen beiden Aussagen eine maximale Differenz. Und nicht nur dieses: Erfolgt ist zugleich eine scheinwerferartige Blickerweiterung auf auch für den weiblichen Lebenslauf relevante Institutionen jenseits der Familie. Gehen wir nun auf die Frauenseite über:

"Irgendwie wollte ich also ausbrechen ... Ich sag': 'Ich hab' hier keine Lust ... und ich muß mal wissen, was mein Marktwert is'. Und da hat er dann ganz furchtbar drüber gelacht: 'Ich weiß doch, was Du wert bist. Wenn es nur um das Geld geht, ... ich überweis' Dir jeden Monat das, was Du nun unbedingt zusätzlich haben willst.'" (006)

Erneut sind wir auf der Ebene der Elterngeneration, erkennbar aber vermutlich nur am wiedergegebenen männlichen Part im Interview, während der weibliche sehr modern klingt. Eine Frau der Kindergeneration:

"Also mein Gefühl geht im Moment eher dazu - nicht noch 'nen zweites Kind. Und zwar, ja, aus beruflichen Gründen - ganz klar. Weil, ich denke mal, daß es schon schwer genug ist, ein Kind optimal unterzubringen und zu versorgen, wenn man berufstätig ist ... Ich wär' eben noch länger raus, und - ganz konkret - ich verpaß' auch den Anschluß an das, was da draußen passiert."

Es zeigt sich dennoch eine erhebliche Differenz, aber weniger auf der Ebene der Normen (wie bei der Väter- und Söhnegeneration) als vielmehr des faktischen Festhaltens am Begonnenen und seiner Bewältigung. Dies erfordert, die Selbstkonzepte der Personen und ihre Beziehung zum faktischen Lebensverlauf genauer zu betrachten.

Berufliche Bildung und Lebensverlauf: die ältere Generation

Es mag vielleicht verwundern, angesichts der Themenstellung dieses Beitrages auch Männer zu zitieren. Aber weibliche Selbstkonzepte sind nicht nur nicht zu verstehen ohne das Problem von Macht und Herrschaft zwischen den Geschlechtern, sondern auch nicht ohne die unmittelbare und konkrete Interaktion mit Partnern des anderen Geschlechts. Doch manchmal setzt sich hinter dem Rücken der Subjekte ganz anderes durch. Wie sehr dies der Fall ist, erläutert das Schaubild 1 auf der nächsten Seite zu Lebensverlaufsdaten der älteren Frauen.

Es handelt sich um die faktische Verteilung rund eines Viertels der 220 in unsere Untersuchung aufgenommenen Lebensläufe der älteren Frauen auf dem

Schaubild 1: Weibliche Erwerbsbeteiligungen im Lebenslauf, differenziert nach zwei Berufen

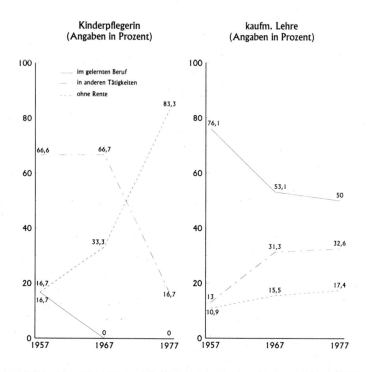

Arbeitsmarkt: Zehn Jahre nach Berufsschulende - sie sind hier inzwischen durchschnittlich zwei Jahre verheiratet -, dann noch zweimal je zehn Jahre danach. In die Untersuchung aufgenommen wurden Frauen mit einer Berufsausbildung in einem der fünf nach 1945 an der Spitze der Besetzungen liegenden Frauenberufe, erhoben in zwei maximal kontrastierenden Regionen: einer katholisch-ländlichen und einer protestantisch-städtischen.[5] Die Ausbildungen waren in beiden Regionen: kaufmännische Angestellte, Verkäuferin, Schneiderin, Friseurin, Kinderpflegerin. Die in die Untersuchung aufgenommenen Frauen kamen gleichanteilig aus beiden Regionen, haben geheiratet und Kinder großgezogen.

Die Graphik zeigt nun die Differenz in der Verteilung von Frauen mit zwei unterschiedlichen Berufsausbildungen: der zur Kinderpflegerin, der zur kaufmännischen Angestellten. Wir haben in beiden Fällen unterschieden in:

---

5 Der Abgleich der standardisiert erhobenen Daten mit Repräsentativdatensätzen über diese Alterskohorte weist diese als völlig 'normal' bezüglich der dort erhobenen Daten aus: Heiratsalter, Zahl der Kinder, Alter bei deren Geburt, Scheidungsziffern.

Erwerbsarbeit im gelernten Beruf - durchgezogene Linie;
Erwerbsarbeit in anderen Tätigkeitsfeldern - gestrichelte Linie;
Erwerbsarbeit jenseits der Versicherungspflicht - gepunktete Linie.

Es zeigen sich folgende Differenzen:

a) Erwerbsarbeit im gelernten Beruf (durchgezogene Linie): bei den Kinderpflegerinnen finden sich zwei Jahre (durchschnittlich) nach Heirat nur noch ganz wenige in ihrem Beruf. Später sind sie ganz hieraus verschwunden; bei den kaufmännischen Angestellten sind es immerhin zu demselben Zeitpunkt noch 76,1 %; zehn Jahre später immer noch 53,1 % und selbst zwanzig Jahre später noch die Hälfte.

Hingegen:

b) Erwerbsarbeit in anderen Tätigkeitsfeldern (gestrichelte Linie): Hier zeigt sich, daß die Kinderpflegerinnen zu Beginn des Familienlebens nicht gleich auf Erwerbsarbeit verzichtet haben, aber überproportional in andere Tätigkeitsfelder gewechselt. sind, mit Gehaltseinbußen, da dort ungelernt. Das hatten die kaufmännischen Angestellten nicht nötig. Ihr Wechselanteil bleibt unterhalb der Linie der Erwerbsarbeit im gelernten Beruf.

Noch interessanter:

c) Erwerbsarbeit jenseits der Versicherungspflicht: Diese erwischt die Kinderpflegerinnen in deutlich ansteigender Tendenz während ihres Familienlebens; für kaufmännische Angestellte ist dieser Erwerbsarbeitstyp fast irrelevant.

Generell sind zwei Ergebnisse frappierend: Einerseits die insgesamt hohen Erwerbsarbeitsanteile bei Frauen dieser Nachkriegsgeneration. Diese sind sehr diskontinuierlich über den Lebenslauf verteilt, d.h., sie folgen keinem Phasenmodell[6]. Weniger als 12 % der von uns unter die Lupe genommenen 220 Frauen sind nicht wieder in den Arbeitsmarkt zurückgekehrt, haben also den normativ geltenden Konsens - ich erinnere an die beiden ersten Zitate - auf der Ebene individuellen Handelns nicht aufgebrochen. Die übrigen aber taten es, d.h. kehrten in der

---

6   Vgl. ausführlich dazu KRÜGER, HELGA/CLAUDIA BORN: Unterbrochene Erwerbskarrieren und Berufsspezifik: Zum Arbeitsmarkt- und Familienpuzzle im weiblichen Lebenslauf. In: MAYER, KARL ULLRICH/JUTTA ALLMENDINGER/JOHANNES HUININK (Hg.): Vom Regen in die Traufe. Frauen zwischen Beruf und Familie. Frankfurt/Main 1991, S. 142-161. - Bezüglich dieser Frauengeneration wurde das bekannte Drei-Phasen-Modell (Myrdal/Klein 1956) formuliert, mit vorehelicher Erwerbsarbeitsphase, Familienphase, Wiedereinstieg in den Arbeitsmarkt zur sog. Empty-nest-Phase, d.h., wenn die Kinder die Familie verlassen haben. Die obige Betrachtung der Erwerbsbeteiligung im 10-Jahresabstand könnte eine solche Interpretation nahelegen. Im Individualverlauf der Frauen aber zeigten sich zahlreiche Unterbrechungen, altersbiographisch sehr unterschiedlich verteilt, mal zwei Jahre nach Geburt eines Kindes, mal bis zur Geburt eines Kindes, mal abhängig von pflegebedürftig werdenden Eltern, mal von Betriebsschließungen oder Arbeitswechseln des Ehemannes. Phasenmodelle erscheinen aus dieser Sicht als das Gewissen beruhigende "Planbarkeitskonstrukte, die den faktisch diskontinuierlichen Erwerbsverläufen von Frauen in keiner Weise gerecht werden."

einen oder anderen Weise auf den Arbeitsmarkt zurück und kumulierten, so die kaufmännischen Angestellten als diejenigen mit den besten Verwertungschancen ihrer Qualifikation, selbst bei Unterbrechungen durchschnittlich 27,5 Erwerbsarbeitsjahre im Lebenszeitbudget nach Heirat.

Andererseits die deutliche Abhängigkeit der Verläufe von der Erstberufsqualifikation. Es ist höchst bemerkenswert, wie sehr jeder der in die Betrachtung einbezogenen Berufe ein jeweils spezifisches Verlaufsmuster erzeugt hat.[7] Die Einmündung in eine bestimmte Berufsausbildung aber verdankt sich subjektiv dem Zufall ("Ich hab' genommen, was ich kriegen konnte, von Wahl kann keine Rede sein", ist eine typische Aussage zum Themenbereich "Wahl"), strukturell verdankt sie sich der Angebotsseite[8]. Das Resultat hat den ganzen weiteren Lebensweg geprägt.

Die unterschiedliche Gestaltung der Lebensverläufe ist, wie wir geprüft haben, nicht bestimmt etwa durch die Kinderzahlen, die kulturell regionale Zugehörigkeit oder die Lohnhöhe des Mannes, sondern durch die Erstberufsausbildung. Und hier wiederum ist es nicht das Qualifikationsniveau[9], sondern der Typus des erlernten Erstberufs, denn alle lagen in dieser Untersuchung auf gleichem Niveau: dem der Facharbeiterinnenausbildung. Aber sie erschließen unterschiedliche Arbeitsmarktsegmente, haben einen unterschiedlichen Marktwert und statten die Frauen mit unterschiedlicher innerfamilialer Verhandlungsmacht beim Durchsetzen ihrer Erwerbsinteressen aus.[10] Alle schildern in den qualitativen Interviews Konflikte, unabhängig vom Ausgang. Doch: Reicht der Lohn des

---

7   BORN, CLAUDIA/HELGA KRÜGER/DAGMAR LORENZ-MEYER: Frauen- oder Generationenschicksal? Der weibliche Lebenslauf zwischen Ausbildung und Verrentung. Weinheim 1996 (z.Zt. im Druck)

8   KRÜGER, HELGA: Vorberufliche Sozialisation. In: KRELL, GERTRAUDE/MARGIT OSTERLOH (Hg.): Personalpolitik aus der Sicht von Frauen - Frauen aus der Sicht der Personalpolitik. Was kann die Personalforschung von der Frauenforschung lernen? Mering 1992, S. 318-341

9   In der durchaus von Ergebnissen der Lebenslaufforschung beeinflußten öffentlichen Meinung gilt das Qualifikationsniveau als entscheidend für weibliche Erwerbsbeteiligungen. Doch ist dies die schlichte Übertragung männlicher Verlaufsbedeutsamkeiten auf weibliche. Schon HOFBAUER, HANS: Zum Erwerbsverhalten verheirateter Frauen. In: MittAB 1979, 2, S. 217-240 hatte vermutet, daß die erhebliche Zunahme weiblicher Erwerbsarbeit in den 60er Jahren zu großen Teilen möglicherweise auf nur eine Berufsgruppe mit erheblicher Stellenexpansion zurückgeführt werden könnte: die Lehrerinnen (in Verbindung damals mit dem sog. Mikat-Programm). Andere Studien zeigen, daß z.B. die Erwerbsbeteiligung von Müttern mit kleinen Kindern ebenfalls Berufstypiken folgt, nicht Qualifikationsniveaus; vgl. dazu KRÜGER, HELGA/CLAUDIA BORN/BEATE EINEMANN/STINE HEINTZE/HELGA SAIFI: Privatsache Kind - Privatsache Beruf. "... und dann hab' ich ja noch Haushalt, Mann und Wäsche!" Zur Lebenssituation von Frauen mit kleinen Kindern in unserer Gesellschaft. Opladen 1987. Es gilt deshalb, der Berufstypik gerade für den weiblichen Lebenslauf sehr viel mehr Aufmerksamkeit zu schenken als dem Bildungsniveau.

10 Siehe dazu KRÜGER u.a.: Privatsache Kind - Privatsache Beruf (1987); HOFBAUER: Zum Erwerbsverhalten verheirateter Frauen (1979).

Mannes, und ist die Frau Kinderpflegerin oder Friseurin, setzte sie sich in der Regel nicht durch; war sie hingegen kaufmännische Angestellte, konnte sie - aus männlicher Sicht - viel ernst zu nehmendere Angebote in die Waagschale werfen.[11]

Letzteres hätten wir in dieser Konsequenz nicht erwartet. Aber das Traurige ist: Der Eigenanteil der Lebenslaufgestaltung und die enorme Bedeutsamkeit der vor Eheschließung aufgebauten Ressourcen bleiben auch den Frauen selbst verdeckt. Die qualitativen Interviews mit jeweils 10 bis 12 Frauen pro Erstberufsausbildung geben den Mann als ausschlaggebend für den eigenen Erwerbsverlauf an. Wir müssen also erhebliche Differenzen zwischen Selbstwahrnehmung und faktischem Verlauf konstatieren. Ihrem Selbstkonzept nach sehen die Frauen die berufliche Erstausbildung in ihrer Bedeutung als Statuspassagenstrukturierer ihres Lebenslaufs nicht. Und am Rande: Nur auf Interviews gestützt, d.h. ohne den quantitativen Datensatz, hätten auch wir dieses nicht sehen können. Die Frauen sind hinsichtlich ihrer Selbstwahrnehmung Kinder ihrer Zeit.

Bevor wir auf die jüngere Generation übergehen, ihre leiblichen Töchter und Söhne, verweilen wir deshalb beim sozialen Wandel zwischen den Zeiten, denn auch hier gilt es, Verblendungen aufzudecken.

Intergenerationaler Wandel

Nach Karl Mannheim konstituiert sich eine Generation als solche durch prägende historische Ereignisse, also Veränderungen der Kontextbedingungen der Lebensführungen. Im innerfamilialen Abstand von nur einem Generationenwechsel sehen wir Erstaunliches. Diesbezüglich zunächst Bekanntes zur älteren Generation:

Die 50er Jahre des 20. Jahrhunderts, die Zeit der Formierung auch der Paarbeziehungen der oben zitierten älteren Generation, weisen diese kulturell und empirisch als Ausgestalterin maximaler Differenz geschlechtsspezifischer Lebensführungen aus. Nach Kriegsende reetablierten sich Ehe und Familie mit erwerbstätigem Mann und haustätiger Frau als die "alternativlose, notwendige, allein selig machende soziale Lebensform.[12] Tyrell spricht denn auch vom goldenen Zeitalter der so definierten "Normalfamilie".

---

11 Vgl. ausführlicher BORN, CLAUDIA: Das Einkommen im ehepartnerlichen Aushandlungsprozeß: Argumentationsfigur zwischen Innovation und Restauration. In: Born, CLAUDIA/HELGA KRÜGER (Hg): Erwerbsverläufe von Ehepartnern und die Modernisierung weiblicher Lebensführung. Weinheim 1993, S. 191-208.
12 Vgl. TYRELL, HARTMANN: Ehe und Familie - Institutionalisierung und Deinstitutionalisierung. In: LÜSCHER/SCHULTHEIS/WEHRSPAUN (Hg.): Die "postmoderne" Familie, S. 145-156; HRADIL, STEFAN: Die "objektive" und die "subjektive" Modernisierung. Der Wandel der westdeutschen Sozialstruktur und die Wiedervereinigung. In: Aus Politik und Zeitgeschichte. Beilage der Wochenzeitung "Das Parlament". B-29-30/92, 10. Juli 1992, S. 3-14.

Dieses "goldene Zeitalter" war aber äußerst kurzlebig, wie sich zeigt, wenn wir die zahlreichen Studien zum Wandel der Lebensführungen seit 1945 bezüglich ihrer zeitlichen Datierung des Wandels einmal übereinanderlegen. Die hochmarkanten Veränderungen benennen unabhänig von den Merkmalen, die in der jeweiligen Forschungstradition untersucht werden, die 70er Jahre bzw. noch genauer: die Zeit zwischen deren Mitte und Ende, als die hier Untersuchten rund 22 Jahre alt waren. In dieser Zeit nämlich sinken erstmalig die Geburtenzahlen so sehr, daß die Elterngeneration nur noch zu 60 bis 65 % ersetzt wird.[13] Zwischen 1974 und 1978 ist der stärkste Rückgang der jährlichen Eheschließungszahlen und -quoten zu beobachten, und ebenso beschleunigte sich das Scheidungsverhalten exakt seit dieser Zeit.[14] Die Institution Ehe hat, so Roussel[15], 'plötzlich' ihre regulative Bedeutung verloren. Die sprunghafte Zunahme alleinerziehender Väter[16] und die Ausweitung des Phänomens alleinerziehender Mütter über die bisherigen Schichtgrenzen hinweg sowie die Pluralisierung der Lebensformen in partnerschaftlichen Beziehungen ohne Trauschein wird ebenfalls auf diesen Zeitraum datiert.[17] Seit den 70er Jahren gilt: "Nichts ist sozial ausgeschlossen"[18], und nach Burkart wurde diese Veränderung in kurzer Zeit durchgesetzt: Durch die 68er Generation, die sich "gegen den Wertkomplex Ehe-Familie ideologisch abgesetzt und damit das Terrain geebnet hat für die jungen Erwachsenen der Bildungsexpansion"[19].

---

13   HÖHN, CHARLOTTE: Rechtliche und demographische Einflüsse auf die Entwicklung der Ehescheidungen seit 1946. In: Zeitschrift für Bevölkerungswissenschaft 1980, S. 335-371
14   BURKART, GÜNTER: Kohabitation und Individualisierung. In: Zeitschrift für Familienforschung 3 (1991), 3, S. 26-48
15   ROUSSEL, LOUIS: Die soziologische Bedeutung der demographischen Erschütterung in den Industrieländern der letzten zwanzig Jahre. In: LÜSCHER/SCHULTHEIS/WEHRSPAUN (Hg.): Die 'postmoderne' Familie, S. 39-54
16   RERRICH, MARIA S.: Alle reden vom Vater. - Aber wen meinen sie damit? Zur Differenzierung des Vaterbildes. In: SEKTION FRAUENFORSCHUNG IN DEN SOZIALWISSENSCHAFTEN IN DER DGS (Hg.): Frauenforschung. Frankfurt/Main 1985, S. 223-232
17   NAVE-HERZ, ROSEMARIE: Zeitgeschichtlicher Bedeutungswandel von Ehe und Familie in der Bundesrepublik Deutschland. In: NAVE-HERZ, ROSEMARIE/MANFRED MARKEFKA, (Hg.): Handbuch der Familien- und Jugendforschung, Bd. 1: Familienforschung. Neuwied 1989, S. 211-222; LÜSCHER, KURT/MICHAEL WEHRSPAUN: Familie und Zeit. In: Zeitschrift für Bevölkerungswissenschaft 1986, 12, S. 239-256; PEUCKERT, RÜDIGER: Familienformen im sozialen Wandel. Opladen 1991; STROHMEIER, KLAUS PETER: Pluralisierung und Polarisierung der Lebensformen in Deutschland. In: Aus Politik und Zeitgeschichte. Beilage zur Wochenzeitung "Das Parlament" B 17/93, 23. April 1993, S. 11-22
18   HÖHN, CHARLOTTE: Demographische Trends in Europa seit dem 2. Weltkrieg. In: NAVE-HERZ/ MARKEFKA (Hg.): Handbuch der Familien- und Jugendforschung, Bd. 1, S. 195-209
19   BURKART: Kohabitation und Individualisierung, S. 33

In der Tat, auch die zeitliche Terminierung der sich neu herausbildenden Verhältnisse von Familie zu bildungs-, arbeitsmarkt- und sozialpolitischen Institutionen weist die nämliche Zeit als Schaltstelle aus: Die deutlich erhöhte Bildungspartizipation der Frauen mit ihren in den Lebensverlaufsstudien überzeugend belegten Konsequenzen für steigendes Heiratsalter und sinkende Kinderzahlen[20], die sich sozialpolitisch verändernde Funktion des Kindergartens als Frühförderungseinrichtung für alle[21] und die Einrichtung von Krabbelgruppen und Krippen für Kinder unter 3 Jahren. Hinzu kommt die Einführung von Teilzeitarbeitsbedingungen, die sich in den 70er Jahren sprunghaft ausweitet.[22] Nicht zuletzt tritt die Technisierung der Hausarbeit hinzu, die in den 70er Jahren in allen Schichten durchgesetzt wird.[23]

Wir haben es hier mit dem seltenen Fall zu tun, daß der innerfamiliale Generationenabstand mit enormem gesellschaftlichem Wandel zusammenfällt. Seither aber hat sich nicht mehr viel getan. Was sich schon vorher getan hatte, nämlich in der Erwerbsbeteiligung der Familienfrauen der älteren Generation, blieb der Forschung zudem verdeckt. Das zwingt uns, noch einmal auf die ältere Generation zurückzugehen.

Zum Familien- und Erwerbskonzept der älteren Generation

Die These von der "nachgeholten Individualisierung" bezieht sich auf die heute jungen Frauen.[24] Wenn Kohli von der durch das Erwerbssystem struktuierten 'arbeitsgellschaftlichen Normalbiographie' spricht, in die sich Frauen zunehmend integrieren, meint er diese Jüngeren und benennt zugleich Art und Richtung

---

20 BLOSSFELD, HANS-PETER: Bildungsexpansion und Berufschancen. Empirische Analysen zur Lage der Berufsanfänger in der Bundesrepublik. Frankfurt/Main 1985; HUININK, JOHANNES: Ausbildung, Erwerbsbeteiligung von Frauen und Familienbildung im Kohortenvergleich. Arbeitspapier Nr. 293, Max-Planck-Institut für Bildungsforschung. Berlin 1989; TÖLKE, ANGELIKA: Lebensverläufe von Frauen. Familiäre Ereignisse, Ausbildungs- und Erwerbsverhalten. DJI-Forschungsbericht. Weinheim 1989; MAYER/ALLMENDINGER/HUININK (Hg.): Vom Regen in die Traufe (1991)
21 Zusammenfassend NAVE-HERZ, ROSEMARIE: Frauen zwischen Tradition und Moderne. Bielefeld 1992
22 HANDL, JOHANN: Berufschancen und Heiratsmuster von Frauen. Empirische Untersuchungen zu Prozessen sozialer Mobilität. Frankfurt/Main 1988; ECKART, CHRISTEL: Der Preis der Zeit. Eine Untersuchung der Interessen von Frauen an Teilzeitarbeit. Frankfurt/Main 1990; SCHUPP, JÜRGEN: Teilzeitarbeit als Möglichkeit der beruflichen (Re-)Integration. In: MAYER/ALLMENDINGER/HUININK (Hg.): Vom Regen in die Traufe (1991), S. 207-232
23 Zusammenfassend MEYER, SIBYLLE/EVA SCHULZE (Hg.): Technisiertes Familienleben: Blick zurück und nach vorn. Berlin 1993
24 BECK-GERNSHEIM, ELISABETH: Vom Dasein für andere zum Anspruch auf ein Stück eigenes Leben: Individualisierungsprozesse im weiblichen Lebenszusammenhang. In: Soziale Welt 34 (1983), S. 307-340

dieser Angleichung.[25] Damit ist die Unterstellung verbunden, daß der weibliche "Modernisierungsrückstand" entstanden ist, weil das Bemühen um berufliche Bildung fehlte, und dieses wiederum, weil - ich zitiere Bertram/Borrmann - "im weiblichen Bewußtsein das alte Familienmodell noch Bestand hat"[26].

Auf welche Zeit beziehen wir uns denn da? Unsere Studie über die ältere Generation beleuchtet diesen Sachverhalt ganz anders. Sowohl aus den Interviews mit den Frauen als auch denen mit den Männern geht sehr überzeugend hervor - und das mag wieder überraschen -, daß es die Männer sind, die auf Familie orientiert sind, auf die Eheschließung drängen, Geborgenheit in der eigenen Familie suchen, diese als Vervollständigung ihrer Statuskonfiguration als Erwachsener betrachten, während die Frauen den Zeitpunkt eher hinauszuschieben suchen, um eigene Pläne noch verfolgen zu können. Einige Zitate:

"Ich hätte ja noch ein paar Jahre, 10 Jahre noch warten können" (070/kaufm. Angestellte).

"Und ich war also auf dem Weg, jetzt also ein bissel versuchen, Karriere zu machen auf meinem Gebiet ... Da kam mein nachheriger Mann und sagte: Du hör' mal, ich kann 'ne Wohnung kriegen, wir können heiraten! (lacht) Und ich wußte, da wurde das Programm ganz anders." (006/Verkäuferin)

Der Weg in die Familie also wird aus weiblicher Sicht als Durchbrechung eigener Pläne, als Counter- oder Gegenstrukturierung eigener Lebensgestaltung bereits wahrgenommen, als Gefahr der »toten Gewässer«»

"Entweder ich oder Ostfriesland" zitiert eine der Frauen, die ein allerdings mit Ortswechsel verbundenes besseres berufliches Angebot realisieren will, ihren späteren Ehemann und bringt damit die Ausschließlichkeit des männlichen Anspruchs auf den Punkt.

Familienorientierung kann also besser als Label für den männlichen Teil dieser Generation gelten, da für diese als einfaches Und-Prinzip - der Erwerbskarriere hinzugefügt - realisierbar, und das heißt: mit Ehefrau im eigenen Heim, die dort die Arbeit tut. Die Zitate belegen durchgängig die hohe normative Verfestigung dieses Leitbilds - und den hohen Konsens damit auf männlicher Seite. Auf der weiblichen Seite aber zeigen sich viele Hinweise auf antizipierte Probleme, die im ehepartnerlichen Lebenslauf zunehmen und die im Durchschnitt schon nach drei

---

25 KOHLI, MARTIN: Institutionalisierung und Individualisierung der Erwerbsbiographie. In: BECK, ULRICH/ELISABETH BECK-GERNSHEIM (Hg.): Riskante Freiheiten. Individualisierung in modernen Gesellschaften. Frankfurt/Main 1995, S. 219-244

26 BERTRAM, HANS/RENATE BORRMANN-MÜLLER: Von der Hausfrau zur Berufsfrau? Der Einfluß struktureller Wandlungen des Frauseins auf familiales Zusammenleben. In: GERHARDT, UTA/ YVONNE SCHÜTZE (Hg.): Frauensituation. Veränderungen in den letzten zwanzig Jahren. München 1988, S. 251-272, hier S. 267

bis fünf Jahren eines Lebens zu Hause durch Versuche der sukzessiven und klammheimlichen Aufkündigung dieser Normen durch die Frauen selbst angegangen werden. Weiblicherseits war das goldene Zeitalter also schon nach wenigen Jahren Familienleben zu Ende. Und greifen wir den Begriff des "Nachholens" noch einmal auf: Das Problem ist nicht die fehlende Erwerbsorientierung, sondern die an den Füßen klebende Familie. Unter dieser Perspektive sprächen wir besser nicht von nachzuholender Individualisierung weiblicherseits, sondern von "nachzuholender Kollektivierung der Männer im Familienverband", nachzuholender Beteiligung an Familienarbeit männlicherseits.

Schon Hofbauer, Schwarz und Handl hatten belegen können, daß ein Großteil der Frauen dieser Kohorte nach der Eheschließung tatsächlich nicht zu Hause geblieben ist,[27] und unsere Studie belegt, daß dieses Verhalten keineswegs als dem zu niedrigen Einkommen des Ehepartners geschuldet betrachtet werden kann. Sie zeigt aber auch, daß schon die Mütter dieser damals jungen Mädchen die Kriegserfahrungen in das Bemühen umsetzten, die eigene Existenz nicht nur über Heirat als kulturelle, aber abstrakte Gewißheit, sondern auch durch eine Berufsausbildung abzusichern, und diese blieb nicht ohne Folgen: Schon damals bemühten sich doppelt so viele Mädchen um eine Berufsausbildung als diejenigen, die eine erhalten haben, und das waren immerhin in beiden untersuchten Regionen rund 34 % der Jahrgänge, d.h. sehr viel mehr als heute angenommen[28]. Dies sind ebenso viele wie in der Lehrstellenkrise der 80er Jahre: "In meiner Klasse war das ganz normal, alle wollten eine Berufsausbildung. Da weiß ich keine, die das anders sah", formulieren die Interviewten.

Wir halten erneut fest: Schon ein Großteil der älteren Frauengeneration, die die erste ist, die heute auf eine ganze Zeitspanne eines Erwachsenenlebenslaufs zwischen Berufsausbildung und Verrentung ohne Kriegswirren zurückblicken kann, hat per beruflicher Bildung die Startchancen dafür gelegt, jenen modernen Lebenslauf zwischen Erwerbsarbeit und Familie zu realisieren, den wir gern der jüngeren zuschieben. Und bei noch genauerem Hinsehen: dahinter deren Mütter. Aber ihre Männer bleiben bei den traditionellen Grundmustern stehen: Im Unisono-Selbstverständnis der Ehemänner, die sich immer wieder selbstbewußt von den Jüngeren absetzen, gingen diese Ansätze weiblicher Bildungs- und Erwerbs-

---

27 HOFBAUER: Zum Erwerbsverhalten verheirateter Frauen (1979); SCHWARZ, KARL: Die Bildungsabschlüsse der Frauen und ihre Bedeutung für den Arbeitsmarkt, die Eheschließung und die Familienbildung. In: Zeitschrift für Bevölkerungswissenschaft, Heft 4/1990, S. 361-382; HANDL: Berufschancen und Heiratsmuster von Frauen (1988)
28 BORN, CLAUDIA: "... wie sich die Bilder gleichen ..." Zur Situation weiblicher Lehrlinge nach Kriegsende. Arbeitspapier Nr. 2 des Sfb 186, Universität Bremen. Bremen 1989

interessen in Formulierungen wie: "In unserer Zeit war das so üblich; damals, in unserer Zeit, da ist das selbstverständlich" unter.

Verdeckt aber blieben sie eben auch der Forschung. Wir müssen schlicht daran erinnern: Auch Amerika existierte bereits, bevor Kolumbus es entdeckte. Und so eben auch hier! Die soziologische Forschung folgte der männlichen Gewißheit von der Frau zu Hause und prüfte selten genauer nach. Unter dem Druck der gesellschaftlichen Normen konnten die Frauen ihrerseits wenig tun, um Erwerbsinteressen nach außen aufzudecken. Im Gegenteil! Selbst innerfamilial sollte es möglichst niemand merken ("Er war ja die Woche auf Montage, hat das lange gar nicht gemerkt, daß ich wieder gearbeitet hab'."; "Da hat er im Haus nichts gefunden, woran er meckern konnte."). Sie waren bereit, als Preis für den Ausbruch aus den eigenen vier Wänden die Alleinverantwortung und faktische Bewältigung der Familienarbeit auf ihrer Seite zu belassen. Schauen wir nun erwartungsvoll auf die Kindergeneration.

Sozialer Wandel zwischen Norm und Struktur des Lebenslaufs: die jüngere Generation

In der jüngeren Generation sieht tatsächlich vieles anders aus. Den größten Weg der Modernisierung haben, so sagt unser Material, allerdings die jungen Männer vollzogen - auf der Ebene der Normen und der hieran geknüpften Wahrnehmung der Geschlechtsrollen. Es ist dies jedoch eine relationale Aussage. Von der innerfamilialen Ausgangslage in den Herkunftsfamilien her ist der Weg von der durchgängig konservativen Vätergeneration viel weiter als die Distanz zu den bereits mit modernen Selbstkonzepten ausgestatteten Müttern. Für die Frauen beider Generationen ist die Berufsausbildung der Frau eine Selbstverständlichkeit. Geändert haben sich aber zwischen ihnen drei nicht unerhebliche Punkte:
– Die Offensivität im Einfordern männlicher Mithilfe in der Familie; auch bezüglich der "nachzuholenden Kollektivierung der Männer im Familienverband" machen wir die Frauen als die Akteurinnen des Wandels aus,
– die Betonung der Bedeutung des Bildungsniveaus, um Arbeitsmarktchancen zu sichern,
– das Wissen um die Folgen von Erwerbsunterbrechungen und die Nutzung planerischer Möglichkeiten bezüglich der Kindergeburten. Das heißt auch: das Kalkulieren mit dem eigenen Alter.

Vieles hat sich geändert in Arbeitsmarkt und Familie, und die Interviewten nehmen die darin enthaltenen Chancen wahr. Nichts aber, bzw. kaum etwas hat sich in der Struktur des Berufsbildungssystems geändert. Dessen Folgen für den Erwachsenenverlauf deuten sich aufgrund des überblickbaren, noch relativ kurzen Zeitraums erst an - in Form unterschiedlicher Durchsetzungschancen im innerfamilialen Diskurs ("Er verdient ja mehr und hat Aufstiegschancen. Bei mir: ziemlich Essig!"). Das weibliche und männliche Selbstkonzept hat sich gewandelt, der Ausgang der Aushandlungsprozesse zwischen moderne Lebensentwürfe planenden/denkenden Partnern jedoch nur dann, wenn die Arbeitsmarktsituation auch Männer vor Probleme stellt. Und: Daß der geschlechtsspezifische Ausgang an der Qualifikationstypik liegt und nicht am Bildungsniveau, wird erst rudimentär formuliert und nur von den Akademikerinnen. Deshalb wende ich mich - und da in berufspädagogischen Kreisen (hoffentlich) eher offene Türen einrennend - nur kurz noch der Allokationsfunktion der Berufsbildung für die Lebensführung allgemein zu.

Weibliches Selbstkonzept und institutionale Organisation des Berufsbildungssystems

In der Lebenslaufforschung gilt die Berufsausbildung aufgrund eben der typisch deutschen Allokationsfunktion für den Erwerbsverlauf als Lieferant der zentralen Korsettstangen des Lebenslaufs.[29] Dem ist zuzustimmen. Es beinhaltet zugleich aber eine zweite Funktion, die immer wieder öffentlich unterschlagen wird: seine Bedeutung als Schaltstelle zwischen männlicher und weiblicher Lebensführung.

Diese liegt in der Tatsache, daß innerhalb jedes der Niveaus nach Geschlecht segregiert wird, wir es also mit typisch männlichen und typisch weiblichen Berufsbildungswegen zu tun haben. Auch heute noch - wie nach 1945 - erhalten nur rund 40 % eines weiblichen Jahrgangs mit entsprechender Vorqualifikation einen Ausbildungsplatz im angestrebten dualen System, dem männlich geregelten Berufsbildungssegment. Der Rest wandert in Warteschleifen oder sog. Vollzeitberufsschulen - und wird schon mal älter. Und Vollzeitschulen nehmen nicht etwa ab, sondern zu, hauptsächlich durch die explodierenden Assistentinnenausbildungen und die Pflege- und Gesundheitsberufe.[30] Sie sind trotz mehr Bildungsjahren und z.T. erheblich mehr individuellen Kosten[31] mit sehr viel geringerem und weniger standardisiertem Marktwert der Abschlüsse und anschließender Sackgassenposition auf dem Arbeitsmarkt verbunden.[32]

---

29 BECK, ULRICH/MICHAEL BRATER (Hg.): Die soziale Konstitution der Berufe. Frankfurt/Main 1977; BLOSSFELD, HANS-PETER: Bildungsexpansion und Berufschancen. Empirische Analysen zur Lage der Berufsanfänger in der Bundesrepublik. Frankfurt/Main 1985; KOHLI, MARTIN: Die Institutionalisierung des Lebenslaufs. In: Kölner Zeitschrift für Soziologie und Sozialpsychologie 37 (1985), S. 1-29
30 FRACKMANN, MARGIT/ H. SCHILD: Schulische Berufsausbildung. Bilanz und Perspektiven. Gutachten für die Max-Träger-Stiftung. MTS-Skript 1. Frankfurt/Main 1988
31 Es fallen nicht nur die Lehrlingsgehälter weg, sondern viele dieser Vollzeitschulen sind auch heute noch in Schulgeld verlangender privater Hand.

Es ist den vielen Forschungen von Historikerinnen zu verdanken, daß wir auf diese heimlichen Lebenslaufmarker, die hidden markers, aufmerksam gemacht wurden.[33] Doch scheint dieses Wissen immer noch nur die weibliche Hälfte der Gesellschaft zu interessieren, obwohl es der männlichen gut vor Augen führt, was sie vom dualen System hat und sich einhandelt, wenn sie dieses in Vollzeitschulausbildungen (den bisher klassischen weiblichen Weg) umwandelt. Obwohl die Geschichtsforschung sehr anschaulich und systematisch belegen kann, wie sehr die Etablierung des bestehenden Berufsbildungssystems verbunden war auch mit der Entdeckung/dem bewußten Einsetzen von Berufsbildung als Steuerungsinstrument und Differenzierungschance zwischen männlicher und weiblicher Lebensführung, wird dieses - zu Recht - als Chancenminderungsproblem für Frauen auf dem Arbeitsmarkt diskutiert, aber nicht - zu Unrecht - als wesentliches Element der Stabilisierung männlicher Erwerbsverläufe. Die Studien belegen nachdrücklich, wie sehr berufliche Bildung einem Geschlechterprogramm folgte, mit möglichst kontinuierlicher Heranführung männlicher Jugendlicher an das Berufssystem und ebenso konsequenter Festlegung weiblicher Jugendlicher auf die spätere Mutter-, Hausfrauen- und Zuverdienerinnen-Rolle mit ungünstiger Erwerbssicherheit.

---

32 Ganz systematisch häufen Mädchen mehr Bildungsjahre an als Jungen. Reduzierte Verwertungschancen auf dem Arbeitsmarkt trotz gleicher Abschlüsse bringt sie dazu, zusätzliche Bildung anzuhäufen.
Mit dieser Politik engstens verbunden ist auch der unterschiedliche Marktwert der Abschlüsse zwischen männlichen und weiblichen Qualifikationen zu verstehen: Trotz mehr Bildungszeit und auch heute noch hohen privaten Investitionen (so muß eine Unterrichtsschwester ungefähr 60 bis 80.000 DM in private Weiterbildungsträger investieren, um von der Krankenschwester zur 'Unterrichtsschwester' aufzusteigen, aber die damit verbundene Verdienstspanne ist so gering, daß diese zusätzlichen Kosten kaum je wieder hereingearbeitet werden können), führen die Ausbildungsabschlüsse von Mädchen auf berufliche Sackgassenpositionen, liegen sie tarifrechtlich unter denen der Männer, bzw. sind sie in weiten Teilen gar nicht geregelt, sondern dem freien Markt überlassen. Erinnert sei an die Misere im sich ausweitenden Sektor personenbezogener Dienstleistungen, der durch Deregulierung und Aussteuerung der Qualifizierungen aus dem für das männliche Arbeitsmarktsegment durchgängigen Prinzip der individuellen Ressourcenabsicherung über berufliche Bildung zunehmend mehr ausschert und, unter Bezug auf klassische weibliche Zuschreibungen, zum Vorreiter für amerikanische Verhältnisse wird.
33 BRINKER-GABLER, GISELA (Hg.): Frauenarbeit und Beruf. Die Frau in der Gesellschaft. Frühe Texte. Frankfurt/Main 1979; TORNIEPORTH, GERDA: Studien zur Frauenbildung. Weinheim 1979; SCHLÜTER, ANNE: Neue Hüte - alte Hüte? Gewerbliche Berufsbildung für Mädchen zu Beginn des 20. Jahrhunderts - zur Geschichte ihrer Institutionalisierung. Düsseldorf 1987; MAYER, CHRISTINE: "... und daß die staatsbürgerliche Erziehung des Mädchens mit der Erziehung zum Weibe zusammenfällt". In: Zeitschrift für Pädagogik 38 (1992), 5, S. 433-454

Das Berufsbildungssystem hat diese geschlechtsdifferierende Doppelfunktion nie aufgegeben - und ebensowenig der davon profitierende Arbeitsmarkt.[34] Noch heute werden neue männlich stereotypisierte Ausbildungsberufe schnell und zügig nach BBiG geregelt (so z.B. die Gerüstebauer, Fensterputzer usw.). Neu entstehende Berufe für Frauen (Altenpflege; Hauspflege usw.) hingegen bleiben der Regelungsdiffusität der Länder und freien Träger überlassen.

Konsequenz: Schauen wir mit diesem Wissen noch einmal auf die jüngere Generation. Planung und Kalkül im Selbstkonzept zeitigen einen erheblichen Fortschritt: Die sogenannte "Strukturblindheit" gegenüber jenen Mechanismen, die die männliche und weibliche Normalbiographie innerfamilial hervorbringen, scheint aufgebrochen - aber eben nur für die Familienphase. Die Weichenstellungen per Verteilungstypik im Berufsbildungssystem bleiben verdeckt, denn der öffentliche Dialog zur Chancengleichheit hat bei den Jüngeren das Bildungsniveau ins Zentrum gerückt, d.h. die Bedeutsamkeit der Niveaus der Abschlüsse für die Zuweisung auf Arbeitsmarktlagen, nicht aber die Berufstypik innerhalb eines jeden Niveaus. Die vertikale Linie ist im Blick, und Frauen haben hier sehr aufgeholt, nicht aber die horizontale, die Geschlecht in die Berufskonzeptionen selbst einlagert. Zwar diskutieren wir die geschlechtsspezifische Segmentation des Arbeitsmarkts, kaum aber die Tatsache, daß das diese vorbereitende Berufsbildungssystem in seiner inneren Verfaßtheit innerhalb der Niveaus auf geschlechtsspezifische Entscheidungsmuster der Lebensführung festlegt.

Dabei ist unübersehbar: Es versieht Männer und Frauen selbst auf gleichen Niveaus mit unterschiedlichen Ressourcen, je nachdem, ob sie in ein "männlich" oder ein "weiblich" strukturiertes Bildungssegment eingemündet sind. Die kaufmännischen Angestellten der älteren Generation hatten ein "männliches", nämlich nach Berufsbildungsgesetz dual strukturiertes Segment erwischt, die Kinderpflegerinnen ein "weibliches" noch heute z.T. in privater Trägerschaft der Wohlfahrtsverbände, und wenn staatlich organisiert, dann in Kulturhoheit der Länder liegend, und das heißt: von Land zu Land unterschiedlich und mit trägerabhängigem Marktwert.

In der beruflichen Bildung werden schon vor jeder innerfamilialen Aushandlung die Weichen hinsichtlich des Ausgangs gestellt, früher wie heute. Bei entstehenden Entscheidungssituationen in der Paarbeziehung in der Frage, wer beruflich zurücksteckt, bei jeder Erweiterung der Belastungen des eigenen Biogra-

---

34 KRÜGER, HELGA: Doing Gender - Geschlecht als Statuszuweisung im Berufsbildungssystem. In: BROCK, DITMAR/BRIGITTE HANTSCHE/GERTRUD KÜHNLEIN/HEINER MEULEMANN/KARIN SCHOBER (Hg.): Übergänge in den Beruf. München 1991, S. 139-169; KRÜGER, HELGA (Hg.): Frauen und Bildung. Wege der Aneignung und Verwertung von Qualifikationen in weiblichen Erwerbsbiographien. Bielefeld 1992

phieentwurfs durch Ansprüche der übrigen Familienmitglieder werden sich die strukturell gegebenen Ressourcenvorsprünge des Mannes und die Chancen, diese im Arbeitsmarkt auszubauen, gegenüber den strukturell schlechteren der Partnerin allzu leicht durchsetzen können. Eine düstere Prognose für die Zukunft.

In der Tat: Institutionen lassen sich als machtvolle Instanzen, als "geronnene Gewalt der Geschichte", wie Marcuse sie benennt,[35] identifizieren, die in ihre organisatorische Verfaßtheit kulturelle Grundmuster der Gesellschaft inkorporiert haben. Jenseits allen Wollens verfestigen sie, daß sich im männlichen Lebenslauf die Marktzentriertheit der Lebensführung und die Familie als entlastende Addition verbinden. Und das heißt: Alle Ereignisse (Counter Passagen), die in dieser Kontinuität durch familiale und sozialpolitische Belange auftreten können, fangen sich die Frauen ein, trotz der Bedeutung des Bildungsniveaus in ihrem Selbstkonzept. Es nimmt nicht wunder, daß der männliche Part sich in den Korsettstangen seines Lebenslaufs in dieser durchaus ermüdenden Welt des Arbeitsmarkts getragen fühlt, während die Frauen es sind, die sich angesichts der "einsichtsvollen" Verplanung ihres Lebens durch andere in ihrer eigenen Biographie verstricken, selbst wenn sie die "toten Gewässer der Familie" mit den übrigen Institutionen zu vernetzen suchen. Sie holen damit aber nicht Individualisierung nach, sondern sie fordern die Umstrukturierung des Institutionengefüges des Lebenslaufs schlechthin - und das ist ein langer Weg.

Es gilt, aus der Geschichte zu lernen und die Frauen in diesen Bemühungen zu unterstützen - und sei es nur durch die Veröffentlichung der heimlichen "gendermarker" der Historie.

---

35 MARCUSE, HERBERT: The one-dimensional man. Boston, Mass. 1964

ARBEITSGRUPPE 6

Berufsbildung als Faktor sozialen Wandels in ausgewählten europäischen Ländern

Zur Einführung in das Thema der AG 6

Günter Kutscha

Berufliche Bildung im Kontext sozialen Wandels ist für deutsche Verhältnisse ohne den (auch historischen) Bezug auf europäische Entwicklungen nicht verstehbar. Um so erstaunlicher ist es, daß der europäischen Dimension der berufspädagogisch-historischen Forschung bislang nur wenig Aufmerksamkeit zuteil wurde. Historische und vergleichende Berufsbildungsforschung blieben bislang auf Distanz. Gewiß, es gibt (positive) Ausnahmen. Von einer Forschungstradition jedoch, die historische und vergleichende Berufsbildungsforschung systematisch aufeinander bezieht und die also als historisch-vergleichende Berufsbildungsforschung zu bezeichnen wäre, kann bislang nicht die Rede sein.

Damit ist auf den ersten Blick ein forschungsinternes Desiderat ohne praktischen und politischen Belang angesprochen. Selbst innerhalb der berufs- und wirtschaftspädagogischen Diskursgemeinschaft scheint die historisch-vergleichende Berufsbildungsforschung entbehrlich zu sein: Man vermißt sie nicht. Das muß Gründe haben. Diese hängen offenbar damit zusammen, daß die Heterogenität der Berufsbildungssysteme in Europa das Vorurteil begünstigt, man könne ohnehin nichts voneinander lernen, schon gar nicht im historischen Vergleich. Jeder Teilnehmer an internationalen Berufsbildungskongressen weiß, wie schwierig es ist, in einen Vergleich der Systeme einzutreten, bei dem mehr zur Diskussion steht als nur die Verteidigung und die Selbstbestätigung der eigenen Verhältnisse sowie deren Rationalisierung durch immer ausgefeiltere Beschreibungskonzepte. Bei allem Fortschritt, den die Berufsbildungsforschung in der Erfindung wissenschaftlich elaborierter Sprachspiele zu verzeichnen hat, ist sie bis heute und im Vergleich zu den daran beteiligten Forschungsdisziplinen "bodenständig" geblieben - im krassen Gegensatz zur weiter voranschreitenden Internationalisierung der Wirtschaftsbeziehungen und zu den damit verbundenen Rückwirkungen auf das Beschäftigungssystem und den Qualifikationsstrukturwandel.

Die Vorträge und Diskussionen in der Arbeitsgruppe 6 "Berufsbildung als Faktor sozialen Wandels in ausgewählten europäischen Ländern" bestätigen, wie wichtig, ja wie notwendig die Zusammenführung von historischer und international vergleichender Berufsbildungsforschung ist. Sinn und Ertrag eines solchen Unterfangens hängen davon ab, daß eine Engführung auf die isolierte Betrachtung der beruflichen Bildung vermieden wird. Titel und Auftrag der Arbeitsgruppe 6 innerhalb des Berufspädagogisch-historischen Kongresses stehen dafür gewissermaßen als Programm. Heterogenität und Kontingenz der beruflichen Bildung sind nicht Zufallsprodukte; verstehbar sind sie nur im Kontext des sozialen (und darin selbstverständlich inbegriffen des politischen, kulturellen und ökonomischen) Wandels, dessen nichthintergehbare historische Dimension bereits angedeutet wurde.

ANJA HEIKKINEN (Universität Tampere) hat den historischen Aspekt zur Analyse der beruflichen Bildung im Kontext des sozialen Wandels ihres Landes besonders nachdrücklich herausgearbeitet. Unter den politischen Bedingungen Finnlands, das sich erst 1917 als Republik selbständig erklärte, hat das Bildungswesen als Faktor des sozialen Wandels und der kulturellen Entwicklung eine besondere - und durchaus ambivalente - Bedeutung: zum einen als Instrument der Hegemonialisierung und Absicherung politischer Machtverhältnisse unter dem Einfluß Schwedens und Rußlands, zum anderen als Mittel zur Gewinnung und Stabilisierung der nationalen und kulturellen Identität des finnischen Volkes. Die Verschulung der Berufsausbildung in staatlicher Trägerschaft steht damit in engem Zusammenhang. Der Weg von den Handwerkerschulen des 19. Jahrhunderts und den später eingeführten berufsqualifizierenden Teilzeitschulen hin zum System der vollzeitschulisch organisierten beruflichen Bildung in staatlicher Trägerschaft ist eingebunden in den Prozeß der politischen Verselbständigung des Landes; an ihm zeichnet sich die Substituierung partikularer durch universelle Ansprüche der Vergesellschaftung ab. Selbstverständlich wirken darauf ökonomische und technische Einflüsse ein. Der tiefgreifende Wandel vom Agrarland zum modernen Industrieland nach 1944 etwa oder der jüngst vollzogene Anschluß an die Europäische Union hinterlassen deutliche Spuren. Auch in Finnland wird heute - wie in anderen europäischen Ländern - darüber nachgedacht und politisch diskutiert, wie das Ausbildungssystem flexibler und praxisnäher gestaltet werden kann, um den neuen Anforderungen des Beschäftigungssystems im Interesse internationaler Wettbewerbsfähigkeit gerecht werden zu können. Alternativen wie die des dualen Ausbildungssystems kommen ins Gespräch. Aber Anja Heikkinen weiß in ihrer gründlichen Analyse überzeugend darzustellen, daß nicht allein wirtschaftliche Faktoren zur Debatte stehen, so sehr diese die öffentliche Diskussion derzeit dominieren. Europäisierung und Eigensinn nationaler Bildungssysteme konfligieren; das Spannungsverhältnis läßt sich nicht durch Patentrezepte auflösen. Gefragt sind "dialogische Forschungsmethoden", wie Heikkinen es ausdrückt: wissenschaftliche Diskurse im Kontext historisch reflektierter und sozial-kulturell differenzierter Systemvergleiche, um von anderen und sich selbst Neues zu lernen.

WILFRIED KRUSE (Landesinstitut Sozialforschungsstelle Dortmund, seit mehreren Jahren tätig in Spanien) und FRANK COFFIELD (Universität Durham, UK) setzen in ihren Beiträgen den Schwerpunkt auf den Qualifikationsstrukturwandel im wirtschaftlichen und sozialen Transformationsprozeß Spaniens und

Großbritanniens. Transformationsprozesse betreffen den Übergang von der Vergangenheit in die Zukunft, beobachtet jeweils vom Standpunkt der Gegenwart. Typisch für Transformationsprozesse ist die Überlagerung tradierter Strukturen durch systemverändernde Entwicklungen, von denen zur Zeit des Übergangs noch nicht absehbar ist, in welche Zustände sie einmünden. Wesentlich für die Analyse von Transformationsprozessen ist mithin der Perspektivenwechsel von der Vergangenheit zur Zukunft; sie befaßt sich mit der Rekonstruktion sozialen Wandels als Geschichte im Werden aus Sicht der Gegenwart.

Die eigentümliche Verschränkung unterschiedlicher Zeitdimensionen hat Kruse am Beispiel des "verspäteten Modernisierungsprozesses" Spaniens demonstriert. Erst mit Francos Tod waren in Spanien die politischen Voraussetzungen geschaffen, Modernisierungsprozesse einzuleiten, die schließlich den Anschluß des Landes an die EG ermöglichten. Zugleich forcierte der Wettbewerb auf den Euromärkten strategische Innovationen zur Verbesserung der wirtschaftlichen Entwicklung. Die Modernisierung des Bildungswesens insgesamt und speziell der beruflichen Bildung war und ist in diesem Zusammenhang von zentraler Bedeutung. Die ohnehin schwach entwickelte Wirtschaft Spaniens wäre überfordert gewesen, der vollzeitschulisch organisierten Berufsausbildung eine betriebliche Alternative entgegenzusetzen. Berufsbildung als Faktor strukturellen Wandels konnte nur innerhalb tradierter Strukturen wirksam werden. Das heißt im vorliegenden Fall: Die verschulte Form der Berufsausbildung blieb beibehalten, wurde allerdings unter Beteiligung der Sozialpartner in wichtigen Punkten reformiert, zum Beispiel hinsichtlich der Ausbildungsinhalte, der Einbeziehung obligatorischer Praktikums-Phasen (alternierendes Lernen) und der Verbesserung der Durchlässigkeit. Überlagert wird die Reform der Berufsausbildung durch den - auch in Spanien rapiden - Bedeutungszuwachs der beruflichen Weiterbildung angesichts verkürzter Innovationszyklen unter dem Einfluß der neuen Technologien und des verschärften Wettbewerbs auf den internationalen Märkten. Die Weiterbildung "überholt" die Berufsausbildung. Deren Reform kam gut zehn Jahre zu spät, um weiterreichende Strukturverbesserungen politisch und vor allem ausbildungspraktisch wirksam durchsetzen zu können. So das Fazit aus den Ausführungen Kruses. Nachzutragen bleibt, daß die Reform der Berufsausbildung unter den historischen Bedingungen Spaniens kaum eher möglich war. Wie im Fall Finnlands sind die Besonderheiten des spanischen Berufsbildungssystems und die Möglichkeiten seiner Reform nicht eine Frage des berufsbildungspolitischen Dezisionismus, sondern Resultat strukturell verfügbarer Ressourcen. Hier wie da vollzieht sich Modernisierung nicht als kausal-lineare Entwicklung oder politischer Kahlschlag, sondern vielfach gebrochen im Spektrum gegenwärtig erlebter Vergangenheit und Zukunft: als asynchrone Konfiguration von Zeithorizonten sozialen Wandels, dem der Systemfindungsprozeß der beruflichen Bildung in seiner historisch spezifischen Ausprägung zugehört.

Wie wenig vom berufsbildungspolitischen Dezisionismus zu halten ist, wenn er den strukturellen Rahmenbedingungen zuwiderläuft und nicht in diese eingebunden ist, hat FRANK COFFIELD anschaulich an Beispielen der in England praktizierten Versuche gezeigt, den Mangel an Ausbildungsbereitschaft der privaten Wirtschaft durch Ersatzhandlungen der politischen Akteure zu kompensieren: teils durch Individualisierung der Strukturprobleme (z.B. in Form der "Training Credits" für Schulabgänger und anderer individueller Unterstützungsangebote), teils durch zentrale Standardisierung von Ausbildungselementen (neuerdings im Rahmen des National Qualifications Framework), teils durch Institutionalisierung neuer Ausbildungsgänge mit vergleichsweise starken Anteilen praxisbezogener Qualifizierung und Ansätzen zur Dualisierung durch Einbeziehung schulischer Kurse (zum Beispiel durch Weiterentwicklung der Youth Training Schemes [YTS] aus den 80er Jahren), um nur einige wenige Programme zu nennen. Wie in Deutschland hat die allgemeine studienvorbereitende Bildung in England einen hohen Stellenwert. Anders jedoch als den Jugendlichen in Deutschland steht jungen Engländern, für die ein Studium aus persönlichen oder sozialen Gründen nicht in Frage kommt, kein berufliches Ausbildungssystem zur Verfügung, das einer großen Zahl junger Menschen genügend Möglichkeiten für eine qualifizierte Vorbereitung auf das Beschäftigungssystem bietet. So jedenfalls sieht auf den ersten Blick der pauschale Vergleich aus. Coffield warnt zu Recht davor, daraus kurzschlüssig ein Plädoyer für die Übertragung des dualen Systems ins Vereinigte Königreich abzuleiten. Denn abgesehen von den auch in Deutschland sich abzeichnenden Strukturschwächen der dualen Berufsausbildung müßte jede Strukturreform ins Leere laufen, die nicht rückgekoppelt sei an die reale Chance, im Beschäftigungssystem einen Platz zu finden, der wirtschaftliche und soziale Sicherheit in Aussicht stellt. Education, Training and Employment - sie zusammen erst ergäben für den einzelnen Jugendlichen (so der Jugendpsychologe Coffield) einen Sinn. Das zentrale Problem der Berufsausbildung in Großbritannien ist nach Coffields Auffassung nicht primär ein Qualifizierungsproblem, sondern vor allem ein Absorptionsdesaster angesichts der paradoxen Situation: "A strong manufacturing base is essential for long-term economic growth, but it doesn't create many jobs."

Die wissenschaftstheoretischen und politischen Implikationen der vorgetragenen Referate sind vielfältiger Art; sie konnten in der zur Verfügung stehenden Zeit nicht zureichend erörtert werden. Für den Moderator bestätigten sie die systemtheoretische Einsicht, daß die Analyse komplexer Systeme und der vielschichtigen Beziehungen zwischen ihnen nicht dem eindimensional-kausalen

Zweck-Mittel-Schema folgt. Vielmehr sollte sie sich auf den Vergleich von Systemen unter der erkenntnisleitenden Frage konzentrieren, welche unterschiedlichen Konfigurationen von Systemelementen funktional äquivalente Leistungen in bezug auf die Lösung vitaler Systemprobleme erbringen. Das öffnet die Perspektive für den konstruktiven Umgang mit Differenzen in Gesellschaften, in denen Lernen zum Prinzip sozialen Wandels gehört. Die Suche nach dem "besten" Bildungssystem führt nicht nur theoretisch in Sackgassen, sondern ist auch politisch fragwürdig, nicht zuletzt im Hinblick auf die Weiterentwicklung der Europäischen Union. Es geht nicht um Europäisierung der nationalen Bildungssysteme, sondern um Öffnung für europäische Entwicklungen und Erfordernisse, um Europafähigkeit. So betrachtet, hat die historische und vergleichende Berufsbildungsforschung, um auf den Ausgangspunkt meines Statements zurückzukommen, ihre Zukunft als "dialogische Instanz" wissenschaftlich fundierter Politikberatung noch vor sich.

Berufsbildung als Faktor des sozialen Wandels in Finnland

ANJA HEIKKINEN

Einleitung

Die finnische Berufsbildung kann bis heute als Prototyp eines schulischen, staatlich kontrollierten Systems interpretiert werden. Aber worin dieses Prototypische besteht, ist weder für den Finnen noch gar für den Ausländer so ohne weiteres zu verstehen. Es liegt, so meine These, darin, daß das finnische Berufsbildungsmodell als eine eigentümliche Form der Förderung der nationalen Produktion und der Industrialisierung anzusehen ist, und darauf will ich meinen Vortrag fokussieren. Er wird in erster Linie ein Bild der finnischen Berufsbildung in Beziehung zum Wandel der Gesellschaft zeichnen, und zwar für den Zeitraum von 1840 bis 1940. Dieser Zeitraum läßt bis heute auffällige Merkmale spüren: die Einseitigkeit der Industrie, die Marginalität des Handwerks und der Unterstützung des in ihm vorhandenen Qualifikationspotentials, verbunden mit der zentralen Bedeutung sozialer Fürsorge. Indirekt enthält mein Vortrag, indem er darauf abhebt, auch eine Stellungnahme zur Diskussion um die finnische Bildung und Erziehung sowie eine Begründung der von mir geplanten Forschungsprojekte.

Um bei einem Vorgang wie dem im folgenden zu untersuchenden von einer Wende sprechen zu können, ist dessen Geschichte in Phasen einzuteilen und dabei deutlich zu machen, was in der betreffenden Entwicklung für wesentlich erachtet wird. Jedenfalls ist es für die finnische Bildungsgeschichte typisch, Wenden bei großen Reformen oder Änderungen der Gesetzgebung zu lokalisieren. Aber man könnte - im Sinne von Egon Friedell - auch behaupten, daß in der Berufsbildung eine neue Ära nicht mit den großen Auseinandersetzungen oder Umwälzungen beginnt, sondern dann, wenn eine neue Variante der Berufsbildung auftritt. Es wäre leicht, das Auftreten neuer Varianten der Berufsbildung mit den bildungspolitischen Programmankündigungen der gesellschaftlichen Eliten gleichzusetzen. Aber wenn diese auch die dominierenden und nach Hegemonie strebenden Paradigmen der Berufsbildung enthielten, kann man deren Berechtigung und Akzeptabilität doch nicht ohne jene Auffassungen verstehen, die "unten", also an der Basis wirksam wurden und erst die Einlösung der Paradigmen möglich machten.

Einer der Ausgangspunkte und gleichzeitig eines der Ergebnisse meiner Untersuchung ist, daß die universalisierenden Modelle der gesellschaftlichen Entwicklung zum Verständnis des Charakters und der Bedeutung der Berufsbildung ebensowenig ausreichen wie die dominierende soziologische Modernisierungsinterpretation. Die Wege, Phasen und Positionen, durch die die Berufsbildung in verschiedenen Staaten und Kulturen Gestalt annimmt, sind in ihrer jeweiligen Eigentümlichkeit zu suchen, auch dann, wenn sie mit supranationalen Strömungen verbunden sind.

Der zweite Ausgangspunkt meiner Darlegungen ist die aktuelle gesellschaftliche und bildungspolitische Situation in Finnland. In den schon geradezu typisch gewordenen unhistorischen Reden zur Reform der Berufsbildung sind die Wiederholung von und die Rückkehr zu alten Themen und Problemen zu erkennen. Will man sie verstehen und in Frage stellen können, ist die Untersuchung der Vergangenheit unverzichtbar.

Der dritte Ausgangspunkt hängt mit meinem Versuch zusammen, in Finnland eine neuartige Untersuchung der Berufsbildung zu beginnen, die die soziologisierenden Makroerklärungen und psychologisierenden Mikrountersuchungen zu den historischen und kulturellen Bedeutungen der Lebensgesamtheit von Gesellschaft und Individuen in Beziehung setzt.

Die Entwicklung der gesellschaftlichen, arbeitsweltlichen und pädagogischen Projekte und die Berufsbildung seit dem 19. Jahrhundert

Um die finnische Berufsbildung zum gesellschaftlichen Wandel in Beziehung zu setzen, richte ich die Aufmerksamkeit auf einige Züge, die im Rahmen von Modernisierungsinterpretationen als wesentlich betrachtet werden. Wie sieht der soziale Wandel in Finnland den einschlägigen Indikatoren entsprechend aus? Ein Indikator der Modernisierung ist die Industrialisierung und der damit verbundene Wandel der Struktur der Arbeitskraft. Ein zweiter ist die Bevölkerungsbewegung, und wiederum mit beiden Faktoren verbunden ist die zunehmende Verstädterung Finnlands. Ein dritter Indikator liegt in der Mobilität der Einwohner meines Landes und ein vierter in ihrer Wohn- und Familienstruktur. Die moderne Gesellschaft ist auch in Finnland eine industrielle, kapitalistische Demokratie, in der individualisierte Menschen in Kernfamilien leben, in der die Arbeitskraft frei verkauft und gekauft wird, in der formale Gleichberechtigung besteht, und zwar unabhängig von Herkunft und sozialem Hintergrund, und in der mit Hilfe von Bildung sozial geachtete Stellungen angestrebt werden können. Die agrarischen, an Stand und Herkunft sowie Ortsgemeinschaft gebundenen Selbstverständlichkeiten der Vormoderne zerbrechen mehr und mehr. Ehemals ganzheitliche Lebensformen zersplittern zu funktionalen Subsystemen.

Die Entwicklung in Finnland zeigt jedoch, daß der soziale Wandel diesem Modell nicht unbedingt folgt. Mit der Industrialisierung ist eine Stärkung der sich rationalisierenden Landwirtschaft und der ländlichen Gemeinschaften verbunden: Die finnische Großindustrie nahm ihren Anfang auf dem Lande und in

Symbiose mit der Land- und Forstwirtschaft. Wo Selbstversorger und Streusiedlung vorherrschten, war sie mit ihrer Produktauswahl keine Herausforderung für das Handwerk und Kleinunternehmertum. Auch die Geburt des "freien Arbeiters" gründete in der Entwicklung der agrarischen Produktionsverhältnisse: Das besitzlose Gesinde auf dem Lande war traditionell die "bewegliche Arbeitskraft", für die die Möglichkeit zur Industriearbeit in den von den Patronen aufgebauten Gemeinschaften eine Verbesserung der Lebensqualität bedeutete. Das familienorientierte Produktions- und Arbeitsmodell war ebenfalls in der Landwirtschaft traditionell vorherrschend. Das an der Oberschicht orientierte Ideal der Kernfamilie setzte sich hier erst seit den 20er Jahren dieses Jahrhunderts verstärkt durch. Gleichwohl veränderten sich die an die Stelle der agrarischen Gemeinschaften tretenden andersartigen Modelle des Gemeinschaftswohnens und -lebens.

Wenn man die Berufsbildung als Faktor des sozialen Wandels betrachtet, ist zu beachten, daß Finnland bis in die 50er Jahre hinein ein stark agrarisches Land war. Dabei handelte es sich nicht um Rückständigkeit, sondern um eine beabsichtigte Politik im Rahmen der Bildung eines Nationalstaates, die der typischen Verknüpfung von (Export-)Industrie, Landwirtschaft und sozialer Fürsorge ihre charakteristische Prägung gab.

Ich habe - hauptsächlich auf dem Gebiet des Handwerks und der Industrie - die Bedeutung der Berufsbildung in der finnischen Gesellschaft in drei Teilbereichen gedeutet, die man sich theoretisch als verhältnismäßig selbständig vorstellen kann und die dies in der Praxis auch zu sein scheinen. Dazu gehören zunächst die die ganze Gesellschaft betreffenden politischen Projekte, zum zweiten die internen Verhältnisse des Arbeitslebens und drittens die innere Welt der Bildung. Diejenigen interessanten Entwicklungsprozesse, die darin eingebettet sind, will ich mit Hilfe der folgenden "historischen" Fragen charakterisieren, die den Wandel analysieren.

Zum bäuerlichen, industriellen oder "Wohlfahrts"-Finnland

In der in Finnland üblichen Definition von Bildung für das gewöhnliche Volk und damit für den Arbeiter dominiert seit dem 19. Jahrhundert einerseits das als "fortschrittlich" erscheinende Bestreben der politischen, industriellen und Bildungselite, die Bevölkerung für die Teilnahme an gemeinsamen Angelegenheiten "tauglich" zu machen. Anderseits war die Arbeiterschaft selbst bestrebt, an den stark von der Oberschicht geprägten politischen und kulturellen Systemen beteiligt zu werden. Dies zeigt sich an einer hohen Wertschätzung von Volks- und höheren Schulen, von Beamtentum und Amtstätigkeiten sowie an der positiven Einstellung gegenüber der Technik. Die zentrale Stellung des Staates läßt sich aus den betonten Traditionen der Kriegsführung, des Offiziersberufs, des selbständigen Bauern ableiten. Ohne feudale Höfe, Güter und Großkaufleute blieben das mittelständische Innungswesen und die städtische Lokalverwaltung unentwickelt. Der von den 50er bis zu den 80er Jahren des 19. Jahrhunderts in Rußland erstarkte Liberalismus und die von Zar Alexander II. eingeleiteten Reformen gaben Raum für eine neue Organisation des gesellschaftlichen Lebens. Auch die mit dem Generalstreik von 1905 beginnende Zeit der freieren Betätigung eröffnete neue Möglichkeiten. Die Begrenzungen des Organisationsrechts während der russischen Unterdrückungsperiode und die von der finnischen Rechten in den 20er/ 30er Jahren dieses Jahrhunderts aufgestellten entsprechenden Einschränkungen hinderten gerade die von der gesellschaftlichen Einflußnahme sowieso schon ausgeschlossenen Gruppen an freier Meinungsbildung und Meinungsäußerung.

Für das Konzept der Staatsbürgerschaft war noch in den 50er Jahren des vorigen Jahrhunderts das Verhältnis des Individuums zu seiner nächsten Gemeinschaft und zur Kirche entscheidend. In großen Teilen des Landes waren Lebensweise und Arbeitstätigkeit von Hofbesitzern und Nichtbesitzern ähnlich. Innerhalb der Familie und Großfamilie gab es fließende Übergänge von einer Position zur anderen. Die staatlichen und kirchlichen Hierarchien waren im Vergleich zu den internen Verhältnissen der Gesellschaft sowohl physisch als auch von der Lebensweise und Sprache her fremd.

Das finnische Erwachen begann in den 40er und 50er Jahren des 19. Jahrhunderts einerseits als politisch-bildende Bewegung von oben, andererseits als religiöse Bewegung von unten. Dem Streben der religiösen Erweckungsbewegungen nach einem himmlischen Vaterland folgte das Ideal des Finnischtums, das die Unterschiede des Alltagslebens der Menschen nivellierte. Das "finnische Volk" vereinigte sich einerseits gegen die schwedischsprachige Beamten-, Bildungs- und Industriellenelite und andererseits gegen die russische Verwaltungsmacht. Gefordert wurde, an deren Rechten und Lebensweise einen Anteil zu haben.

Unter anderem die Bewegung des Finnischtums, der Aufstieg der Großindustrie, das Anwachsen der Arbeitskraft und der sozialen Mobilität weckten in der Bildungsschicht und der Führung der Großindustrie Interesse am Arbeiter als Staatsbürger. Aber man verhielt sich zu der sich aus den Besitzlosen vom Lande rekrutierenden Arbeiterschaft - die zu einem großen Teil aus Heranwachsenden und Frauen bestand - wie Kindern gegenüber. Um ein tauglicher Bürger der Fabrikgemeinschaften zu werden, mußten sich die Arbeiter die beruflichen Ideale von Handwerkern aneignen, Besitz anschaffen und sich die Lebensweise der Gebildeten zu eigen machen. Der erzieherische Blick der Oberschicht der 70er Jahre des 19. Jahrhunderts auf die Arbeiterschaft kommt zum Ausdruck in dem schöngefärbten Bild vom zukünftigen finnischen Arbeiter, wie es A. Meurmann, ein Vertreter der Finnischen Partei, vorstellt:

"Wir treffen einen Arbeiter, der in einem sauberen Heim wohnt, sich sauber kleidet, manchmal abends bei einem Krug Bier sitzt, bunte Abende besucht, das Theater und Kunstausstellungen, der ein Sparbuch in der Tasche trägt und dessen Arbeitstag ... (kurz) ist."

Die von oben gebildete Arbeiterbewegung nahm anfänglich das vom Arbeiter entworfene Bild und das in ihm vorgezeichnete Ideal an. Sie schützte Bildung, bewunderte das Heldentum der Arbeit, Fleiß und Enthaltsamkeit, organisierte Selbsthilfe und Genossenschaftstätigkeit, eigene Bildungs- und Kulturaktivitäten. Sowohl die Bestrebungen der Gründer der Bürgerbewegung als auch diejenigen der Arbeiterbewegung stimmten mit der von unten aufgekommenen Erweckungsbewegung überein, in der die Befreiung von sinnlichen und irdischen Fesseln im Mittelpunkt stand. Alle Bildungsprogramme zielten einerseits auf Ausrottung von Faulheit, Aberglaube und Sexualverhalten außerhalb der Normen, andererseits auf Lesefertigkeit und ein nach Regeln geordnetes Leben ab.

Zum nationalen Aufbauprogramm der finnischen Oberschicht gehörte die sogenannte "gesellschaftliche Frage" mit den Problemen der besitzlosen Landbevölkerung. Als zwischen Finnland und Rußland 1899 ein offener Konflikt ausbrach, änderte sich der Charakter des Programms: Da das ganze Volk an diesem Konflikt teilnahm, mußte man auch die Unzufriedenheit der Bevölkerung mit sozialen und politischen Mißständen eingestehen. Die Widersprüche bei der Herausbildung der Staatsbürgerschaft spitzten sich nach dem Generalstreik von 1905 und der Wahlrechtsreform zu. Verbunden damit war ein Bildungsthema. Deutlich macht das z.B. die Sorge des Leiters der Schulverwaltung M. Soininen um die Unzulänglichkeit der Bildung, Berufskenntnis und Arbeitsfähigkeit des Volkes in bezug auf die Anforderungen an eine Volksherrschaft, "die in Finnland im Vergleich mit anderen Ländern plötzlich und ohne ausreichende Vorbereitung in unseren internen Verhältnissen sich zu ihrem Höhepunkt entwickelt hat und die Verbreitung ernster Erwägung in allen Schichten der Gesellschaft absolut notwendig macht".

Das Selbständigwerden durch einen Bürgerkrieg war für die Finnen eine bittere Erfahrung, die das Ideal der Selbständigkeit bestärkte und das Verlangen, die Erfahrungen in Kollektive zu kanalisieren, entstehen ließ. Das mit den wirtschaftlichen und sozialen Widersprüchen auf dem Lande verbundene gewaltsame Fordern der politischen Rechte führte dazu, daß gleichberechtigte Staatsbürgerschaft mit repräsentativer Politik gleichgesetzt wurde. Der Widerspruch zwischen der gleichberechtigten Staatsbürgerschaft und dem nicht gleichberechtigten Alltag politisierte alle Beziehungen innerhalb des (Arbeits-)Lebens. Die durch die Übernahme bürgerlicher Ideologien bedingte Unselbständigkeit und Erfahrung der Kraftlosigkeit führte in der Arbeiterbewegung bei den fortschrittlichen Gruppen zur Kritik. Dies wird z.B. an dem Vorwurf deutlich, daß sich die Arbeiterschaft dem Bürgertum untergeordnet hätte und sich sogar gegen ihre eigenen Interessen in einen Bürgerkrieg hätte hineinziehen lassen. Der finnisch gewordene Staat strebte über das Kleinbauerntum dahin - und nur marginal über eine Verbesserung der Stellung von Fachberufsvertretern. Im Arbeitsleben konnte keine solche Übereinstimmung und Zusammenarbeit entstehen, die die Berufsbildung als gemeinsame Sache und gemeinsamen Vorteil von Arbeitnehmern und -gebern aufgezeigt hätte.

Die Unabhängigkeit Finnlands verband sich für die Industrie- und Bildungselite mit einer neuen Sorge um die finnische Unreife zur Staatsbürgerschaft. Die Auseinandersetzungen um die Definition des "Projekts Finnland" nahmen neue Formen an und fanden ihren Ausdruck u.a. im Interesse verschiedener Gruppen an Volksbildung, höheren Schulen, Universitäten und freier Bildungsarbeit. In der Verwaltung verlangte man eine Intensivierung der staatlichen Bildung, da nun "mancher moralisch sich selbst überlassen bleibt und ohne die wahrlich notwendige Bürger- und Berufsschulung, wenn die Gesellschaft sich nicht fortwährend um ihn kümmert".

Zusammenfassend kann behauptet werden, daß in der finnischen Gesellschaftspolitik Ende des 19. Jahrhunderts die Vision eines "bäuerlichen" oder "agrarischen Finnland" dominierte, die von der konkurrierenden Vision eines "industriellen Finnland" erst nach dem Zweiten Weltkrieg überholt wurde. In der Berufsbildung traten die verschiedenen Projekte und deren Verbindungen jedoch in komplizierter Form auf. Die Entwicklung der Landwirtschaftstechnologie unterstützte beispielsweise schon Mitte des vorigen Jahrhunderts die finnisch-nationale Politik und das "Agrarprojekt" als Lösung gesellschaftlicher Probleme. Mit der Rationalisierung der Land- und Forstwirtschaft war auch die Bestrebung nach nationaler Autarkie verbunden, was die Erweiterung der Kleinlandwirtschaft ermöglichte. Dies unterstützte die staatliche Lösung von sozialpolitischen Problemen und verzögerte die Verwirklichung eines "Wohlfahrts-Finnland".

Zum Handwerk oder zur (Export-)Industrie?

In Finnland konnte die Entwicklung der Berufsbildung für industrielle Berufe nicht von einer Handwerkerausbildung ausgehen. Weder moderne Professionen noch Industrieberufe sind aus früheren, zünftischen Arbeitsweisen hervorgegangen. Der bei der Herausbildung der Professionen wichtige Vergleich orientierte sich am traditionellen Offiziersberuf und am moderneren Beamtentum. Vor den 20er Jahren dieses Jahrhunderts hat die einheimische Industrie mit ihrer Konkurrenz die Handwerksunternehmen nicht bedroht. Im Gegenteil, die Verbindungen nach St. Petersburg, der Konsum der finnisch-russischen Oberschicht und Armee, die Möglichkeiten des Exporthandels und die Verstädterung verbesserten deren Lage.

Die Zusammensetzung der Handwerks- und Industriearbeitgeber und die Anzahl der von verschiedenen Arbeitgebern beschäftigten Menschen änderte sich mehrmals. In den 50er Jahren des vorigen Jahrhunderts war der typische Arbeitgeber ein privater Handwerksunternehmer, und die Hälfte der Arbeitskräfte war als Handwerker beschäftigt. Die für die ganze finnische Gesellschaft und die Berufsbildungssysteme wichtigen Großunternehmen der Holzveredlungs-, später auch der Metallindustrie entwickelten sich seit den 40er Jahren getrennt von den auf dem Innungswesen beruhenden handwerksähnlichen Betrieben. Auch das Arbeitertum in Handwerkerbetrieben und in der Industrie unterschied sich voneinander. Obwohl sich schon in den Innungsverhältnissen die Stellung von Unternehmern bzw. Meistern, Gesellen und Bediensteten sehr voneinander unterscheiden konnten, blieben sich Arbeitgeber und -nehmer bis weit ins 20. Jahrhundert hinein beruflich nahe. Die politische Autonomie, Gewerbefreiheit oder Industrialisierung hatten die aus der Landwirtschaft vertrauten Besitz- und Lohnarbeitsverhältnisse, die sich in der Industrie wiederholten, nicht besonders verändert. Die vom Lande rekrutierte Arbeiterschaft hatte keine Erfahrung mit formellen beruflichen Bildungs- oder Qualifikationsforderungen. So konnte sie anfangs keine besondere Berufsbildungsstrategie in der Industrie haben - lange Zeit auch überhaupt keine Bildungsstrategie. Am Anfang des 20. Jahrhunderts hatte der Anteil von Industriearbeitgebern unter den Unternehmern nicht gerade zugenommen, aber sie beschäftigten schon 75 % der Arbeitskräfte. In der Großindustrie beschleunigten sich die Kapitalisierung, Mechanisierung und das Wachstum der Produktivität in den 20er und 30er Jahren jedoch in dem Maße, daß der Anteil der in der Handwerks- und Kleinindustriebranche beschäftigten Arbeitnehmer an der Gesamtbeschäftigtenzahl abzunehmen begann. Gleichzeitig verbesserten die Verstädterung, die Mechanisierung der Landwirtschaft und vor allem die Zunahme des privaten Konsums an Produkten jeder Art die Erwerbsmöglichkeiten der Kleinunternehmer.

Mit der Gewerbefreiheit wurden die Innungen in Handwerker-, Fabrik- und Kaufmannsvereine gewandelt. Die Großindustrie organisierte sich jedoch getrennt in Klubs für Industrieführer und in industrieunternehmerischen Organisationen zur Förderung des Exports. Seit 1905 begannen die Arbeitgeber damit, sich getrennt zu organisieren, um ihre Beziehungen zu den Arbeitnehmern zu definieren. Es war der Wunsch der Gründer dieser Arbeitgeberorganisationen, sowohl kleine als auch große Unternehmer in der Organisation zu vereinigen, aber das Finden einer gemeinsamen Linie war unmöglich. Das zeigte sich nicht zuletzt an der Haltung zu den beruflichen Schulen. Die Großindustrie beteiligte sich so gut wie gar nicht an der Gründung und Leitung von Sonntags- und Handwerkerschulen. In deren Vorständen waren hauptsächlich Handwerker, Pfarrer, Bürgermeister und Ratsherren, Handelsräte und Kaufleute, Rektoren und Lehrer von Gymnasien und Ärzte vertreten. Erst der Einrichtung von vorbereitenden Berufsschulen, die von Anfang an in erster Linie zur Grundausbildung für die Industriearbeiter geplant wurden, brachte die Großindustrie ein gewisses Interesse entgegen.

Erziehung oder Ausbildung?

Der dritte wichtige Bereich, in dem die Berufsbildung definiert wurde, war die Welt der Erziehung. Die dort auftretenden, miteinander und beispielsweise mit staatlichen Projekten und solchen des Arbeitslebens verbundenen Auffassungen lassen sich zu drei Traditionen verbinden. Die erste ist die Tradition der Gymnasialerziehung, bei der die Frage nach der realen Erziehung und Allgemeinbildung nur indirekt die Berufsbildung bestimmte. Deren Vertreter kamen einerseits aus dem Kreise der traditionellen Bildungsschicht und der Lehrerschaft, andererseits aus den neuen Elitegruppen in Industrie und Handel. Die zweite Tradition ist die im Volksbildungsgedanken enthaltene Idee der Bürgererziehung, deren Vertreter Lehrer, Schulverwaltung und Lehrerbildner waren. Pädagogisch stand diese Tradition der Lehrlingsausbildung der Innungen nahe, die von den Handwerksbetrieben lange verteidigt wurde. Die Vertreter der dritten, der Berufsausbildungs-Tradition, die sich im Widerspruch zu den vorherigen befand, kamen aus technischen Professionen, aus der Industrieführung und -verwaltung, später auch aus der Lehrerschaft der Berufsschulen.

Die höhere Schule ist neben der Universität für die Finnen die wichtigste Schulform gewesen. Ihre traditionelle Organisation und Pädagogik hatte beispielhafte Bedeutung für die anderen Schulformen. Deren Berechtigung und Wertschätzung gründete sich immer auf Vergleich und Konkurrenz mit der höheren Schule. Besonders durch den Einfluß der Bürger- und Frauenbewegung begann man seit den 80er Jahren des 19. Jahrhunderts, in schneller Folge private und kommunale höhere Schulen - hauptsächlich Mittelschulen und Gemeinschaftsschulen - zu gründen. Das Streben der Berufsgruppen nach Verbesserung oder Sicherung ihrer Stellung war oft an die gymnasiale Grundausbildung gebunden. Die Verbreitung der Mittelschule machte es leicht, diese bei der Bestimmung der Bildungsstufen zu benutzen. Aus der Verbreitung des Gymnasiums folgte, daß dessen Absolvierung als Voraussetzung für verschiedene Berufe und Schulen festgesetzt wurde, obwohl sie das an sich nicht vorausgesetzt hätten. Die Rückständigkeit der beruflichen Bildung in Finnland könnte man eben mit der zentralen Bedeutung des Gymnasiums als Wegbereiter der sozialen Mobilität erklären.

Die Hierarchisierung der beruflichen Lehranstalten verstärkte sich um die Jahrhundertwende. Auf fast allen Gebieten wurde ein mittleres Niveau von dem niedrigeren getrennt, immer öfter zweistufig und weiterführend zu einer allgemeinbildenden Hochschulstufe. Auf der sogenannten Schulstufe wurden die Praxis und der berufliche Nutzen des Unterrichts betont, auf der höheren Stufe die Wissensvermittlung und Allgemeinbildung. Abtrennung höherer Lehranstalten und die Allgemeinbildung wurden mit der Sicherung der internationalen Wettbewerbsfähigkeit begründet: mit notwendigen Sprachkenntnissen und dem Verstehen fremder Kulturen sowie der Verantwortlichkeit der Arbeit, aber auch mit pädagogischen Faktoren. Die Schüler der höheren Lehranstalten waren von ihrer Grundbildung her besser. Sie würden in ihren zukünftigen Berufen auf manche Weise am Leben der Gesellschaft teilnehmen, so daß ihre Allgemeinbildung nicht weniger geachtet sein durfte als bei jenen Positionen, zu denen der Weg über Gymnasium und Universität führte.

Die Expandierung der institutionalisierten Berufsbildung und deren Hierarchisierung wurde in den 30er Jahren unseres Jahrhunderts mit sozialem Aufstieg begründet und damit, daß so die Flut der Abiturienten eingedämmt werden könnte. Nahezu 70 % von ihnen wurden in die Universitäten und Hochschulen genommen. Der Rest bewarb sich bei Krankenpflege-Lehranstalten, für ein Beamtenpraktikum bei Post und Staatsbahn, an technischen Lehranstalten, Handels- und Landwirtschaftsschulen sowie der Pädagogischen Hauswirtschaftsschule und am Seminar für Handarbeit. Der Anteil von finnischsprachigen Mädchen an den Abiturienten war mit der Gründung der Mädchen- und Gemeinschaftsschulen schnell auf etwa die Hälfte der Schülerzahl angewachsen. Ihr Anteil bei den Universitätsstudenten wuchs rasch auf über 30 %. So befand man, daß vor allem die finnischsprachigen Frauen den Studentenansturm verursachten. Ein zu diesem Thema eingesetztes Komitee schlug zur Begrenzung des Ansturms auf die Gymnasien und Hochschulen und zur Verhinderung der gesellschaftlichen Umschichtung durch die befürchtete Entstehung einer White-Collar-Armutsklasse die Gründung von beruflichen Ausbildungslinien auf Mittelschulbasis, die Gründung von Abiturientenlinien, die Belebung der landwirtschaftlichen Unterweisung, Begrenzung bei der Inanspruchnahme von ausländischen Fachleuten mit Hochschulniveau sowie die Stärkung des beruflichen Weges zu Fachhochschulen vor.

Als lange Linie der finnischen Berufsbildung kann ihre Technikorientiertheit gesehen werden sowie der Kosmopolitismus der Technikauffassung. Er verleugnet den Selbstwert sowohl der theoretischen als auch der humanistischen Bildung und stellt sich als politisch und moralisch neutral gegen die Bürgererziehung. Obwohl die Idee der polytechnischen Bildung in Finnland nicht die Bedeutung wie in Mitteleuropa erreicht hat, waren die Bestrebungen in dieser Richtung doch gewichtig. Unter anderem wurde in der Verordnung für Sonntags- und Abendschulen empfohlen, das berufliche Können der zukünftigen Meister auch in Schulen auf die Probe zu stellen, nicht nur vor der Innung. Ebenso bezeichnete in den 70er Jahren des vorigen Jahrhunderts ein Komitee zur Förderung der Industrie Handwerker als rückständig, als Bremsen der Entwicklung, und das erfahrungsgebundene Erlernen des Berufs als unzureichend. Gleichzeitig wurde festgestellt, daß die Bürgererziehung nicht im Unterrichtsprogramm der Berufsschulen enthalten sein und Allgemeinfächer in die beruflichen Fächer integriert und nicht getrennt unterrichtet werden sollten.

Der Kosmopolitismus des "Technikglaubens" kommt darin zum Ausdruck, daß die Elite der Berufsbildung und der Industrie trotz der peripheren Lage Finnlands immer für ausländische Einflüsse und die Aneignung fremder Modelle offen gewesen ist, sich im allgemeinen jedoch nicht um deren kulturelle Gebundenheiten oder theoretische Begründungen gekümmert hat. Sowohl die schwedischsprachigen Liberalen als auch die national gesinnten Fennomanen strebten seit den 70er Jahren des 19. Jahrhunderts gezielt danach, aus Finnland einen modernen europäischen Staat zu machen. Der führende Fennomane Yrjä Koskinen betonte die Wichtigkeit des europäischen Blickwinkels:

"Und in dieser Beziehung [im gesellschaftlichen Fortschritt - d. Verfn.] ist unsere verspätete Position uns von gewisser Hilfe, weil wir die Erfahrungen anderer ausnützen können und dabei die Fehltritte der anderen vermeiden sowie die von ihnen gefundenen Hilfsmittel fertig übernehmen können."

Daß die Industriepolitik akzeptabel wurde, verlangte jedoch, daß der Kosmopolitismus den Bestrebungen der Nationalbewegung angepaßt wurde. Dies geschah schon in den 80er Jahren mit vaterländisch-militaristischen Redewendungen:

"Die Fähigkeit der Nation, mit Erfolg auf dem Schlachtfeld der Industrie zu streiten, sowie auch ihre Hoffnung, überhaupt im Existenzkampf den Sieg zu erringen, hängen nicht nur von der Quantität der Arbeitskräfte ab, sondern auch und besonders von deren Qualität."

Von privater Lehre zur Ausbildung für die nationale Industrie:
Die Entwicklung der Berufsbildung in Handwerk und Industrie

Von der undifferenzierten Berufsvorbereitung zur Sonntagsschule (bis 1840)

Der Anfang des 19. Jahrhunderts war in der Berufsbildung die Zeit der Undifferenziertheit. Der Ausbildung der zukünftigen Kaufleute dienten Schreiber- und Apologistenklassen. Auf Landgütern und in Eisenhüttenwerken gab es vereinzelt philanthropische und produktive Armenschulen. Die Materialisierung des Mitte des 18. Jahrhunderts in Schwedisch-Finnland in Wirtschaft, Verwaltung und

Bildungselite erstarkten Aufklärungs- und Utilitarismusdenkens in finnischen Institutionen wurde mit Beginn der Autonomie im Jahre 1809 abgebrochen. Dennoch wurde dessen Einfluß in verschiedenen Visionen von beruflichem Unterricht deutlich, die mitteleuropäischen Vorbildern folgten: Es wurden technologische Institute, gymnasiale Reallinien und Sonntagsschulen geplant.

Der Berufsbildungsbegriff wurde bis weit ins 19. Jahrhundert hinein vom Lernen in der Arbeit dominiert: bei den Handwerkern die innungs- und familienorientierte Erziehung, in der Landwirtschaft die eigenen geschlechtsspezifischen und in Altersstufen fortschreitenden Methoden. Das Ideal der Berufsbildung war das Verhältnis von Meister und Lehrling, das - abweichend von dem Unterordnungsverhältnis zwischen Arbeitgeber und Untergebenem - dem Verhältnis zwischen Eltern und heranwachsenden Kindern ähnlich war. Dem lag das Modell-Lernen zugrunde, das auf Traditionsaneignung beruhte.

Zu beruflichen Handwerkerschulen (1840-1880)

In den 30er und 40er Jahren des 19. Jahrhunderts wurden die ersten Sonntagsschulen für Handwerker und technische Realschulen für Maschinisten gegründet. Beide wurden bald kritisiert. Man stellte fest, daß die Sonntagsschulen, solange es in den Städten keine Volksschulen gab, deren Fehlen dadurch zu kompensieren versuchten, daß es in den Schulen zu viele allgemeinbildende Fächer gab. Außerdem fehlte ihnen die gewerbliche Praxis. Auch der Mangel an geeigneten Lehrern hatte das Entstehen der Schulen verhindert. Nach Meinung der Reformer gehörte Bürgerbildung nicht in die Berufsschule, und Berufsfächer durften nicht mit allgemeinbildenden Fächern vermischt werden. In den vorgeschlagenen unteren Handwerkerschulen sollten in erster Linie Zeichnen, Darstellung, Rechnen, Rechtschreibung und Buchführung gelehrt werden. In den höheren Handwerkerschulen sollte das Zeichnen differenziert werden in Dekorationszeichnen und Maschinen- und Bauzeichnen. Hinzu kommen mußten Rechnen, Grund- und deskriptive Geometrie sowie Buchführung und Muttersprache. Dazu brauchte man Lehrbücher, Bildtafeln, Lehrmittel und fähige Lehrer. Die Beurteilung des beruflichen Könnens sollte nicht den Gewerbeverbänden überlassen bleiben, sondern "vor allem abhängig gemacht werden von der Schulbildung und der Geschmacksentwicklung, die dieser Bildung natürlicherweise entspringt". Der Staat sollte die Schulen mit etwa 50 % der Lehrergehälter unterstützen, vorausgesetzt, daß an den Schulen die Fächer gelehrt und so viele Stunden erteilt wurden, wie in den Bestimmungen vorgeschrieben waren. Der Reformvorschlag wurde erst im Jahre 1885 verwirklicht.

Als die berufsbildende Ausrichtung in den Lehrplänen nicht voranzukommen schien und die Handwerkerschulen unter Schülermangel litten, gab man bei den

Bedingungen für staatliche Subventionen nach. Die Industrieverwaltung klagte wieder darüber, daß weder die höhere noch die niedere technische Ausbildung in ihrem Allgemeincharakter die Bedürfnisse der Industrie befriedigten. Es wurde als Problem bezeichnet, daß "in den Gesetzesvorschriften für den Facharbeiterunterricht zwei ganz verschiedene Ziele verfolgt werden ... Auf der einen Seite sollte die Berufsarbeit den jungen Arbeiter nicht daran hindern, das jedem notwendige Allgemeinwissen zu erwerben ... Andererseits sollte für die nötige Berufsausbildung der Facharbeiter gesorgt werden". Obwohl es wegen des Fehlens von Volksschulunterricht notwendig war, vorbereitende Lehrgänge einzurichten, "sollte die Befriedigung dieses allgemeinen Bildungsbedarfs auf keinen Fall durch eine Neuorganisation der Handwerkerschule geschehen ...(,) durch Aufnahme von Allgemeinfächern in ihren Lehrgang, wodurch sie ihren eigenen Berufsschulcharakter verlieren würde."

Von Teilzeitschulen zu vorbereitenden Vollzeitschulen (1880-1910)

In Finnland bestand zwischen den Kleinunternehmern und der Großindustrie eine tiefe Kluft: Es gab keine Voraussetzungen für eine Zusammenarbeit, auch nicht bei der Organisation der Berufsbildung. In der Industrie bestanden weder Bedarf noch Interesse, sich bei der Arbeiterausbildung die Lehrlingserziehung der Handwerker zum Vorbild zu nehmen. Schon am Ende des 19. Jahrhunderts verstärkten sich die Forderungen nach einer schulmäßigen und vollzeitschulischen Berufsbildung auch für die Industrie. Nach österreichischen Vorbildern begann man um die Jahrhundertwende, die ersten vorbereitenden Vollzeit-Berufsschulen zu gründen. In ihnen differenzierte man den Unterricht zunächst in Holz- und Metallabteilungen. Man versuchte, moderne, helle Werkstätten zu bauen, zu denen sanitäre Anlagen, Küche, Hausmeisterwohnung, Speiseraum gehörten. Der erste Berufsbildungsinspektor, Jalmari Kekkonen, beteiligte sich an der Planung dieser Schulen. Seine "unerschütterliche Auffassung davon, welcher Art die Werkstätten unserer Berufsschulen heute sein sollten, ist, daß sie den gut organisierten, modernen Werkstätten mittelgroßer Fachbetriebe entsprechen müssen." Nach seiner Auffassung war das beste Mittel für die Zunahme der beruflichen Wettbewerbsfähigkeit die Benutzung von vielen, möglichst guten Maschinen. Dieses im Ausland geltende Prinzip sei auch in Finnland notwendig, denn ein großer Teil der Schüler würde eine Tätigkeit in der Großindustrie aufnehmen:

> *"Es ist pädagogisch falsch und eine Verschwendung der Zeit, die praktische Arbeit nur von Hand verrichten zu lassen, ohne den Schülern zu zeigen, wie es in Wirklichkeit geschieht und welche Vorteile die maschinelle Hilfe zu bieten hat."*

Kekkonen hielt die vollzeitschulische Organisation der Berufsbildung für eine Voraussetzung ihrer Intensivierung.

Zur rationalisierten Arbeitskraftbeschaffung (1910-1940)

Schon Ende des 19. Jahrhunderts wurden von der Industrieführung und -verwaltung die Intensivierung der Produktion, Arbeitsschutz und Berufsbildung als zusammengehörig betrachtet. Wichtiger als der eigentliche berufliche Unterricht waren Bildung und Aufklärung der Arbeiterschaft. Die entweder unterstellte oder tatsächlich teilweise unvernünftige, unbeherrschte, naive und trunksüchtige Lebensweise der aus der besitzlosen Landbevölkerung rekrutierten Lohnarbeiter war in den Augen der Industrieführer und Verwaltungschefs ein größeres Problem als mögliche politische Klassengegensätze oder eine fehlende Arbeitsfertigkeit. Zum Beispiel G. Serlachius, der in den 60er/70er Jahren typischerweise Forstindustrie in der tiefen finnischen Provinz gegründet hatte, hielt seine Arbeiterschaft zwar für fleißig und folgsam, aber rückständig:

"Das finnische Volk ist stellenweise wie ein Kind. Wenn man ihm ein Messer gibt, fügt es sich einen Schaden zu."

Bei der Rationalisierung der Produktion wurden seit den 20er Jahren dieses Jahrhunderts die Arbeitsleitung und die psychologische Motivierung der Arbeiter immer wichtiger. Man begann damit, spezielle Lehranstalten einzurichten und Kurse in Arbeitspsychologie und Psychotechnik zu organisieren. Berufsbildung und berufliches Unterrichten wurden gleichgesetzt mit wissenschaftlicher Arbeitsleitung. Es war wichtig, daß das Wissen von Arbeitsorganisation und Berufskönnen von außerhalb kam, nicht von den in der Produktion Tätigen: Die Vorarbeiter sollten u.a. in Pädagogik und Psychologie unterrichtet werden, die Lehrer neben der Pädagogik in Berufswirtschaft und Berufskunde, Arbeitsschutz und Psychotechnik. Die zunehmende psychotechnische Besetzung der Berufsbildung gründete nicht auf den Traditionen der wissenschaftlichen Psychologie, sondern auf dem Bestreben, in der Produktion die wissenschaftliche Begründung der Beherrschung des menschlichen Systems gleichzusetzen mit der technologischen Beherrschung des mechanischen Systems. Es war wichtig, daß sowohl Lehrer als auch Vorarbeiter lernten, Menschen aufgrund ihrer Eignung und Motivierung für verschiedene Arbeitsaufgaben zu unterscheiden.

Für die anschließende Entwicklung der Berufsbildung seit den 30er und 40er Jahren war es entscheidend, daß die Ausbilder der Lehrerkurse dieselben auf Rationalisierung, Arbeitspsychologie und Psychotechnik spezialisierten Fachleute waren wie die, die die Rationalisierungs- und Führungsstrategie der Industrie untersuchten und leiteten. Auch dieser versuchte man eine nationale Berechtigung zu geben und sie mit der säkularen Arbeitsethik des Volkes in Verbindung zu bringen. Ein Beispiel dafür ist die Stellungnahme von A. R. Kurki, der die Schülertests für die Maschinenwerkstattsschulen der Staatlichen Eisenbahn organisiert hatte. Aus den 30er Jahren stammt seine folgende Einschätzung:

> *"Wir alle müssen also vor allem lernen, die Arbeit zu schützen, fleißig zu sein und unsere Arbeitseffektivität zu vermehren, damit wir - neben der Befriedigung unserer materiellen und geistigen Bedürfnisse - auch das von früheren Generationen als Geschenk übernommene Kulturerbe zum Wohle der kommenden Generationen vermehren können. Und deswegen muß der Arbeiter neu lernen, auch in den geringsten Aufgaben unerschütterliche Gewissenhaftigkeit und Treue zu beweisen, lebendiges Ehrgefühl und selbstlose Disziplin, so wie diese ritterlichen Eigenschaften in den Handwerkern vergangener Zeiten zu finden waren; darin verbirgt sich edler Arbeitsadel und -heiligkeit, vor der die Sicherung der Arbeitsfreiheit erstarken muß und der Bruch des Arbeitsfriedens kraftlos erlahmt."*

Zur Pädagogisierung der Berufsbildung (seit 1940)

Die sozialpädagogische Bedeutung der Berufsbildung besonders im Interesse der Erziehung der männlichen Jugend zum verantwortlichen Erwachsensein trat schon Ende des 19. Jahrhunderts nach der Einführung der Gewerbefreiheit und dem Verzicht auf einen Lehrzwang in den Vordergrund. Die Industrieverwaltung stellte in den 90er Jahren fest, daß

> *"die Arbeitgeber sich im allgemeinen nicht gern auf die Verpflichtungen einlassen, die die Arbeitsbeschäftigung von Kindern und Jugendlichen mit sich bringen. Darum sind sie gerne dazu bereit, diese zu entlassen. Für die Eltern, die meistens in derselben Fabrik beschäftigt sind, bedeutet der Ausfall des Kinderverdienstes immer eine fühlbare Verminderung ihrer Erwerbsmöglichkeiten ... Was die Kinder betrifft, so ist ihre in Müßiggang verbrachte Zeit nicht nur verschwendet ..., sie haben sie weder zur Bildung noch zur Wissensaneignung nutzen können ..., sondern sie kann ihnen auch Verderben gebracht haben, indem sie sie an Faulheit und andere Laster gewöhnt."*

Von den 20er/30er Jahren dieses Jahrhunderts an ging mit der zunehmenden Verbreitung von Volks- und Fortbildungsschulen die Verantwortung für die Erziehung der Jugend auf diese über und richtete sich auf das bäuerliche Finnland. In den Berufsschulverwaltungen spitzte sich der Gegensatz zwischen den Projekten Industrie-Finnland und Agrar-Finnland zu, und das Projekt "Wohlfahrts-Finnland" ließ wenig von sich vernehmen. Betont wurden Technisierung und Berufsmäßigkeit als Bestandteile der industriellen Rationalisierung und das Wachstum der Wettbewerbsfähigkeit. Andererseits veranlaßten die Meinungsverschiedenheiten im Arbeitsleben die Exportindustrie dazu, in eigenen Maschinenwerkstattschulen politisch zuverlässige Arbeiter auszubilden. Neben dem eng auf technische Befähigung begrenzten Unterricht wurde eine stark ideologisch ausgerichtete Erziehung zur Eingliederung in die Fabrik und Fabrikgemeinschaft gepflegt.

Die Diskussion um den Charakter der (niederen) Berufsbildung wurde in den 30er/40er Jahren hauptsächlich zwischen der Volksschul- und Industrieverwaltung geführt. Die "Volksschulpartei" wollte auch die Berufsvorbereitung in die Bürgererziehung einbeziehen, die "Berufsschulpartei" betonte den Spezialcharakter der Berufsbildung. Beide begründeten die unterschiedlichen Schullaufbahnen der Schüler mit deren Neigungsunterschieden. Nach Meinung der ersteren sollte die Bürgerschule eine Arbeitsschule sein, während sprachlich und mathematisch Begabte für die höhere Schule ausgewählt werden sollten. Die Bürgerschule sollte die Schule des Homo faber, nicht des Homo sapiens sein. Der zweiten Position zufolge sollte die Berufsschule das Recht haben, so früh wie möglich solche Schüler zu rekrutieren, die die Neigung und Reife für bestimmte Berufsgebiete haben. Die höhere Schule könnte intellektuell interessierte und befähigte Schüler rekrutieren, und für die Fortbildungsschule bliebe die wertvolle "pädagogische Sonderaufgabe", die Entwicklung derjenigen zu fördern, die nicht in andere Lehranstalten gehen oder dort nicht aufgenommen würden.

Die Anhänger der Berufsschule - so der Vorwurf - könnten es nicht akzeptieren, daß die Berufsausbildung in der Fortbildungsschule organisiert würde, denn es seien schon besser funktionierende Alternativen vorhanden. Ebenso dürften Fachleute nicht durch Volksschullehrer ersetzt werden. Die Berufsbildung könne sich weder die ethisch-idealistischen Erziehungsgrundsätze der Volksschule zueigen machen noch die humanistische, wissenserweiternde Bildungsaufgabe der höheren Schule. Das würde sie zum Mittel fremder Ziele machen. Der junge Mensch sollte möglichst früh Berufsbildung erhalten,
> weil *"das Entstehen eines eigenen [beruflichen - d. Verfn.] Bildungswillens gleichzeitig in Gefahr gerät, nicht nur wegen des geringen Selbstgefühls aufgrund schlechten beruflichen Könnens, sondern auch darum, weil der Beginn selbständigen Handelns auf eine spätere Altersphase verschoben wird, in der die Anpassungsfähigkeit geringer ist und der entwickeltere Verstand in bezug auf die Umwelt leicht eine negative und passive Haltung einnimmt; es entstehen Hemmungen".*

Die Rolle des Lehrers in der Berufsbildung unterschied sich von der in anderen Erziehungsmaßnahmen. Der Jugendliche glaubte nicht mehr an das Vorbild und die Autorität des Lehrers, sondern beurteilte seine Arbeitsleistung. In Berufsschulen bekamen die Unterrichtsmethoden wie von selbst dem Pubertätsalter angemessene Formen, da es das Ziel war, Geschicklichkeit für das praktische Erlernen eines Berufs zu entwickeln.

Während des Zweiten Weltkriegs und in der Nachkriegszeit entstand zwischen der Großindustrie, dem finnisch gewordenen Staatsapparat und der selbständig gewordenen Arbeiterbewegung ein sich auf Patriotismus und nationales Gemeinwohl gründender Konsens. Das Land wurde schnell industrialisiert und urbanisiert, und man begann mit dem Aufbau der für effektive Produktion und sozialen Frieden notwendigen Strukturen des Wohlfahrtsstaates. In der Berufsbildung erstarkte ihre vom übrigen Bildungsbereich unabhängige, aber eng an die Industrie gebundene Verwaltung, und es begann eine zielbewußte und wissenschaftliche Planung der Ausbildung und Unterrichtung der Arbeitskraft. Ausgangspunkte für die Bildungsplanung waren einerseits die Gleichberechtigung der Ausbildungsmöglichkeiten, andererseits der Arbeitskräftebedarf. Man wies auf das Bildungsüberangebot im Bereich geistiger Tätigkeiten im Vergleich zur Unterkapazität der beruflichen Ausbildung hin. Das staatliche Führungs- und Kontrollrecht wurde betont, als die Bezirkseinteilung der Berufsbildung mit neuen Aufgaben versehen wurde. Die staatlichen oder kommunalen Berufsschulen sollten den Jugendlichen des Bezirks die Möglichkeit zum Schulbesuch bieten. Städtische Gemeinden wurden zur Gründung einer allgemeinen Berufsschule verpflichtet, in denen es die nach den Gewerbestatistiken gewöhnlichsten und notwendigsten Abteilungen gab. Die Berufsbildung wurde auch auf die Landgebiete ausgedehnt. Die Zurückhaltung des "Industrieprojekts" gegenüber dem "Agrarprojekt" wurde jetzt durch aktive Einmischung ersetzt. Man wollte das ländliche Erwerbsleben modernisieren und industrialisieren, der Landjugend sollten andere Bildungswege als die der Oberschule eröffnet werden.

Bereits die Zusammenarbeit von Staat und Industrie bei der Schnellausbildung der aus dem Krieg Zurückgekehrten zielte auf einen Konsens in der Berufsbildung: die Verknüpfung der Berufsbildung mit Arbeitsmarkt- und Sozialpolitik. Nach dem Krieg war das starke Anwachsen der Berufsbildung mit der Wiederaufbauproduktion und der Beseitigung der Kriegsschäden, dem wachsenden Einfluß der Arbeiterbewegung sowie mit den Prinzipien universaler Erziehung, die ein "Wohlfahrtsfinnland" ankündigten, verbunden. Trotz der Besiedlungs- und landwirtschaftlichen Kleinbauernpolitik begannen "Agrar"- und "Kleinbauernprojekte" dem "Industrie-" und "Wohlfahrts-Finnland" und der regionalen Entwicklungspolitik zu weichen. Die allgemeinen Berufsschulen bekamen den Charakter von Ausbildungsstätten für Lohnarbeiter. In der Berufsbildung wurden nun ideologische Neutralität und die Technokratisierung der Ausbildungssysteme als Aufgabe von "unabhängigen" Schulen und Lehrern betont. Die Berufsbildung wurde auf Anordnung der Industrie zum eigenen Bildungsweg der Arbeiterschaft, zu einer von der technologischen, nichthumanistischen Elite geformten Alternative zu den von der Bildungsschicht und vom Bauerntum unterstützten Schulformen.

Staatliche und kommunale Berufsschulen nahmen ihre universale Bildungsaufgabe zur Förderung der Wettbewerbsfähigkeit des "nationalen Erwerbslebens" auf.

Obwohl das Paradigma der Technologisierung der Berufsbildung in der Speziallehrerausbildung enthalten war, wurden in der praktischen Bildungsarbeit kollektive Elternschaft und Erwachsenenmodell von Schule und Lehrern immer wichtiger. Die Lebensunsicherheit der Nachkriegszeit, zerstörte Familien, Invaliden und die ihren Platz suchende Jugend verlangten von den Lehrern in erster Linie ein sicheres Erwachsenenvorbild, wenigstens eine Art von Lebenskontinuität. Der nach dem Wiederaufbau entstandene nationale Konsens zwischen früheren Eliten, agrarischen und sozialdemokratischen Parteien und Korporationen startete ein außergewöhnlich rapides Vorgehen zur planmäßigen Industrialisierung, Urbanisierung und zum Zerbrechen der agrarischen Wohn- und Lebensformen durch wohlfahrtsstaatliche Strukturen.

Schlußbemerkungen

Mein Vortrag ist überwiegend auf der gesellschaftlichen Makroebene und bei den hegemonistischen Berufsbildungsparadigmen geblieben. Obwohl die Analyse der pädagogischen Praxis und ihrer Legitimierung "von unten" zu einem anderen Referat führen würde, möchte ich antizipierend behaupten, daß die zentrale Bedeutung von Schulen und Lehrern in der finnischen Berufsbildung sich auf die spezifisch erzieherische Funktion gründet, die sie für Jugendliche, Gesellschaft und Arbeitswelt gehabt haben. Trotz der allgemeinbildenden Reformen der letzten Zeit hat ihr pädagogischer Eigenwert gegenüber Volks- oder Grundbildung und enzyklopädischer Gymnasialbildung nicht abgenommen. Als Träger des traditionellen Arbeitsethos und der Technologiegläubigkeit, der gläubigen und besorgten Elternschaft und als Ort der realistischen Sozialisation zu einer immer unsichereren Arbeitswelt könnten sie eben an Bedeutung gewinnen.

Mein Überblick ist auf zweifache Weise auf die Gegenwart gerichtet. Erstens haben die finnischen Forscher und Politiker in den letzten Jahren die fehlende Entwicklung und Rückständigkeit der finnischen Bürgergesellschaft und die Verbreitung der bevormundenden Praxis auf allen Lebensgebieten im Vergleich zum übrigen Europa kritisiert. Die neoliberalistische Kritik an der Vormundsgesellschaft scheint andererseits im Grunde das Vergessen der entfernteren wie auch jüngeren Vergangenheit vorauszusetzen und - wie es typisch für die finnische Bildungspolitik ist - die Vorstellung, daß durch Bestimmungen und strukturelle Lösungen, durch Zusammenstellung erfolgreicher ausländischer Vorbilder etwas von der Vergangenheit Unabhängiges geschaffen werden könnte. Aber haben wir überhaupt die Möglichkeit, uns selbst nachträglich Wurzeln oder die fehlende Geschichte zu schaffen? Das Europa, in dem z.B. die mitteleuropäischen Stadtgemeinschaften entstanden sind, gibt es nicht mehr. Die Herausforderungen an das heutige Finnland und die Welt dürften schon andersartige lokale und globale Funktionsmodelle verlangen, als diese sie geben.

Der zweite Bezug der hier thematisierten Aspekte zur Gegenwart betrifft die Bedeutung der historischen Berufsbildungsforschung für die europäische Integrationsentwicklung. Ist die Legitimierung der wirtschaftlichen Zwänge, der Förderung der Mobilität der Arbeitskraft und der Transparenz der Bildung für Erzieher und Erziehungswissenschaft die einzige Alternative? Können sich die Forscher mit universalen theoretischen Kriterien und nach transkulturellen Standards vorgenommenen Vergleichen und Zusammenfassungen begnügen? Könnten oder müßten sie nicht ganz neuartige, dialogische Forschungspositionen und -methoden suchen, bei denen die Bindung an akademische, regionale und nationale Kulturen zum Forschungsobjekt gehörte und die historische Sicht notwendigerweise mit eingeschlossen wäre, so daß Möglichkeiten geschaffen würden auch für alternative Interpretationen der Internationalisierung?

Nachwort:

Ohne die Hilfe von Frau Renate Varpio in Tampere und Herrn Dr. Manfred Wahle in Bochum wären Übersetzung und Verarbeitung dieses Texts nicht gelungen - beiden für beides meinen herzlichen Dank.

Quellen und Literatur

a) Quellen

Tilastollisia tiedonantoja (Statistische Mitteilungen) 63/1979: Väestö elinkeinon mukaan kunnittain vuosina 1880-1975. Helsinki.
 SVT (Statistische Jahrbücher) vv. 1891-1989. Helsinki.
Manufaktuurijohtokunnan arkisto (Archiv der Manufakturvorstand): Valtionarkisto.
– Sunnuntaikouluja koskevia asiakirjoja 1850, 1855-58, 1871-74
– Teknillisiä reaalikouluja koskevia asiakirjoja 1846-1874
– Polyteknillistä opistoa koskevia asiakirjoja
– Teollisuushallituksen arkisto (Archiv der Industrieverwaltung) Valtionarkisto.
– Suomen käsityökoulut 1900-1910
– Suomen teollisuushallituksen tiedonantoja (Mitteilungen der Industrieverwaltung) 1886-1924. Helsinki.

- käsityöläis-, käsi- ja kotiteollisuus- sekä teollisuuskoulujen vuosikertomukset, tarkastuskertomukset (1884-1923)
- Sosialiministeriön julkaisemia vuosikertomuksia (Jahresberichte des Sozialministeriums), sarja B. Ammattientarkastus. 1910-1949
Komiteanmietintöjä (Komiteeberichte)
KM 1874 (Estlander): Käsityö- ja teknillisen alan koulutus. Helsinki.
KM 10/1908: Alemman teknillisen opetuksen uudelleenjärjestely. Helsinki.
KM 8/1912: Koskeva käsityö- ja teollisuusammattikasvatusta. Helsinki.
KM 2/1918: Ammattikasvatus. Helsinki.
KM 10/1922: Jatko-opetuksen järjestäminen asutuskeskuksissa. Helsinki.
KM 8/1928: Ammattikoulu. Helsinki.
KM 4/1933: Kansakoulusta päässeiden jatko-opetuksen suunnittelu. Helsinki.
KM 12/1935: Ylioppilastulvan vastustaminen. Helsinki.
KM 21/1936: Kansakoulun jatko-opetuksen ja ammattikoulujen välistä suhdetta selvittämään asetettu komitea. Helsinki.
KM 4/1938: Ehdotus teollisuus- ja ammattikoululainsäädännön uudistamiseksi. Helsinki.
KM 1947: Ammattikoulutuksen 10-vuotissuunnitelma. Helsinki.
KM 1/1948: Uudistettavan koulujärjestelmän yleisten periaatteiden valmisteleminen. Helsinki.

b) Literatur

Alho, K., Teollistumisen alkuvaiheita Suomessa. Keuruu: Otava 1968

Beck, U., Die Erfindung des Politischen. Frankfurt/Main 1993

Eriksson, M., Rise and Fall of National Forestry Network in Postwar Finland. Acta Oecenomicae Helsingiensis, A 105. Helsinki 1995

Grottker, D., Bildung zur Technik als neue Ratio der Berufserziehung. Zeitschrift für Berufs- und Wirtschaftspädagogik 91 (1994), 6

Haapala, P., Tehtaan valossa. Teollistuminen ja työväestön muodostuminen Tampereella 1820-1920. SHS. Helsinki 1986

Haapala, P., Talous, valta ja valtio. Tampere 1990

Heikkinen, A., The Emergence of the Finnish Idea of Vocational Schooling in Crafts and Industry. In: Heikkinen (ed.), Vocational Education and Culture - European Prospects from History and Life-history. Tampere 1994

Heikkinen, A., Lähtökohtia ammattikasvatuksen kulttuuriseen tarkasteluun. Esimerkkinä suomalaisen ammattikasvatuksen muotoutuminen käsityön ja teollisuuden alalla 1840-1940. Acta Universitatis Tamperensis. Tampere 1995

Heinonen, J., Pienviljelijäprojektista sosiaalivaltioon. Acta Universitatis Tamperensis. Tampere 1990

Huuhka, K., Talonpoikaisnuorison koulutie: tutkimus talonpoikaisen nuorison koulunkäynnistä ja siihen vaikuttavista sosiaalisista tekijöistä Suomessa 1910 bis 1950. SHS. Helsinki 1955

Kettunen, P., Suojelu, suoritus, subjekti. Työsuojelu teolistuvan Suomen yhteiskunnallisissa toiminta- ja ajattelutavoissa. SHS. Helsinki 1994

Kettunen, P., Poliittinen liike ja sosiaalinen kollektiivisuus. Tutkimus sosialidemokratiasta ja ammattiyhdistyliikkeestä Suomessa 1918-1930. SHS. Helsinki 1986

Kjellberg, S., Finländsk arbetsetik och Luthers kallelselära. Åbo Akademi: Åbo Akademis förlag 1994

Knuuttila, S., Tyhmän kansan teoria. Näkökulmia menneestä tulevaan. Vaasa 1994

Konttinen, E. (toim.), Ammattikunnat, yhteiskunta ja valtio. Suomalaisten professioiden kehityskuvia. Jyväskylän yliopiston sosiologian laitoksen julkaisuja 55/1993. Jyväskylä 1993

Kuisma, M., Metsäteollisuuden maa. Suomi, metsät ja kansainvälinen järjestelmä 1620-1920. SHS. Jyväskylä 1993

Kurki, A. R., Tekniikka ja kulttuuri sekä työntekijäin sielunelämä. Porvoo 1936

Kyöstiö, O., Suomen ammattikasvatuksen kehitys käsityön ja teollisuuden alalla. Jyväskylän kasvatusopillisen korkeakoulun julkaisuja nro 11/1955

Kyöstiö, O., Yrityksiä ja erehdyksiä kasvatuksen kentältä. Oulun yliopisto. Oulu 1975

Mansner, M., Suomalaista yhteiskuntaa rakentamassa. Suomen työnantajain keskusliitto 1907-1940. Helsinki 1981

Michelsen, K.-E., Valtio, teknologia, tutkimus. VTT ja kansallisen tutkimusjärjestelmän synty. Espoo 1993

Münch, R., Das Projekt Europa. Zwischen Nationalstaat, regionaler Autonomie und Weltgesellschaft. Frankfurt/Main 1993

Myllyntaus, T., The introduction of hydraulic turbines and its socio-economic setting in Finland, 1840-1940. Helsingin yliopiston talous- ja sosiaalihistorian laitoksen tiedonantoja 14/1984

Myllyntaus-Michelsen-Herranen, Teknologinen muutos Suomen teollisuudessa 1885 - 1920. Suomen Tiedeseura. Helsinki 1986

Mönkkönen, M., Mäntän historia 1860-1947. Jyväskylä 1992

Niini, A., Unohdettu koulu marssii. Helsinki 1950

Peltonen, M., Talolliset ja torpparit. Vuosisadan vaihteen maatalouskysymys Suomessa. Historiallisia Tutkimuksia 164. Vammala 1992

Peltonen, M., Ammattitaidon hyväksi. 50 vuotta teollisuuden koulutusyhteistyötä. Helsinki 1980.

Rannikko, P., Metsätyö-pienviljelijäkylä. Tutkimus erään yhteiskuntatyypin noususta ja tuhosta. Joensuun yliopiston yhteiskuntatieteellisiä julkaisuja 12/1989.

Rousi, L., Höyrykoneesta tietotekniikkaan. 100 vuotta teknikko- ja insinöörikoulutusta. Helsinki 1986

Salo, A., Yleinen ammattioppivelvollisuus. Helsinki 1944

Soininen, M., Kansakoulun jatko-opetuksen uudistus. Ajankysymys kansanopetuksen alalla. Helsinki 1911

Stenij, E. O.,Sata vuotta ammattiopetuksemme vaiheita. Koulu ja menneisyys I. Helsinki 1935

Sulkunen, I., Raittiusliike kansalaisuskontona. Raittiusliike ja järjestäytyminen 1870-luvulta suurlakon jälkeisiin vuosiin. SHS 134. Helsinki 1986

Tuomisto, Jukka, Teollisuuden koulutustehtävän kehittyminen. Acta Universitatis Tamperensis. Tampere 1986

Ylikangas, Heikki, Mennyt meissä. Porvoo 1990

Berufsbildung als Faktor sozialen Wandels in ausgewählten europäischen Ländern - Spanien

WILFRIED KRUSE

I

Für das Verständnis des sozialen Wandels in Spanien und die Rolle der Berufsbildung in ihm ist es wichtig, zunächst an einige historische Ausgangspunkte zu erinnern. 1975 - vor nur zwanzig Jahren - starb Franco nach mehr als 40jähriger Diktatur. Das heißt: die neue Demokratie in Spanien ist immer noch "jung"! In diesen zwanzig Jahren durchlief, durchlitt, profitierte - je nach Blickwinkel, den man darauf legt - Spanien einen tiefgreifenden wirtschaftlichen, sozialen und kulturellen Wandlungsprozeß. Der Schritt zur Demokratie war für die Spanier aber zugleich mit einem schockartigen Erlebnis verbunden: einer seit Jahrzehnten nicht gekannten extrem hohen Arbeitslosigkeit - Folge der allgemeinen Krise der europäischen Ökonomien - "Ölschock" von 1974 -, aber auch des Erbes des langandauernden Frankismus. Die demokratischen Regierungen - seit 1982 bis heute von den Sozialisten gestellt - hatten mit dieser schwerwiegenden Kumulation externer und interner Strukturkrisen, mit der wirtschaftlichen, sozialen und institutionellen Modernisierung Spaniens zu tun, für die der Weg in die Europäische Gemeinschaft (Eintritt 1988) eingeschlagen wurde.

Der tiefgreifende Strukturwandel Spaniens war allerdings schon in den 60er Jahren massiv und erfuhr nach dem Fortfall der politisch-gesellschaftlichen Fesseln durch die Franco-Diktatur seine Beschleunigung. Dabei ist wichtig zu sehen, daß von einer "nachholenden Modernisierung" im Sinne der zentraleuropäisch industriellen Gesellschaften kaum die Rede sein kann. Die Industrialisierung Spaniens begann - nicht viel später als in anderen europäischen Ländern - in der Mitte des vergangenen Jahrhunderts vor allem in Katalonien und im Baskenland. Sie erreichte aber niemals, nicht vor, nicht im und nicht nach dem Frankismus, etwa ein mit der deutschen Industriealisierung vergleichbares Niveau. Spanien wurde innerhalb weniger Jahrzehnte aus einem Agrarland (1939 = 50 % Agrarbeschäftigte, 1981 noch 14,4 % mit fallender Tendenz, während etwa Großbritannien 1981 nur noch 2,6 % Agrarbeschäftigte aufwies) zu einer Dienstleistungsgesellschaft (Industriebeschäftigung 1977 = 27,4 %, 1989 = 23,7 %, Beschäftigung in Dienstleistungen 1977 = 42,3 % und 1989 bereits 54,4 %).

Der Strukturwandel in Spanien wurde insbesondere in den 60er Jahren durch eine starke Arbeitsemigration in die Länder Zentral- und Nordeuropas sowie durch - über den Tourismus initiierte - wirtschaftliche Boomperioden begleitet.

Die Emigration aus dem agrarischen Süden und Westen des Landes vollzog sich nicht nur ins Ausland, sondern auch in die großen städtischen Ballungsgebiete: nach Bilbao, nach Madrid und Barcelona. In den beiden letztgenannten Städten konzentrierten sich 31 % der Bevölkerung. Innerhalb weniger Generationen erlebt Spanien einen tiefgreifenden Urbanisierungsprozeß.

Die Kaufkraft nimmt allgemein zu und führt zu einer raschen Saturiertheit mit Massengütern. Die Nachfrage nach Qualität steigt auch im Binnenmarkt.

Anzunehmen ist, daß diese Veränderungen erhebliche Konsequenzen für die Nachfrage nach beruflichen Qualifikationen haben.

II

In den Jahren seit 1985 war ich mit weiteren Kollegen der Sozialforschungsstelle Dortmund an einem von der Volkswagenstiftung geförderten Forschungsvorhaben beteiligt, das den Titel hatte: "Betrieblicher Qualifikationswandel in Spanien". Mit einem gemischten spanisch-deutschen Forscherteam versuchten wir - erstmals für Spanien -, über eine größere Anzahl betrieblicher Fallstudien der Frage nachzugehen, ob die oben knapp skizzierten Veränderungen der betrieblichen Umwelten, insbesondere der Märkte, Einfluß auf eine veränderte, d.h. erweiterte Nachfrage nach qualifizierten Arbeitskräften hatten. Dabei zielten wir empirisch die Organisationsebene der Betriebe an, auf der in deutschen Betrieben in der Regel die Figur des Facharbeiters anzutreffen ist.

Wir beobachteten, daß die Betriebe auf die veränderten Marktverhältnisse mit Modernisierungsstrategien antworteten, die sich vor allem auf die Veränderung der Unternehmensorganisation und die Einführung neuer Technologien richteten. Die betriebliche Personalpolitik war kaum davon berührt: Es herrschte ein patriarchalisch eingefärbter Taylorismus vor; auf der Ebene der Produktionsbelegschaften wurden kaum Qualifikationsdefizite gesehen. Mißtrauen bestimmte die industriellen Beziehungen.

Es deuteten sich aber bereits erhebliche Probleme in Hinblick auf Qualitätsstandards an. Eine verstärkte Nachfrage nach höher qualifizierten Arbeitskräften hätte auch kaum befriedigt werden können, weil Schulsystem wie Berufsbildung größte Modernisierungsdefizite aufwiesen.

III

Rückblickend kann man sagen, daß unsere damalige Studie einer Sonde in den Beginn einer Periode gleichkam, die vielleicht den tiefsten Struktureinbruch in der neueren Geschichte Spaniens bedeutete: Im Zeitraum von 1975 bis 1985 wurden etwa 2 Millionen Arbeitsplätze zerstört; im darauffolgenden Jahrfünft bis 1990 wurde ungefähr dieselbe Anzahl von Arbeitsplätzen neu geschaffen! Der Weg von der Schwer- und Massengüterindustrie zu spezialisierter industrieller

Produktion, der Weg von Industrie zu Dienstleistungen ist mit dieser Zerstörung und Neuschaffung von Arbeitsplätzen verbunden: also eine starke Veränderung der Beschäftigtenstruktur. Viele, die ihre Arbeit in der ersten Phase verloren, fanden deshalb in der zweiten auch keine neue Anstellung. Eine neue Generation trat in die Betriebe ein: junge Leute, die vergleichsweise über eine viel bessere Schulbildung verfügten als die Generationen vor ihnen und die bereits während eines erheblichen Teils ihres Lebens in einer Gesellschaft aufgewachsen waren, in der hohe Arbeitslosigkeit, insbesondere hohe Jugendarbeitslosigkeit herrschte.

Diese Jugendlichen waren auf dem Arbeitsmarkt vorhanden, weil zwischenzeitlich aus Gründen gesellschaftlichen Reformbedarfs, aber auch zur Bekämpfung der Jugendarbeitslosigkeit das allgemeinbildende Schulwesen stark ausgebaut worden war, unter anderem auch durch die Verlängerung der Schulpflicht auf acht Jahre. Schule und bachillerato ("Abitur") wurden als "Königsweg" empfunden, während demgegenüber die Berufsausbildung - vor allem diejenige der 1. Stufe - formación profesional 1 - keinerlei Prestige hatte und vor allem als "Auffangbecken" für diejenigen fungierte, die den Schritt in die weiterführende allgemeinbildende Schule nicht schafften, aber auch noch keine legale Arbeitstätigkeit aufnehmen durften, weil das Mindestalter hierfür auf 16 Jahre festgelegt war. Das Arbeitskräftepotential, das demgegenüber die jungen Leute nach Absolvieren des "bachillerato" darstellten, war für die Betriebe interessant: vergleichsweise hohe Allgemeinbildung, erhebliche Flexibilität und Arbeitsansprüche, die nicht durch das Modell "unbefristeter Beschäftigung", sondern vor dem Hintergrund der verbreiteten Arbeitslosigkeit eher durch Optimierungsstrategien geprägt waren. Alles Berufsspezifische wurde im wesentlichen "on the job" oder durch kurze Kurse erlernt. Es zeigte sich aber in der Folge, daß dieser Typ von Qualifizierung zu wenig Beruflichkeit erzeugt, um selbst als Modernisierungspotential wirken zu können.

IV

Seit etwa Mitte der 80er Jahre begann in Spanien eine intensive Diskussion um die Reform und damit Aufwertung der Berufsbildung. Die durch den Beitritt nähergerückten Länder der Europäischen Gemeinschaft regten zu einer genauen Prüfung der dort vorhandenen Modelle beruflicher Bildung an. Von vornherein war aber klar, daß die Reform der Berufsbildung diese in staatlicher Verantwortung belassen und nur im Rahmen einer Gesamtreform des spanischen Erziehungswesens erfolgen sollte. Grundzüge der Reform wurden im Weißbuch von 1987 festgelegt. Die gesetzliche Grundlage erhielt die Reform mit dem Ley Orgánica de Ordenación General del Sistema Educativo (LOGSE) - dem Allgemeinen Gesetz zur Ordnung des Erziehungssystems von 1990. Die wichtigsten gesetzlichen Vorschriften für die Berufsbildung sind demnach eine berufliche

Grundbildung als Bestandteil der Allgemeinbildung und eine berufliche Fachbildung mittleren und höheren Grades, zu der man von den verschiedenen Niveaus der allgemeinbildenden Schule Zugang hat und die selbst wiederum den Zugang zur Universität erlaubt. Vor dem Hintergrund der spanischen Entwicklungen war klar, daß die Berufsbildung nur dann eine Aufwertung erfahren kann, wenn sie als Bestandteil des Bildungssystems Gleichwertigkeit und Durchlässigkeit sicherstellt. Die beruflichen Curricula sind bzw. werden in 21 Berufsfamilien neu geordnet und enthalten erstmalig obligatorische Betriebspraxis-Module.

Der durch die öffentliche Diskussion über die Bedeutung der Berufsbildung miterzeugte "Klimawechsel" zeigt sich auch in zunehmender Attraktivität von Berufsbildung für Jugendliche: Waren 1975/76 von allen Sekundarstufe II- Schülern/-innen nur 27 % in einer Berufsbildung, so sind es 1991/92 immerhin schon 36 %.

Es muß allerdings betont werden, daß die Reform der Berufsbildung sehr verspätet einsetzte und enorm zeitaufwendig ist, so daß man mit einer vollständigen Umsetzung des LOGSE erst für das Jahr 2000 rechnet.

V

Diese Langwierigkeit der Berufsbildungsreform ist sicherlich ein Grund dafür, daß die Sozialpartner, allen voran die beiden großen Gewerkschaftsbünde, Anfang der 90er Jahre massiv auf den Aufbau eines Systems beruflicher Weiterbildung drängten. Es bestand bereits seit vielen Jahren eine Ausbildungsabgabe von 0,7 % der Gesamtlohnsumme, von der die Arbeitgeber 0,6 % und die Arbeitnehmer 0,1 % aufbringen. Sie wird über die Sozialversicherung eingezogen und wurde bis dato zur Finanzierung der Arbeitsmarktpolitik mitverwendet. 1992 einigten sich der spanische Staat und die Sozialpartner darauf, daß bis 1996 aufsteigend 0,1 % bis 0,4 % dieser Quote für die berufliche Weiterbildung beschäftigter Arbeitnehmer/-innen zu verwenden ist. Hierzu wurde eine Stiftung gegründet (FORCEM), die ausschließlich von den Sozialpartnern verwaltet wird. Betriebe können für ihre Weiterbildungsaktivitäten aus dem von der Stiftung verwalteten Fonds Mittel erhalten, wenn sie Weiterbildungspläne vorlegen, die von paritätischen Kommissionen gebilligt werden.

VI

So hat sich also in Spanien im letzten Jahrzehnt der Stellenwert von beruflicher Bildung sehr verändert: Gerade die Bedeutung, die nicht nur der Staat, sondern auch die Sozialpartner beruflicher Bildung zumessen, bedeutet für sie einen erheblichen Prestigegewinn. Zugleich zeigt sich, daß mit der gemeinsamen Beteiligung der Sozialpartner an der Entwicklung der beruflichen Weiterbildung - wie auch an der Entwicklung der Erstausbildung über den "Nationalen Rat für

Berufsbildung" - die industriellen Beziehungen nicht unberührt geblieben sind: Die Konfrontation ist in vielen Fällen einer kooperativen Vorgehensweise gewichen.

In Spanien mit seinem südländisch-katholischen kulturellen Hintergrund war Arbeit immer eher als "Pein" und "Leid" aufgefaßt worden, im Unterschied etwa zu den calvinistisch beeinflußten Kulturen. Dies ging immer einher mit einer gewissen Abwertung "normaler" Berufe. Es ist durchaus möglich, daß die Reform der Berufsbildung in Spanien auch in dieser Hinsicht wichtige kulturelle Veränderungen mit sich bringt.

Social Change and vocational Education in the United Kingdom

FRANK COFFIELD

Introduction

"All sociology must be comparative."[1]

One of the consequences of the radical reforms introduced by Conservative governments since 1979 is that the United Kingdom (UK) can be viewed as a social laboratory where other nations can see the outcome of experiments which they may very well hesitate to impose on their own citizens. It is, however, depressing that other countries, instead of learning from the successes and failures of policy initiatives in Britain by reading the findings of independent, critical research, seem intent on blindly copying these experiments, thus repeating the mistakes made in the UK and adding a few of their own.

The task of giving an overview of the recent reforms in vocational education in the UK in the space of one short article is not an easy one, because more Acts of Parliament have been passed on education and training in the last fifteen years than in the previous fifty. The task can be compared to attempting to jump on a moving bus, the driver of which increases speed or changes direction the moment you think you can hop safely aboard. The managerial technique of retaining control by constantly innovating in rapidly changing conditions has been well described by Henry Mintzberg in his discussion of an adhocracy[2].

The driving force behind the endless waves of reform is the belief of the British government that the UK can halt decades of relative economic decline by improving its international competitiveness. So John Major, the Prime Minister, was arguing in 1993 that "all our policies - not just our economic policy - need to be focused on the future strength of the British economy". The subsequent White Paper - interestingly sub-titled Helping Business To Win - defined Competitiveness as a dynamic concept: "We cannot ever afford to stand still. For as we change and innovate, the outside world also changes. And so the pressures continue."[3]

The British government, however, is by no means alone in trying to force the pace of change by appealing to a lack of a competitive edge. Klaus Kinkel, the German foreign secretary, in June 1995, used the very same language when he

---

1 Max Weber, quoted by: Pahl, R. E., Divisions of Labour. Oxford 1984, p. 331
2 Mintzberg, Henry, Structures in Fives: Designing Effective Organisations. New York 1983
3 HMSO, Competitiveness: Forging Ahead. London 1995, CM 2867

argued for a fundamental adjustment of the country's higher education system to ensure the future success of Germany as an industrial nation[4]. The complex question of the relationship between investment in education and economic growth will not be pursued here beyond remarking that no simple causal connection exists, as even a cursory examination of the Japanese case exemplifies.

Instead, the international character of the rhetoric of "competitiveness" will be stressed. The mass media in France, Germany and Italy as well as in the UK describe the economic crisis in Europe in very much the same terms and so European partners are transformed into rivals for markets and for investment by multi-national companies. In the words of Raymond Williams:[5]

"This talk is described by its practitioners as tough and realistic, but even where it is benevolent it is a fantasy... However, instead of recognising this, the silly tough talk goes on. It is fully in the spirit of the history of industrial capitalism that its vocabulary is violent: 'aggressive marketing', 'market penetration', 'consumer impact'. Yet most of this talk is by smooth men in sleek offices taking no significant risks. The real toughness is all at the other end ... where the edge of the most currently competitive economies (at whatever costs to their own workers and citizens) can cut into other societies and depress or ruin them."

This chapter will now review the main developments in vocational education in the UK and will then offer a commentary upon them in the final section.

Overview of Developments in vocational Education in the UK

a) The Key engines of change

The first White Paper on Competitiveness listed the following "key engines of change" which will each be described very briefly:[6]

- the introduction of a National Curriculum for 5 - 16 year olds which emphasises the three core subject of English, Maths and Science,
- new vocational qualifications, designed for 14 - 16 year olds, who will also be offered at least one week of work experience,
- better career guidance for pupils from the age of 13 onwards. All schools will be obliged to provide written statements on their provision of careers education.
- three main pathways post-16: the academic route (A levels); the new vocational A levels (GNVQs); and a work-based vocational route (NVQs). More will be said about these pathways in a moment.

---

4   Times Higher Education Supplement, 2 June 1995
5   Williams, Raymond, Towards 2000. London 1983, p. 97
6   HMSO, Competitiveness: Helping Business to Win, London: HMSO, CM 2563, p. 49

- the plans of Further Education (FE) Colleges are to be subject to the approval of the Training and Enterprise Councils (TECs), the boards of which are dominated by employers,
- a new scheme of Modern Apprenticeships for 16 - 17 year olds and accelerated Modern Apprenticeships for 18 - 19 year olds is to be introduced, offering work-based qualifications,
- building on the expertise of Training Credits which are now available to all 16 and 17 year old school-leavers, the government now plans to introduce pilot schemes for Learning Credits with a real cash value for all 16 - 19 year olds,
- grants to small firms to update the managerial, supervisory and technical skills of key employees,
- additional resources to promote the Investors in People (IiP) initiative, of which more later,
- individuals to be encouraged to assume greater responsibility for their own development and training throughout their life by, for instance, taking out a career development loan,
- providers of education and training to become more responsive to their customers - learners and employers.

It is not possible to discuss all eleven of these policy initiatives in detail and so the most significant, in my opinion, has been chosen for further comment: the national framework of qualifications. Other policies - such as the IiP scheme - will be explained as and when they form part of this review as it progresses.

The new framework of qualifications is displayed in Figure 1 and shows that at the age of 16 there are now three pathways for young people to choose from: one academic and two vocational. First, the main academic qualifications are explained under these three headings:

i) the General Certificate of Secondary Education (GCSE) in a wide range of subjects, normally acquired by 16 year olds at school, but many retake the examinations in subsequent years to improve their grades. GCSEs replaced O levels and CSE exams in 1988.

ii) A levels, which were introduced in 1951, require two years full-time work after the GCSE and are now taken by 32 per cent of the age group, compared with 11 per cent in 1962[7]. Students normally study two or three A levels which until very recently have been the main means of selecting candidates for higher education (see GNVQs below).

iii) Advanced Supplementary (AS) qualifications were introduced in 1987 to encourage A level students to take a broader range of subjects; they cover half

---

7 Smithers, Alan/Pamela Robinson, Post-18 Education: growth, change, prospect. London 1995

the content of a full A level course but to the same depth. So far the take-up has been modest; in 1994, for example, there were only 50.000 entries for AS level, compared with 750.000 entries for A level[8].

Vocational qualifications are of two kinds: National Vocational Qualifications (NVQs) and, the most recent innovation, General National Vocational Qualifications (GNVQs). NVQs were introduced in 1987 and were designed to develop in the workplace competencies for particular jobs. They are organised into five levels, with levels 4 and 5 being equivalent to higher education qualifications. By November 1994, 650.235 NVQ certificates had been awarded, with the clear majority (71,4 per cent) being at level 2 and in two main areas - providing business services (44.8 per cent) and goods and services (23,8 per cent). Only 985 certificates (0,4 per cent) out of the total of 650.235 were awarded at level 5 and only 3,1 per cent of the total were in manufacturing[9].

NVQs provide training for jobs, while GNVQs, which were introduced in 1992, may lead on to work or higher education, and offer vocational education at three levels: foundation, intermediate and advanced, where the advanced level is equivalent to two A level passes. Although they are at an early stage of development, with courses in Science now being added to those in Business, Health and Social Care, Engineering, and Art and Design, GNVQs are proving to be remarkably popular with students; for example, the number of students registered for Intermediate GNVQs more than doubled in 1994/95 to

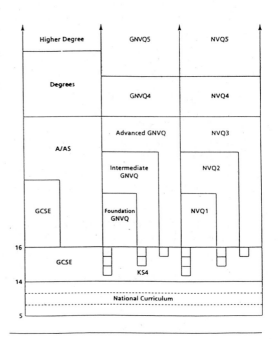

Figure 1

NATIONAL QUALIFICATIONS FRAMEWORK

---

8   Dearing, Sir Ron, Review of 16 - 19 Qualifications: Interim Report. London 1995
9   See Nacett Report on Progress Towards the National Targets. National Advisory Council for Education and Training Targets. London 1995, for more details.

72.000[10]; and it is expected that "around 50 per cent of 16 - 17 year olds will be studying for them by 1996/97"[11].

b) National targets for education and training

In order to "set a world pace in education and training"[12], the government established, and then four years later in 1995 raised, targets for the year 2000 with the aim of improving the UK's international competitiveness by raising standards and attainment levels in education and training to world class levels. These improvements are to be made through ensuring that:[13]

"(1) All employers invest in employee development to achieve business success.

(2) All individuals have access to education and training opportunities, leading to recognised qualifications, which meet their needs and aspirations.

(3) All education and training develops self-reliance, flexibility and breadth, in particular through fostering competence in core skills."

The new targets are given in Figure 2 and "for the first time cover higher level skills and the core skills (communication, numeracy and IT) which employers have consistently identified as the foundation for the effective transition to work"[14]. The 80 local TECs throughout England and Wales have been given the task of setting local targets to underpin the national ones; and universities, FE colleges and schools are now in their turn being encouraged to set their own targets to underpin the local plans of the TECs.

Figure 2

TARGETS FOR 2000

FOUNDATION LEARNING

1. By age 19, 85 % of young people to achieve 5 GCSEs at grade C or above, an Intermediate GNVQ or an NVQ level 2.

2. 75 % of young people to achieve level 2 competence in communication, numeracy an IT by age 19; and 35 % to achieve level 3 competence in these core skills by age 21.

---

10 Nacett Report 1995
11 HMSO 1994, Competitiveness: Helping Business to Win, p. 37
12 HMSO 1995, Competitiveness: Forging Ahead, p. 78
13 HMSO 1995, Competitiveness: Forging Ahead, p. 80
14 HMSO 1995, Competitiveness: Forging Ahead, p. 81

3. By age 21, 60 % of young people to achieve 2 GCE A levels, an Advanced GNVQ or an NVQ level 3.

LIFETIME LEARNING

1. 60 % of the workforce to be qualified to NVQ level 3, Advanced GNVQ or 2 GCE A level standard.
2. 30 % of the workforce to have a vocational, professional, management or academic qualification at NVQ level 4 or above.
3. 70 % of all organisations employing 200 or more employees, and 35 % of those employing 50 or more, to be recognised as Investors in People.

Source: HMSO (1995, p. 80)

c) Investors in People (IiP)

IiP is a national quality standard which recognises investment in training by employers. It was launched in 1992, accreditation lasts three years, and the process is based on four principles: employers need to show evidence of developing all their employees, whose training needs must also be reviewed regularly; employees must be trained throughout the period of their employment and not just when they are recruited to the firm; and the firm's training must be regularly evaluated and improved. The present chapter focuses on this particular initiative for two reasons: first, it has the potential to transform the attitude of employers towards investing in the skills of their workforce. Second, IiP is, to my mind, a key indicator of the extent to which employers in the UK are responding to the national need for a revolution in skill training[15] and so breaking with their long tradition of under-investment. The latest report on progress estimates that "4 per cent of the total workforce are employed in companies recognised as Investors in People, with a further 19 per cent in companies who have made a commitment"[16]. (There is therefore no immediate need for the German economy to panic because of increased competitiveness from British companies; change, as always, is a slow and painful process.)

d) The competence Movement

The model underlying most of the policy initiatives described above has been called the competence-based approach to learning, whereby "all forms of learning provision would be stated in terms of outcomes"[17]. Predetermined statements in

---

15 CBI, Towards a Skill Revolution. London 1989
16 Nacett Report 1995, p. 66
17 Jessup, Gilbert, Outcomes: NVQs and the emerging model of education and training. London

the form of competences guide the course of learning and form the basis of assessment. The performance criteria, by which the successful performance of a task is assessed, should "be stated with sufficient precision to allow unambiguous interpretation by different users"[18]. (If only it were that straightforward.)

The growing significance of this emerging model can be gauged from the following indicators:
- two out of the three pathways in the new framework of national qualifications are NVQs and GNVQs, which are based on competencies and outcomes,
- five out of the six new National Targets for Education and Training are expressed in GNVQs and NVQs,
- qualifications for teachers, social workers, youth workers, lawyers, doctors and accountants are increasingly being expressed in terms of competences,
- the pace and scale of developments have been remarkable: NVQs were only introduced in 1987 and by 1995 over 750.000 people had gained a qualification[19] and there are now more than 600 types of qualification available; GNVQs only began in 1992 with pilot projects and two years later more than 160.000 students were involved over the three levels.

e) *Responses to the global market*

Fundamental changes in the methods of production and the globalisation of markets are affecting all industrial societies and are restructuring the opportunities facing new entrants to the labour market. To give some indication of the scale of the changes involved, since 1980 5,6 million jobs have been lost in British manufacturing, which represents more than half the traditional jobs in that sector[20]. David Ashton, when reviewing consequent changes in youth labour markets, concludes that, whether young people obtain a job or what kind of job they get, now depends not so much on their qualifications or motivation, as on the decisions of multi-national companies, of the business elite, of governments and on the structure of the local labour market[21].

At the level of the firm, companies can opt to produce high quality goods which are dependent on high investment in people and machinery or they can opt for mass-produced goods with long production runs, low wages and low skills, where

---

1991, p. 134
18 Jessup, op. cit., p. 17
19 HMSO 1995, Competitiveness: Forging Ahead, p. 82
20 Kerr, David, "British Manufacturing is starting to score at expense of inflexible European competitors". In: The Guardian, 16 January 1995
21 Ashton, David, "Understanding Change in Youth Labour Markets: A Conceptual Framework". In: British Journal of Education and Work, Vol. 6 (1993), No. 3, p. 5 - 23

the competition is mainly on cost. It is my contention that both strategies are currently being adopted by British firms, with the majority opting for the low value added route and so becoming part of the "low skills equilibrium"[22].

Two comparisons will be made to explore the response of government and the business community to globalisation. First, within the European Union, the UK government was alone in negotiating an opt out from the Social Chapter of the Maastricht Treat, it has steadfastly refused to introduce a national minimum wage, and it has abolished the Wages Councils which protected the income of the lowest paid workers. In short, policies have been deliberately introduced to create a severely deregulated labour market which has enabled capital accumulation through successful competition at the bottom end of the market.

But the dangers of exclusive reliance on the low cost route are clear from Figure 3 (entitled Wages Around the World) on comparative labour costs around the world, from which it can be seen that the average hourly cost of labour in manufacturing in Britain was 23 times as high as that in China in 1993. Such a strategy can at best only be a short-term one. The Report of the Commission of Social Justice 1994, however, rightly adds that "internationally, the competitive challenge to the West is based not only on price, but also on productivity, quality and innovation"[23]. The difference between hourly pay in Western Germany and Japan at the top of the table and the Philippines and China at the bottom is compensated for by high productivity; but productivity levels are rising sharply in many newly industrialised countries.

The second comparison serves to underline how a determined political elite can develop a long-term vision of society, introduce a coherent strategy for industry, education and training, and ensure that the strategy anticipates the next stage of economic development. Ashton and Sung argue that Singapore is operating a new model of skill formation which is significantly different from German, Japanese or British models in that the state is proactively using its powers "to direct, shape and enhance the skill base of the society"[24]. By means of steadily increasing levies on employers, and tax concessions for companies and individuals, the state has pushed all employers up the productivity escalator; in other words over the last thirty years, Singaporean firms have moved from selling the West shirts, shoes and handbags to the most sophisticated electronics.

---

22 Finegold, D./D. Soskice, "The Failure of Training in Britain: Analysis and Prescription". In: Oxford Review of Economic Policy, Vol. 4, (1988), No. 3
23 The Report of the Commission of Social Justice (1994), p.70
24 Ashton, David/Johnny Sung, "The State, education and training systems and economic development: a new East Asia model?" Leicester University: Centre for Labour Market Studies 1994, p. 31

Figure 3

WAGES AROUND THE WORLD
Av '93 hourly labour costs in manufacturing, in $

Western Germany	24.87
Japan	16.91
US	16.40
France	16.26
Italy	14.82
Britain	12.37
Taiwan	5.46
Singapore	5.12
South Korea	4.93
Portugal	4.63
Hong Kong	4.21
Poland	1.40
Thailand	0.71
Philippines	0.68
China	0.54

We may baulk at Singapore's authoritarian regime, but can only envy an average growth rate of 9 per cent per annum over the last three decades, which has made the average per capita income of Singaporeans higher than that of Britons or Australians. To prevent misunderstanding, Singapore is not being suggested as a model to copy; rather, the single-minded stress on competitiveness has produced enviable economic success but at the expense of political freedom: Western democracies require both and social cohesion.

Commentary

a) *Impoverishment of language*

All the changes described in the previous section have been accompanied by an impoverishment of the language and, as Dennis Potter remarked, "The trouble with words is that you don't know whose mouth they were in last". Words shape our values, colour our thinking and influence our actions so it matters that teachers are now called "producers", pupils and parents "customers", and headteachers "line managers". Schools are being transformed into "competitive businesses", neighbouring schools are "business rivals", and year groups are "inputs and outputs". Choice has become one's "purchasing power" in the market, institutions no longer have aims and objectives but "mission statements", and a proper concern for accountability has been translated into crude, numerical "performance indicators" and "league tables". Vice-Chancellors and Principals are now "Chief Executives", students are "products" and redundancy is replaced by the more innocuously sounding "restructuring" or "right-sizing". Who could object to an institution moving towards its "right" size? The length of a degree course is now described as "the product's life cycle". The euphemism for cuts has become "efficiency gains" and "cost effective" is the phrase used for short, cheap courses. A new vocabulary in Higher Education and Further Education, consisting of such terms as "skills", "competences", and "outcomes" is steadily replacing the older vocabulary of "understanding", "critique" and "wisdom"[25]. The penetration of the world of education by this industrial model of learning is neatly captured by the ease with which commentators now unthinkingly refer to the UK as "UK PLC" (Public Limited Company). As a group of fourteen Professors of Education argued: "Education is not a commodity to be bought or sold; it is a transaction that takes place between teacher and learner. Pupils (or parents) are not customers; they participate in that conversation which takes place between the generations of mankind in which they are introduced to the voice of poetry, of science, of history, of politics."[26]

b) Social polarisation

The dominant discourse of politicians and industrialists about gaining a competitive edge has provoked a reaction from those who point to the social costs of the global market, to the persistently high levels of long-term unemployment in most OECD countries[27] and to new patterns of inequality in income and wealth. The global market is creating new groups of second class citizens who do not have sufficient economic independence through employment or income support to make a decent life for themselves and their families. Joan Payne has shown, for instance, that the young unemployed are three times more likely than their employed peers to have parents or brothers or sisters who are also out of work[28]; in short, there is a tendency for unemployment to run in families. The polarisation of skills at work[29] may be intensifying a social polarisation between "work rich" and "work poor" families, with a growing number of people in temporary, insecure,

---

25 See Barnett, Ronald, The Limits of Competence: Knowledge, Higher Education and Society. Buckingham: Open University Press 1994.
26 Wragg, Ted (Ed.), Education: A Different Vision: An Alternative White Paper. London: Institute for Public Policy Research 1993, pp 16 - 17
27 OECD, The OECD Jobs Study: Facts, Analysis, Strategies. Paris 1994
28 Payne, Joan, "Does Unemployment Run in Families? Some Findings from the General Household Survey". In: Sociology, Vol. 21 (1987), No. 2, pp. 199 - 214
29 Gallie, Duncan, "Patterns of Skill Change: Upskilling, Deskilling or the Polarisation of Skills?". In: Work, Employment and Society 5 (1991), 3, pp. 319 - 351

part-time, casualised, poorly-paid and poorly regarded jobs. "Wage differentials have widened, and real wages for the low paid have fallen absolutely, resulting in growing in-work poverty."[30]

Those who argue that mature democracies ought to deliver social cohesion as well as economic prosperity to all its citizens also claim that market forces have increased the divisions which already existed within the UK. But can such a claim be justified? Empirical evidence is available from a variety of sources including government statistics and independent research studies, but the most significant data have been usefully brought together by the Joseph Rowntree Foundation in a two volume Report, entitled Inquiry Into Income And Wealth[31].

Some of the key findings from the Report can be summarised as follows:

1) Income inequality in the UK grew very rapidly between 1977 and 1990 and reached a higher level than recorded since the Second World War. Figure 4 has one line, the official Blue Book series, running from 1949 to 1984 and a second line, produced by the Institute for Fiscal Studies, covers the period from 1961 to 1990: the higher the line, the more unequally income is distributed.

2) It could, however, be argued that this finding is simply reflecting an international trend, whereby all nations are affected by global markets, which domestic policy can do little to mitigate. Figure 5 shows clearly that, apart from New Zealand, the UK was exceptional in the pace and extent of the increase in inequality in the 1980s. Although a majority of countries including Australia and Japan exhibited a trend towards greater inequality, others, especially Italy, Finland and Denmark, did not.

3) In the period 1975 and 1993, there has been a growing polarisation between "work rich" and "work poor" households. The proportion of two adult households where both adults were earners rose from 51 to 60 per cent, while the proportion with no earner rose from 3 to 11 per cent.

4) Polarisation between deprived and affluent neighbourhoods gradually increased during the 1980s. Poverty is becoming concentrated on certain council housing estates which have been called "landscapes of despair"[32].

5) Wealth has not "trickled down" from the richest section of society. Over the period 1979 to 1992 the poorest 20 - 30 per cent of the population failed to benefit from economic growth. More specifically, the wages of the bottom 10

---

30 OECD, The OECD Jobs Study, p. 25
31 Rowntree, Joseph Foundation, Inquiry Into Income and Wealth. York 1995
32 Donnison, David, Act Local: Social Justice From The Bottom Up. London 1994, p. 20

Figure 4

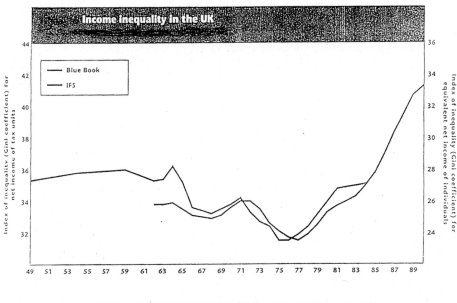

Source: Joseph Rowntree Foundation (1995) Income and Wealth, York, P.13.

per cent hardly changed in real terms, while those of the top 10 per cent rose by 50 per cent.

Social polarisation is not a woolly abstraction on the part of social theorists but a living reality which can be seen on the high streets of every large town in the UK. There is one type of supermarket, chemist and clothes shop for those in secure employment, who can afford to buy high quality goods; and another type (Aldi, Poundstretcher and the charity shops) for the poor. Look at the quality of the food and drink, of the children's toys, and of the Christmas presents in the two types of store and it is clear that two distinct markets have grown up to serve two distinct populations, the contented haves and the excluded have-nots.

Will Hutton has captured the new social fissures opening up within the community in an arresting model of the UK which he calls "the forty, thirty, thirty society". The top 40 per cent are the privileged "core workers" of a modern economy, those valued and skilled insiders in tenured full-time employment or secure self-employment. The middle 30 per cent are the insecurely self-employed, and the "peripheral workers" on involuntary part-time, fixed term or casualised contracts for whom employers take no responsibility. At the bottom are the most

Figure 5

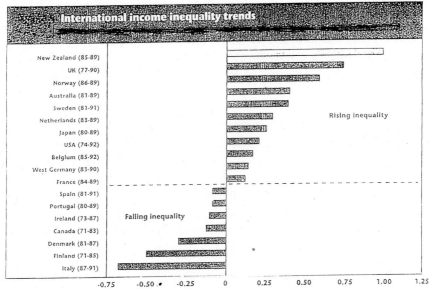

disadvantaged 30 per cent, the long-term unemployed and the economically inactive; those whom some commentators insist on calling "the underclass"[33].

c) *Competing explanations*

In the debate over the significance of current trends in the economy and in society, two main schools of thought can be discerned - the transformers and the sceptics. The former argue that "we are in the early parts of a historic transition to a new form of society"[34]. In similar vein, Robert Reichs opening sentence of his best-selling book The Work of Nations reads: "We are living through a transformation that will rearrange the politics and economics of the coming century".[35]

The second school wishes to remind us of "some strong continuities between current policies and traditional patterns of educational inequality in England"[36].

---

33   Hutton, Will, The State We're In. London 1995, p. 105 ff
34   Hayes, Chris/Nickie Fonda/Josh Hillman, "Learning in the New Millennium". London: National Commission on Education, New Briefing Series 1995, No. 5, p. 3
35   Reich, Robert B., The Work of Nations: Preparing Ourselves for 21st Century Capitalism. London 1993, p. 3

Writing on more general themes, Ken Roberts urges a measure of scepticism if only because "entrenched social divisions and structures have displayed a persistent capacity to absorb waves of technical and occupational change"[37].

The difference between the two approaches is also clearly seen in their contrasting attitudes towards human resource development. For commentators like Sir Christopher Ball, who place the emphasis on investment in human capital, "the quality of the education and training of the workforce is the single most important characteristic in determining economic competitiveness"[38]. The opposing school responds with the memorable phrase "Let them eat skills"[39]. What is missing from the arguments of Sir Christopher Ball is the need for an overarching strategy which would dovetail policies for education, training and employment with policies for industrial development. Emphatically this is not a move to bend education and training to the economic wheel but a realisation that, if British employers are not edged up the productivity escalator towards high value added goods, then it will profit the UK little if the National Targets for Education and Training are met because little productive use will be made of the world class levels of skill which will have been attained. The paradox of modern industry is that a strong manufacturing base is essential for long-term economic growth, but it does not create many jobs. To sum up, investment in education and training is a necessary but not a sufficient condition of sustained economic prosperity.

Conclusion

This chapter has sought to provide an overview of recent developments in vocational education within the UK and has placed them within a political and economic context. It ends by drawing a few general conclusions which are prompted by this review.

a) Despite some significant achievements, the main experiment of Conservative governments of driving the market principle into education and training is failing; and the cost of rectifying its failures will be immense, particularly the task of reintegrating into full membership of society the millions of unskilled, unemployed and alienated people - the victims of Thatcherism. As this is being

---

36 Whitty, Geoff/Tony Edwards/Sharon Gewirtz, Specialisation and Choice in Urban Education: The City Technology College Experiment. London 1993, p. 160
37 Roberts, Ken, Review Symposium. In: British Journal of Sociology of Education Vol. 15 (1994), No. 1, p. 119
38 Ball, Sir Christopher, "Developing the Learning Society". Presidential Address, North of England Conference, York University, 4 January 1995
39 Noble, Douglas, "Let them eat skills". In: The Review of Education, Pedagogy, Cultural Studies 16 (1994), 1, pp. 15 - 29

written, news comes of the first closure by government of a "failing" school, serving a deprived inner-city immigrant area of London: the pupils are to be moved to other schools and the teachers are to be made redundant. The market principle is beginning to bite in earnest - schools, like businesses in trouble, are to be closed. Stephen Ball summarises his research into the implementation of market reforms in education by arguing that it is "essentially a class strategy which has as one of its major effects the reproduction of relative social class (and ethnic) advantages and disadvantages"[40].

b) Both Germany and the UK need a new vision of what they could become. The attraction of the term "The Learning Society" lies in the implicit promise not only of economic development but of regeneration of our whole public sphere. Citizens of a Learning Society would, by means of their continuing education and training, be able to engage in critical dialogue and action to improve the quality of life for the whole community and to ensure social integration as well as economic success. A main aim of the Economic and Social Research Council's Programme is that the thirteen projects should develop a variety of visions of The Learning Society and, through their empirical studies, enable British society to learn about itself and what possible futures it could aspire to. Evidence has been quoted earlier to show that the UK has become an increasingly unequal, undemocratic and divided society, but it also remains a vibrant and creative culture, full of innovative ideas like the Learning Bank[41].

c) There remains the greatest challenge for all nation states, namely, how to control the global market and the power of the multinational companies. Concerted action by regional trading blocs such as the European Union may be able to act as a counter-force to the multinational companies, by insisting at the very least that they take more social responsibility for the impact on communities when they relocate production in countries with cheaper labour costs. The decision by the multinational company Shell not to dump its oil rig in the deep waters of the North Sea is clearly a reaction to the consumer boycott, the adverse publicity, and the direct action of the pressure group Greenpeace; this incident may be the first of many consumer campaigns against the dominance of the multinationals. Peter Townsend has also propo-

---

40   Stephen Ball, "Education Markets, Choice and Social Class: the market as a class strategy in the UK and the USA. In: British Journal of Sociology of Education 14 (1993), 1, p. 4; emphasis as in original
41   See Robertson, David, "The Learning Bank - towards a strategy for investment in post-compulsory education and training", Discussion Paper. Liverpool John Moores University, Department of Public Policy and Education 1995

sed that an international charter of workers' basic rights will be needed to construct a stable financial order beyond the nation state[42].

d) As the global market increases the divisions within society, the democracies need to find some social cement to hold them together. The divisions are now so evident that the comforting myth that members of the same country are all in the same economic boat can no longer be maintained[43]. Policies at different levels are called for. Social citizenship, for example, as part of the National Curriculum could provide a common core of values in a pluralistic society[44]; progressive taxation and social welfare could again be treated as instruments of social cohesion rather than burdens on private enterprise[45]; and all the social institutions of civil society (schools, voluntary associations, and pressure groups) need to be reinvigorated.

e) I wish to end on a personal note which has direct political implications. My wife and I have two children, and we want each of them to have a high quality general education, appropriate vocational training and a job worthy of a human being in a prosperous and socially just society. But there will be no Learning Society in the UK or in Germany unless such conditions are created for all young people. That is the measure of the task facing us. For too long we have been content to produce training programmes which are only good enough for other people's children. If a criterion is needed to judge such programmes, then let it be: is it good enough for my children? If not, then do not offer it.

Perhaps it is now time to develop new courses of vocational education for different types of clientele, complete with customary acronym. I wish to propose TFE (Training for Employers) courses to encourage them to relinquish stereotypes of the long-term unemployed and to join local consortia to eliminate "poaching" of trained staff by providing high quality training of all their workers; TFB (Training for Bureaucrats) schemes to ensure more sensitive and flexible treatment of claimants; and finally, TFP (Training for Politicians) programmes to keep reminding them of the unemployment and avoidable suffering of thousands of highly talented people until they begin to take action.

---

42 See Report of the Commission of Social Justice, p.72
43 Reich, The Work of Nations (1993)
44 Hargreaves, David, The Mosaic of Learning: Schools and Teachers for the Next Century. London 1994
45 Hutton, The State We're In (1995)

ARBEITSGRUPPE 7

INDUSTRIEAUSSTELLUNGEN ALS SPIEGEL DES SOZIALEN UND ÖKONOMISCH-TECHNISCHEN WANDELS

Einführung in das Thema der AG 7

GÜNTER PÄTZOLD

Industrieausstellungen entwickelten sich Mitte des 18. Jahrhunderts als "öffentliche Vorführung der künstlerischen, gewerblichen oder landwirtschaftlichen Produktion zu dem Zweck, den Besucher mit den neuesten oder beachtenswerteren Erzeugnissen sowie mit der Leistungs- und Konkurrenzfähigkeit der Aussteller bekannt zu machen"[1]. Für das öffentliche Leben und für die Gewerbe- und Handelspolitik waren hauptsächlich die gewerblichen Ausstellungen von Bedeutung. Sie unterschieden sich grundlegend von den weit älteren Messen und Jahrmärkten und "dienten in erster Linie der Unterhaltung und Belehrung der hohen und höchsten Kreise. Allmählich, mit dem Fortschritte der Naturwissenschaften, der Technik und der Großindustrie, kam der geschäftliche Zweck der Reklame dazu"[2]. Die praktische Nationalökonomie ging bei der Unterstützung der nach dem Vorbild der französischen Landesausstellungen auch in Deutschland durchgeführten Veranstaltungen nicht mehr von der Deckung der vorhandenen, sondern von der Weckung neuer Bedürfnisse aus. Zudem verband sich mit diesen Ausstellungen ein Bewußtsein für den Zusammenhang von der Darstellung neuer Ideen und Produkte und der gesellschaftlichen Entwicklung.

Mitte des 19. Jahrhunderts wurde der Gedanke aufgegriffen, die Landesausstellungen zur Förderung der Exportindustrie und des internationalen Wettbewerbs zu nutzen. Es war die Zeit, als die Geschäftsreklame, das Zeitungswesen und die Großindustrie Neues und Interessantes zur Schau stellen wollten. Die Ausbreitung des Eisenbahnverkehrs, das rasch zusammenwachsende Netz der Schnellstraßen und die dadurch angefachte Reiselust der Menschen kamen hinzu. Mit dem Jahre 1851 begann dann auch die Zeit der Weltausstellungen als wichtige Leistungsschauen technischen Fortschritts.[3] Es wurden in erster Linie Fabrikerzeugnisse und Fabrikausrüstungen ausgestellt.[4] "Einen Anhaltspunkt über die zunehmende Bedeutung der Weltausstellungen gibt die Beteiligung der deutschen Industrie: Auf der Londoner von 1851 waren rund 1.300 Firmen vertreten, 1855 in Paris 2.175, 1862 in London 2.875, 1867 in Paris 3.388, 1873 in Wien 7.524, 1893

---

1 HUBER, F. C.: Art. "Industrieausstellungen". In: Handwörterbuch der Staatswissenschaften, Bd. 5. Dritte Aufl., Jena 1910, S. 616-628, hier: S. 616
2 Ebd.
3 Vgl. u.a. STRATMANN, KARLWILHELM: "Zeit der Gärung und Zersetzung". Arbeiterjugend im Kaiserreich zwischen Schule und Beruf. Zur berufspädagogischen Analyse einer Epoche im Umbruch. Weinheim 1992, S. 213.
4 TIMM, ALBRECHT: Kleine Geschichte der Technologie. Stuttgart 1964, S. 146

in Chicago 3.500, 1900 in Paris 5.150, 1904 in St. Louis 3.720 (daneben 1905 in Lüttich 2.000, 1906 in Mailand 550)[5].

Seit dem "Wiener Krach" von 1873 verloren die als Leistungsschauen einerseits und als Modernisierungsausweis andererseits angepriesenen Weltausstellungen an Anziehungskraft, insbesondere auch deshalb, weil für "Massenartikel nichts mehr zu gewinnen"[6] war. Es war die Zeit, in der das "Dumping" auf ausländischen Märkten "mit der verlockenden Aussicht auf das ökonomische Überleben in einer depressionsgestörten Industriewirtschaft gerechtfertigt" wurde[7]. "Die Schleuderkonkurrenz forderte freilich ihren Preis: Billig und schlecht, faßte der Technologieprofessor Franz Reuleaux als Reichskommissar für die Weltausstellung von 1876 in Philadelphia das allgemeine Urteil über die Qualität zusammen."[8] Dabei galt es, die unterschiedlichen Interessen der Gewerbetreibenden und der verschiedenen Industriezweige zu bedenken. Immer weniger Vorteile sah die "Massenindustrie" in derartigen öffentlichen Ausstellungen, sie wurden für sie zur "Pflichtübung", zu einer kostspieligen wie ergebnislosen Repräsentation, zu einer "Art Kollektivunternehmung", "die einen mächtigen Zwang auf die Industrie ausübt. Gegenüber diesem Zwang ist der einzelne, wie überhaupt gegenüber der Konkurrenz, machtlos. Es verhält sich damit ähnlich wie mit den Kunstausstellungen, die jährlich fast an allen Orten, wo eine Kunstakademie ist, wiederkehren; die Künstler haben die damit verbundene Hetze schon lange satt; aber wegbleiben kann ohne Schaden keiner."[9] Die Ausstellungen entwickelten sich aber auch zu "ökumenischen Konzilien der Industrie, Wissenschaft und Kunst", und sie gaben "für das großstädtische Publikum das Rendezvous für den Sommer" ab.[10] Sie waren Kontrasterlebnis zum Alltag. Demgegenüber gab es Wirtschaftsbereiche wie das Kunstgewerbe, die Kraftwagen-, Luxus- und Sportindustrie, die sich rasch ausdehnende Elektroindustrie, die sich an jeder Ausstellung beteiligten und durchweg mit dem geschäftlichen Erfolg zufrieden waren. Ebenfalls waren die Ausstellungen öffentlichkeitswirksam für die Feststadt und den durchführenden Verein, und wir werden sehen, wie sich die skizzierte 'Problemlage' in den Referaten spiegelt.

Über die "Weltausstellungen des 19. Jahrhunderts als Instrument der Gewerbeförderung und ihre berufspädagogische Bedeutung" referiert RICHARD HUI-

---

5   HUBER: Art. "Industrieausstellungen", S. 617
6   Ebd.
7   WEHLER, HANS-ULRICH: Deutsche Gesellschaftsgeschichte, Bd. 3: Von der "Deutschen Doppelrevolution" bis zum Beginn des Ersten Weltkrieges. 1849-1914. München 1995; hier: S. 563
8   Ebd., S. 564
9   HUBER: Art. "Industrieausstellungen", S. 621
10 Ebd., S. 620 f.

SINGA. Bezugnehmend auf die theoretische Konzeptionierung des sozialen Wandels, deutet er die Weltausstellungen zwischen 1851 und 1900 als integralen Ausdruck "kapitalistischen Geistes". Eine Bilanzierung der Weltausstellungen als direktes Instrument der Gewerbeförderung scheint ihm gewagt. Er identifiziert "mehrere Integrations-Funktionen". Eine bildungstheoretische Analyse mit Thesen und Fragen schließt sich an, wobei deutlich wird, daß die Weltausstellungen kaum als Nachweis dafür dienten, daß Technisierungsprozesse notwendigerweise einen Verberuflichungsprozeß in Gang setzten. Demgegenüber läßt sich anhand der Weltausstellungen zeigen, daß die Gewerbepolitik auf eine gezielte Strategie der Etablierung von Eliten hinauslief, die anfangs die sogenannte Entrepreneurship im Auge hatten, die sich später in die technische und die unternehmerische Elite spalteten.

Was die Veranschaulichung und die systematische Darstellung des in den Ausstellungen Gebotenen betrifft, so glaubten die Unternehmer, "mit der Fertigstellung der Ausstellung ihrer Pflicht vollkommen Genüge geleistet zu haben"[11]. Ausgeblendet blieb weitgehend die Aufgabe, die darin bestand, "durch Wort und Bild 1. die Durchschnittsbesucher mit dem Inhalt der Ausstellung vertraut zu machen, 2. das Ergebnis der Ausstellung in kritischer Weise zu bearbeiten und den weitesten Kreisen zugänglich zu machen"[12]. Der Durchschnittsbesucher und die gewerbliche Jugend fanden kaum aufschlußreiche Hinweise für die Ausstellungsgegenstände, für deren Nützlichkeit, Konkurrenzfähigkeit und Preiswürdigkeit. "Eine elektrische oder Motorenausstellung vollends wird ohne erläuternden Führer wohl von 90 % der Besucher gar nicht verstanden; es ist daher von vornherein ausgeschlossen, daß diese Besucher die reiche Anregung und Befruchtung, die von einer derartigen Ausstellung ausgehen könnte und sollte, in sich aufnehmen."[13] Es fehlten weitgehend die Darstellung und fachkundige Erläuterung der ausgestellten Fabrikationshergänge, ebenso eine systematische Auswertung des auf den Ausstellungen gebotenen Materials und dessen fachwissenschaftliche und didaktische Bearbeitung.

Anders sah es hinsichtlich des Aufklärungszweckes der ständigen Ausstellungen aus. Hier sind vor allem die Gewerbemuseen zu nennen, deren Zweck hauptsächlich darin bestand, "neupatentierte Artikel zur allgemeineren Kenntnis zu bringen"[14]. Der Sinn für das Kunstgewerbe und der erkannte Wert des Fachschulwesens förderten den "lokal-patriotischen" Wetteifer in der Gründung von Gewerbemuseen. Der Grundgedanke konnte wohl in der Absicht gesehen wer-

---

11 Ebd., S. 625f.
12 Ebd., S. 626
13 Ebd.
14 Ebd., S. 627

den, "mit der Kunst, mit der Veredlung der Produkte von Handwerk und Industrie über eine breit angelegte Geschmacksbildung bei den Konsumenten 'die einzige wirksame Waffe gegen die Maschine' einzusetzen und damit gleichzeitig die Chance zu schaffen, das sozialpolitisch bedingte Ziel der Erhaltung und Stützung des Handwerksstandes zu sichern"[15]. In dieser Überlegung lag die treibende Kraft für die Anstrengungen, die man zur kunstgewerblichen Ausbildung und zur Geschmacksbildung der Gewerbetreibenden unternahm. Dabei wurde die Meinung vertreten, daß der "Mangel am Geschmack im Kunstgewerblichen" und der "Mangel am Fortschritt im rein Technischen", wie er auf den Weltausstellungen sichtbar geworden war, durch den Rückgriff auf Schule ausgeglichen werden müsse.[16]

In diesem Zusammenhang hebt BERND REICHELT auf ein spezifisches Problem des Ausstellungswesens mit seinem Referat "Die Ausstellung von Schülerarbeiten als Leistungsschau und Motivationsfaktor an Baugewerkschulen Sachsens" ab. Den Vertretern der sächsischen Baugewerkschulen kam es darauf an, mittels der Ausstellung von Schülerarbeiten und der Auszeichnung der besten von ihnen schulintern zu motivieren. Zielsetzung der Ausführungen ist die Analyse der Aufgaben und der Ausstellungen von Schülerarbeiten der Königlich-Sächsischen Baugewerkschulen innerhalb Sachsens und Deutschlands in den Jahren 1875 bis 1900 und deren Einfluß auf die Inhalte und den Umfang des beruflichen Unterrichts, auf Unterrichtsmethoden und die Diskussion um den Berufsstand des Abgängers der Baugewerkschulen und dessen Abgrenzung zum Beruf des Architekten.

Bei den Gewerbevereinen wiederum stand schulextern der Gedanke der Leistungsschau im Vordergrund, und sie war einerseits nötig, um den Widerstand der Meister und Gesellen gegen die Gewerbeschulen abzubauen und die Einsicht in die Notwendigkeit einer über die alltägliche Berufspraxis hinausführenden Qualifikation zu fördern. Andererseits sollte mit den Ausstellungen von Lehrlingsarbeiten der Lerneifer der Lehrlinge geschärft, "ihre Leistungsfähigkeit im Hinblick auf die zu erwartende Auszeichnung gesteigert, ihre Kritik und damit das Streben nach Vervollkommnung in gesunde Bahnen gelenkt werden. Allein immerhin kleben dem System derartige Unvollkommenheiten an, daß es allein als nicht ausreichend zur Hebung des Lehrlingswesens angesehen werden kann. Um ihre Zwecke voll zu erreichen, müßten die Ausstellungen die Leistungsfähigkeit der Meister und der Lehrlinge zugleich erkennen lassen. Die ersteren müßten

---

15 LIPSMEIER, ANTONIUS: Technik und Schule. Die Ausformung des Berufsschulcurriculums unter dem Einfluß der Technik als Geschichte des Unterrichts im technischen Zeichnen. Wiesbaden 1971, S. 231 f.
16 Ebd., S. 233

zeigen, daß sie ihrer Aufgabe, tüchtige, in allen Einzelheiten des Gewerbes gut bewanderte Gehilfen heranzubilden, gewachsen sind; die letzteren sollten dartun, daß sie die in der Lehre gebotene Gelegenheit zur gründlichen beruflichen Ausbildung ausgenutzt haben."[17] Bei der Arbeit der Gewerbevereine ging es um traditionelle Gewerbeförderung. Sie sollte den Meistern zeigen, was an guten Arbeiten mit Lehrlingen möglich ist, um so eine Art berufsspezifischen Ausbildungsstandard zu entwickeln - ein angesichts der im Zeichen der Gewerbefreiheit immer stärker zerfallenden Berufsordnung wichtiges Anliegen.

GERHARD DREES referiert über die "Arbeit der Gewerbevereine auf dem Gebiet des Ausstellungswesens - Impulse für die gewerblich-technische Ausbildung in Industriebetrieben?". In seiner Analyse kann er sich auf Erfahrungen der Institutionen beziehen, die sich sowohl in Preußen als auch in den süddeutschen Staaten entwickelt hatten: der in Preußen 1821 von Kunth und Beuth gegründete Verein zur Förderung des Gewerbfleißes, in Hessen-Darmstadt und Nassau die in den 30er Jahren des 19. Jahrhunderts eingerichteten Gewerbevereine, in Württemberg die 1848 eröffnete und unter Ferdinand Steinbeis rasch zu großem Ansehen gelangte Zentralstelle für Gewerbe und Handel, in Baden die 1862 konstituierte Gewerbehalle[18]. Seit den 60er Jahren kamen in Deutschland die Dezentralisation und der Gedanke der Provinzialausstellungen zum Durchbruch. Spezial- und Fachausstellungen fanden mehr und mehr Anklang, auch Kunstgewerbe- und Motorenausstellungen. Gewerbeausstellungen blieben jedoch "oftmals ein ungeübtes Schaulaufen". Auswirkungen der Gewerbevereine, mit ihnen das Ansinnen der Gewerbeausstellungen auf die gewerblich-technische Ausbildung in den Unternehmen der aufkommenden Industrie, sind von daher kaum aufzuspüren. Das fehlende Interesse an fachlicher Ausbildung in den tragenden Industriesektoren stand dem entgegen.

Unter anderer Intention und für einen anderen Adressatenkreis finden sich zur Hebung des Lehrlingswesens dennoch in vielen Staaten freiwillige praktische Prüfungen, verbunden mit dem theoretischen Examen der allgemeinen resp. gewerblichen Fortbildungsschule und verknüpft mit der Ausstellung der praktischen Prüfungsarbeiten.[19] Der Gedanke dieser Ausstellungen in Darmstadt beispielsweise war, sowohl eine öffentliche Kontrolle über die gewerbliche Ausbildung der Lehrlinge zu schaffen als auch ein reges Streben nach qualitativer

---

17 STIEDA, WILHELM: Art. "Lehrlingswesen (Moderne Zeit)". In: Handwörterbuch der Staatswissenschaften. Sechster Band. Dritte gänzlich umgearbeitete Auflage. Jena 1910, S. 453-474; hier: S. 465
18 STRATMANN: "Zeit der Gärung und Zersetzung", S. 214
19 SCHEVEN, PAUL: Die Lehrwerkstätte. Technik und qualifizierte Handarbeit in ihren Wechselwirkungen und die Reform der Lehre. Tübingen 1894, S. 250

Handfertigkeit bei den jüngeren Gewerbetreibenden zu wecken.[20] In der ersten Ausstellung von Lehrlingsarbeiten im Jahre 1848 wurde den Lehrlingen und deren Lehrmeistern die Wahl der Ausstellungsarbeit freigestellt. Es gab Aufmunterungs- und Anerkennungsprämien (Bücher, Reiß- und Handwerkszeug, Notizbücher, Uhren) und Diplome für Lehrlinge, die sich mit ihren Leistungen ausgezeichnet hatten.[21] Zudem konnte das für die Fertigung der Ausstellungsgegenstände benötigte Material auf Kosten des Lokalgewerbevereins angeschafft werden. 62 Lehrlinge sandten Arbeiten ein. Wie aus zeitgenössischen Darstellungen hervorgeht, unterstützten nur wenige Inhaber größerer Geschäfte überhaupt das Unternehmen, wohl mit der Befürchtung, daß ihre Lehrlinge sich bei dem Wettbewerb weniger hervortun würden. Dagegen machte sich der Ehrgeiz einiger Meister kleinerer Handwerksbetriebe, "tüchtige Jungen angelernt" zu haben, bemerkbar.[22] Die Ausstellung der Lehrlingsarbeiten hatte vor allem den Zweck, die praktische Seite der Lehre zu heben. Die Einführung der freiwilligen Lehrlingsprüfungen unterstützte die Tendenz, auf die theoretische Seite der Lehre günstig einzuwirken, vor allen Dingen den regelmäßigen Besuch der gewerblichen Fortbildungsschulen fördern zu helfen.[23]

Hessisch-badische Einrichtungen wollten gar in den verschiedenen Stadien der Lehre Proben von der "fortschreitenden Geschicklichkeit" der Lehrlinge in den Vordergrund stellen, "um der nur leider zu häufigen Gepflogenheit der Lehrmeister entgegenzutreten, die eigentliche Ausbildung auf die letzte Hälfte des letzten Lehrjahres zu verschieben". Um zu verhindern, daß die Ausstellungen in Raritätensammlungen gewerblicher Leistungen von Lehrlingen ausarteten, und in dem Bestreben, alle Lehrlinge zur Beteiligung heranzuziehen, wurde bereits 1849 der Ausstellungsmodus vom Lokalgewerbeverein geändert. Jeder Lehrling bekam nun eine bestimmte Aufgabe gestellt unter Berücksichtigung seines Alters, der absolvierten Lehrzeit und darauf, welche Hilfsmittel in der Werkstatt des Lehrmeisters zur Verfügung standen. Dadurch sollte eine Übersicht von Lösungen gleicher Aufgaben von verschiedenen Lehrlingen desselben Gewerbes möglich werden. Nach diesem Vorbild wurden auch in anderen Regionen Ausstellungen veranstaltet. Die Zahl der beteiligten Lehrlinge blieb jedoch gering. "Um das Interesse an der Lehrlingsausbildung wach zu erhalten resp. neu zu beleben, übernahm die Grossherzogliche Zentralstelle für Gewerbe 1880 wieder die Organisation einer derartigen Ausstellung, die von 1.000 Lehrlingen beschickt wurde."[24]

---

20   Ebd., S. 262
21   Ebd., S. 264
22   Ebd., S. 265
23   Ebd.

Drei Referate über drei ganz verschiedene Ausstellungsformen und -motive - deutlicher ist der thematische Spannungsbogen unserer AG kaum zu umreißen, zumal das Thema von den Welt- bis zu den lokalen Ausstellungen, von großen Industrieprodukten bis zu Lehrlingsarbeiten "kleingearbeitet" wird. Beginnen wir mit dem Referat über die Weltausstellungen.

---

24 Ebd., S. 268

Die Weltausstellungen des 19. Jahrhunderts als Instrument der Gewerbeförderung und ihre berufspädagogische Bedeutung

RICHARD HUISINGA

Zur Aktualität und theoretischen Relevanz der Fragestellung

Das Generalthema des 5. Berufspädagogisch-historischen Kongresses lautet "Berufsausbildung und sozialer Wandel". Mit Titel und Tagung ist ein historisch-systematisches Anliegen verbunden. Historisch-systematisch heißt in diesem Fall, Probleme der Berufsbildung aktueller Art im Spiegel der Geschichte kategorial zu erfassen, zu begreifen und zu gestalten (!), denn was sonst könnte das Ziel der Geschichtsforschung sein, wenn nicht das Verständnis der Gegenwart.[1] Es ist der moderne Kapitalismus, die moderne bürgerliche Gesellschaft, die moderne Kunst und Literatur - kurz: unsere eigene Welt, mit der wir es beim Eintritt in die Zeit nach 1830 zu tun haben.

Um meine Sicht zu verdeutlichen, wie die Bildungsfrage in Umbruchsituationen vergesellschaftet wird, muß ich zwei kurze Rückgriffe vorausschicken. Diese Sicht auf die Dinge ist erkenntnistheoretisch prinzipiell unterschieden von der Frage, welche Wirkungen von der Gewerbeförderung auf die Berufsbildung oder umgekehrt, von der Beförderung der Berufsbildung auf die Gewerbe ausgehen.

Erster Rückgriff: Worin die Aktualität begründet liegt

Bedeutung und Aktualität des Themas liegen in den folgenden drei Punkten:
1) Ökonomen sind es gewohnt, die Produktionsergebnisse bzw. den Wohlstand einer Volkswirtschaft mit Hilfe einer sogenannten Produktionsfunktion zu erfassen. Die allgemeine Produktionsfunktion $O = f(K,A)$ zeigt uns, daß es um die historisch-interessengebundene Allokation der Faktoren Kapital und Arbeit zwecks Wohlstandsmehrung geht. Kapital meint Finanz- und Spekula-

---

[1] Zum Schluß seines Grußwortes an den 4. Berufspädagogisch-historischen Kongreß vom 6.-8. Oktober 1993 in Stuttgart heißt es bei Hermann Schmidt: "Ich wünschte mir, daß die Beschäftigung mit 'Berufsausbildung und Gewerbeförderung im 19. Jahrhundert' uns noch besser zur kritischen Auseinandersetzung mit dem gegenwärtigen Stand des Berufsbildungswesens in Deutschland befähigte, um sachlich fundierte Diskussionsbeiträge zu den aktuellen Herausforderungen an unser Berufsbildungssystem leisten zu können." In: BONZ, BERNHARD, u.a. (Hg.): Berufsbildung und Gewerbeförderung. Zur Erinnerung an Ferdinand Steinbeis (1807-1893). 4. Berufspädagogisch-historischer Kongreß 6.-8. Oktober 1993 in Stuttgart. Berlin 1994, S. 24

tionskapital, dessen besondere Bedeutung hier vernachlässigt werden kann, sowie Investkapital. Das Investkapital begegnet uns vor allem in seiner technologischen Form, also in Form der Technisierung und Rationalisierung gesellschaftlicher Arbeitsprozesse. Mit dieser gesellschaftlich gewählten Option der Vermehrung des Reichtums einer Gesellschaft über die Technisierung von Arbeitsprozessen geht eine quantitativ-negative Entwicklung der Arbeitsvolumina einher.[2] Da Struktur und Zusammensetzung der Arbeitsvolumina sich verändern, was vor allem die Industriearbeit als berufsförmig organisierte trifft, bleibt also auch das gesamte System beruflicher Bildung nicht unberührt: Erosionen und Freisetzungen wie neue Formen der Vergesellschaftung sind die Folge.

2) Technisierungsprozesse fallen nicht wie Manna vom Himmel, sondern sind Ausdruck höchst differenzierter gesellschaftlicher Interessenskonstellationen, eben Ergebnis sozialer Konstitutionslogiken, wie ich sie in dem Buch "Theorien und gesellschaftliche Praxis technischer Entwicklung - Soziale Verschränkungen in Technisierungsprozessen" beschrieben habe.[3]

Der ökonomische Zwang zur Verwissenschaftlichung der Produktion, die neue Stufe der (weltweiten) Warenproduktion, die neue Unübersichtlichkeit der Globalisierung und Zersplitterung und die zwei Wirtschaftskulturen scheinen uns insgesamt eine Entwicklung zu bescheren, die einerseits über sogenannte regulative Zentren zu einer neuen Organisation gesellschaftlicher Arbeit als Ganzes und andererseits zu einer Entsouveränisierung der Nationalstaaten führt. Daraus folgen Fragen einer Renaissance von Geopolitik und Geokultur. Auch hier liegen offenkundig Bezüge zum 19. Jahrhundert vor.

3) Die berufspädagogisch-praktische Diskussion ist derzeit fixiert auf Fragen der Entwicklung des Abbaus von Ausbildungsstellen aufgrund technisch-ökonomischer Entwicklungen. Diese quantifizierende Sicht läßt außer acht, daß wir es insgesamt mit der Problematik der Deregulation von Arbeit zu tun haben. Davon machen die Lehrstellen- und die Berufsproblematik nur einen kleinen Teil aus, wie die Regierungsprogramme zur Restrukturierung der Sozialhilfe und der Unterstützung nach dem Arbeitsförderungsgesetz bei Arbeitslosigkeit (Seehofer- und Blümreformen) verdeutlichen.

---

2 Vgl. hierzu den äußerst interessanten Beitrag von SCHRÖDER, WILHELM HEINZ: Die Entwicklung der Arbeitszeit im sekundären Sektor in Deutschland 1871-1913. In: Technikgeschichte 47 (1980), 3, S. 252-302.
3 Vgl. HUISINGA, RICHARD: Theorien und gesellschaftliche Praxis technischer Entwicklungen - Soziale Verschränkungen in Technisierungsprozessen. Berlin 1996.

Im Zuge der Deregulation von Arbeit ist keineswegs auszumachen, ob die Systeme der beruflichen Aus- und Fortbildung der Arbeitssphäre oder einem neuen Bildungssystem zugeschlagen werden. Insofern deutet sich eine Neuauflage des historischen Streites der 20er Jahre unseres Jahrhunderts an[4], nämlich ob Ausbildung als Arbeit oder Erziehung gilt. Zugespitzter: Historisch stellt sich abermals die Frage, ob die Vergesellschaftung von Arbeit, die technisch verläuft, lediglich beruflich zu meistern ist oder doch der Bildung bedarf. Die Krise jedenfalls schreit nach rigoroser Kopfarbeit.

Zweiter Rückgriff: Zur theoretischen Konzeptionierung des sozialen Wandels

Die erschließende Kategorie "sozialer Wandel" entstammt der Modernisierungsdiskussion der 70er Jahre dieses Jahrhunderts und versteht sich nur in Absetzung zum technischen Fortschrittsprogramm.[5] Doch seit die Bundesregierung am 9. Februar 1971 eine Kommission für den wirtschaftlichen und sozialen Wandel ins Leben rief, war offensichtlich notwendig geworden, nicht nur begrifflich Fortschritt durch Wandel zu substituieren, sondern auch real, denn

"bei der Erfüllung ihres Auftrages sollte die Kommission aufzeigen, welche wirtschafts- und gesellschaftspolitischen Möglichkeiten bestehen, um im Rahmen einer marktwirtschaftlichen Ordnung den technischen und sozialen Wandel in der deutschen Wirtschaft zu fördern und im Interesse der Bevölkerung zu gestalten".[6]

Bis zu jener Umbruchphase, in welcher der Begriff "Fortschritt" endgültig durch den des Wandels und der Modernisierung ersetzt wurde, lag bereits eine Reihe von theoretischen Arbeiten vor, die gesamtgesellschaftliche Veränderungsprozesse im Rahmen der Theorien des sozialen Wandels behandelten. Die Konzepte stimmen unter Modernisierungsgesichtspunkten mit den Erfordernissen der Zeit insofern überein, als sie von der Überzeugung getragen sind, daß lokale soziale Spannungen belebende Elemente gegenüber verfestigten und erstarrten Institutionen, Normen und Verhaltensbeziehungen darstellen. Das Programm erstreckt sich also ebenso auf den Wandel sozialer Beziehungen wie auf den Wandel im Typus einer Gesellschaft, auf die Veränderung des "Personals" in Herrschaftspo-

---

4 Vgl. Urteil des Reichsarbeitsgerichtes vom 14. März 1928, in: PÄTZOLD, GÜNTER (Hg.): Quellen und Dokumente zur betrieblichen Berufsbildung 1918-1945. Köln 1980, S. 75.
5 Vgl. dazu HUISINGA: Theorien und gesellschaftliche Praxis technischer Entwicklungen. - So benutzen wissenschaftliche Studien in der Bundesrepublik den Begriff "technischer Fortschritt" (beispielsweise die Ifo-Studie über die sozialen Auswirkungen des technischen Fortschritts), und in den USA heißt noch 1963 eine von Präsident Lyndon B. Johnson berufene Wissenschaftlergruppe "National Commission on Technology, Automation and Economic Progress".
6 KOMMISSION FÜR WIRTSCHAFTLICHEN UND SOZIALEN WANDEL: Wirtschaftlicher und sozialer Wandel in der Bundesrepublik Deutschland. Gutachten der Kommission. Göttingen 1977, S. 4

sitionen wie auf die Umwidmung des Normen- und Wertesystems. Als grundlegendes Muster ergibt sich die Vorstellung einer relativ traditionalen Gesellschaftsformation, die sich auf kontinuierliche (technische) Veränderungen einläßt und so transformiert werden kann. Die Modernisierung schließlich knüpft sich an zwei Bedingungen: Es muß eine Steigerung der Mobilisierung in Form von Ressourcen möglich sein und eine Steigerung in der Kontrolle gegenüber äußeren und inneren Störungen.

Das Programm bleibt allerdings nicht problemlos, denn, so heißt es bei Lerner,[7]

"als für jedermann sichtbar wurde, welche Profite aus der Mobilität gezogen werden konnten, verschärften sich die Konflikte um die Zugänge zu den Gewinnchancen. Dieser Prozeß läßt sich durch die gesamte Entwicklung der westlichen Eigentums- und Steuergesetze verfolgen; seine Haupttendenz besteht darin, die Wohlhabenden zu schützen, ohne die Armen zu disqualifizieren."

Nicht zuletzt aus diesen Gründen ist die "Neuordnung des Persönlichkeitssystems zur entscheidenden Aufgabe des 20. Jahrhunderts geworden"[8]. Modernisierung als sozialer Wandel, so gebe ich zu bedenken, muß daher als differenzierte Verfügung über die Totale gelten, ohne daß Fortschritt stattfindet.[9]

Aus didaktischen Gründen müßten die nächsten beiden Abschnitte meines Beitrages parallel vorgetragen werden, weil das darin behandelte Material zeitidentisch verläuft und implikative Bezüge enthält. Aus bekannten Gründen läßt sich das nicht realisieren.

Der moderne Kapitalismus: Zur sozialökonomischen Neuordnung Europas zwischen 1830 und 1900

Das 19. Jahrhundert oder das, was wir darunter zu verstehen pflegen, beginnt um 1830. Mit dem napoleonischen Weltreich waren zugleich das Gedankengut der Französischen Revolution quer durch Europa getragen und den Grundprinzipien eines wirtschaftlichen Liberalismus der Weg geebnet worden: Fast überall wurden die bürgerliche - nicht politische - Gleichheit und die religiöse Freiheit eingeführt, der kirchliche Besitz eingeschränkt, die Zehnten und Feudallasten aufgehoben.

---

7   LERNER, DANIEL: Die Modernisierung des Lebensstils: eine Theorie. In: ZAPF, WOLFGANG (Hg.): Theorien des sozialen Wandels. 4. Aufl., Königstein/Ts. 1979, S. 363 (Originaltext 1958)
8   Ebd., S. 364
9   Zur berufspädagogischen Modernisierungsdiskussion vgl. KIPP, MARTIN, u.a. (Hg.): Paradoxien in der beruflichen Aus- und Weiterbildung. Zur Kritik ihrer Modernitätskrisen. Dirk Axmacher zum Gedenken. Frankfurt/Main 1992. - Ob der Terminus "sozialer Wandel" für die Beschreibung der Zeit nach 1850 eine geeignete gesellschafts- und zugleich erziehungswissenschaftliche Kategorie ist, kann hier nicht geklärt werden.

Von Bedeutung blieb die napoleonische Herrschaft nicht zuletzt für Verwaltung und Rechtsleben und damit für die Schaffung der Nationalstaaten, ja der Gesellschaftsordnung, in der wir selber wurzeln, für das soziale und wirtschaftliche Leben insgesamt, mit dessen Grundsätzen und Widersprüchen wir heute noch leben.

Die einzelnen Nationalstaaten vollzogen eine unterschiedliche Entwicklung, und eine Betrachtung der Differenzen hätte zur Folge, hier einzelne Entwicklungen, zumindest die in England, Frankreich und "Deutschland" nachzeichnen zu müssen. Demgegenüber nehme ich die zentrale Konstitutionslogik in den Blick, die sich unabhängig von der nationalstaatlichen Entwicklung nachweisen läßt, um von ihr aus einige treibende Kräfte, oder wie Werner Sombart es nennt: den kapitalistischen Geist zu erfassen[10]. Über das "Werden des Kapitalismus" und die "treibenden Kräfte" schreibt Sombart im 21. Kapitel seines Werkes "Der moderne Kapitalismus":[11]

"Aus dem tiefen Grunde der europäischen Seele ist der Kapitalismus erwachsen. Derselbe Geist, aus dem der neue Staat und die neue Religion, die neue Wissenschaft und die neue Technik geboren werden: er schafft auch das neue Wirtschaftsleben. Wir wissen: es ist ein Geist der Irdischheit und Weltlichkeit; ein Geist mit ungeheurer Kraft zur Zerstörung alter Naturgebilde, alter Gebundenheiten, alter Schranken, aber auch stark zum Wiederaufbau neuer Lebensformen, kunstvoller und künstlicher Zweckgebilde. Es ist jener Geist, der seit dem ausgehenden Mittelalter die Menschen aus den stillen, organisch gewachsenen Liebes- und Gemeinschaftsbeziehungen herausreißt und sie hineinschleudert auf die Bahn ruheloser Eigensucht und Selbstbestimmung."

Die theoretische Grundfigur, mit der Sombart hier arbeitet, um zu einem Verständnis der Zeit zu gelangen, haben Ingrid Lisop und ich unter Rückgriff auf Oskar Negt und Alexander Kluge als das Theorem bzw. die Dialektik von Freisetzung und Vergesellschaftung ausführlich erörtert und an anderer Stelle beschrieben.[12]

---

10 "Die aus Unternehmungsgeist und Bürgergeist zu einem einheitlichen Ganzen verwobene Seelenstimmung nennen wir dann den kapitalistischen Geist." SOMBART, WERNER: Der moderne Kapitalismus. Historisch-systematische Darstellung des gesamteuropäischen Wirtschaftslebens von seinen Anfängen bis zur Gegenwart. Unveränderter Nachdruck der zweiten, neubearbeiteten Auflage (1916) in 6 Bänden. München 1987, Bd. I, 1, S. 329

11 Ebd., S. 327

12 Vgl. HUISINGA, RICHARD: Die neue Stufe der Vergesellschaftung und das Bildungsproblem. Frankfurt/Main 1982; LISOP, INGRID: Soziokulturelle Entmündigung in der Freizeitgesellschaft. Analyse und Perspektiven ihrer Abwehr. Frankfurt/Main 1985; HUISINGA, RICHARD: Technikfolgenbewertung. Bestandsaufnahme, Kritik, Perspektiven. Frankfurt/Main 1985; LISOP, INGRID/RICHARD HUISINGA: Arbeitsorientierte Exemplarik. Theorie und Praxis subjektbezogener Bildung. Frankfurt/Main 1994; HUISINGA: Theorien und gesellschaftliche Praxis technischer Entwicklungen. Berlin 1966.

Sombarts Werk vermittelt uns einen guten Eindruck, wie der moderne Kapitalismus sich in der Dialektik von Freisetzung und Vergesellschaftung konstituiert, nämlich zunächst über eine Modernisierung des Staatsapparates inklusive des Heereswesens. Die Handels- und Gewerbepolitik einschließlich der Verkehrspolitik vollzieht sich über die Staatsraison von Privilegierung und Reglementierung: Der Staat setzt seine Machtmittel ein, um "die wirtschaftliche Tätigkeit Privater überhaupt erst ins Leben zu rufen, oder dort, wo sie bereits geübt wird, rentabel oder rentabler zu gestalten. Hier handelt es sich selbstverständlich nur um die 'Privilegierung' kapitalistischer Unternehmungen"[13], und so, wie der moderne Staat privilegiert, so reglementiert und normiert er auch, nämlich bei Maßen und Gewichten[14], den Erfindungspatenten, den Ausstellungen und Messen oder bei der Errichtung von Anlagen[15], um nur einige Beispiele zu geben. Ferner ist der Neugestaltung der Funktion des Geldwesens innerhalb des Vergesellschaftungsprozesses große Aufmerksamkeit zuteil geworden. Sombart ist darin zuzustimmen, daß die Funktion des "Staatsgeldes" zugunsten der des "Verkehrsgeldes" zurückstehen muß:

"Knapp, wenn er das Geld für eine staatliche Einrichtung, für ein 'Geschöpf der Rechtsordnung' hält, hat [er] gewiß Recht; aber Marx, wenn er das Geld als 'allgemeines Warenäquivalent' definiert, ganz gewiß auch."[16]

Es war die beginnende Warenproduktion, die ihrem Zweck, der ständigen Selbstvermehrung des zirkulierenden Wertes, nur im beständigen Kapitalumschlag genügen konnte. Gesellschaftsrecht in unserem heutigen Sinne formiert sich (z.B. Börsengesetz, Bankgesetz, Aktiengesetz, GmbH-Gesetz, Handelsrecht, Patentrecht).

Zur Konstitutionslogik des modernen Kapitalismus gehört nach Sombart ferner die Kolonialpolitik sowie die Neuordnung des Verhältnisses von Kirche und Staat. Schließlich kommen noch die Entwicklung der Technik und als Basis die metallischen Grundstoffe hinzu. Die Fortschritte in der Technik erscheinen bei Sombart als "Industrien", was aus ökonomischer Sicht verständlich ist. Die Produktionsstruktur, die jahrtausendelang durch das Nebeneinander von Landwirtschaft und Handwerk geprägt und auch durch die staatlichen Manufakturen an den Fürstenhöfen kaum verändert worden war, entwickelt sich zum Industriesy-

---

13   SOMBART: Der moderne Kapitalismus, I, 1, S. 375. - Auf diesen Sachverhalt werde ich unter dem Stichwort "Entrepreneurship" zurückkommen.
14   Vgl. z.B. Maßordnung im Großherzogthum Baden vom 2. Januar 1829, veröffentlicht im Regierungsblatt des Großherzogthums Baden Nr. II.
15   Vgl. z.B. die Vollzugsverordnung zum Gewerbegesetz vom 20. September 1862 (abgedruckt im Regierungsblatt des Großherzogthums Baden Nr. XLIV) mit Datum vom 24. September 1862, abgedruckt im Regierungsblatt des Großherzogthums Baden Nr. XLV.
16   SOMBART: Der moderne Kapitalismus, I, 1, S. 401

stem und zur Verkehrswirtschaft. Vom Theorem von Freisetzung und Vergesellschaftung aus betrachtet, ergibt sich die Dynamik aufgrund der gleichzeitigen Veränderung der Einheiten der gesellschaftlichen Verkehrs-, Produktions- und Bewußtseinsformen.

Die Beschreibung bliebe unvollständig, erwähnte ich nicht noch ein wichtiges Gelenkstück der Entwicklung und auch Argumentation im Rahmen der Gewerbepolitik, eben den "Reichtum der Nationen". Wer nach einem Beleg sucht, der verbindend die Fragen des modernen Kapitalismus und der Gewerbeförderung in sich aufnimmt, findet ihn vor allem in den Ausführungen von Adam Smith (1723 bis 1790) über den "wirtschaftlichen Liberalismus". Er brachte das wirtschaftliche Denken seiner Zeit in ein klares, geschlossenes System und garnierte es mit einer Fülle von Beispielen aus dem täglichen Leben. Das Werk war offensichtlich so sehr Ausdruck seiner Zeit, daß die Epoche sich darin wiedererkannte und so dem Buch zu seiner weltweiten Verbreitung verhalf. Es ist sicherlich kein Zufall, daß Adam Smith sich als Philosoph mit den "Prinzipien der Staatskunst auf dem Gebiete der Verwaltung, der Besteuerung und des Heereswesens" genauer beschäftigte. Daraus entstand das Werk "The Wealth of Nations", an dessen Fertigstellung er zehn Jahre arbeitete. Gleich im ersten Satz des "Wealth of Nations" zeigt sich der radikale Bruch mit den Physiokraten:

"Die jährliche Arbeit eines Volkes ist der Fonds, welcher dasselbe mit allen Bedürfnissen und Annehmlichkeiten des Lebens versorgt, die es jährlich verbraucht."

Zunächst postuliert Smith das liberale Prinzip der von Staatseingriffen befreiten Wirtschaft[17]:

"Da nun aber der Zweck jeder Kapitalanlage Gewinnerzielung ist, so wenden sich die Kapitalien den rentabelsten Anlagen zu, d.h. denjenigen, in denen die höchsten Gewinne erzielt werden. Indirekt wird aber auf diese Weise auch die Produktivität der Volkswirtschaft am besten gefördert. Jeder glaubt nur sein eigenes Interesse im Auge zu haben, tatsächlich aber erfährt so indirekt auch das Gesamtwohl der Volkswirtschaft die beste Förderung ... Welche Kapitalanlage wirklich die vorteilhafteste ist, das kann jeder einzelne besser beurteilen als etwa der Staat oder eine sonstwie übergeordnete Instanz ... Die Regelung der Austauschverhältnisse aber muß dem freien Spiel der wirtschaftlichen Kräfte überlassen bleiben."

---

17 SMITH, ADAM: An Inquiry into the nature and causes of the wealth of nations. London 1776. Dt. Ausgabe von E. GRÜNFELD: Eine Untersuchung über Natur und Wesen des Volkswohlstandes, Bd. I, 3. Aufl., Jena 1923, S. 354 ff.

Daneben sah Smith wohl klarer als viele seiner Vorgänger die organisierte Arbeitsteilung als ein Grundprinzip der industriellen Entwicklung wie Befriedungsmöglichkeit[18]:

"Diese große Vermehrung in der Quantität des Erarbeiteten, die infolge der Arbeitsteilung die nämliche Zahl Leute herzustellen imstande ist, verdankt man dreierlei verschiedenen Umständen: erstens der gesteigerten Geschicklichkeit bei jedem einzelnen Arbeiter, zweitens der ersparten Zeit, welche gewöhnlich bei dem Übergange von einer Arbeit zur anderen verlorengeht, und endlich der Erfindung einer Menge von Maschinen, welche die Arbeit erleichtern und abkürzen und einen einzigen Menschen instand setzen, die Arbeit vieler zu verrichten. Diese große, durch die Arbeitsteilung herbeigeführte Vervielfältigung der Produkte in allen verschiedenen Künsten bewirkt in einer gutregierten Gesellschaft jene allgemeine Wohlhabenheit, die sich bis zu den untersten Klassen des Volkes erstreckt."

Es waren diese Grundprinzipien, die weder Freiherr vom Stein noch Beuth oder Steinbeis, noch andere sich zur Gewerbeförderung Berufene zu wiederholen müde wurden.[19] Und schließlich, was für unsere Betrachtungen von besonderer Bedeutung ist:

"Ohne geeignete Arbeitskräfte in genügender Menge - kein moderner Kapitalismus"[20], und emphatischer weiterhin Sombart im dritten Band unter der bezeichnenden Überschrift *"Die technische Anpassung"*: *"Was der Kapitalismus für seine Zwecke brauchte, war ein 'neues Geschlecht' von Menschen. Menschen, die imstande waren, sich in ein großes Ganze: eine kapitalistische Unternehmung oder gar eine Fabrik einzuordnen ... Solcher Teilmenschen bedurfte die neue Wirtschaftsverfassung: entseelter, entpersönlichter, vergeisteter Wesen, die Glieder, besser Rädchen in einem verwickelten Mechanismus zu sein vermochten."*[21]

Wenn Sombart unter Rückgriff auf Max Weber weiter ausführt, daß Menschen auf die Dauer nur dann auf ihre individuelle Freiheit verzichten und eine Arbeit akzeptieren, wenn sie innerlich, d.h. durch Internalisierung sich der Arbeit gegenüber verpflichtet fühlen, dann ist damit das große Thema Arbeit und Beruf angesprochen. Die Arbeit als "Beruf" aufzufassen oder wenigstens als eine ernste Sache zu betrachten, dies nachzuweisen war das Verdienst Max Webers.[22]

---

18   SMITH: An Inquiry (1923), S. 6 ff.
19   Siehe dazu unten Punkt 4.
20   SOMBART: Der moderne Kapitalismus, I, 2, S. 785
21   SOMBART: Der moderne Kapitalismus, III, 1, S. 424
22   Vgl. WEBER, MAX: Die protestantische Ethik und der Geist des Kapitalismus. Hamburg 1981. - Dem Thema Berufsidee als gesellschaftspolitische Mentalität bin ich in meinem Beitrag "Der Berufsgedanke im Spiegel politischer Mentalitäten" auf dem 3. Berufspädagogisch-historischen Kongreß 1991 in München nachgegangen; siehe HUISINGA, RICHARD in: GEISSLER, KARLHEINZ: u.a. (Hg.): Von der staatsbürgerlichen Erziehung zur politischen Bildung. 3. Berufspädagogisch-historischer Kongreß 9.-11. Oktober 1991 in München. Berlin 1992, S. 374-396.

Aufschlußreich ist, daß Sombart genau auf diesen Zusammenhang aufmerksam macht[23]:
> *"Und ganz dem kapitalistischen Arbeitssystem sind die Massen erst gewonnen, wenn sie von der Frucht des Kapitalismus selbst gegessen haben: wenn sie, wie dieser, auf das Erwerben, das Geldverdienen, das Ausweiten ihrer Daseinsgrundlage ihr Sinnen richten und bereit sind, die Bedingungen anzunehmen, unter denen dieses Streben im Rahmen des kapitalistischen Wirtschaftssystems erfolgt: wenn sie durch eigene Tüchtigkeit sich die bessere Lebensstellung erringen wollen. Und nicht zum geringsten: wenn sie bei alledem ein Teilchen jener Rechenhaftigkeit sich einverleibt haben, die für den echten kapitalistischen Geist Kennzeichen ist."*

Unmittelbar drängt sich die Frage auf, in welchem Maße auch das Berufskonstrukt, allerdings nicht allein und für sich genommen, zu dem von Sombart beschriebenen Internalisierungsprozeß bzw. Sozialisierungsprozeß beigetragen hat.

Die Weltausstellungen zwischen 1851 und 1900 als integraler Ausdruck "kapitalistischen Geistes"

Das gesichtete Material zeigt, daß die "Bewirkung öffentlicher Ausstellungen" ausdrücklich als Mittel zum Zweck der Gewerbeförderung fungierte. So lt. § 2e der Verordnung über den Verein zur Beförderung des vaterländischen Gewerbewesens für das Großherzogtum Hessen aus dem Jahre 1836.[24] Da Ausstellungen wirtschafts- und sozialgeschichtlich betrachtet allerdings eine längere Tradition haben - daran erinnern Zunftordnungen ebenso wie steinerne historische Zeugnisse, wobei an die Tuchhallen Krakaus gedacht sei -, stellt sich die Frage, welche besonderen Funktionen und Wirkungen von Weltausstellungen gegenüber den herkömmlichen Ausstellungen belegbar und ob auch besondere Wirkungen auf die Etablierung von industrieller Berufsausbildung nachweisbar sind. Da die Weltausstellungen im 19. Jahrhundert industrielle Ausstellungen sind, rücke ich analog dazu die industrielle Berufsausbildungsfrage in das Blickfeld.

Wie sind nun die großen Weltausstellungen zwischen 1850 und 1900, die in der folgenden Tabelle chronologisch erfaßt sind, in dieser Frage zu beurteilen?

---

23 SOMBART: Der moderne Kapitalismus, III, 1, S. 425
24 Vgl. FINK, F.: Übersicht über die Wirksamkeit des Gewerbevereins für das Großherzogthum Hessen 1836-1861. Darmstadt 1861, S. 1.

Tabelle 1: Chronologische Übersicht der Weltausstellungen des 19. Jahrhunderts

1851	London	1878	Paris
1855	Paris	1879	Sidney[25]
1862	London	1880	Melbourne
1867	Paris	1889	Paris
1873	Wien	1893	Chicago
1876	Philadelphia	1900	Paris

Die Fülle an Literatur über die Weltausstellungen, Quellenmaterial wie Sekundäranalysen, beeindruckt. So finden wir "Amtliche Kataloge", amtliche Berichte der einzelnen Ausstellungsländer, von den Juroren verfaßte Beiträge, Firmenkataloge, Ausstellerverzeichnisse, technische Reiseberichte, kulturhistorische Monographien, Artikel in zeitgenössischen technischen Zeitschriften und aktuellen Presseorganen. Als Bearbeiter dieses Themenspektrums finden wir überwiegend Ökonomen, Ingenieure, Architekten und Historiker. Berufspädagogen, so mein Eindruck, fehlen bislang. Der Aufwand dürfte allerdings nicht unerheblich sein, wollte man auf diesem Gebiete eine wirklich breite - und dies heißt heute interdisziplinäre - berufspädagogische Forschung anlegen.

Im folgenden gebe ich zunächst Eindrücke wieder, die zum Ziel haben, das Phänomen Weltausstellung ein wenig zu erschließen.

Die Inthronisierung der Ware

Erster Eindruck: Internationale Konkurrenz

Die ersten Vorbereitungen auf die Weltausstellung in London 1851 finden im Jahr 1849/1850 statt. Die Royal Commission für die Ausstellung konstituiert sich auf der Basis des königlichen Erlasses "betreffend die Förderung der im Jahr 1851 abzuhaltenden Ausstellung von Werken der Industrie aller Völker"[26] aus wichtigen Londoner gesellschaftlichen Gruppierungen. Führende Ingenieure und Konstrukteure (z. B. Robert Stephenson (1803-1859) und William Cubitt (1795 bis 1861), Industrielle und Vertreter des Freihandels, Lobbyisten des Landwirtschaftsschutzes und Mitglieder des Königshauses, namentlich Prinz Albert, gehören der Kommission an. Aus der Rede des Prinzen Albert auf der Weltausstellung erfahren wir genauer, wie es zu dieser kommt[27]:

---

25 In der Literatur wird unterschiedlich in bezug auf Sidney und Melbourne als Weltausstellungsort verfahren.
26 Veröffentlicht in der London Gazette am 4. Januar 1850.
27 Zit. n. TREUE, WILHELM/KARL-HEINZ MANEGOLD: Quellen zur Geschichte der industriellen Revolution. Göttingen 1979, S. 202.

"Es muß mir besonders angenehm sein zu sehen, daß eine von mir hingeworfene Idee, die ich allerdings für durchaus zeitgemäß hielt, so allgemeinen Beifall gefunden hat, denn es beweist mir, daß meine Auffassung der eigenthümlichen Natur und der besonderen Bedürfnisse unseres Zeitalters mit den Gesinnungen und Überzeugungen dieses Landes vollkommen harmoniert."

Von der Idee bis zu dieser Rede sind jedoch noch viele Arbeiten zu erledigen. Es ist ein "Allgemeines Reglement für die Betheiligung des Auslandes" aufzustellen, die diplomatischen Dienste sind zu bemühen, die Jury ist zu bestellen usw. usf. In den einzelnen Nationen erleben wir diesen Prozeß spiegelbildlich. In bezug auf den Gewerbeförderer Steinbeis schreibt Boelcke hervorhebend[28]:

"Die mit der Ausstellung in London 1851 anbrechende Ära der Weltausstellungen wurde für Steinbeis zur großen Herausforderung, der er sich mit Energie, Tatkraft und Weitblick annahm",

obwohl wegen der Rückständigkeit Württembergs große Bedenken gegen eine Teilnahme bestanden. Steinbeis soll seinerzeit argumentiert haben: wenn man den Großdeutschen Wirtschaftsraum nicht wolle, müsse jedes Zollvereinsland seinen eigenen Rahmen ausschöpfen. Württemberg sei dank hervorragender gewerblicher Fähigkeit seiner Bewohner in der Lage, sich eine Industrie von Qualitätsfabrikaten zu schaffen.[29]

Und ganz im Stil der Zeit zeigt uns ein anderes Dokument die nationale Kehrseite: Für die Weltausstellung in Wien 1873 erläßt die "Preussische Landes-Commission" im März 1872 einen diesbezüglichen Aufruf, der bis in die Kosten hinein die Beteiligung regelt und folgenden Anfang hat[30]:

"Im nächsten Jahre wird in Wien unter der Leitung der Kaiserlich Oesterreichischen Regierung eine Welt-Ausstellung stattfinden, welche nach dem Programm Landwirthschaft, Industrie und Kunst umfassen, überhaupt das Culturleben der Gegenwart und das Gesamtgebiet der Volkswirthschaft darstellen soll. Die Ausstellung ist für unser Vaterland von grosser Bedeutung. Nicht nur unsere nationale Ehre, sondern auch wichtige wirthschaftliche Interessen fordern zu einer lebhaften Betheiligung auf."

Doch zurück nach London ins Jahr 1851. Prinz Albert stellt in seiner Weltausstellungsrede heraus, wie "der segensreiche Grundsatz der Arbeitstheilung, welcher mit Recht das bewegende Prinzip der Civilisation genannt werden kann, sich auf

---

28 BOELCKE, WILLI A.: "Glück für das Land". Die Erfolgsgeschichte der Wirtschaftsförderung von Steinbeis bis heute. Stuttgart 1992, S. 88
29 Vgl. ebd., S. 88 f.
30 Annalen des Deutschen Reiches für Gesetzgebung, Verwaltung und Statistik. Leipzig 1872, S. 917

alle Theile und Zweige der Wissenschaft, der Kunst und der Industrie [ausdehnt]."
Und weiter führt er aus[31]:

"Während früher das höchste geistige Streben nach einer Universalbildung trachtete, einer Bildung, welche doch nur auf wenige Personen sich beschränkte, ist es jetzt auf einzelne Fächer in ihren genauesten Specialitäten gerichtet; aber die so erlangte Wissenschaft wird dann sofort ein Gemeingut Aller."

Die tragische Bedeutung dieses Satzes liegt darin, daß Wissenschaft durch den Transformationsprozeß der Produktion zum Allgemeingut durch Konsum wird!

Zweiter Eindruck: Das Warenmeer und seine Exponate

Beim Durchschreiten des Längsschiffes des Kristallpalastes im Hydepark wird der Blick des Besuchers von den akzidentellen Gegenständen gebannt, die, mehr als das Bild des technischen Fortschritts insgesamt, zu den wesentlichen Erlebnisinhalten geraten: Eine überdimensionale Orgel erklingt, ein riesengroßes Teleskop wird hereingefahren, die acht Meter hohe Kristallfontaine, deren Wasser mit Parfüm versetzt ist, bricht sich vielfältig in den Lichtverhältnissen. Dazu der prächtige Diamant "Kohinoor"[32] - ein Lichtgebirge.

Für kurze Dauer erfüllt sich der Sinn dieser Ausstellungsereignisse darin, den uniformen Gang des Alltags zu durchbrechen. Der zeitgenössische Betrachter Ludwig Bucher berichtet darüber, wie die untergegangenen Kunst- und Raritätenkabinette im Hydepark eine verklärte Auferstehung feiern[33], und Claudin, einem scharfsinnigen französischen Betrachter der Szene, fällt auf, daß die Besucher mehr auf das Angenehme achten als auf das Nützliche. Sie begehrten weniger Aufschlüsse über die Welt als vielmehr das Kontrasterlebnis zum einfachen Alltag. Schärfer noch: Die unmittelbare Sinnerfahrung des Phänomens Weltausstellung erscheine ihnen wesentlich enger, als die vielen in Phraseologie erstarrten Beschreibungen denken lassen. Die Qualität des Fortschritts, für den die Weltausstellungen werben, führe nur zur wachsenden Diskrepanz zwischen der Konstitution der menschlichen Natur und den hervorgebrachten Objektivationen. Das Gefühl, das den Besucher vom unendlichen Warenmeer befalle, erinnere von fern - aber eben nur von da - an den Eindruck des Erhabenen. Was den Menschen zum Bewußtsein seiner Nichtigkeit bringe, sei paradoxerweise der Reflex der selbst produzierten, ihm als Absolutum entgegentretenden Welt der Waren.[34] Später urteilt Walter Benjamin[35]:

---

31 Zit. n. TREUE/MANEGOLD: Quellen zur Geschichte der industriellen Revolution, S. 203.
32 Größter Diamant im britischen Kronschatz, wiegt 108,93 Karat
33 Vgl. MAAG, GEORG: Kunst und Industrie im Zeitalter der ersten Weltausstellungen. Synchronische Analyse einer Epochenschwelle. München 1986, S. 78 f.
34 Zit. n. ebd., S. 80 f.
35 BENJAMIN, WALTER: Paris, die Hauptstadt des XIX. Jahrhunderts. In: Illuminationen. Ausgewählte Schriften 1. Frankfurt/Main 1977, S. 175

"Weltausstellungen sind Wallfahrtstätten zum Fetisch Ware ... Die Weltausstellungen verklären den Tauschwert der Waren. Sie schaffen einen Rahmen, in dem ihr Gebrauchswert zurücktritt. Sie eröffnen eine Phantasmagorie, in die der Mensch eintritt, um sich zerstreuen zu lassen. Die Vergnügungsindustrie erleichtert ihm das, indem sie ihn auf die Höhe der Ware hebt."

Es läßt sich im Einzelfall schwer abschätzen, ob die Wirkung der Weltausstellungen darin lag, bei einzelnen technischen Innovationen den Impuls für eine Diffusion gegeben zu haben. Nach meiner Kenntnis aus gegenwärtigen Technisierungsprozessen war das eher nicht der Fall. Gleiches gilt für die Berufsbildung: Einen direkten Impuls gab es nicht. Man wird aber nicht abstreiten können, daß sich die technische Entwicklung, zu welchem Zwecke auch immer, in den Weltausstellungen ihr Schaufenster schaffte. Aus "deutscher" bzw. preußischer Sicht ist die Verleihung einer Großen Verdienstmedaille der Jury an die Firma Krupp für einen 40 Zentner schweren Tiegelgußstahlblock und eine Kanone aus Gußstahl (statt aus Bronze) hervorzuheben (Nr. 649 und 677 des offiziellen Kataloges). Vier Jahre später wird in Paris das Aluminium als vielseitig verwendbarer Werkstoff dem staunenden Publikum gezeigt. Als Henry Bessemer 1862 auf der dritten Weltausstellung in London seinen neuartigen Stahlherstellungsprozeß präsentiert, war zwar der Gußstahlstreit zwischen Krupp und dem Bochumer Verein bereits marktmäßig entschieden, er verbuchte aber mit der Weltausstellung einen strategischen Popularisierungseffekt für das Verfahren. Mit der Pariser Ausstellung im Jahre 1867 verbindet sich untrennbar die Präsentation des Gasmotors. Aber auch Gebrauchsgeräte wie Nähmaschine und Schreibmaschine entgingen dem kundigen Beobachter 1876 in Philadelphia nicht. Paris präsentierte sich nur zwei Jahre später, 1878, ausgesprochen diversifiziert: Telefon, Fahrstuhl, Motorwagen, Eismaschinen, elektrische Großbeleuchtung. Die erste allgemeine Anwendung der Elektrizität ist 1893 mit Chicago verbunden. Und über Paris schließlich, zum fünften Male 1900 Gastgeber der Weltausstellung, schreibt Hans Kraemer in dem Sammelwerk "Das XIX. Jahrhundert in Wort und Bild"[36]:

"Paris ... Die Sehnsucht von Millionen diesseits und jenseits des Weltmeeres im Sommer des Jahres, das die Schwelle eines neuen Säkulums bildete. Paris ... Der Schauplatz des großartigsten Festes der Arbeit, das jemals gefeiert wurde, des friedlichen Wettkampfes aller Nationen auf dem Gebiete der bildenden Künste, der Wissenschaften und der Industrie. Paris ... der unvergänglich schöne Rahmen der glänzenden Revue über die Leistungen eines Jahrhunderts, das der Menschheit größere Dienste leistete als irgend eine frühere Epoche."

---

36 Bezug wird hier genommen auf den vierten Supplementband des Sammelwerkes mit dem Titel: "Die Ingenieurkunst auf der Pariser Weltausstellung 1900". Hg. von HANS KRAEMER. Düsseldorf 1984, S. 1 (Als Reprint erschien dieser Band im VDI-Verlag Düsseldorf).

Das Pariser Leistungsergebnis lautete: rd. 50 Millionen Besucher, rd. 100.000 Aussteller, 18 Exponatgruppen mit 121 Untergruppen, 40 Nationen folgten der Einladung - die Ausstellung erreichte einen Superlativ.

Dritter Eindruck: Zeitgenössische Fachurteile:
Technisierung und Entrepreneur-ship

Die Berichterstattung dokumentiert die Weltausstellungen als Teil von Gewerbepolitik. Bekannte Berichte sind:

LOTHAR BUCHER: Kulturhistorische Skizzen von der Londoner Weltausstellung 1851. Leipzig 1851;

Amtlicher Bericht über die Industrie-Ausstellung aller Völker zu London. Berlin 1852 u. 1853;

RUDOLF DIETZ: Bericht über die Internationale Ausstellung von Werken der Industrie und der Kunst zu London im Jahre 1862. Karlsruhe 1863;

FRANZ REULEAUX: Bericht über die Pariser Ausstellung 1867;

Amtlicher Katalog der Ausstellung des Deutschen Reiches (Wiener Weltausstellung). Berlin 1873;

FRANZ REULEAUX: Briefe aus Philadelphia. Braunschweig 1877;

SEELHORST: Bericht über Australien in seinen Weltausstellungsjahren 1879 bis 81. Augsburg 1882;

F. HUBER: Berichte: "Die Ausstellungen und unsere Exportindustrie". Stuttgart 1886.

Diese kurze Liste wäre um eine nicht unerhebliche Anzahl von Beiträgen, die in der jeweils örtlichen Presse und den verschiedenen Gewerbe- und Verbandsorganen erschienen, zu erweitern.

In den meisten Berichten fehlen die Hinweise auf eine notwendige Gewerbeförderung nicht, was sich besonders gut am Beispiel der in Berlin 1853 erscheinenden Verlautbarung "Amtlicher Bericht über die Industrie-Ausstellung aller Völker zu London" zeigen läßt. Dort heißt es[37]:

"Auf dem gegenwärtigen Standpunkte der meisten Gewerbe, wo die Vervollkommnung der Werkstätten und des Werkzeuges weit mehr zur Leistung beiträgt, wie die Geschicklichkeit des Arbeiters, ist gerade dieser Punkt von entscheidender Wichtigkeit. Wie aus jedem Hauptorte Englands, auch aus den landwirthschaftlichen Gegenden, die für die Gewerbe und Wirthschaften der Umgebung erforderlichen Maschinen und Geräthe von tüchtigen, mit den besten Hülfsmitteln arbeitenden Maschinenbauern eingeschickt waren, so möge, wie wir lebhaft wünschen, auch unser deutscher Gewerbestand zur Gründung, Ausdehnung und Vervollkomm-

---

[37] Amtlicher Bericht über die Industrieausstellung aller Völker zu London im Jahre 1851. Berlin 1853, S. 775

nung solcher Anstalten[38] *angeregt, und dadurch die Arbeitsmittel der verschiedenen Produktions- und Fabrikationszweige zur heimischen Arbeit und zur Mitbewerbung auf den Weltmärkten besser in den Stand gesetzt werden."*

Dieser Berichtsauszug macht auf Entscheidendes für eine berufspädagogische Diskussion aufmerksam: Erstens zeigt er, daß die Fortschrittschancen nicht in der Ausbildung der unmittelbaren Facharbeit liegen. Die Option der Epoche heißt schlicht Technisierung und insofern Rationalisierung. Damit wird zweitens gezeigt, daß die Bildungsvorstellungen eher in Richtung verwissenschaftlichte Ausbildung tendieren - wir würden heute von Fachhochschulausbildung sprechen. Und schließlich wird drittens, was sich mit diesem Zitat zwar nicht unmittelbar zeigen läßt, aber sowohl aus dem erwähnten Bericht als auch aus anderen Dokumenten zur Gewerbeförderung eindeutig hervorgeht, Entrepreneurship gefordert, was angesichts der ökonomischen Situation der deutschen Staaten Sinn macht.

Modi der Vergesellschaftung

Trotz der positiven Berichte erscheint mir eine Bilanzierung der Weltausstellungen als direktes Instrument der Gewerbeförderung gewagt. Dafür gibt es zu viele kritische Kommentare auch gerade in Frankreich, die ausführlich bei Georg Maag beschrieben werden.[39] Die Ausstellungen entfalten ihre Hauptwirkung auf ganz anderem Wege, nämlich über ihre "Integrationsfunktion", die ich hier nur zusammenfassend, nicht jedoch im Detail darstellen kann.

Innenpolitische Befriedungsfunktion

Großbritannien kann zur Zeit der ersten Weltausstellung für sich eine technische und kommerziell führende Weltmarktsituation reklamieren und hat insofern kaum Interesse an einer wie auch immer gestalteten internationalen Vergleichsschau. Allerdings war der innere Konflikt zwischen Agrarinteressen und Freihandelsinteressen, der zwar formal durch die Aufhebung der Kornzölle (1846) entschieden war, innenpolitisch noch nicht bewältigt. So stellte sich die Frage, wie mit den immer noch starken inneren Gegnern des Freihandels umzugehen wäre und ob die Leistungsfähigkeit der britischen Industrie dem "Rest der Welt" zu präsentieren nicht eine gute Gelegenheit böte, den liberalen strukturpolitischen Grund-

---

38 Gemeint sind hier, was im Bericht an anderer Stelle ausgeführt wird, Gewerbeschulen und polytechnische Institute als Anstalten höherer technischer Bildung (vgl. Amtlicher Bericht 1853, S. 753 ff. - Hervorhebung im Text - R.H.); vgl. hier auch REULEAUX, FRANZ: Briefe aus Philadelphia. Braunschweig 1877. - Durch die vernichtende Kritik am "deutschen Stand" argumentiert Reuleaux indirekt, was aber der Sache nach aufs Gleiche hinausläuft.

39 Vgl. MAAG: Kunst und Industrie im Zeitalter der ersten Weltausstellungen.

lagenentscheidungen den Weg stärker zu ebnen. Auch war zu bedenken, daß die Wahlrechtsreform eine tiefgreifende Veränderung des Unterhauses bewirkte. Insgesamt büßte der Adel etwa 140 Parlamentssitze ein, die an die neuen Industriestädte verteilt wurden.[40]

Soziale Integrationsfunktion

Dem staunenden Publikum aus aller Welt wie der öffentlichen Meinung bot sich die Warenwelt der Weltausstellung vor dem Hintergrund der durchaus bekannten Problematik der sozialen Lage der Arbeitenden in Europa. Aber die Wirkung der Bewunderung und Anerkennung verdeckte sowohl die nationalen Rivalitätskämpfe als auch die sozialen Folgewirkungen der Technisierung. Ja, die Investoren stellten den sozialen Nutzen als überwältigend und positiv heraus - dies sollte zur allgemeinen Überzeugung werden. Im "Amtlichen Bericht über die Industrieausstellung" heißt es[41]:

"Man mußte erkennen, welche Fülle menschlicher Bedürfnisse jetzt schon ohne physische Anstrengung des Menschen, unter bloßer Leitung und Überwachung seines Auges geschaffen wird, wie die Übertragung der körperlichen Arbeit an die Maschinen, die Erleichterung und Befreiung der menschlichen Hand, unaufhaltsam fortschreiten, und dadurch ein größerer Theil der Bevölkerung sich einem gebildeten Leben und den höheren Zwecken des menschlichen Daseins widmen kann."

So war auch der Versuch des Prinzen Albert, auf der Londoner Weltausstellung mit einem Arbeiterwohnheim zur Diskussion beizutragen, dem Unverständnis ausgesetzt, und er scheiterte.

Identifikation mit der neuen soziokulturellen Situation

Ferner kann gezeigt werden - und die Bemühungen der Society of Arts sind hierfür ein Beleg -, wie industrielle Notwendigkeiten mit ästhetischen Kulturbedürfnissen in einen Argumentationszusammenhang gebracht werden. Joseph Paxton (1803 bis 1865) verstand es, seine Wintergärten in dem gewaltige Dimensionen annehmenden "Kristallpalast" zu überhöhen: 563 Meter lang, 139 Meter breit, 83.260 Quadratmeter verglaste Flächen, guß- und schmiedeeiserne Bögen mit einem Raster von 7,32 Metern. Die Konzentration auf eine Baustelle und die Realisierung der Baumaße waren mit herkömmlichen Materialien wie Holz und Stein nicht mehr zu bewerkstelligen.[42] Noch deutlicher tritt diese Funktion der Weltausstellungen in den Pariser Ausstellungen von 1855 und 1867 zutage[43]:

---

40 Vgl. auch weiter unten, Abschnitt "Funktion Großstadt".
41 Amtlicher Bericht über die Industrieausstellung 1851, S. 775
42 Vgl. PEVSNER, NIKOLAUS: Europäische Architektur. Von den Anfängen bis zur Gegenwart. München 1957, S. 656 ff.
43 FEIST, PETER H.: Der Impressionismus in Frankreich, in: WALTER, INGO F. (Hg.): Malerei des Impressionismus, Bd. 1 der Gesamtausgabe. Köln 1992, S. 30

"Über 5.000 Gemälde, dazu Skulpturen und andere Arbeiten ermöglichten einen vergleichenden Blick auf die Situation der europäischen Kunst. In der französischen Abteilung konnten die beiden Rivalen Ingres und Delacroix ihre Kunstauffassungen einander gegenüberstellen."

Und in der Diskussion über Manets "Musik in den Tuilerien" heißt es[44]:

"Musik in den Tuilerien, das wohl erst 1882 einen Käufer fand, zeigte geradezu programmatisch - wie 1855 Courbets Atelier - die Identifikation eines jungen Künstlers mit einer bestimmten neuen soziokulturellen Situation."

Funktion Herstellung neuer Umschlagszentren -
Großstadt und Öffentlichkeit

Mit der Weltausstellung in London wird schließlich auch die gesellschafts- und wirtschaftspolitische "Funktion Großstadt" demonstrativ in Betrieb genommen. Thomas Cook (1816-1899) organisiert für mehr als 20.000 Besucher die An- und Abreise sowie den Aufenthalt. In Paris sollten es 1878 sogar 16 Millionen sein. Zum Vergleich: Die Bundesgartenschau gilt als "hochrentabel", wenn zwei Millio- nen Besucher eintreffen. Mit Cook beginnt der moderne Massentourismus. So läßt sich auch an den neuen Großvorhaben im Bauwesen wie etwa Wasserversorgung, Verkehrssysteme, Kaufhallen, Fabrik- und Bürogebäude, Passagen, Schlachthäuser, neue Schulen, Universitäten, Justizpaläste, Parlamente, neuere und größere Konzertsäle, Theater und Vereinshäuser sowie öffentliche Museen sehr gut die Funktion der Herstellung von Öffentlichkeit und (großstädtischen) Umschlagszentren begreifen.

Gewerbe- und Industrieausstellungen als Vorläufer der Weltausstellungen[45]

Den Weltausstellungen gehen nationale Ausstellungen voran. In Frankreich waren es vor allem die Saint-Simonisten, die schon früh die Weltwirtschaft voraussahen und die Industrialisierung der Erde planten. Bereits 1798 fand auf dem Marsfeld in Paris die erste Industrieausstellung statt. Die deutschen Provinzen standen dem aber nicht nach. Wer das Landesmuseum für Technik und Arbeit in Mannheim in der Ebene D besucht, kann 24 original klassizistische gußeiserne Säulen betrachten, die das Königliche Hüttenwerk Wasseralfingen für den 1896 eröffneten Neubau des württembergischen Zentralgewerbemuseums in Stuttgart, der auch Sitz der Zentralstelle für Gewerbe und Handel war, gegossen hatte. Um

---

44 Ebd, S. 43
45 Dieser Abschnitt versteht sich als ein Gelenkstück in der Argumentationsfolge, weil offengelegt werden muß, wie der internationale und nationale Konnex erfolgt. - Zur berufspädagogischen Gewichtung der nationalen Ausstellungen siehe den Beitrag von Gerhard Drees in diesem Band, S. 209-233.

die Säulen herum wird das Ausstellungswesen als ein besonderer Schwerpunkt thematisiert. Ausstellungsplakate, Preismedaillen, Ausstellungsstücke, Ausstellungsberichte und -bilder dokumentieren die Funktion solcher Ausstellungen in Baden und Württemberg.

Vor allem die Industrievereine der deutschen Einzelstaaten drängten immer wieder auf Vergleichsschauen. Erst mit der Ausstellung im Jahre 1844 in Berlin wurde dieses Bemühen realisiert. Berlin war zugleich als Auftakt einer ganzen Serie solcher Ausstellungen gedacht. Alle fünf Jahre sollte in einem anderen Staat des Zollvereins eine Leistungsschau stattfinden. Leider hatte aber schon die Ausstellung in Mainz 1842 gezeigt, daß sowohl der Zollverein als auch die Träger und Initiatoren als privater Gewerbeverein viel zu schwach waren. Der Erfolg der Berliner Ausstellung wird im übrigen der Arbeit Beuths zugeschrieben, der vor allem von der 10. Nationalausstellung in Paris das Handwerkszeug derartiger Ausstellungen mitbrachte: Prämienvergabe, Preisrichterauswahl, Gestaltung der Wettbewerbe, Informationspolitik etc. Und so, wie Beuth für Preußen wirkte, gestaltete Steinbeis für Württemberg das internationale und nationale Ausstellungswesen[46] sogleich mit seinem Dienstantritt in der Zentralstelle für Gewerbe und Handel. Bemerkenswerterweise setzte sich ab Ende der 70er Jahre des 19. Jahrhunderts die zunehmende Neigung durch, von der Universalausstellung zugunsten der Fachausstellung abzurücken.

Die Motive für diese Ausstellungen liegen auf der Hand: Produzenten zeigen ihre Waren und Leistungen zwecks Verkauf, gewerbepolitisch werden Entwicklungstendenzen zum Stand der Technik gezeigt, Selbstdarstellungsabsichten sind im Spiele, Fremdenverkehrsinteressen und Sympathiewerbung für die Ausstellungsstadt werden durchgesetzt bzw. angestrebt, der Technologietransfer soll gesichert, Strukturpolitik angestoßen werden u.a.m.

Wer nach den direkten Einflüssen dieser nationalen Ausstellungspolitik auf die Beförderung der Berufsbildung fragt, wird eher negativ beschieden: Ein gezielter Einfluß war, im Gegensatz zu den Musterlagern bzw. Gewerbemuseen, mit diesem Instrument nicht möglich. Gleichwohl wird man auch hier nicht von der Hand weisen können, daß es die indirekten Wirkungen der Ausstellungen gab. Deren Verlauf nachzuzeichnen und deren Zusammenhang zur Etablierung von industrieller Berufsbildung nachzuweisen müßte sicherlich Teil eines größeren sozialwissenschaftlichen Forschungsansatzes sein.

Die folgende kurze Liste gibt die am häufigsten in der Literatur genannten Ausstellungen in den deutschen Einzelstaaten bzw. Deutschland wieder:

---

46   Vgl. BOELCKE: "Glück für das Land", S. 87 ff.

1842	Gewerbeausstellung zu Mainz
1844	Gewerbeausstellung in Berlin
1846	Gewerbeausstellung in Karlsruhe
1849	Ausstellung des Zollvereins in München scheiterte
1850	Ausstellung in Leipzig
1854	Allgemeine deutsche Industrieausstellung in München
1858	Industrieausstellung des badischen Schwarzwaldes
1858	Landesfortschrittsausstellung in Cannstadt
1861	Landesindustrieausstellung in Karlsruhe
1870	Landesgewerbeausstellung in Ulm
1871	Gewerbeausstellung in Ulm
1880	Gewerbeausstellung in Düsseldorf
1881	Landesgewerbeausstellung in Stuttgart
1882	Allgemeine Deutsche Hygiene-Ausstellung in Berlin
1883	Arbeitsschutzausstellung in Berlin
1891	Internationale Elektrotechnische Ausstellung in Frankfurt am Main
1896	Ausstellung für Elektrotechnik und Kunstgewerbe in Stuttgart

Bildungstheoretische Analyse - Thesen und Fragen

Will man den Zusammenhang von Weltausstellung und Gewerbepolitik im Hinblick auf das Bildungsproblem explizieren, dann gibt es, wie Grottker richtig ausführt, keine linearen Beziehungen zwischen wirtschaftlicher Entwicklung und Entwicklung des Bildungswesens. Grottker schreibt[47]:

"Der Zusammenhang von gesellschaftlicher, wirtschaftlicher und schulischer Entwicklung kann an vielerlei Vorgängen sichtbar gemacht werden, wenngleich es keine linearen Beziehungen zwischen Wirtschaft und Schule gibt. Ob bestimmte Ursachen und Anlässe dauerhaft und effektiv zu bildungsgeschichtlichen Wirkungen führen, muß stets am konkreten Sachverhalt untersucht werden."

Eine Linearität des Zusammenhangs läßt sich auch deshalb kaum vorstellen, weil die Maschinisierung und Technisierung der Arbeit noch nahezu Programm war - allemal in den deutschen Provinzstaaten. Für eine Theorie des sozialen Wandels impliziert das Konsequenzen, weil die richtigen Ursache-Wirkungs-Gefüge von den nicht haltbaren oder im falschen Zusammenhang stehenden gesondert werden müßten.

---

47 GROTTKER, DIETER: Zur Sozialgeschichte des gewerblichen und technischen Bildungswesens in Sachsen von den Anfängen bis 1900. Dresden: Zentralstelle für das Hochschulfernstudium 1991, S. 4

Aus der Kritik der neueren sozialwissenschaftlichen Technikforschung an der Geschichtsschreibung der großen Techniker, Erfinder und Entwickler können wir lernen, in gesellschaftlichen Entwicklungs-, Wirkungs- und Verwendungs- bzw. Funktionszusammenhängen zuerst nach den Modi der Vergesellschaftung zu fragen, wenn man die Kausalitäten der gesellschaftlichen Entwicklung zum Zwecke ihrer Gestaltbarkeit begreifen will.

Was aber rechnet zu den Modi der Vergesellschaftung bezüglich des Bildungsproblems jener Zeit? Um das diskutieren zu können, hatte ich, wenn auch knapp, unter Rückgriff auf Werner Sombart und Adam Smith Grundelemente des modernen Kapitalismus ausgeführt und als besonderes Ferment den Wirtschaftsliberalismus herausgestellt. Dessen Breitenwirkung zeigt die Popularisation von Smiths "An Inquiry into the Nature and Causes of the Wealth of Nations". Horst C. Recktenwald weist nach, daß es allein zwischen 1776 und 1900 in England, Oxford (Cambridge und Schottland) mindestens 114 Editionen dieser Schrift gegeben hat. Die Anzahl der Übersetzungen ins Deutsche für den gleichen Zeitraum liegt bei 15 Ausgaben[48], eine beachtliche Zahl.

Die ungeheure Dynamik der Diffusion des Wirtschaftsliberalismus spiegelt sich im Erlaß der Gewerbeordnungen in fast allen deutschen Einzelstaaten auf ähnliche Weise. So heißt es beispielhaft zitiert in der Badischen Gewerbeordnung von 1862[49]:

"Alle Staatsangehörigen ohne Unterschied des Geschlechts sind zum Betrieb von Gewerben im ganzen Umfang des Großherzogthums berechtigt.
Die Berechtigung zum Gewerbebetrieb enthält die Befugniß, verschiedenartige Geschäfte, insbesondere Handwerk, Fabrikation und Handel, gleichzeitig, an mehreren Orten und in mehreren Lokalitäten desselben Ortes zu betreiben, von einem Gewerbe zum andren überzugehen und Hilfspersonen aus verschiedenartigen Gewerbszweigen in beliebiger Anzahl in und außer dem Hause zu beschäftigen."

Aus der in den Gewerbeordnungen inkorporierten regulativen Idee des Wirtschaftsliberalismus ergab sich die legitimierte und zugleich legalisierte Basis für die Freisetzungen des alten Wirtschafts- und Gesellschaftsrechtes, insbesondere des Zunftrechtes und auch der Ausbildung. Die zeitliche Entwicklung dieses

---

48 Vgl. RECKTENWALD, HORST C.: Der Wohlstand der Nationen. 6. Aufl., München 1993. Eine Übertragung aus dem Englischen nach der vollständigen fünften Auflage. London 1789; SMITH, ADAM: An Inquiry into the nature and causes of the wealth of nations; STRATMANN, KARLWILHELM, Sozialgeschichte der betrieblichen Berufserziehung im Gewerbe Deutschlands. Kurseinheit 2: Die Berufserziehung zwischen Ständewelt und Hochindustrialisierung (1806-1878). Studienbrief der FernUniversität Hagen. Hagen 1988, S. 51.
49 Zit. n. Großherzoglich Badisches Regierungs-Blatt Nr. XLIV vom 24. September 1862.

Prozesses verlief zwar in den einzelnen deutschen Staaten unterschiedlich. Stammt die Gewerbefreiheit in Preußen aus den Jahren 1810 und 1811, so wird sie z.B. in Württemberg erst 1828 in Kraft gesetzt. Der juristischen Basis folgte aber in allen Fällen ein Institutionalisierungsprozeß, der sich in der Gründung von sogenannten Gewerbevereinen manifestierte.[50] Der Begriff "Verein" ist dabei nicht identisch mit dem gleichlautenden Rechtsbegriff aus dem Vereinsrecht. Es handelte sich zumeist um Einrichtungen, die Ministerien unterstellt oder mindestens personell mit ihnen verknüpft waren und den Charakter von Technologietransferstellen hatten. Die Begründung dieser Einrichtungen erfolgt unter Rückverweis auf den "Reichtum der Nationen". Die Rede zur Eröffnungsversammlung des Vereins zur Beförderung des Gewerbfleißes in Preußen von Christian Beuth mag dafür ein Beleg sein. Es heißt dort gleich zu Anfang[51]:

> *"Der Gewerbefleiß, welchen zu befördern wir beabsichtigen, ist die Grundlage des Reichthums einer Nation, und da wahrer Gewerbefleiß nicht ohne Tugend denkbar ist, so ist er auch die Grundlage der Nationalkraft überhaupt."*

Der "Reichtum der Nationen" brachte es allerdings mit sich, daß er nicht mehr aus der unmittelbaren Arbeit zu generieren war. Das erkannte nach Adam Smith keiner deutlicher als Charles Babbage (1792-1871), indem er schrieb[52]:

> *"Eine solche Verbesserung des Handwerkszeugs aber ist gewöhnlich der erste Schritt zu einer Maschine ... Hat man es erst dahin gebracht, jeden einzelnen Prozeß mit einem einfachen Werkzeug vollenden zu können, so besteht die Maschine in der durch eine und dieselbe Kraft in Bewegung gesetzten Zusammenfassung aller dieser Werkzeuge. In der Erfindung von Werkzeugen und Vereinfachungen der Handarbeiten ist der einzelne Arbeiter oft erfolgreich; diese isolierte Vervollkommnung aber in eine und dieselbe Maschine zu vereinigen, setzt einen höheren Grad von Geistesbildung voraus."*

Dieses Zitat liefert zwei wichtige Hinweise für die Argumentation. Erstens greift Babbage über Smith hinaus, insofern er deutlich macht, daß es nicht nur auf die Arbeitsteilung an sich ankommt, sondern auf die nach der Arbeitsteilung vollzogene technische Integration der Arbeitsvollzüge. Damit formuliert Babbage klar das Programm der Maschinisierung, ja Technisierung von Arbeit. Zweitens ent-

---

50   Zum Beispiel: "Polytechnischer Verein für das Königreich Bayern" in München 1815; "Verein zur Beförderung des Gewerbfleißes" in Preußen 1821; "Handels- und Gewerbeverein für Kurhessen" 1821; "Gewerbe-Verein für das Königreich Hannover" 1828; "Gesellschaft zur Beförderung der Gewerbe in Württemberg" 1830; "Industrieverein für das Königreich Sachsen" 1830.
51   BEUTH, CHRISTIAN: Rede bei der Eröffnung der Versammlung, von dem jetzt Vorsitzenden im Saale der Stadtverordneten gehalten. In: Verhandlungen des Vereins zur Beförderung des Gewerbfleißes in Preußen 1 (1822), S. 15
52   BABBAGE, CHARLES, zit. n. TREUE/MANEGOLD: Quellen zur Geschichte der industriellen Revolution, S. 167 f.

hüllt Babbage das Qualifizierungsproblem. Die verwissenschaftlichte Produktion bedarf, wie er sagt, des "höheren Grades an Geistesbildung". Damit war aber nun eindeutig weder die industrielle Lehrlingsausbildung in unserem heutigen Verständnis gemeint noch die handwerkliche.

Ferner interessieren in diesem Zusammenhang auch die Anmerkungen von Babbage unter berufspädagogischem Blickwinkel zur ersten Weltausstellung, denn Babbage kritisierte vor allem den Mangel an Systematik in der Ausbildung, und das selbst vor dem Hintergrund der hervorragenden Stellung des Werkzeugmaschinenbaus Großbritanniens, der ja mit Namen wie Armstrong (hydraulischer Kran), Fairbairn (selfacting mule), Maudslay (Mikrometerschraube/Drehbank), Watt (Dampfmaschine), Nasmyth (Dampfhammer/Stoßmaschine), Whitworth (Gewindenormung/Hohlguß von Maschinenkörpern) die erdrückende Übermacht der "Werkstatt der Welt" symbolisierte.

Babbage ist zu dieser Zeit Vertreter der jungen Vereinigung der British Association of the Advancement of Science und zweifellos einer der wichtigsten und kritischen Wissenschaftssoziologen, wie man heute sagen müßte. So meint das Wort von der systematischen Ausbildung aus seinem Munde hier also die wissenschaftliche Ausbildung und nicht etwa eine Berufsausbildung in unserem heutigen Verständnis. Babbage als vielbeachteter Kritiker der Konzeption und Durchführung der Londoner Weltausstellung[53] brachte mit seiner Streitschrift "Reflections on the Decline of Science in England" eine Entwicklung auf den Weg, welche die britische Regierung 1852 veranlaßte, ein Department of Science and Art einzurichten[54]:

Die auf Inventionen und Innovationen gerichtete wirtschaftspolitische Strategie ließ sich nicht mit Mitteln des traditionellen Maschinenbaus auf Lehrlingsbasis durchführen, und Babbage war der emphatische Vertreter der Fortschrittspartei. So läßt sich nicht nur mit Rückgriff auf Babbage oder auf den von ihm entfalteten "Maschinenbegriff" belegen, was für die Epoche insgesamt gilt - und dafür stehen die Weltausstellungen -: den "Wohlstand der Nationen" "technologisch-arbeitsteilig" und nicht "beruflich-arbeitsteilig" zu erzeugen. Wenn Babbage in der Einleitung zu seinem Werk "On The Economy of Machinery and Manufactures" schreibt[55]:

---

53   Vgl. BABBAGE, CHARLES: The Exposition of 1851. Views of the industry, science, and the government of England. London 1851, und WINKELMANN, RAINER (Hg.): Marx, Karl, Exzerpte über Arbeitsteilung, Maschinerie und Industrie. Historisch-kritische Ausgabe. Frankfurt/Main 1982, S. XLVII; Babbage, Charles, Passages in the life of a philosopher. London 1864.
54   BABBAGE, CHARLES:: Reflections on the Decline of Science in England. London 1830
55   BABBAGE, CHARLES: On the economy of machinery and manufactures. London 1832. Dt. Über Maschinen und Fabrikwesen, übers. von G. Friedenburg. Berlin 1833, S. 1

"The object of the present volume is to point out the effects and the advantages which arise from the use of tools and machines; - to endeavour to classify their modes of action; - and to trace both the causes and the consequences of applying machinery to supersede the skill and power of the human arm",
dann beschreibt er das technologische Anliegen der Epoche, nämlich das mit den Wirkungsweisen und der Klassifikation von Maschinen und Werkzeugen erworbene systematische Wissen in innovative Bereiche zum Zwecke der Etablierung eines "new system of manufacturing" transferieren zu können.

Es ist diese Ökonomie, die Babbage interessiert und die ihn zum Begründer des modernen Taylorismus macht, insofern er Vorschläge zum Management der Fabriken und Ratschläge zur ökonomischen Betriebsführung erteilt. Sie sichert England einen internationalen Vorsprung.[56] Mit einem Wort: Fortschritt durch Verwissenschaftlichung und Technisierung und nicht durch Facharbeit.

Der von Babbage herausgestellte Zusammenhang von Technisierung und Bildung taucht auch im Zusammenhang mit der Berichterstattung über die Weltausstellungen in den deutschen Staaten auf. Im "Amtlichen Bericht über die Industrie-Ausstellung aller Völker zu London" findet sich der folgende Hinweis[57]:

"Auf dem gegenwärtigen Standpunkte der meisten Gewerbe, wo die Vervollkommnung der Werkstätten und des Werkzeugs weit mehr zur Leistung beiträgt, wie die Geschicklichkeit des Arbeiters, ist gerade dieser Punkt von entscheidender Wichtigkeit, ... [daß nämlich] auch unser deutscher Gewerbestand zur Gründung, Ausdehnung und Vervollkommnung solcher Anstalten angeregt, und dadurch die Arbeitsmittel der verschiedenen Produktions- und Fabrikationszweige ... besser in den Stand gesetzt werden."

Ferner wird der Zusammenhang von Technisierung und Bildung im Bericht über die Pariser Weltausstellung von 1867 ausgeführt. Der Bericht wurde vom Direktor der Berliner Gewerbe-Akademie, Franz Reuleaux, verfaßt. Er spricht darin von der "Machinofaktur", und in seinen Briefen von der Weltausstellung in Philadelphia formuliert er[58]:

"Um dennoch billige, verkaufbare Waare zu erzeugen, muß sie (d.h. die deutsche Industrie - R.H.) die Maschine, oder allgemeiner gesprochen, den wissenschaftlich-technischen Apparat in allen denjenigen Fällen hinzuziehen, wo dadurch die Menschenhand mit Vortheil für das Produkt ersetzt wird ... dagegen muß sie die geistige Kraft und das Geschick des Arbeiters auf die eigentliche Fertigstellung des

---

56   Vgl. WINKELMANN: Marx, Karl, Exzerpte über Arbeitsteilung, S. LI f.
57   Amtlicher Bericht über die Industrieausstellung 1853, S. 775
58   REULEAUX, FRANZ, zit. n. TREUE/MANEGOLD: Quellen zur Geschichte der industriellen Revolution, S. 209

Erzeugnisses verwenden und dies in um so höherem Grade, je mehr sie sich der Kunst nähert."

Wenn Willi A. Boelcke den Direktor der württembergischen Zentralstelle Ferdinand Steinbeis zitiert, liefert er ebenfalls einen Beleg in dieser Richtung[59]:

"In der fortschreitenden Bildung ... liegt die Zukunft aller Stände, liegt die Zukunft der Welt. Streben wir als Männer der Arbeit die Bildung an, so sind wir auf dem Wege zur tüchtigen Arbeit und dadurch zu unserem Wohlstand, zum allgemeinen Wohlstand."

Fassen wir das Ergebnis zusammen: Aus dem Umschlag von unmittelbarer Arbeit zu mittelbarer Arbeit, also durch Verwissenschaftlichung der Produktion entsteht das Bildungsproblem mindestens nach zwei Seiten. Der technische Fortschritt muß generiert werden, woraus zu allererst ein höheres technisches Bildungswesen entstehen müßte, womit die Frage der "Vorbildung" bzw. der Anhebung des Bildungsniveaus der Allgemeinheit aufgeworfen ist. Durch die Rationalisierung im technischen Fortschritt entsteht die Frage nach der neuen gesellschaftlichen Einbindung der freigesetzten Arbeit - die alte "soziale Frage" also, die sich in der Folge ebenfalls als eine nach allgemeiner Bildung stellt.[60]

Der 4. Berufspädagogisch-historische Kongreß in Stuttgart hat m. E. eine durchaus beachtliche Zahl von Belegen ans Tageslicht gefördert, die allesamt darauf hinweisen, daß die damalige bildungspolitische Entwicklung zunächst völlig offen war, insofern sie nicht in Richtung höheres technisches Bildungswesen tendierte. Das wiederum muß man in Zusammenhang sehen mit der Elitendiskussion der Zeit, die Vilfredo Pareto schließlich in seiner "Zirkulation der Eliten" bearbeitete[61]. Auf dieses "Elitenproblem" weist auf dem 4. Berufspädagogisch-historischen Kongreß auch der Beitrag von Franz Quarthal hin, der jedoch nicht weiter theoretisch ausgeführt würde.[62] Ähnliches findet sich bei Johannes Meyser, wenn er schreibt[63]:

"Vielmehr sollte die Nachfrage nach technischer Bildung geweckt und durch eine relativ kleine technische Elite die Industrialisierung vorangetrieben werden."

Und wenn aus der Sicht des Ökonomen Gert Kollmer von Oheimb-Loup das frühe Gewerbeschulwesen sogar als ein bis ins 20. Jahrhundert richtungweisendes Wei-

---

59 STEINBEIS, zit. n. BOELCKE: "Glück für das Land", S. 106
60 Siehe die Diskussionen Mitte der 70er Jahre unseres Jahrhunderts um Mobilität, Disponibilität und Schlüsselqualifikationen.
61 Vgl. PARETO, VILFREDO: Allgemeine Soziologie. Tübingen 1955.
62 Vgl. QUARTHAL, FRANZ: Berufsbildung als Gewerbeförderung in Württemberg bis zur Mitte des 19. Jahrhunderts. In: BONZ u.a. (Hg.): Berufsbildung und Gewerbeförderung, S. 49.
63 MEYSER, JOHANNES: Instrumente der Gewerbeförderung im 19. Jahrhundert - Regionalbeispiel Berlin. In: BONZ u.a. (Hg): Berufsbildung und Gewerbeförderung, S. 76; vgl. auch GROTTKER: Zur Sozialgeschichte des gewerblichen und technischen Bildungswesens in Sachsen (1991).

terbildungssystem erscheint[64], wenn also derartig weite Interpretationsmöglichkeiten sich ergeben, dann stützt dies meine These von der offenen bildungspolitischen Situation noch stärker. Mit anderen Worten: Der Industrialisierungsprozeß war nicht notwendig auf die Formierung der Arbeit über die Berufsausbildung angewiesen, wohl aber auf die partielle Lösung des Allgemeinbildungsproblems - welches über die Option der Bildung einer technischen Intelligenz kanalisiert wurde.

Stimmt meine Analyse, wobei ich mich durch eine frühe Studie von Karlwilhelm Stratmann bestätigt sehe,[65] dann laufen die bildungstheoretischen Frage- und Ergebnishorizonte auf folgendes hinaus:

1. Den Weltausstellungen muß eine allgemeine Enkulturationsfunktion zugesprochen werden, die sich vor allem auf die neuen gesellschaftlichen Gruppen wie Kleinbürgertum, technische Intelligenz und Angestellte bezieht. Die in der Enkulturation wirksamen Aufklärungs-, Verblendungs- und Verdinglichungsmechanismen wären überhaupt erst noch unter bildungs(theoretischer) Perspektive zu untersuchen.

2. Die Weltausstellungen dienen kaum als Nachweis dafür, daß Technisierungsprozesse einen Verberuflichungsprozeß und eine ihm entsprechende Ausbildung notwendig in Gang setzen. Das erfolgt erst unter dem Konkurrenzdruck der Industrie[66] und im Nationalsozialismus.

3. Anhand der Weltausstellungen läßt sich sehr gut zeigen, daß die Gewerbepolitik auf eine gezielte Strategie der Etablierung von Eliten hinauslief, die anfangs das sogenannte Entrepreneurship im Auge hatte und sich später auf die Förderung einer technischen und unternehmerischen Elite bezog.

---

64 Vgl. KOLLMER VON OHEIMB-LOUP, GERT: Instrumente der Gewerbeförderung im 19. Jahrhundert - Regionalbeispiel Württemberg. In: BONZ u.a. (Hg.): Berufsbildung und Gewerbeförderung, S. 64.

65 STRATMANN schreibt: "Während das höhere technische Schulwesen im 19. Jahrhundert einen starken Aufschwung nahm und dadurch die wachsende Bedeutung der fachtheoretischen Ausbildung für die Mitarbeit in der technisierten Berufswelt unterstrich, führte das niedere gewerbliche Schulwesen jener Zeit ein ausgesprochenes Schattendasein." STRATMANN, KARLWILHELM: Probleme der Berufsschule im 19. Jahrhundert. In: Archiv für Berufsbildung. Jahrbuch 1967. Braunschweig 1967, S. 91

66 Vgl. die Ergebnisse des 2. und 3. Berufspädagogisch-historischen Kongresses: LISOP, INGRID/ WOLF-DIETRICH GREINERT/KARLWILHELM STRATMANN (Hg.): Gründerjahre der Berufsschule. 2. Berufspädagogisch-historischer Kongreß 4.-6. Oktober 1989 in Frankfurt/Main. Berlin 1990; GEISSLER, KARLHEINZ A. u.a. (Hg.): Von der staatsbürgerlichen Erziehung zur politischen Bildung. 3. Berufspädagogisch-historischer Kongreß 9.-11. Oktober 1991 in München. Berlin 1992.

4. Die in der berufspädagogischen Diskussion weit verbreitete Sicht, daß sich die fachtheoretische Ausbildung als Bestandteil der Verwissenschaftlichung der Produktion erweist, kann anhand der ernst zu nehmenden Dokumente nicht für die Zeit vor der Jahrhundertwende erhärtet werden. Ich vertrete aufgrund meiner Analyse der Technisierung der Gesellschaft die Auffassung, daß sie überhaupt fragwürdig ist.
5. Der Prozeß der Technisierung von Arbeit wirft dagegen eine andere Frage auf, nämlich wie das Verhältnis von Allgemeinbildung und Fachbildung zu gestalten ist, wenn man die Allgemeinbildung nicht auf einen Status als Propädeutik der Fachbildung degradieren will.

Die Ausstellung von Schülerarbeiten als Leistungsschau und Motivationsfaktor an den Baugewerkenschulen Sachsens

BERND REICHELT

Als Vorwort zur ersten Übersicht von Ausstellungen und Prüfungen gewerblicher Schulen in Sachsen finden wir in der "Gewerbeschau" 1886 folgende Zeilen des damaligen Gewerbeschul-Inspektors[1]:

"Es gibt kaum eine frischere Anregung für die Tätigkeit der Leiter und Lehrer der gewerblichen Schulen, als die Kenntnisnahme von den Leistungen anderer, gleiche Ziele verfolgender Anstalten. Leider ist es nur wenigen der im Dienst unserer Sache stehenden Männer möglich, einmal in einer der eigenen Schule verwandten Anstalt hospitieren zu können ... Die alljährlich stattfindenden Prüfungen und Ausstellungen geben einen Gesamtüberblick über die Jahrestätigkeit der Schulen und es würde gewiß gern mancher diese oder jene derselben besuchen, wenn er Kenntnis hätte von der Zeit, zu welcher sie abgehalten werden."

Ein größeres Lob ist den Ausstellungen kaum zu zollen. Ob sie ihm gerecht wurden, bleibt zu untersuchen. Doch bevor ich zur konkreten Beschreibung und Beurteilung einiger wichtiger Ausstellungen komme, möchte ich ein paar Anmerkungen zu grundsätzlichen Entwicklungen des Baugewerbes, der mittleren baugewerblichen Bildung und der Berufsentwicklung machen, die zum Verständnis des Ausstellungswesens in bezug auf das Baugewerbe hilfreich sind. Dabei beschränke ich mich, wie auch bei der Auswahl der Ausstellungen, auf die Zeit von 1870 bis 1900.

Das Baugewerbe in Sachsen und Deutschland 1850 bis 1900 unter besonderer Darstellung der Entwicklung der Berufe, der Berufsbildung - eine kurze Einführung

Sachsen entwickelte sich zu Beginn des vorigen Jahrhunderts zum ersten deutschen Industriestaat. Diese Entwicklung wirkte sich selbstverständlich stark auf das Bauwesen aus. Der Anstieg der Bauproduktion wurde baubetrieblich durch

---

1 Gewerbeschau, Sächsische Gewerbezeitung 18 (1886), 9. - Die Zeitschrift war das Verbandsorgan der sächsischen Gewerbevereine, der thüringischen Gewerbevereine, der Gewerbe- und Handelsschulen des Königreiches Sachsen, des allgemeinen Handwerkervereins Dresden, des Dresdener Gewerbevereins, des Dresdener Kunstgewerbevereins und des sächsischen Baugewerkenvereins.

das Einstellen von immer mehr Gesellen bzw. Hilfsarbeitern kompensiert. Insofern nutzten die Meister der Innungen[2] bis zur Einführung der Gewerbefreiheit ihr Monopol leidlich aus. Betriebe mit 90 Gesellen und entsprechend vielen Lehrlingen und Hilfskräften, wie sie z.B. in Leipzig 1853 nachgewiesen sind, waren keine Seltenheit - eine Größenordnung, die erst mit der Bildung großer Stahlbetonbauunternehmen nach 1895 überschritten wurde. Eine Veränderung in der Gewerke- und damit Berufsstruktur des Bauhandwerks gab es in dieser Zeit, trotz Anwendung des Zements und des Eisens bzw. Stahls, nicht.

Die traditionelle Arbeitsteilung veränderte sich zögerlich erst nach 1880 mit der weiteren Verbreitung des Stahlbaus, ab 1890 mit dem Eisenbeton und später besonders mit der Anwendung neuer Ausbau- und Haustechnikkonstruktionen.

Die Baugewerkenschulen spiegelten diese Entwicklung wider und vermittelten die erforderlichen bauwissenschaftlichen, gewerblich-zeichnerischen und kaufmännischen Kenntnisse und Fähigkeiten. Die Abgänger der Baugewerkenschulen machten damit den Architekten Konkurrenz, einem Berufsstand, der sich gerade, Mitte des 19. Jahrhunderts, seinen festen Platz im Baugeschehen erstritten hatte.

Die mit den Bauaufgaben gestiegenen Anforderungen an die baugewerbliche Bildung wurde in Sachsen frühzeitig durch die zwischen 1837 und 1840 gegründeten fünf staatlichen Baugewerkenschulen und eine seit 1842 obligatorische staatliche Meisterprüfung abgefangen.[3] Diese Schulen wurden eingerichtet, ohne weitere Bereiche der gewerblichen Bildung zu berühren. Da in Sachsen vorher keine Baugewerkenschulen existierten und die Neugründungen staatlich finanzierte Schulen waren, entsprach das für Deutschland einer Entwicklung ohne Beispiel. Die sächsischen Einrichtungen hatten dabei von Anfang an die Aufgabe, Wissen für die Meisterprüfung zu vermitteln und für die allgemeine baugewerbliche Bildung zu sorgen. Beides konnte innerhalb der bisherigen Gesellenausbildung und der Gesellenarbeit nicht berücksichtigt werden. Zwar wurden noch bis 1903 Maurer- und Zimmerermeister getrennt geprüft, eine Trennung im Unterricht, in eine Maurer- und eine Zimmererklasse, wie man anfangs auch wegen der strikten Trennung der Arbeiten in der Praxis vermuten würde, erfolgte jedoch nicht.

Eine Besonderheit des Bauwesens war, daß nur im Sommer, d.h. von Ende März bis Oktober, auf den Baustellen gearbeitet werden konnte. Dazu gab es

---

2   Das Bauwesen war in Sachsen bis 1862 zünftig organisiert.
3   Vgl. dazu REICHELT, BERND: Die Königlich-Sächsischen Baugewerkenschulen - Ein Beispiel der Gewerbeförderung in Sachsen. In: BONZ, BERNHARD u.a. (Hg.): Berufsbildung und Gewerbeförderung. Zur Erinnerung an Ferdinand Steinbeis (1803-1893). 4. Berufspädagogisch-historischer Kongreß 6.-8. Oktober 1993 in Stuttgart. Bielefeld 1994, S. 387-404.

baupolizeiliche Vorschriften, die ein Bauen im Spätherbst und Winter verboten. Da die Maurer gar nicht und die Zimmerer nur kurze Zeit vorfertigen konnten, wurde im Winter nicht gearbeitet. Das aber ermöglichte es, ohne den Arbeitsablauf zu berühren, die Weiterbildung der Bauhandwerker zu organisieren. Ein geringes Schulgeld, das bei nachgewiesener Bedürftigkeit außerdem erlassen wurde, versetzte in Sachsen fast alle sozialen Schichten in die Lage, die Baugewerkenschule im Winterhalbjahr zu besuchen. Für eine Vielzahl namhafter Architekten in Sachsen war der Besuch dieser Schule der erste Schritt zu einer gediegenen Ausbildung und zum sozialen Aufstieg.

Mit der Gewerbefreiheit stand das Ziel der Bildung des Baugewerksmeisters in Frage, da der Meistertitel nicht mehr geschützt war und keine Befähigung nachgewiesen werden mußte. Die Baugewerksmeisterprüfung bestand jedoch als freiwillige Prüfung weiter und unterschied die Baugewerke in geprüfte und ungeprüfte. Selbstverständlich war ein Großteil der Baugewerksmeister Jahrzehnte nach Einführung der Gewerbefreiheit nicht geprüft. Trotzdem zeigte sich bei einer Abstimmung zur Zwangsinnung in Leipzig 1898, an der auch große Baubetriebe mit bis zu 200 Arbeitskräften und nicht nur die Bauhandwerker im engeren Sinne teilnahmen, daß etwas mehr als der Hälfte aller Baubetriebe, die Bauwerke ausführten (d.h. ohne die damaligen Bauträger, die Bauunternehmer genannt wurden und selbst keine Bauarbeiten verrichteten), geprüfte Baugewerksmeister vorstanden.

Nachdem sich das Deutsche Reich gewerberechtlich ab 1897 wieder auf die Innungen stützte[4], verfolgte Sachsen den Sonderweg des Baumeisters zwar weiter, konnte sich aber schließlich im handwerklichen Bereich dem Trend zurück zu den Maurer- und Zimmererinnungen nicht entgegenstellen. Dazu gehörte, daß die Gewerbegesetzgebung die bestehende bauhandwerksbezogene Gewerketeilung mehr oder weniger konservierte, und das bedeutete eine Trennung in Gewerke, die das Handwerk nicht mehr auflösen konnte - ein Umstand, der nach Meinung einiger Architekten mit einen Grund dafür bildet, daß heute in Deutschland kostengünstiges Bauen erschwert ist.

Die skizzierte Entwicklung schlug sich in bezug auf die gewerbliche Bildung nach 1890 in der Gründung von Meisterschulen bzw. Meisterkursen nieder, die in ein bis zwei Semestern ausführungsbezogenes, durch das Gewerk begrenztes Wissen vermittelten. Die Baugewerkenschulen, die nach 1900 schrittweise in Bauschulen umbenannt wurden, hatten bei gleichen Vorkenntnissen zu dieser Zeit eine Ausbildungsdauer von vier bis fünf Semestern.

---

4 Siehe dazu die Reichsgewerbeordnung vom 26. Juli 1897, §§ 100 ff.

Ausstellungen von Schülerarbeiten an den sächsischen Baugewerkenschulen

Jahresausstellungen waren ein regelmäßiger Teil des Unterrichtsganges aller gewerblichen Schulen in Sachsen. Die Öffentlichkeitsarbeit der Schulen, d.h. die Wirkung nach außen in die Gemeinden und Städte und zu den Fachleuten, war ein wesentlicher Aspekt dieser Ausstellungen. Ein Vergleich der Schulen untereinander war dadurch jedoch kaum möglich. Die Ausstellungen wurden in allen wichtigen örtlichen Zeitungen angekündigt und hatten, nach den Berichten an das vorgesetzte Ministerium zu urteilen, auch einen regen Publikumsbesuch. Das trifft selbstverständlich auch für Ausstellungen zu einem bestimmten Anlaß, z.B. als Ausschmückung einer Gewerbeausstellung, einer Verbandstagung oder beim Besuch einer höheren Persönlichkeit zu. Dennoch wurden die Jahresausstellungen aus pädagogischer Sicht heftig kritisiert. Gründe waren, daß

- die unbeschränkte Öffentlichkeit die Zeichnungen nur nach allgemeinem Geschmack beurteile und nicht die Entwicklung der Schüler sehe,
- der Schüler, der sich anstrengt und nur eine mäßige Leistung erbringt, durch deren Veröffentlichung bestraft und der Schüler mit einer guten Leistung überheblich würde,
- der Unterricht auf Präsentationsstücke ausgerichtet werden würde,
- diese Art der Ausstellung den Pädagogen bewertet, aber nichts über dessen Lehrmethode aussagt,
- nichts darüber ermittelt werden könne, ob das Stück nur kopiert oder verstanden und verarbeitet wurde u.a.

Unbestritten war jedoch, daß Ausstellungen die einzige Möglichkeit für Fachleute boten, sich in verhältnismäßig kurzer Zeit ein Gesamtbild des Unterrichts zu verschaffen. So argumentierte ein Verfasser 1888[5]:

"Vor allen Dingen sind Ausstellungen notwendig, um gleichartige Schulen zu Meinungsaustausch zu veranlassen und Anstalten verschiedener Gattung gegenseitige Anregung zu bieten ... Ferner halten wir es durchaus nicht für einen Fehler, wenn eine öffentliche Ausstellung im Sinne der Aufmunterung der Schüler aufgefaßt wird. Die jungen Leute wollen die Arbeiten, welche sie im Laufe eines ganzen Jahres ablieferten und nacheinander sahen, nun auch einmal nebeneinander vor Augen haben; die Schüler wollen ferner Vergleiche ihrer Leistung anstellen, und die Erfahrung hat gelehrt, daß die Urteile, die bei solchen Gelegenheiten gefällt werden, gewöhnlich recht zutreffend sind. Wir müssen endlich die Anregung, die jeder Zögling durch die Ausstellung erhält, außerordentlich hoch veranschlagen

---

5   Gewerbeschau 20 (1888), 5, S. 53. - Auch der 2. Verbandstag Deutscher Gewerbschulmänner in München 1888 beschäftigte sich mit Ausstellungen zu Schülerarbeiten.

und halten die Gefahr, daß unsere Schüler durch die Ausstellungen zu eitlen Egoisten erzogen würden, durchaus für unbedenklich."

In den Akten findet man seit etwa 1870 vermehrt Bitten von Lehrern der Baugewerkenschulen, Ausstellungen anderer Schulen besuchen zu dürfen. Diese Gesuche wurden regelmäßig bewilligt. Ein systematischer Besuch mehrerer Ausstellungen gleicher Einrichtungen durch eine Person, mit der die Einschätzung einer Schule erst möglich gewesen wäre, fand jedoch erst seit 1893 durch die sogenannte Kommissarische Beaufsichtigung statt, einer damals neu eingerichteten Stelle, deren Aufgabe die vergleichende Beurteilung der Leistungen sämtlicher Baugewerkenschulen Sachsens "durch Beiwohnen des Unterrichts und ... der Besuch der Ausstellungen der Schüler von Zeit zu Zeit"[6] war.

Die Ausbildung an den sächsischen Baugewerkenschulen schloß nicht mit einer Reifeprüfung ab. Es gab lediglich ein jährliches Abschlußzeugnis. Man war der Ansicht, daß die Schule die Vorbildung für die staatliche Meisterprüfung sei und als solche keinen eigenen Abschluß brauche.

Ein Zeugnis wurde für jeden Kurs nach Ablegung einer anfangs öffentlichen mündlichen und später einer schriftlichen Prüfung und nach Abgabe und Bewertung von Arbeiten, die während des Semesters erstellt wurden, ausgestellt. Die abzugebenden Arbeiten bildeten die Grundlage der Jahresausstellungen, die so auch als Nachweis darüber zu interpretieren sind, ob objektive Zensuren vergeben wurden.

Über die Art der ausgestellten Hefte und Zeichnungen ist wenig Material vorhanden. Sie dienten zwar der Bewertung des Schülers, aus Berichten über Betrugsversuche ist jedoch bekannt, daß den Arbeiten keine so große Bedeutung beigemessen wurde. So beschloß das Ministerium 1890[7]:

"Wer fremde Arbeiten statt seiner eingereicht und damit den Lehrer zu täuschen versucht, dem ist 'nachdrücklich' entgegenzutreten." Beim zweiten Mal sollte die Verweisung von der Schule erfolgen. "Dagegen, daß dem bisherigen Schüler des I. Kurses, der zur Ausstellung der Schülerarbeiten vier fremde Zeichnungen als eigene eingereicht hat, und auf Grund dieses Eingeständnisses unzulänglicher eigener Leistungen die Befähigung für den II. Kurs nicht zuerkannt wurde ..., wird vom Ministerium entgegengetreten."

Gleichzeitig waren die als repräsentative Stücke gefertigten Zeichnungen der Schüler, neben der Anerkennung durch die anderen Schüler, die Lehrer und die beteiligte Öffentlichkeit, Vorzeigestücke bei der Bewerbung zur Meisterprüfung.

---

6   Hauptstaatsarchiv Dresden, Ministerium für Volksbildung, Akten-Nr. 16743, Bl. 1; Beschluß vom 15. 11. 1893
7   Hauptstaatsarchiv Dresden, Ministerium für Volksbildung, Akten-Nr. 16703, Bl. 182 ff.; Beschluß vom 18. 7. 1890

So bemerkt der Direktor der Plauener Baugewerkenschule am 22. März 1879 in einem Brief an das Ministerium, in dem es um die Abwendung der Beteiligung an einer überregionalen Ausstellung ging[8]:

"Da unsere Baugewerkenschulen in der Woche vor Ostern geschlossen und die Schüler entlassen werden, so erscheint es als eine besondere Rücksichtslosigkeit, ja Härte, wenn den besseren Schülern ihre Hefte und graphischen Arbeiten nebst Entwürfen abgefordert werden, um dieselben ausstellen zu können. Denn gerade diese Arbeiten, die sie erst im Verlauf von 4 Wochen wieder zurückerhalten, brauchen die Schüler zu dieser Zeit, wo sie sich eine Stelle in der Praxis oder in einem Baubüro suchen, zu ihrer besonderen Empfehlung und Auswertung recht notwendig."

Auch die Bedeutung der Bewertung der Arbeit der Lehrer, die bei der Gestaltung des Unterrichtes weitgehende Freiheiten hatten, war für deren weitere Anstellung bedeutsam. Es gab zwar keine regelmäßigen Berichte über die Qualität der Lehrkräfte, jedoch wurde jede Äußerung wachsam aufgenommen. So schrieb der Leipziger Lehrer Viehweger, nachdem sein Direktor anderen gegenüber bemängelte, er habe im Semester nur zwei Entwürfe 'durchgebracht', an das Ministerium[9]:

"Namentlich das Letztere konnte ich nicht fassen, und zwar um deswillen nicht, weil der Direktor bei jeder Osterausstellung von Schülerarbeiten gerade seine Zufriedenheit über das Resultat der Leistungen ausgedrückt hat, - durch Händedrücken, Achselklopfen und dergleichen."

Die Ausstellung der gewerblichen Schulen Sachsens 1888 in Dresden

Es gab in Sachsen in unregelmäßigen Abständen Ausstellungen von Schülerarbeiten mehrerer gewerblicher Schulen, die meist in Dresden abgehalten wurden. Geht man einigen Bemerkungen nach, so müssen 1876 und 1878 solche Ausstellungen stattgefunden haben. Unterlagen dazu konnten allerdings bisher nicht gefunden werden. Die bedeutendste und in dieser Art einmalige ist ohne Zweifel die Ausstellung von ca. 150 gewerblichen Schulen 1888 in Dresden gewesen[10] - bedeutend wegen ihrer Größe und wegen ihrer systematischen Vorbereitung und Auswertung, bedeutend aber auch wegen ihrer Auswirkungen auf die weitere Gestaltung der gewerblichen Bildung in Sachsen.

---

8   Ebd., Blatt 28 ff.
9   Hauptstaatsarchiv Dresden, Ministerium für Volksbildung, Akten-Nr. 17040, Blatt nicht numeriert
10 Diese Ausstellung basierte auf konkreten Erfahrungen einer kleineren, vorangegangenen in Zwickau 1883 mit Arbeiten der gewerblichen Schulen der dortigen Kreishauptmannschaft, deren Ziel ebenfalls die Bewertung der Schulen und die Verbesserung des Unterrichts war.

Intern lief die Ausstellungsvorbereitung bereits zu Beginn des Wintersemesters 1887/88 an. Vorstellung des Vorhabens, Nachfragen nach der Beteiligung und Vorschläge für Verbesserungen kursierten in den Schulen. Im März 1888 war das Programm fertiggestellt, und das interessierte Fachpublikum wurde mit folgendem Schreiben über das Vorhaben informiert[11]:

"Die im Herbst d. J. in Dresden stattfindende Ausstellung gewerblicher Schulen des Königreiches Sachsen wird allen Beteiligten reiche Gelegenheit geben zu Vergleichung, Belehrung und persönlichem Meinungsaustausch. Insbesondere wird die in die zweite Hälfte der Ausstellungszeit fallende Hauptversammlung und der in derselben zu erstattende Gesamtbericht des Beurteilungs-Ausschusses nach vielen Richtungen hin der Tätigkeit anderer Schulen neue und fruchtbare Anregungen zu geben vermögen."

In den veröffentlichten Grundsätzen heißt es:

"Die Ausstellung soll im Unterschied von den regelmäßigen Jahresausstellungen, welche die einzelnen Schulen gesondert abhalten, nicht sowohl die Arbeiten der einzelnen Schüler zur Vergleichung vorführen, als die Arbeit der einzelnen Schulen. Es ist deshalb besondere Rücksicht auf die Entwicklung der Lehrgänge zu nehmen. Die Ausstellung ist vorzugsweise für die Aufsichtsbehörden, Vorstände und Lehrer der gewerblichen Schulanstalten bestimmt, wird aber auch dem Publikum zugänglich gemacht werden."

Ausgestellt werden sollten Schülerarbeiten und Lehrmittel, um die Durchführung der Lehrgänge zu dokumentieren[12]:

"In jeder mit dem Unterrichtsfach bezeichneten Mappe sind daher 3 Hefte zu vereinigen. Jedes dieser Hefte hat die sämtlichen diesem Unterrichtsfach angehörigen Arbeiten eines Schülers geordnet nach der Zeit ihrer Anfertigung zu enthalten. Unter den 3 Schülern soll einer der Besten und ein schwacher Schüler, der aber das Unterrichtsziel des Faches gerade noch erreichte, sich befinden.

Außer den Schülerarbeiten können noch ausgestellt werden Muster, Modelle, Lehrmittel und dergl. ..., ferner Schulregulative, Prospekte, Organisations- und Lehrplän, ... Apparate, Instrumente und dergl."

Eine Prämierung sollte nicht stattfinden, aber ein Beurteilungsausschuß benannt werden, der aus den Kreisen der Vorstände und Lehrer der ausstellenden Schulen zu bilden war, "um unter dem Vorsitz eines Staatsbeamten, nach einem Bericht des Beurteilungsausschusses über die Ergebnisse der Ausstellung einen Meinungsaustausch zu veranlassen."

Zur Hauptversammlung wurden Fachbesprechungen über den Rechenunterricht in den gewerblichen Fortbildungsschulen, die Buchführung für den Hand-

---

11 Gewerbeschau 20 (1888), 16
12 Gewerbeschau 20 (1888), 12, S. 136 ff.

werker, gewerbliches Zeichnen und Projektionslehre, Farbenlehre, Prämierungswesen und Unterrichtszeit geplant.

Die Ausstellung hatte offenbar den gewünschten Erfolg. 149 von ca. 208 (1889) Schulen stellten aus. Die "Gewerbeschau" beginnt ihren Bericht ungewohnt pathetisch[13]:

"Sachsen, das in Folge seines ausgezeichneten Rufes in gewerblicher Hinsicht verschiedene Schulen deutscher gewerblicher Verbände beherbergt, das mit Württemberg wetteifert in der Ausgestaltung seines gewerblichen Schulwesens, Sachsen, dessen Chemnitzer Höhere Gewerbeschule das Muster bildete für alle Gewerbeschulen Österreichs, veranstaltete in den Tagen vom 23. September bis 3. Oktober eine allgemeine Landesausstellung seiner gewerblichen Lehranstalten, von den einfachsten Vereinsschulen bis hinauf zu den höheren technischen und kunstgewerblichen Lehranstalten."

Daß die Regierung auch andere Zielstellungen mit der Ausstellung verband, zeigte sich im Hauptreferat des Ober-Regierungsrates Dr. Roscher, der feststellte, daß es für die gewerblichen Schulen notwendig sei, empfehlenswerte Einrichtungen zu festigen und unzweckmäßige zu beseitigen.

Auf diesen Leistungsvergleich von 1888 bezieht man sich in der Folge häufig in den Unterlagen, Zeitschriften und Briefen, insbesondere, wenn man Argumente für verschiedene vorgeschlagene Änderungen des Lehrplanes, der Lehrmethoden o.ä. benötigte.

Die Ausstellung der gewerblichen Schulen Sachsens hatte keine Nachfolgerin. Es schien, als ob alles, was mit Ausstellungen erreicht werden konnte, erreicht war. Zudem standen die Kosten für Ausstellung, Reisebeihilfen, Vergünstigungen für Schüler und Beamte usw. in keinem Verhältnis zu den Einnahmen. Allerdings erfolgten im Anschluß an diese Ausstellung ähnlich organisierte in anderen Staaten, z.B. die württembergische Landesschulausstellung 1889 oder die Ausstellung schweizerischer gewerblicher Fortbildungsschulen im Sommer 1890, bei der 87 Handwerkerschulen der Schweiz vertreten waren. Welche Beziehungen zwischen den Ausstellungen Sachsens und Württembergs bzw. der Schweiz bestanden, wäre noch zu erforschen.

Ausstellungen des Innungsverbandes Deutscher Baugewerksmeister

Der Verband Deutscher Baugewerksmeister bemühte sich seit 1875 um die Förderung der Baugewerkenschulen hauptsächlich in Preußen, wo die Entwicklung zu ausreichenden staatlichen Einrichtungen erst sehr spät einsetzte. Der Stand des Baugewerksschulsystems war, wie der Verband darstellte, zur damaligen Zeit nur in Sachsen und in Württemberg ausreichend. In diesem Bemühen wurde

---

13 Gewerbeschau 20 (1888), 19, S. 219

versucht, anläßlich von Delegiertentagen vergleichende Ausstellungen zu veranstalten, die uns heute einen hervorragenden Überblick über die Leistungen der Schulen und über die Befindlichkeit der Beteiligten geben.

Die Ausstellung von Schülerarbeiten zum Delegiertentag in Cassel 1879

Die erste Mitteilung über eine größere Ausstellung erfolgte 1879 anläßlich des 7. Delegiertentages des Verbandes Deutscher Baugewerksmeister in Cassel, also neun Jahre vor der eben besprochenen in Dresden. Nach einer kleineren Ausstellung im Vorjahr in Erfurt plante der Verband eine gesamtdeutsche Ausstellung von Schülerarbeiten aller von ihm anerkannten Baugewerkenschulen. Die Aufforderung des Verbandes, der sich als Vertreter von 4.000 selbständigen Mitgliedern vorstellte, beschrieb den Tagungszweck wie folgt[14]:

"Als wichtigster Punkt der Tagesordnung wird dieses Mal die Frage erörtert werden, welche Anforderungen an die deutschen Baugewerksschulen zu stellen sind, wenn die selben ihren Zweck der Ausbildung deutscher Baugewerksmeister ganz und voll zu genügen entsprechen sollen."

Die Meinungsbildung innerhalb der sächsischen Baugewerkenschulen fiel sehr differenziert aus und führte zur Ablehnung einer Beteiligung an der geplanten gesamtdeutschen Ausstellung, aber zur Teilnahme der Direktoren und einiger Lehrer. Die Gegenargumente zeigen ein deutliches Bild der damaligen deutschen Situation der Bauausbildung. So führte der Plauener Direktor in seinem oben erwähnten Schreiben vom 22. 3. 1879 aus[15]:

"1. im nördlichen Deutschland existieren hauptsächlich Privatschulen, Braunschweig, Hannover, Höxter, Holzminden, Buxtehude, Eckernförde usw.
2. diese Schulen sind eng zusammen, zuweilen in 3/4 stündiger Entfernung voneinander und versuchen so viel als irgendmöglich die Schülerzahl zu vermehren und zu konkurrieren.
3. Holzminden als Größte unter Direktor Haarmann hat über 1000 Schüler, Höxter 500 Schüler. Alle privaten werden sich beteiligen, staatliche kaum.
4. Holzminden hat 4 Klassen und eine Meisterklasse, wo die Absolventen des 4. Kurses, die zwischendurch gearbeitet haben, aufgenommen werden. Die Meisterklasse hat fast nur Entwerfen, der Abgang erfolgt mit einem Meisterdiplom."

Zur Qualität der Ausbildung in Holzminden weiß er zu berichten, daß "auch diese Meisterkandidaten fast durchgehend die hiesige Prüfung vor der königlichen Prüfungskommission nicht bestehen konnten und man sich mit gewisser Zuver-

---

14 Hauptstaatsarchiv Dresden, Ministerium für Volksbildung, Akten-Nr. 16703, Blatt 20
15 Ebd., Blatt 28 ff.

sicht dieser Konkurrenz unterziehen kann, wenn nämlich bei der Auswahl der Schülerarbeiten nach ganz gleichen Grundsätzen verfahren würde." Hauptgrund der Ablehnung war jedoch, daß es in Sachsen nach einer Reorganisation, die u.a. die Ausbildung um ein Semester verlängerte, noch keinen durchgängigen 4. Kurs gab und im 3. Kurs einige Fächer noch nicht gelehrt wurden.

Die Ausstellung, die von allen Direktoren besucht und danach im Detail ausgewertet wurde, war offenbar ernüchternd, was die Qualität der teilnehmenden Schulen und die Verhandlungen betraf. Die Forderungen des Verbandes zur Entwicklung der Baugewerkenschulen waren in Sachsen alle erfüllt, sie betrafen hauptsächlich die preußischen Einrichtungen. Lediglich die geforderte Einführung einer Reifeprüfung entsprach nicht dem sächsischen Konzept. Einige neue Lehrmethoden wie Lehrhefte mit Freiraum für Eintragungen wurden für die eigene Ausbildung vorgeschlagen.

Die Ausstellung von Schülerarbeiten zum Delegiertentag in Hannover 1893

Erst 1893 versuchte der Verband Deutscher Baugewerksmeister, der sich jetzt Innungsverband nannte, erneut eine Ausstellung von Schülerarbeiten und Lehrmitteln zu seinem IV. Delegiertentag zu organisieren. Im Januar 1893 ging eine entsprechende Anfrage beim sächsischen Ministerium des Innern mit der Bitte ein, die sächsischen Baugewerkenschulen zu beteiligen. Außer der Größe der Ausstellungsfläche wurden jedoch keine Anforderungen genannt. Das traf auf Befremden in den Lehrerkollegien. Der Zittauer Direktor wies deshalb zu Recht darauf hin[16]:

"Für die richtige Anordnung und Beurteilung der Ausstellungsarbeiten durch das Ausstellungsprogramm muß genügende Garantie geboten werden, wie dies beispielsweise im September bei der 1888 in Dresden abgehaltenen Ausstellung der sächsischen Gewerbeschulen der Fall war."

In diesem Sinne sprachen sich alle Schulen aus. In der Folge berichtete das Ministerium dem Innungsverband, daß nur bei Klärung der offenen Fragen mit einer sächsischen Teilnahme zu rechnen sei. Nach einer weiteren Intervention teilte der Verband im Juni 1893 - sechs Wochen vor der Ausstellung - mit, daß ein Beurteilungsausschuß gebildet werde. Als Zweck der Ausstellung wurde definiert, den Unterrichtsgang einem großen Publikum vorzustellen und Fachlehrern und praktischen Fachleuten einen Einblick in die Leistungen der Baugewerkenschulen zu geben.[17] Erst damit wurde die Teilnahme durch das Ministerium beschlossen.

---

16 Hauptstaatsarchiv Dresden, Ministerium für Volksbildung, Akten-Nr. 16704, Blatt 87
17 Vgl. ebd., Blatt 119 f.

An der Ausstellung nahmen schließlich 21 Schulen und auf Anordnung der preußischen Regierung die Zeichen- und Kunstgewerbeschule zu Kassel teil. Der Beurteilungsausschuß umfaßte 28 Mitglieder. Bei dessen Sitzung wurden die allgemeinen Thesen, die bereits 1879 in Kassel aufgestellt worden waren, wiederholt und die Fortschritte seit dieser Zeit gepriesen. Das waren Fortschritte - wie die Vergrößerung der Anzahl von staatlichen Schulen, die Verbesserung des Unterrichts -, die ausschließlich auf die preußischen Einrichtungen zutrafen.

Selbstverständlich bot diese Ausstellung - wie die 1879 in Kassel - eine Möglichkeit des Vergleichs der Leistungen und des Standes der Baugewerkenschulen in Deutschland, in einer Phase des Erstarkens der Innungen gegenüber den Gewerbevereinen. Im Vergleich zeigte sich, daß die Entwicklung der sächsischen Einrichtungen eine völlig andere war als die der restlichen beteiligten Schulen. Neben der fachlichen Zielrichtung trifft das auch auf die Frage der fehlenden Abgangsprüfung zu, deren Sinn nur in Verbindung mit der staatlichen Baumeisterprüfung zu verstehen war.

Der sächsische Vertreter im Beurteilungsausschuß, Prof. Berndt aus Chemnitz, konnte zwar weitgehend die sächsischen Positionen verständlich machen, den Gang der Dinge jedoch nicht beeinflussen. So stritt er vor Drucklegung der Broschüre des Ausschusses mit dem Vorstand des Verbandes "wegen einer Falschaussage, daß seit 1879 die Hebung des deutschen Baugewerksschulwesens durch den Verband stattgefunden habe - das trifft nicht für Sachsen und andere süddeutsche Schulen zu, die nicht vertreten sind"[18]. Außerdem sei der Beurteilungsausschuß keine Erfindung des Verbandes, sondern nur auf Bestreben Sachsens zustande gekommen. Der Vorstand des Innungsverbandes lenkte ein, änderte einige bemängelte Passagen und fügte eine durch Berndt vorgeschlagene Fußnote ein[19]:

"Die Bildung eines Beurteilungs-Ausschusses ... war unter Anderem vom Kgl. Sächsischen Ministerium des Innern als Bedingung der Beschickung der Ausstellung von den Königlich Sächsischen Baugewerkenschulen gestellt worden, weil die in den Jahren 1883 und 1888 abgehaltenen Ausstellungen sächsischer gewerblicher Schulen und die Schweizerischen Ausstellungen von 1890 und 1891 den hohen Nutzen einer planmäßigen, sachkundigen Beurteilung gezeigt hatten."

Aus sächsischer Sicht war die Ausstellung nicht zufriedenstellend. In seinem Bericht vom 19. September 1893 schreibt der Lehrer Kaiser aus Chemnitz[20]:

---

18 Ebd., Blatt 154
19 INNUNGS-VERBAND DEUTSCHER BAUGEWERKSMEISTER, Berlin: Die Ausstellung der vom Innungs-Verband Deutscher Baugewerksmeister anerkannten Baugewerksschulen zu Hannover im Palmengarten vom 16.-19. Juli 1893 nebst dem Bericht des gewählten Beurteilungsausschusses, S. 6
20 Hauptstaatsarchiv Dresden, Ministerium für Volksbildung, Akten-Nr. 16704, Blatt 155

"Zunächst ist zu bemerken, daß von einer Ausstellung sämtlicher deutscher Baugewerkenschulen nicht gesprochen werden konnte, denn die süddeutschen Schulen fehlten ganz. Stuttgart, weil zu wenig Platz war, Karlsruhe fehlte, weil es seine Arbeiten auf die Weltausstellung nach Chicago geschickt hatte, und Darmstadt, wie auch die bayrischen Baugewerkenschulen waren ebenfalls nicht vertreten, ohne daß man etwas über den Grund ihres Fernbleibens erfahren hätte ... Nur in wenigen Fällen lag die Veranlassung vor, irgend etwas als nachahmenswert für unsere Schulen zu bezeichnen. Ohne fürchten zu müssen, sich selbst zu überschätzen, kann man getrost behaupten, daß sich die Baugewerkenschulen Sachsens in bezug auf zeichnerische Leistungen nicht nur anderen ebenbürtig, sondern sogar überlegen zeigten."

Differenzierter beschrieb Berndt am 31./30. 9. 1893 seine Eindrücke[21]:

"Zunächst ist der Nutzen der Vertretung der Königlich-Sächsischen Baugewerkenschulen auf der Hannoverschen Ausstellung nicht zu verkennen, die Lehrer haben die Sicherheit gewonnen, daß ihre Leistung hinter denen der anderen auf der Ausstellung vertretenen Schulen nicht zurücksteht, ja, sie in manchen übertrifft. Für künftige etwa wiederkehrende Ausstellungen deutscher Baugewerkenschulen, die vom Innungsverband veranlaßt werden, wäre zu erwägen, ob eine Wiederbeteiligung überhaupt ersprießlich sein wird, nachdem einmal Resultate gewonnen sind, wird diese nach der übereinstimmenden Meinung der in Hannover anwesenden Lehrer kaum nötig sein. Kosten und Mühe können also gespart werden, aber selbst wenn sie von den sächsischen Schulen nicht beschickt wird, möchten Vertreter dahin gesandt werden." Falls aber doch wieder eine Beteiligung erwogen wird, so sollte beachtet werden: *"Die Ausstellung darf nicht in einem Raume geschehen, in dem die Zeichnungen und sonstigen Ausstellungsgegenstände dem Verderben ausgesetzt sind, daher auch nicht in einem mit Glasdach versehenen Raume, von dem Wasser herabtropft."*

Einziger positiver Punkt war wiederum die Betrachtung einiger nachahmenswerter Lehrmittel.

1879 findet sich in den einschlägigen Fachzeitschriften kaum eine Notiz über die Ausstellung in Kassel. Das öffentliche Echo auf die Ausstellung 1893 war groß und reflektierte die Konflikte im Bauwesen der Zeit. So nahm der Norddeutsche Baugewerksanzeiger und Ziegeleianzeiger die Ausstellung zum Anlaß, die Entwicklung des Erstarkens der Innungen zu kritisieren[22]:

"Wir sprechen es frei heraus, wir halten die heutigen Innungen zur Beurteilung der richtigen Handhabung der Baugewerksschuleinrichtungen für wenig geeignet. Sachsen hat das längst richtig erkannt, handhabt seine Baugewerkenschulen

---

21 Ebd., Blatt 140 f.
22 Norddeutscher Baugewerksanzeiger und Ziegeleianzeiger 3 (1893), 31, 30. 7. 1893

unabhängig von jedem Innungseinfluß, hat keine theoretische Meisterprüfung an den Schulen, und die Überlegenheit der Leistung an den Schulen hat bewiesen, welches System das Richtige ist."
Besonders die Architekten und Ingenieure, die Konkurrenten der Abgänger der Baugewerkenschulen, meldeten sich zu Wort. Sie ließen die Tendenz erkennen, die Baugewerksmeister in die reine Bauausführung zu drängen und ihnen die Bildungsgrundlage für den Entwurf zu entziehen. Nach einigen prinzipiellen Feststellungen zu den Baugewerkenschulen in dieser Richtung im Januar und März 1893 und einer sachlichen allgemeinen Darstellung des Ausstellungsherganges beurteilte die Deutsche Bauzeitung, das "Verkündigungsblatt des Verbandes Deutscher Architekten- und Ingenieurvereine"die Ausstellung folgendermaßen[23]:

"Die Baugewerksschulen leiden am Übergewicht wesentlich zeichnerisch potenter und am Mangel bauwissenschaftlich durchgebildeter Lehrkräfte. Daher überall ein aufdringliches Hervortreten gleißender Äußerlichkeiten auf Kosten der innern Tüchtigkeit. Am relativ erfreulichsten erschienen die Leistungen der preußischen Baugewerksschulen, die in der Prüfungsordnung vom 6. September 1882 einen wertvollen Regulator besitzen ... Allgemeine Überraschung erregten die Ausstellungsgegenstände der fünf staatlichen Schulen des Königreiches Sachsen. Hier zeigt sich, daß das Fehlen einer Abschlußprüfung und demgemäß auch einer das Ziel der Anstalten festgelegten Prüfungsordnung leicht zum Überschreiten der Grenzen des die Baugewerksschulen Angemessenen verleitet."

Dieser Angriff, der auch in ähnlicher Form in anderen Zeitschriften zu finden war und säuberlich in den Akten des sächsischen Ministeriums des Innern abgeheftet wurde, verfehlte seine Richtung nicht: Die Tendenz wandelte sich allmählich. Unzweifelhaft ist die bereits erwähnte Kommissarische Beaufsichtigung der Baugewerkenschulen 1893 in diesem Zusammenhang zu sehen.[24] Die Berufung des Kommissars wird mit einem Hinweis auf die Ausstellungen in Dresden 1888 und der in Hannover, die ja erst kurz vorher stattfand, begründet. Daß der Geheime Hofbaurat Dunger, der damals den Umbau des Königlichen Residenzschlosses leitete, für dieses Amt benannt wurde, zeigt den hohen Stellenwert, der dem Konflikt beigemessen wurde.

---

23 Deutsche Bauzeitung 27 (1893), 61, S. 274
24 Vgl. Hauptstaatsarchiv Dresden, Ministerium für Volksbildung, Akten-Nr. 16743

Die Arbeit der Gewerbevereine auf dem Gebiet des Ausstellungswesens

Ein Impuls für die gewerblich-technische Ausbildung in Industriebetrieben?

GERHARD DREES

Einleitung

Ist es denkbar, daß sich die Essenz der mehrmonatigen Arbeit an einer wissenschaftlichen Themenstellung letztlich in einem einzigen Zeichen ausdrücken läßt? Vielleicht, halten sich doch in akademischen Zirkeln hartnäckig Legenden wie die von der Dissertation des Philosophen, die nur ein - offenbar letztrationales - Wort umfaßte, oder die von dem begnadeten Mathematiker, der das Ergebnis seines Denkens in einem lapidaren "p" auszudrücken wußte. Aber auch weit entfernt von dergleichen Geniestreichen und im vergleichsweise unspektakulären Feld berufspädagogisch-historischer Forschung können, wie gezeigt werden soll, unscheinbare Zeichen letztlich entscheidende Nuancen setzen. So gelangt im folgenden ein Satzzeichen zu Bedeutung, und, als gehörte sich das so in Verneigung vor der Tradition der Disziplin, es ist das Fragezeichen. Gemeint ist eben jenes, das im Titel dieses Beitrages einer einst definitiven Aussage den Ausdruck schüchternen Zweifels beigibt und von dem sich - dies vorab - durchaus sagen läßt, daß es die Erkenntnisbildung zur Thematik treffend auf einen Haken und einen Punkt bringt.

Erste Überlegung, der ursprünglich so selbstverständlich formulierten Aufgabe gegenübertretend, war es zu bilanzieren, was die Gewerbevereine an impulssetzenden, ausbildungsrelevanten Aktivitäten auf dem Gebiet des Ausstellungswesens vorzuweisen haben. Präsentable Fakten sollten sich bei fleißigem Quellenstudium[1] demjenigen üppig erschließen, der sich im ersten Zugriff von der folgenden Erwartung leiten ließ: Gewerbevereine entstehen zur Zeit der Industrialisierung in den deutschen Ländern, und sie sind Ausdruck der Absicht der Gewerbetreibenden, den mit einem epochalen Wandel verbundenen Notwendigkeiten gemeinsam zu genügen. Solche Notwendigkeiten ergeben sich im Zuge der arbeitsorganisatorisch-technischen Veränderungen auch in qualifikatorischer Hinsicht - eine Annahme in der Linie der bis heute in der berufsbildungspoliti-

---

1 Für die Unterstützung bei den Literaturrecherchen danke ich Herrn Jürgen Stratmann, Hamburg.

schen und berufspädagogischen Diskussion weithin gesetzten einfachen Ableitung "neue Technik - neue (gleich höhere) Qualifikationen", in Fortsetzung gelegentlich noch "neues Lernen". Gerade in der Zeit der aufkommenden Industrialisierung, so scheint es, haben nach dieser Formel nahezu zwingend auch Ausbildungsbelange zu diesen Unabweisbarkeiten zählen müssen. Und die Gewerbevereine, so liegt es nahe, müßten *die* oder eine Instanz gewesen sein, von der entsprechende Bedarfsformulierungen und Impulse ausgegangen sind. Gewerbeausstellungen wiederum dürften die Einrichtung gewesen sein, die mit der neuesten Technik auch die neuesten Qualifikationsansprüche oder gar Umsetzungsformen für die darauf bezogene Ausbildung der (Fach-)Öffentlichkeit vor Augen geführt, die Möglichkeiten zur Diskussion ausbildungsrelevanter Fragen unter den Gewerbetreibenden geboten und so, um einen bequemen modernen Begriff zu verwenden, als Multiplikatoren gewirkt haben.

Diese Vorstellungen mögen bei wohlwollender Rezeption als einleuchtend durchgehen, zumal sie sich paßgerecht in verbreitete Interpretationsschemata der Berufspädagogik schmiegen und traditionsreiche Denkgewohnheiten artig aufgreifen. Bei genauer Betrachtung wird allerdings deutlich, daß der Aufgabe in der Form einer solchen Bilanz nicht beizukommen ist, daß sie, zumindest in ihrer Zuschneidung auf den thematisierten Zeitraum eines Jahrhunderts von der Gründung der ersten Gewerbevereine bis zu ihrer Gleichschaltung beim Übergang zum Faschismus und nicht nur für das hier schwerpunktmäßig betrachtete Preußen, eine solche gar nicht hergibt. Die Thematik verlangt nach einem anderen, subtileren Zugang. Was mit den Mühen, die sie damit aufbürdet, versöhnt, sind die Aufschlüsse, die die Auseinandersetzung mit den historischen Gründen für diesen Umstand erbringt.

Die folgenden Ausführungen sollen daher, die Anwendung des ihren Titel beschließenden Fragezeichens nach und nach legitimierend, teilhaben lassen an der allmählichen Kumulation von Zweifeln an einer sonderlich weitreichenden Bedeutung der Gewerbevereine und ihres Ausstellungswesens für die Entwicklung der gewerblich-technischen Ausbildung, und sie sollen Ursachen für diesen Befund aufführen.

Dazu wird zunächst komprimiert der zeitgeschichtliche Hintergrund in der Phase der beginnenden Industrialisierung ins Gedächtnis gerufen, wobei der staatlichen Gewerbeförderungspolitik besonderes Augenmerk gilt. Um die Rolle der Gewerbevereine in diesem Kontext recht einschätzen zu können, muß sodann "ganz vorne", d.h. beim Entstehen der ersten Gewerbevereine und der Frage nach den ihnen zugedachten Bestimmungen, Zielen und Aufgaben begonnen werden. Ausführungen über Funktionen und Geschichte der Gewerbeausstellungen führen zur Beantwortung der Frage nach den feststellbaren manifesten Auswirkungen auf die gewerblich-technische Ausbildung in der Industrie bzw. eben nach den

Gründen für ihr Ausbleiben. Abschließend werden die wesentlichen Aussagen zu einem Fazit zusammengeführt.

Zeitgeschichtlicher Hintergrund - Staatsinterventionistische Aufschwungspolitik und frühindustrielle Qualifizierungsoffensive

Zunächst also ein kurzer Blick zurück zu den Ursprüngen der Gewerbevereine, der dazu in das Preußen des frühen 19. Jahrhunderts zu lenken ist.

Die Gewerbevereine sind Produkte jener Zeit, in der die deutschen Länder, Preußen allen voran, an der Schwelle zur Industrialisierung standen. In Preußen selbst waren unter der Ägide Friedrich d. Gr. und auf seine Initiative hin bereits erste industrielle Strukturen entstanden, die aber, wie schon durch staatliche Intervention überhaupt zustandegekommen, unausgesetzt administrativer Lenkung und noch mehr Förderung bedurften, um bestehen zu können. Die während der friderizianischen Regentschaft in extremer Weise auf die Person des Königs zentralisierte Staatsführung war nach dessen Tod schon deshalb mit der weiteren Hege der industriellen Frühkultur überfordert, weil sie a) in den Personen der Nachfolger auf dem Thron die Kompetenz missen ließ und b) auf der Ministerebene in die Amtsführung Friedrichs d. Gr. zu wenig eingeweiht war, um sie fortsetzen zu können. Das Kompetenz- und Machtvakuum an der Staatsspitze lähmte die industrielle Fortentwicklung. Gleichzeitig erwies sich das merkantilistische System, wie es zu jener Zeit praktiziert wurde, als wenig erfolgreich. Die Wirtschaft, nicht zuletzt auf die Konsumbedürfnisse der zahlungskräftigen höchsten Schichten konzentriert, war in eine Überproduktionskrise geraten und sah sich allseitiger Kritik ausgesetzt. Diese wurde in der bekannten Anlehnung an Adam Smith aufgegriffen und zu der mit seiner Freihandelslehre entworfenen Vision sozioökonomischer Bedingungen transformiert, in denen sich auf dem Fundament des freien Wettbewerbs aller wirtschaftlichen Kräfte Wohlstand und soziale Gerechtigkeit von selbst herstellen sollten. Insbesondere diese Perspektive sozialer Wohlfahrt war dafür verantwortlich, daß das vom Geiste der deutschen Aufklärung geprägte progressive junge Beamtentum in Preußen die liberale Wirtschaftstheorie aufgriff und zum Träger von Verwirklichungsinitiativen wurde.[2]

Dies geschah unter dem Eindruck eines heillosen Rückstands der deutschen Wirtschaft gegenüber der internationalen Konkurrenz, insonderheit Frankreichs, Englands, Belgiens und der USA. Diese Staaten waren den deutschen nicht nur, was die technischen Einrichtungen und die Handelssysteme betraf, um Längen voraus, sie bauten auch zügig ihren Einfluß in Deutschland aus, beherrschten

---

2 Vgl. MIECK, ILJA: Preußische Gewerbepolitik in Berlin 1806 -1844. Berlin 1965, S. 2 ff.

ganze Märkte und begannen zu investieren und sich niederzulassen. Sie waren die Exponenten der entstehenden industriellen Entwicklungen, die an Deutschland noch weitgehend spurlos vorbeigegangen waren.

Vor diesem Hintergrund begannen, und zwar ausgehend von der preußischen Verwaltung, Initiativen zu einem zeitgemäßen Umbau der Wirtschaft mit dem Ziel, sie international konkurrenzfähig zu machen. Die entsprechenden Initiativen waren an dem liberalistischen Ökonomiemodell orientiert. Wo nun aber Smith das freie Wirken der wirtschaftlichen Kräfte ohne äußere Regulierung empfahl, erlaubte sich die preußische Verwaltung in der Person des Freiherrn vom Stein insofern eine freie Auslegung dieser Lehre, als sie - wohl zu Recht - annahm, daß die darbende preußische Wirtschaft ihren Weg zum Liberalismus nicht von selbst finden würde. v. Steins Politik sah daher einen langsamen Abschied vom Merkantilismus und die allmähliche Implementierung liberaler Elemente unter der Regie des Staates vor, der die Bedingungen schaffen sollte, in denen die freie Konkurrenz auf sicherem Boden würde florieren können. Der preußische Staat blieb so die eigentlich treibende Kraft der Entwicklung des Wirtschaftssystems. Ähnliches gilt für die industrielle Entwicklung. Die Herausbildung einer arbeitsorganisatorisch-technischen Basis für den wirtschaftlichen Aufschwung sollte durch die massive Förderung des Wandels zu industriellen Produktionsformen unterstützt werden. In der konsequenten Umsetzung dieser Politik allein wurde die Chance für eine gedeihliche Wirtschaftsentwicklung und die Voraussetzung dafür gesehen, in der internationalen Konkurrenz zukünftig bestehen zu können. Ein entscheidendes Datum in diesem Prozeß ist die Einführung der Gewerbefreiheit, verbunden mit der Aufhebung des Zunftzwanges 1810/11, die mit dem Namen des damaligen Staatskanzlers Hardenberg verbunden wird. Mit dem die Liberalisierung begründenden Gewerbesteuergesetz von 1810 wurden im Sinne des freien Wettbewerbs Ausschlußbestimmungen aufgegeben: Die Gewerbetreibenden, die zur Zeit der Zünfte eng kooperiert und - u.a. durch eine sehr selektive Ausbildungspraxis - Konkurrenz weitgehend ausgeschlossen hatten, standen nun im Wettbewerb.

Allerdings wurde dieser staatlich initiierte Innovationskurs von der in den handwerklichen Traditionen, Vorstellungen und Arbeitsformen tief verhafteten Wirtschaft nicht recht mitgesteuert. Wiewohl die Gewerbepolitik langfristig zu Nutz und Frommen der Gewerbetreibenden wirken sollte, waren diese auf die alten Verhältnisse zurückorientiert und sogar von der Zwischenzeitlichkeit der mißliebigen Reformen überzeugt: Man hielt vor allem die Gewerbefreiheit für eine vorübergehende Laune und war, von der vormaligen Bequemlichkeit verwöhnt, nicht bereit, sich den Unwägbarkeiten und dem Aufwand konkurrenzorientierter Wirtschaft zu stellen. Doch auch gegen die Handelsfreiheit opponierten die Fabrikanten und Unternehmer, der Stand also, "der ... noch immer glaubte, selbständiges Handeln und erfolgreiche eigene Geschäftsmethoden entbehren zu können und die Sorge für den Umsatz und für die Erhaltung der Fabriken überhaupt gern auf den Staat abschieben wollte"[3]. Der Zug in die neue Zeit kam so nicht recht in Fahrt.

Für die ohnehin auf stark interventionistischen Gleisen fahrende preußische Verwaltung war dies Anlaß zu weiteren Vorkehrungen, die das Fortkommen auf der zukunftsweisenden Spur zusätzlich unterstützen sollten. In der Sorge um den Erfolg der Reformen und um den Umbau der Wirtschaftsstrukturen abzusichern, wurde ein Begleitprogramm eingeleitet, mit dem die Gewerbetreibenden unterstützt und gleichzeitig animiert werden sollten, auf den anrollenden Zug aufzuspringen.

Diese Maßnahmen sind unmittelbar verbunden mit dem Namen Peter Wilhelm Beuth[4], seinerzeit Chef der Abteilung für Handel und Gewerbe im preußischen Gewerbe-Departement. Unter seiner Führung wurden die "großen drei Direktiven als Mittel gewerbepolitischer Förderungsmaßnahmen"[5] formuliert und realisiert: Zum ersten wurde das technische Schulwesen neu organisiert. Beuth gründete in Berlin eine Fachschule zur Ausbildung von Werkmeistern und Fabrikanten, das spätere Gewerbe-Institut (dessen erster Direktor er war), und initiierte die Gründung öffentlicher und privater Fachschulen mit der Aufgabe, die für die industriellen Produktionsformen relevanten Qualifikationen hervorzubringen. Zum zweiten wurde die "Technische Deputation für Gewerbe" installiert, der die Aufgabe der Fortbildung der Gewerbetreibenden und Industriellen - u.a. durch das Ermöglichen von Auslandsreisen - und die Propagierung bewährter Fertigungsmethoden und Maschinen zugedacht war. Beuth selbst wurde erster Direktor auch dieser Einrichtung. Zum dritten aber sollte die Begründung eines technischen Vereinswesens zu privater Mitarbeit auf dem Gebiet der Gewerbeförderung anregen. Mit dieser Maßgabe wurde der entscheidende Anstoß für die Konstituierung von Gewerbevereinen gegeben.

Die Schaffung optimaler Reproduktionsbedingungen für die Wirtschaftssubjekte auch unter dem neuen Vorzeichen des Wettbewerbs - dies war erklärtes Ziel

---

3   MIECK: Preußische Gewerbepolitik in Berlin, S. 211
4   Zu Beuth und seinen berufsbildungspolitischen Aktivitäten siehe STRECH, KARL-HEINZ: Christian Peter Wilhelm Beuth. Eine der großen Gestalten der Gewerbeförderung im 19. Jahrhundert. In: BONZ, BERNHARD u.a. (Hg.): Berufsbildung und Gewerbeförderung. Zur Erinnerung an Ferdinand Steinbeis (1803-1893). 4. Berufspädagogisch-historischer Kongreß 6.-8. Oktober 1993 in Stuttgart. Berlin 1994, S. 105-124.
5   FLIEGNER, HELMUT ALFRED: Gewerbevereine in den preußischen Rheinlanden in der ersten Hälfte des 19. Jahrhunderts. Bonn 1972, S. 48-122, hier S. 52 f.

der preußischen Gewerbeförderung und der drei Direktiven. Der Initiator, Peter Wilhelm Beuth, benennt diese Absichten selbst so[6]:

"Ein Staat, der wie der preußische seinen Fabrikanten nicht durch Einfuhrverbote oder abnorme Eingangsabgaben Prämien bewilligt, die es überflüssig machen, sich viel um sie zu bekümmern, der sie vielmehr dem Wind und Wetter der Konkurrenz aussetzt, hat auch meines Erachtens die Pflicht, sie mit den Mitteln bekannt zu machen, die Konkurrenz siegreich zu bestehen.".

In den Kontext dieses Bestrebens fällt die Gründung von Gewerbevereinen im Rahmen einer staatlichen Direktive zur Gewerbeförderung.

Gewerbevereine als Instrumente staatlicher Wirtschaftsförderung

Im Jahr 1821 wurde in Berlin als Urvater aller Gewerbevereine der "Verein zur Beförderung des Gewerbfleißes in Preußen" gegründet.[7] Sein Stifter und erster Vorsitzender war der eben zitierte Peter Wilhelm Beuth. Als Zweck des Vereins wurde es deklariert, "die Entwicklung und den Aufschwung der Gewerbe im preußischen Staate, möglichst (im Sinne von "bestmöglich" - G.D.) zu befördern"[8]. Dazu sollten im wesentlichen vier Maßnahmenbündel beitragen:

Erstens die "Kenntnisnahme von dem Zustande der Gewerbsamkeit im In- und Auslande, Prüfung von Entdeckungen und Erfindungen"[9] und dies "auch durch ausgesprochene Werkspionage und mit Bestechung jeder Art, Abwerbung, illegaler Auswanderung u.ä."[10].

Zur Illustration dessen, was in diesem Aufgabenkatalog verwundern mag, bieten die Schilderungen Günter Oggers zu der Zeit, "als der Kapitalismus jung und verwegen war"[11], reichhaltiges Material. Er führt heiter und anschaulich vor Augen, daß die vom Schleier peinlichster Diskretion in entwaffnend offener Rede befreiten kriminellen Aspekte gründerzeitlicher "Wirtschaftsaufklärung" in praxi auf abenteuerliche Weise und offenbar ebenso verbreitet wie erfolgreich gepflegt wurden. Meritenreiche Wirtschaftsprominenz tritt dabei in ganz unvertrauter Rolle auf: So begleitet der bangende Leser den Stahlfabrikanten Eberhard Hoesch, wenn er in einem englischen Stahlwerk spioniert, sich in einem Hochofen

---

6 Zit. n. MIECK: Preußische Gewerbepolitik in Berlin, S. 29
7 Zur Intention und Geschichte dieses Vereins siehe WIESE, KLAUS: Erziehung der Unternehmer - Der "Verein zur Beförderung des Gewerbfleißes in Preußen" während der Frühindustrialisierung. In: BONZ u. a.: Berufsbildung und Gewerbeförderung, S. 187-220.
8 Verhandlungen des Vereins zur Beförderung des Gewerbfleißes in Preußen 1 (1822), 1, S. 3
9 Ebd.
10 FLIEGNER: Gewerbevereine in den preußischen Rheinlanden, S. 63
11 Siehe OGGER, GÜNTER: Die Gründerjahre: als der Kapitalismus jung und verwegen war. München 1982.

verstecken muß und mit knapper Not dem Tode beim Anblasen desselben oder durch Hinrichtung entgeht. Oder er staunt, wie der Berliner Dampfmaschinenbauer Borsig sich nicht ganz rechtens, aber pfiffig die Baupläne amerikanischer Lokomotiven beschafft, um sie sozusagen als Anregungen für das eigene Bemühen auf sich wirken zu lassen.[12]

Neben den Bemühungen, Teilhabe zu gewinnen an dem naturwissenschaftlich-technischen Kenntnisstand der fortgeschrittenen Industriestaaten, wurden aber auch Anreize bereitgestellt, solches Wissen selbst zu schaffen, so durch "Aufmunterung durch Belohnung bedeutender Erfindungen" und das Schüren von "Konkurrenz durch das Aussetzen von Prämien"[13].

Zweitens sollte die Herausgabe von Informationsschriften, Mitteilungsblättern, Zeitschriften und Fachschriften zur Hebung des (technischen) Kenntnisstandes unter den Gewerbetreibenden beitragen. Der Verein sollte mit seinen in- und ausländischen Mitgliedern schriftlichen und mündlichen Kontakt pflegen, in seinem Vereinsorgan, den "Verhandlungen", wichtige technische Fortschritte veröffentlichen sowie technische Literatur beschaffen, erwerben oder wenigstens Auszüge daraus anfertigen lassen.[14]

Drittens wollte sich der Verein um die Einrichtung von Ausstellungsgebäuden bemühen, in denen Modellsammlungen aufgestellt und Literatursammlungen und Bibliotheken eingerichtet werden konnten. Mit dieser Zielstellung war ein wichtiger Anstoß zur Begründung eines Ausstellungswesens gegeben. Der Rang, der diesem Bemühen zugedacht war, äußerte sich auch darin, daß der Verein noch in seinem Gründungsjahr ein eigenes Ausstellungsgebäude - im Ursinne königlich finanziert - ankaufen und bereits im Folgejahr bestimmungsgemäß nutzen konnte.[15]

Schließlich sollte viertens die Einrichtung von Bildungszentren, Schulen allgemeinbildender und fachlich-gewerblicher bzw. berufsbildender Art, Zentralgewerbeschulen, Förderungsanstalten, von technischen Schulen, Fachschulen und Hochschulen zur Aus- und Fortbildung der Gewerbetreibenden beitragen.

Die Bedeutung dieses Vereins für die Gewerbeentwicklung in Preußen und, auf korporativer Ebene, als Impuls für die Gründung und als Beispiel für die Aktivitäten anderer Vereine erschließt sich über die Einschätzung Helmut Alfred Fliegners, der in einer Arbeit zur Geschichte der Gewerbevereine in den preußischen Rheinlanden zusammenfaßt[16]:

---

12   Ebd., S. 15 ff. und S. 35 ff.
13   Verhandlungen des Vereins zur Beförderung des Gewerbfleißes in Preußen 1 (1822), 1, S. 3
14   FLIEGNER: Gewerbevereine in den preußischen Rheinlanden, S. 63 f.
15   MIECK: Preußische Gewerbepolitik in Berlin, S. 141
16   FLIEGNER: Gewerbevereine in den preußischen Rheinlanden, S. 57 f.

> *"Der Verein, seine Ziele und Zwecksetzungen sowie die Ziele seines Begründers in gewerbepolitischer Hinsicht sind in ihrer Wirkung und ihren Intentionen in dem angesprochenen Zeitabschnitt aufs engste verquickt mit den Maßnahmen der preußischen Regierung zur Hebung der gewerblichen Produktion in qualitativer und quantitativer Hinsicht sowie der Förderung des nationalen ‚Gewerbefleißes' überhaupt, mit einem Wort: Die Geschichte des Zentralgewerbevereins Berlin ist die Geschichte der Gewerbeförderung Preußens und spiegelt die preußische Gewerbepolitik jener Dezennien wider."*

In der Folgezeit machte das Berliner Beispiel Schule, und es kam zur Gründung einer Vielzahl von Gewerbevereinen. So wie der erste waren auch die im weiteren entstehenden Zusammenschlüsse staatliche Gründungen oder kamen mit staatlicher Unterstützung zustande. Nur in einem Fall ist eine Privatperson als Anreger einer Vereinsgründung nachweisbar, wobei diese Initiative jedoch fehlschlug.[17] Gewerbevereine entstanden als gewerbliche, freiwillige Zusammenschlüsse mit privatrechtlichem Charakter nach dem Vereinsrecht. Jedermann konnte ihnen beitreten, weshalb die Zusammensetzung der Mitgliedschaften und die Aufgabenstellungen je nach der Wirtschaftsstruktur der jeweiligen Region und der Gründungszeit unterschiedlich ausfielen, insgesamt jedoch mit einem Schwergewicht bei der höheren Beamtenschaft und den Gewerbetreibenden.

Der Gewerbeverein Dortmund z.B. wurde 1840 gegründet. Seine Mitglieder waren Handwerker, Kaufleute, höhere und niedere Bergbeamte und der Landrat. Die höheren Bevölkerungsschichten stellten eindeutig das Gros der Mitglieder. Mit seinen Zielen, Beförderung des Gewerbefleißes und "Verbreitung nützlicher Kenntnisse (der Mitglieder) unter sich durch Lectüre und mündliche Unterhaltung", war er standespolitisch orientiert.[18] Der Essener Gewerbeverein hingegen, erst 1865 gegründet, wird von den Arbeitern und Handwerkern in bedeutendem Maße mitgetragen und soll der "allgemeinen Volksbildung" dienen.[19]

Als die hauptsächlichen gemeinsamen Aufgaben und Ziele der Gewerbevereine lassen sich zusammenfassen:
– Aufklärung über Gegebenheiten und Entwicklungen im Bereich der in- und ausländischen Gewerbe,
– Motivierung der Gewerbetreibenden zu privaten Initiativen und Aktivitäten,
– Einflußnahme auf Politik und Verwaltung,
– solidarische Unterstützung der Gewerbetreibenden untereinander und,
– immer wieder als ein Hauptanliegen, die Förderung des wissenschaftlichen Unterrichts.

---

17 FLIEGNER: Gewerbevereine in den preußischen Rheinlanden, S. 110
18 HARENBERG, BODO (Hg.): Chronik des Ruhrgebiets. Dortmund 1987, S. 98
19 Ebd., S. 144

Von Beginn an war eine der eigentlichen Intentionen der preußischen Gewerbepolitik und nun für die Gründung und die Arbeit der Gewerbevereine die Erziehung. Schon v. Stein hatte "die pädagogische Aufgabe in den Mittelpunkt jeder Gewerbeförderung" gestellt.[20] Diesem Prinzip zeigte sich auch Beuth bei der Gründung des Berliner Gewerbevereins verpflichtet. Adressaten solcher Bemühungen waren zum einen und ursprünglich die Gewerbetreibenden selbst. Es ging darum, möglichst viele Fabrikanten und Handwerker für die neuen volkswirtschaftlichen Ideen zu gewinnen, darüber hinaus ihren allgemeinen und fachlichen Kenntnisstand zu erhöhen und sie auf diesem Wege in die Lage zu setzen, ähnliche Leistungen zu vollbringen wie ihre ausländischen Kollegen. Zu diesen Zwecken sollten Fortbildungsveranstaltungen sowie die Organisation von Ausstellungsbesuchen und Studienreisen dienen. Die Initiative war ganz offenbar dringend nötig: Das Bildungsniveau vieler Gewerbetreibender und Führungskräfte in Gewerbebetrieben war äußerst gering, so gering, daß einige nur mit Mühe ihren Namen schreiben und ihre Bücher führen konnten.[21] Die frühe Qualifizierungsoffensive galt aber zum anderen auch der übrigen Erwerbsbevölkerung und stand im Dienste der Durchsetzung der neuen Produktionskonzepte und der Schaffung von Akzeptanz bei der arbeitenden Bevölkerung. Denn: "Denkende Männer hatten ... längst erkannt, daß alle staatlichen Maßnahmen versagen müssen, wenn das Volk ungebildet bleibt und in wirtschaftlicher Lethargie verharrt."[22]

Gleichsam eine frühkapitalistische Bildungskatastrophe als Hemmnis für den industriellen Wandel und den wirtschaftlichen Aufschwung diagnostizierten also die staatlichen Gewerbeförderer. Die Situationsbeschreibung ähnelte dem düsteren Zukunftsbild, das in der Bundesrepublik Deutschland in den 60er Jahren dieses Jahrhunderts anläßlich der Einführung der Automatisierungstechniken, populistisch verbrämt mit dem Motiv des "Sputnikschocks", an die Wand gemalt wurde.[23] Zudem sind die Motivationen und die Richtungen der staatlichen Aktivitäten vergleichbar. Wie die Bildungsreformpolitik in der jüngeren Vergangenheit, so brachte auch ihre gründerzeitliche Ahnin auf administrativer Ebene hauptsächlich vielfältige politische Initiativen und neue Institutionen hervor, so zusätzlich zu den erwähnten technischen Fachschulen "Gewerbschulen und Sonntagsschulen, theils von den Gewerbvereinen selbständig gestiftet und erhalten, theils mit denselben in Verbindung gesetzt, oder wenigstens von ihnen durch Geldzuschüsse, unentgeltliche Lehrverträge u.s.w. unterstützt"[24]. Neben der

---

20 MIECK: Preußische Gewerbepolitik in Berlin, S. 12
21 MIECK: Preußische Gewerbepolitik in Berlin, S. 37 f.
22 TERTULIN, BURKHARD: Geschichte der Bayerischen Gewerbevereine. München 1921/1927, zit. n. FLIEGNER: Gewerbevereine in den preußischen Rheinlanden, S. 122
23 PICHT, GEORG: Die deutsche Bildungskatastrophe. Olfen und Freiburg 1964, S. 11 ff.

Durchführung und Förderung von Bildungsmaßnahmen war aber auch die Einflußnahme auf alle ausbildungsrelevanten Institutionen und Behörden, vor allem die Schuladministration, vorgesehen. Sie zielte auf Verbesserungen des Unterrichts und der Ausstattung der Einrichtungen.

Die mit diesen Bildungsaktivitäten verbundenen Einschätzungen und Intentionen legte Karl Karmarsch[25] in einem umfangreichen Aufsatz zu den Aufgaben und Zielen der Gewerbevereine in der Deutschen Vierteljahrsschrift des Jahrgangs 1840 dar. Auch sie lesen sich, wiewohl in der Sprache der Zeit verfaßt, in der Grundaussage nicht unvertraut[26]:

"Bei den innigen Beziehungen, in welchen die reine und angewandte Mathematik, die Naturwissenschaften, insbesondere Physik und Chemie, zu der Technik stehen, ist der Unterricht in diesen Wissenschaften eines der kräftigsten und am tiefsten eingreifenden Förderungsmittel für den rationellen Betrieb der meisten Gewerbe, sie mögen nun von geringerem oder großartigerem Zuschnitte seyn ... Unter Umständen, wo der Schulunterricht aus allgemeinen oder individuellen Gründen nicht genügend auf das in Rede stehende Ziel hat hinwirken können, muß wenigstens getrachtet werden, dem Mangel einiger Maßen durch Darbietung einer Gelegenheit zu nachträglicher Erwerbung der unentbehrlichsten Kenntnisse abzuhelfen. Dem Unterrichte in Mathematik und Naturwissenschaften schließt sich unmittelbar, und als ein nicht minder dringendes Erforderniß jener im Zeichnen und theilweise in plastischer Bildnerei (Bossiren) an, welcher sogar für den Bedarf einiger Gewerbszweige in die Hauptstelle eintritt."

Wer aus heutiger Sicht die gerade weitgehend folgenlos im Sande verlaufende Diskussion um die Bedeutung der sog. neuen Techniken für die Entwicklung der Qualifikationen und die Berufsbildung in seine Betrachtungen einschließt, ist geneigt, von einer gewissen Regelhaftigkeit der Verknüpfung von arbeitsorganisatorisch-technischer Entwicklung und dem Einsatz (beruflicher) Qualifizierung durch die staatliche Administration zu sprechen. Man fühlt sich an die unterschiedlich akzentuierten Gedanken Gero Lenhardts (u.a. 1980), Dirk Axmachers (1974 und 1975) und Claus Offes (1975),[27] die Hintergründe der in den sechziger

---

24 KARMARSCH, KARL: Die deutschen Gewerbevereine. In: Deutsche Vierteljahrsschrift 1840, 4, S. 296

25 Zu Karmarsch siehe den Beitrag von LARS U. SCHOLL in Band I dieser Veröffentlichung, S. 245-262.

26 KARMARSCH, KARL: Die deutschen Gewerbevereine. In: Deutsche Vierteljahrsschrift 1840, 4, S. 289

27 Vgl. LENHARDT, GERO: Weiterbildung und gesellschaftlicher Fortschritt. In: WEYMANN, A. (Hg.): Handbuch der Soziologie der Weiterbildung. Darmstadt 1980, S. 170-194; AXMACHER, DIRK: Erwachsenenbildung im Kapitalismus. Frankfurt/Main 1974; DERS.: Kritik der Berufsausbildung. Offenbach 1975; OFFE, CLAUS: Bildungsreform. Eine Fallstudie über Reformpolitik. Frankfurt/

Jahren beginnenden Bildungsreform betreffend, erinnert: Bei technischen Entwicklungssprüngen mit Wachstumsrelevanz sieht sich offenbar die staatliche Administration veranlaßt, durch präventiv gerichtete Intervention in das Bildungssystem vermeintliche qualifikatorische Vorbedingungen für die Durchsetzung neuer Produktionskonzepte zu schaffen. Sie übernimmt im Sinne der Förderung der wirtschaftlichen Gesamtentwicklung (oder, wie Offe meint, aus Eigeninteresse) kostenintensive Investitionen in die menschliche Arbeitskraft, deren sich die Unternehmen unter den Bedingungen der Konkurrenz und der freien Wahl des Arbeitsplatzes enthalten, solange ihnen die alleinige und verläßliche Verfügung über das aufgewertete Arbeitsvermögen nicht gewährleistet wird.[28]

Von dem Schicksal solcher Bemühungen in der hier thematisierten Phase ist weiter unten zu handeln.

Gewerbeausstellungen - das oftmals ungeliebte Schaulaufen

Die Durchführung von Ausstellungen machten sich die Gewerbevereine von Beginn an zu einer wichtigen Aufgabe, auch wenn das Entstehen eines Ausstellungswesens in Deutschland ursprünglich nicht auf Initiativen der Gewerbevereine zurückgeht.

Anlaß für Gedanken zur Einführung eines Ausstellungswesens in Deutschland war der Eindruck, den die großen Ausstellungen im benachbarten Ausland, insbesondere die fünfte französische Nationalausstellung von 1819, bei Besuchern aus den deutschen Staaten hinterlassen hatten. Das Erlebnis dieser Demonstrationen nationaler Wirtschaftsstärke förderte Überlegungen, ob dergleichen auch in den gänzlich anderen politischen Strukturen diesseits des Rheins realisierbar sei. Namentlich der Nationalökonom Friedrich List bekümmerte sich um eine Ausstellungskonzeption, die helfen sollte, "allgemeine Grundlagen für einen einheitlichen Verlauf der wirtschaftlichen Entwicklung innerhalb der Länder des Deutschen Bundes zu schaffen"[29]. Ausstellungen in den deutschen Ländern sollten den Gewerbetreibenden und der Bürokratie einen Überblick über die industrielle Entwicklung liefern, die Konkurrenz unter den Fabrikanten durch die Möglichkeit des Vergleichs der Exponate intensivieren und in der Öffentlichkeit für die Produkte werben. Entscheidende Motivation für List war die Absicht, den expandierenden Einfluß der ausländischen Wirtschaft zurückzudrängen. List leg-

---

Main 1975.
28 Vgl. auch OBERHAUSER, A.: Finanzierungsalternativen der beruflichen Aus- und Weiterbildung. In: Gutachten und Studien der Bildungskommission des deutschen Bildungsrates, Bd. 15. Stuttgart 1970, S. 10.
29 BECKMANN, UWE: Gewerbeausstellungen in Westeuropa vor 1851. Frankfurt/Main 1991, S. 1

te im März 1820 eine entsprechende Denkschrift vor.[30] Sie kann, parallel zum Entstehen der Gewerbevereine, die sich als Trägerkonstruktionen für die Veranstaltungen anboten, als entscheidender Impuls für das Entstehen eines Gewerbeausstellungswesens in Deutschland angesehen werden. Dies entwickelte sich, den besonderen politischen Gegebenheiten entsprechend und anders als in den Nachbarstaaten, auf kleinstaatlicher Ebene, wobei die einzelnen Landesausstellungen jeweils als Nationalausstellungen angesehen wurden.

Die Aufgaben der Ausstellungen lassen sich, eine zeitgenössische Quelle aufgreifend, wie folgt auflisten[31]:

"Sie wirken dahin: a) ein lebendigeres, anschaulicheres Bild von den Vollkommenheiten und Mängeln der einheimischen Gewerbsindustrie zu geben, als auf irgendeine andere Art erreicht werden könnte; b) durch ihre Wiederkehr die Fortschritte, oder den etwa Statt findenden Rückgang dieser Industrie zu dokumentiren; c) die einzelnen Gewerbtreibenden und deren Erzeugnisse dem Kaufmannsstande und dem Publikum bekannter zu machen, und dadurch den Absatz der guten Waaren zu vermehren; d) unter den Gewerbtreibenden gleichen Faches einen rühmlichen und nützlichen Wetteifer hervorzurufen; e) Gelegenheit und Veranlassung zu öffentlicher Anerkennung und Auszeichnung der besten technischen Produktionen zu geben, worin für die Gewerbtreibenden ein kräftiger Antrieb zum Festhalten des erreichten Guten und zu weiterem Fortschritte liegt."

Uwe Beckmann, der sich in einer sehr ausführlichen Dokumentation mit dem Entstehen des Gewerbeausstellungswesens befaßt hat, macht allerdings deutlich, daß das Ansinnen, aus den o.g. wirtschaftspolitischen Gründen ein Ausstellungswesen zu begründen, an den tatsächlichen Gegebenheiten in den deutschen Ländern zunächst vorbeiging, "da die entscheidende Grundlage fehlte: eine deutlich erkennbare oder sich zumindest nachdrücklich ankündigende wirtschaftlich-industrielle Entwicklung mit einer entsprechend steigenden Zahl an potentiellen Ausstellern. Zudem existierte keine ausreichend große finanzkräftige Kundenschicht. Die wenigen Landesausstellungen, die in Deutschland vor 1830 durchgeführt wurden, wirken nahezu wie Fremdkörper in einem Wirtschaftsleben, das für solche Veranstaltungen noch nicht bereit war"[32]. Die bestfrequentierten Ausstellungen in Deutschland waren die des preußischen Gewerbevereins in Berlin in den Jahren 1822 und 1827, und die wurden von ihren Organisatoren als Fehlschläge empfunden[33].

---

30 LIST, FRIEDRICH: Schriften, Reden, Briefe, Bd. I.2. Berlin 1933, S. 1013 f.
31 KARMARSCH: Die deutschen Gewerbevereine, S. 191
32 BECKMANN: Gewerbeausstellungen in Westeuropa vor 1851, S. 53
33 Ebd., S. 54; vgl. auch MIECK: Preußische Gewerbepolitik in Berlin, S. 231

Erst in der Mitte des vierten Dezenniums änderte sich dieses Erscheinungsbild. Die Ausstellungsaktivitäten nahmen lokal, regional und auf Landesebene in erheblichem Umfang zu. Um 1835 kommt es zu einem Höhepunkt dieser Entwicklung, der auf die vielfache Gründung von Gewerbevereinen in dieser Zeit zurückgeführt wird[34], die sich in der Regel über eigene Ausstellungen an die Öffentlichkeit wandten. Allein die Zahl der Ausstellungen stieg jedoch vorerst an, die Anziehungskraft der einzelnen Veranstaltungen auf die Gewerbetreibenden war hingegen bescheiden. Überall begleitete die Ausstellungen "die für Veranstaltungen in Deutschland nahezu obligatorische Klage über ein zu geringes Interesse der Gewerbetreibenden"[35].

Die Gründe, die sich zur Erklärung dieser Tatsache anführen lassen, sprechen von einem erheblichen Aufklärungsrückstand und der noch tiefen Verhaftetheit der deutschen Produzenten in zunftzeitliche Vorstellungen; sie verschaffen aber auch eine Ahnung davon, wie weit die deutsche Wirtschaft im internationalen Vergleich zurückgelegen haben muß. So erfahren die Veranstalter von der Angst der Fabrikanten, die Preise für die Produkte dem direkten Vergleich auszusetzen oder der Konkurrenz die Formen und Muster der Erzeugnisse öffentlich zu präsentieren. Ferner waren die Produzenten an Ausstellungen mit Messecharakter interessiert, nicht an Leistungsschauen; sie wollten ihre Erzeugnisse verkaufen, nicht - möglicherweise mißliebigen Augen - nur darbieten. Ferner war die Qualität der Erzeugnisse miserabel. Denn auf den Weltmarkt zu drängen bzw. sich der internationalen Konkurrenz zu erwehren, dies war der deutschen Wirtschaft mit ihrer rückständigen technischen Ausstattung zu dieser Zeit nur über den Preis, d.h. durch äußerst kostengünstiges Produzieren möglich. Deutsche Waren hatten folglich im In- und Ausland den Ruf, billig und schlecht zu sein (so das Urteil sogar noch bei der Weltausstellung 1876 in Philadelphia). Sie wurden vor allem von den kaufkräftigen Konsumenten gemieden, die sich statt dessen im Ausland eindeckten. Das veranlaßte deutsche Produzenten dazu, in großem Stil Inlandsprodukte als Importe auszustatten und zu deklarieren - ein Verfahren, das man bei den Ausstellungen nicht aufdecken wollte. Die eigenen Produkte sollten nicht als von deutscher Provenienz erkannt werden. Hauptsächlich aus diesen Gründen blieben viele Fabrikanten den Ausstellungen fern, unter ihnen auch solche, die zur Produktion ihrer Exponate vorab nicht unerhebliche staatliche Fördermittel entgegengenommen hatten.

Vielfältige Anreize sollten diesem Malheur abhelfen. Die veranstaltenden Gewerbevereine oder Einrichtungen der staatlichen Gewerbeförderung übernah-

---

34 BECKMANN: Gewerbeausstellungen in Westeuropa vor 1851, S. 60
35 Ebd., S. 70

men die Transport- und Portokosten. Wettbewerbe und die Vergabe von Medaillen sollten zur Teilnahme bewegen. Selbst ein staatlich garantierter Mindestverkauf wurde zugesichert und durch Lotterien, bei denen die Exponate zu Preisen wurden, finanziert.[36]

Erst die Berliner Ausstellung von 1844 kann aus der Sicht der Gewerbeförderung als echter Erfolg angesehen werden und wird rückblickend als Symbol für die Tatsache betrachtet, daß die interventionistische Wirtschaftspolitik der preußischen Verwaltung erfolgreich gewesen sei.[37] Das Bewußtsein, nun zu den industriellen Spitzenmächten zu zählen, hatte sich, wie dem offiziellen Bericht von dieser Ausstellung zu entnehmen ist, auch bei der Veranstaltung selbst vermitteln können[38]:

"Es hat sich auf's Neue und unwiderleglich bewährt, daß Deutschland auch in industrieller Beziehung neben Großbritannien und Frankreich unter den wichtigsten, gebildetsten und produktivsten Ländern des Erdenrundes mit an der Spitze stehet, daß es in einigen der wichtigsten Industriezweige von keinem dieser seiner Nebenbuhler erreicht wird, in anderen mit ihnen wetteifert, in wenigen zurücksteht, daß auch bei diesen noch zurückgebliebenen und bei einigen leidenden Gewerbzweigen die Grundlagen einer glücklicheren Entwickelung und des Wiederaufschwunges nicht fehlen."

Die bis dahin mit Abstand größte Veranstaltung dieser Art markiert gleichzeitig aber bereits einen Wendepunkt der Entwicklung. Um diesen deutlich machen zu können, sind als Zwischenfazit die folgenden Aussagen noch einmal hervorzuheben: Die Gründung von Gewerbevereinen war Teil einer staatlichen Initiative zur Etablierung moderner Wirtschaftsstrukturen auf der Basis industrieller Produktion und freier Konkurrenz. Durch die Aktivitäten der Gewerbevereine, so des staatlich freigiebig unterstützten Ausstellungswesens, sollte dieser Politik Akzeptanz verschafft werden. Mit dieser Stoßrichtung waren die Gewerbevereine und die Ausstellungen durchzogen von erzieherischen Intentionen. Sie richteten sich sowohl an die Gewerbetreibenden als auch an die gesamte arbeitende Bevölkerung und drückten sich sowohl direkt, durch Fortbildungsveranstaltungen, Vorträge, die Einrichtung von Bibliotheken u.a., als auch indirekt durch - teils von den Gewerbevereinen unternommene - Versuche der Einflußnahme auf das (regionale) Bildungssystem und die Bedingungen in der schulischen und berufspraktischen Ausbildung als gewerbefördernd aus. Im Ergebnis wird dieser preußischen Gewerbeförderung, in die als wesentliche Elemente die Gewerbevereine und das von

---

36 Ebd., S. 15 und S. 93 ff.
37 MIECK: Preußische Gewerbepolitik in Berlin, S. 231 ff.
38 Amtlicher Bericht über die allgemeine deutsche Gewerbe-Ausstellung zu Berlin im Jahre 1844, 3 Bde. Berlin 1845-46, zit. n. BECKMANN: Gewerbeausstellungen in Westeuropa vor 1851, S. 88

ihnen getragene Ausstellungswesen eingezogen waren, eine wichtige Rolle bei der Verbreitung der liberalistischen Gedanken, der Einleitung eines auf Industrialisierung gerichteten Wandels und auf dem Weg zur erwünschten internationalen Konkurrenzfähigkeit attestiert.[39]

Entscheidend für das Weitere ist nun, daß der Zielpunkt dieser Gewerbeförderungspolitik, die internationale Konkurrenzfähigkeit, zeitgleich mit dem Erfolg der Berliner Gewerbeausstellung von 1844 erreicht war. Die Industrie trug die wirtschaftliche Entwicklung, der Qualitätsrückstand gegenüber der ausländischen Konkurrenz war eingeholt. Damit war auch die ursprüngliche Mission der Gewerbevereine und ihres Ausstellungswesens als Elemente der Wirtschaftsförderung erfüllt. Der Staat zog sich, dem propagierten Wirtschaftsideal sich allerdings nur widerwillig schickend, aus der aktiven Interventionspolitik zurück, um die Kräfte frei spielen zu lassen. Er wurde dazu in erster Linie von einer erstarkten industriellen Wirtschaft veranlaßt, die nun, einmal auf eigenen Beinen stehend, der führenden Hand nicht länger sich fügen wollte[40]:

"Je mehr wir uns den 40er Jahren des 19. Jahrhunderts nähern, um so größer wird die staatliche Einflußnahme. Aber auch die 'bürgerlich-wirtschaftlichen Gegenkräfte' verstärken sich, d.h. die Versuche von seiten der Gewerbevereine bzw. ihrer Vorsitzenden und Vorstände, sich der staatlichen Lenkung und bevormundenden Einflußnahme zu entziehen. Es kommt zu Unruhen, zu hitzigen Debatten und Auseinandersetzungen in den General-Versammlungen, zu Statutenänderungen und zu massiven Statutenänderungsanträgen, zur Abwahl von Vereinsvorständen, die als zu autoritätsgläubig erachtet wurden. Es kommt zur Umorientierung, die in der Folge eine Gewichtsverlagerung der vereinsseitig intendierten Wirtschaftspolitik bedingt."

Die direkte staatliche Gewerbeförderung, für die die Namen v. Stein, Hardenberg und Beuth stehen, wurde gegen den Widerstand des letzteren zugunsten nun tatsächlich liberalistischer Formen aufgegeben. Der Aufzug einer neuen Phase der Wirtschaftspolitik fand auch einen markanten personellen Ausdruck: Im Jahr 1845 trat Peter Wilhelm Beuth von allen seinen zahlreichen Ämtern zurück.

Auch das Ausstellungswesen erhielt nun eine andere Bedeutung: Seine Entwicklung ist fortzuschreiben als zunehmende Polarisierung zwischen zentralen Großveranstaltungen, die den (industriellen) Großunternehmen mit überregionaler Marktorientierung einen Repräsentationsrahmen boten, und lokalen Ausstellungen, bei denen das Handwerk eine bis zu einhundertprozentige Präsenz erzielte.[41] Letztere Darbietungen waren oft reine Subventionsmaßnahmen für die

---

39 So z.B. von MIECK: Preußische Gewerbepolitik in Berlin, S. 225 ff.
40 FLIEGNER: Gewerbevereine in den preußischen Rheinlanden, S. 113 f.
41 BECKMANN: Gewerbeausstellungen in Westeuropa vor 1851, S. 124

insbesondere im Winter nicht ausgelasteten Handwerksbetriebe. Die Erzeugnisse wurden eigens für die Ausstellungen in Auftrag gegeben, angekauft und zum Ende verlost. Neben dieser wirtschaftlichen Motivation führten Zukunftssorgen der Betriebsinhaber zu reger Teilnahme: Das Handwerk war bei diesen Veranstaltungen um den Ausweis seiner Stärken in der Konkurrenz zur Industrie bemüht. Von der industriellen Produktionsform scheinbar auf den Weg ins Abseits gedrängt, waren die Handwerker darauf aus, den menschlichen Charakter ihrer Arbeit gegenüber der Anonymität der industriellen Welt und der seelenlosen Maschinerie hochzuhalten, die bessere Qualität ihrer Produkte und deren individuellen Zuschnitt zu loben.

In diesem Feld konzentrierten sich die Aktivitäten der Gewerbevereine. Die Großveranstaltungen zur Präsentation der industriellen Produkte waren der einstmals mit dem Ausstellungswesen verbundenen erzieherischen Aspekte nunmehr gänzlich entkleidet. Die Unternehmen hatten die verkaufsfördernde Wirkung der Schauen entdeckt; ihnen ging es darum, den Umsatz zu steigern, und zwar direkt über Verkäufe und indirekt durch die Werbeeffekte einer gelungenen Präsentation. "Werbung, Absatzsteigerung und direkter Verkauf ... überdeckten ... alle anderen Motive."[42] Die Messen entwickelten sich zu prunk- und pompüberladenen Demonstrationen unternehmerischer Leistungsfähigkeit, wirtschaftlicher Macht und des Wohlstands der sie genießenden Kreise.

Auswirkungen auf die gewerblich-technische Ausbildung in der Industrie?

Welche Anstöße für die gewerblich-technische Ausbildung in der Industrie sind unter den bis hierher dargelegten Bedingungen zu verzeichnen?

Die Antwort vorab: Zwar waren die Gewerbeförderungspolitik und das Wirken der Gewerbevereine, mit ihnen auch das Ansinnen der Gewerbeausstellungen, von der Intention her durch und durch erzieherisch. Auch sollte das Bildungs- und Qualifikationsniveau der Gewerbetreibenden wie der arbeitenden Bevölkerung im Sinne der Durchsetzung der neuen Produktionskonzepte nicht zuletzt durch die Institutionalisierung beruflicher Bildung gesteigert werden. Auswirkungen auf die gewerblich-technische Ausbildung in den Unternehmen der aufkommenden Industrie sind allerdings kaum aufzuspüren. Der Grund dafür ist zuallererst nicht etwa ein Mißerfolg der Gewerbeförderungspolitik und der Gewerbevereine. Der Grund ist das - entgegen (damaliger) Annahme - fehlende fachliche Ausbildungsinteresse in den tragenden Industriesektoren eben in der Zeit, als von industriellen Interessen bestimmte Gewerbevereine und -ausstellungen, noch mit dem Staat im Rücken, auf die Entwicklung hätten prägend Einfluß nehmen

---

42 Ebd., S. 113

können. Anders gewendet: Als die Gewerbevereine ihren Einfluß hatten, gab es in der Industrie keinen Bedarf an systematischer Ausbildung. Erst als in den zwanziger Jahren unseres Jahrhunderts Ausbildungsstrukturen in der Industrie geschaffen wurden, die diesen Namen verdienten, war der Einfluß der Gewerbevereine auf deren Begründung und Gestaltung verschwindend gering.

Qualifikationsbedarf in der aufkommenden Industrie

In den Industriesektoren, die den industriellen Aufschwung zunächst trugen, bestand keinerlei Bedarf an besonderen Qualifikationen und entsprechender Ausbildung. In der Textilindustrie wurden Frauen und Kinder eingesetzt, die mit den abverlangten Verrichtungen aus dem Alltagsleben vertraut waren. Bergbau, eisenschaffende und baustofferzeugende Industrie stellten Ansprüche ausschließlich an die Muskelkraft und die Ausdauer der Arbeiter. In der metallverarbeitenden Industrie ermöglichte eine erfolgreiche Prozeßanalyse die Bescheidung auf billige Kinder- und Frauenarbeit.[43]

Gewerbliche Lehrlinge wurden fast ausschließlich in Handwerksbetrieben ausgebildet. In der Industrie fanden sich erst in den achtziger Jahren des vorigen Jahrhunderts erste Ansätze einer industrietypischen Ausbildung; ansonsten wurden die Lehrlinge aus dem Handwerk übernommen oder Angelernte beschäftigt. Eine breite Ausbildung von Facharbeitern gab es nicht. Lediglich zur Beschaffung solcher spezieller Fachkräfte, die für die Kontrolle der Arbeitsprozesse, Instandsetzungs- und Wartungsarbeiten gebraucht wurden, entstanden erste Ausbildungsgänge; aber auch dies nur dann, wenn geeignetes Personal aus dem Handwerksbereich nicht bezogen werden konnte.[44] Den begrenzten Bedarf an solchen fachlich qualifizierten Kräften belieferten zudem die verschiedenen Fachschulen, die im Zuge der Aktivitäten Beuths oder in der Nachfolge gegründet worden waren. Für die Stärkung dieses Fachschulwesens setzten sich die Unternehmer in besonderer Weise ein. Es brachte in der Aufbauphase die knappe Aristokratie technisch versierter Fach- und Führungskräfte hervor, die in den Industriebetrieben zur Einrichtung und Aufrechterhaltung der komplexen mechanisierten Arbeitsprozesse benötigt wurde - wichtiges Personal, dessen Ausbildung die Abnehmer nichts kostete. In den Industriebetrieben selbst ging das Lernen für die Tätigkeit in den analysierten Arbeitsprozessen über die Einarbeitung in spezialisierte Handlungssequenzen kaum hinaus, auch wenn bereits ab der Mitte des

---

43 Vgl. BLANKERTZ, HERWIG: Bildung im Zeitalter der großen Industrie. Pädagogik, Schule und Berufsbildung im 19. Jahrhundert. Hannover 1969, S. 92.
44 ADELMANN, GERHARD: Vom Gewerbe zur Industrie im kontinentalen Europa. In: Zeitschrift für Unternehmensgeschichte (1986), Beiheft 38, S. 9-52, hier S. 21

19. Jahrhunderts in der Industrie von einer Lehrlingsausbildung gesprochen wurde. Wie wenig die Realitäten mit dem ursprünglichen Begriffsverständnis gemein hatten, ist u.a. daran zu erkennen, daß auf Betreiben eben der Industrie in der Novelle der Gewerbeordnung von 1878 die Lehrlingsdefinition gestrichen wurde. Die Industriellen argumentierten in den vorangehenden Beratungen damit, "es sei untunlich, gesetzlich zu verlangen, daß der Lehrling mit allen vorkommenden Arbeiten seines Gewerbes in der durch den Zweck der Ausbildung gebotenen Reihenfolge und Ausdehnung bekanntzumachen, die Ausbildung durch einen bestimmten Arbeiter vorzunehmen sei und daß eine Verwendung des Lehrlings für ausbildungsfremde Arbeiten nicht stattfinden dürfe"[45].

Die Ausbildung in den Handwerksbetrieben, die der Industrie versierte Fachkräfte zulieferten, erblaßte zur selben Zeit zur Farce. Die ganze Konzentration der Wirtschaftsförderung hatte der industriellen Entwicklung gegolten, handwerkliche oder industrielle Entwicklung waren als alternativ gesehen worden. Das Handwerk als Korporation wurde unter diesen Bedingungen nicht weiter unterstützt. Das hatte neben anderem zur Folge, daß das vom Handwerk getragene Ausbildungswesen zerfiel. Hatte nach der vormaligen restriktiven Nachwuchsplanung jeder Geselle und jeder Lehrling die Chance, selbständiger Meister zu werden, so erhöhte sich jetzt die Zahl der Gesellen und Lehrlinge im Verhältnis zu der der Meister erheblich, und die neue Schicht der unselbständigen Handwerksgesellen entstand. Gesellenarbeit erhielt die Form eines reinen Lohnarbeitsverhältnisses. Gleichzeitig sanken Lehrlinge zunehmend zu billigen Arbeitskräften ohne Aussichten auf eine Berufskarriere ab. Der Trend der Auflösung der alten Ordnung wurde dadurch verstärkt, daß zunehmend standesfremde Arbeitskräfte in die Handwerksberufe eindrangen.[46]

Die Handwerksbetriebe entwickelten sich mit der Gewerbefreiheit zu stark arbeitsteiligen Produktionsstätten, in denen der Qualifikationsbedarf mit intensivierter Rationalisierung sank. Als dieser Trend erst einmal eingesetzt hatte, mußte das Anspruchsniveau an die Arbeitskräfte u.a. auch deshalb weiter reduziert werden, weil kaum noch wirkliche Ausbildung betrieben wurde. Die Meister nutzten ferner die gegebene Vertragsfreiheit zur Einstellung aller Bevölkerungsteile, die bisher von der handwerklichen Arbeit eifersüchtig ferngehalten worden waren, sofern sie nun nur gering genug bezahlt werden konnten. Wegen der weggefallenen Ausschlußbestimmungen scheuten sie sich vor kompetenter Ausbildung aber auch in der Furcht, sich selbst Konkurrenz heranzuziehen. Umgekehrt nutzten die Lehrlinge die freie Arbeitsmarktsituation, um, wenn gerade

---

45 BLANKERTZ: Bildung im Zeitalter der großen Industrie, S. 122 f.
46 Ebd., 91 f.

leidlich ausgebildet, der Lehre zu entlaufen und sich für etwas mehr Geld anderweitig (vorzüglich in der Industrie) zu verdingen. Auch auf Anraten der Eltern verzichteten Jugendliche oft gänzlich auf eine Lehre, weil sie als angelernte Arbeiter in der Industrie schneller mehr Einkommen erwarten konnten.

Der Ausbildungsbereich blieb unter liberalistischer Doktrin zudem lange Gegenstand extremer Deregulierung. Noch 1869/1871 wurde mit der Gewerbeordnung für das Deutsche Reich die Gewerbefreiheit weiter ausgebaut und die Auflösung der Ausbildungsstrukturen vollendet: Es gab fortan kein Prüfungswesen und keine Befähigungsüberprüfungen für Ausbildende. Der § 115 der Gewerbeordnung definierte einen jeden als Lehrling, der mit der Absicht in ein Arbeitsverhältnis eintrat, ein Gewerbe zu erlernen, gleich ob dies gegen unentgeltliche Arbeit, gegen Lehrgeld oder bei voller Entlohnung erfolgte. Gleichzeitig konnte ein jeder Lehrherr sein, der, zu welchen Zwecken auch immer, Arbeitskräfte gleich welchen Alters einstellte.

Setzt man nun die beiden bis hierher nachgezeichneten Linien zueinander in Beziehung, so steht auf der einen Seite eine rasch wirksame und erfolgreiche Aufschwungpolitik, die sich auf liberalistisches Gedankengut stützt und auf Industrialisierung setzt. Auf der anderen Seite lösen sich die Ausbildungsstrukturen nahezu vollständig auf, und zwar ausgehend gerade von dem neuen industriellen Sektor. Damit kann pointierend formuliert werden, was sich in die Logik präventiv orientierter Qualifikationskonzepte nicht recht fügen will: Die deutsche Wirtschaft erreicht ihr Ziel, auf dem Weg der Industrialisierung mit der internationalen Konkurrenz gleichzuziehen, sie manchenteils sogar zu übertreffen, gerade in einer Phase, in der die Ausbildung im allgemeinen darniederliegt, teils vollständig degeneriert ist und im besonderen, in der Industrie selbst, praktisch gar nicht stattfindet. Oder, mit Blick auf die wirtschaftlichen Ergebnisse und in einer auf Charles Babbage zurückgehenden Linie argumentiert[47]: Großen Anteil am Erfolg hat gerade, daß es lange Zeit gelingt, die Produktionsbereiche von Qualifikations- und Ausbildungsnotwendigkeiten zu entlasten, die Produktion so zu verbilligen und sie über das Druckmittel, das die jederzeitige Austauschbarkeit jedes Arbeiters an die Hand gibt, sozial zu befrieden.

Die staatliche Gewerbeförderung mag die Hebung des Qualifikationsniveaus der Arbeitskräfte als eine Voraussetzung für die Einführung und Durchsetzung der neuen Produktionsmethoden empfunden haben. Den Fabrikanten aber ging es gerade um das Gegenteil: die Beschränkung der Qualifikationsnotwendigkeiten und des in das Betriebswissen einbezogenen Personenkreises auf das ge-

---

47 Vgl. BRAVERMAN, HARRY: Die Arbeit im modernen Produktionsprozeß. Frankfurt/Main 1977, S. 70 ff.

ringstmögliche Maß, und dies schaffte Realitäten. Das damalige Mißverständnis ist über die Erfahrungen mit der Automatisierung in den 60er und 70er und mit den neuen Techniken in den 80er und 90er Jahren unseres Jahrhunderts offenbar bis heute unbeschadet hinweggelangt. Auch um Legitimation stets verlegene Teile der Berufspädagogik richten sich gern darin ein, indem sie sich von der immer zwischenzeitlichen Überzeugung tragen lassen, eine gerade wieder neue Technik als Subjekt solchen Fortschritts werde der Disziplin nun aber zwingend den Bedarf der Wirtschaft an der allseitig entwickelten Persönlichkeit und den eigenen Leistungsangeboten bescheren.

Die aufkommende Industrie und die "Nebenwirkungen" beruflicher Ausbildung

Wegen des fehlenden fachlichen Ausbildungsinteresses in der aufkommenden Industrie darf allerdings nicht der Schluß gezogen werden, die Fabrikanten seien an den Leistungen beruflicher Bildung gänzlich desinteressiert gewesen. Zwar gelang es ihnen, die Qualifizierungsnotwendigkeiten in sehr engen Grenzen zu halten, doch ergab sich aufgrund industrietypischer Aspekte der Arbeitsorganisation und mit zunehmender Etablierung einer sich organisierenden Arbeiterschaft im Zuge der Konsolidierung der industriellen Produktionsformen ein durchaus lebendiges Interesse an verfaßten Formen pädagogischer Einwirkung auf den Arbeiternachwuchs.

Gegenüber den ganzheitlichen Arbeitsformen, mit denen sie im Handwerk konfrontiert und für die viele von ihnen umfassend ausgebildet waren, trafen die jetzt in der Industrie tätigen Arbeiter stark verengte, spezialisierte Anspruchsprofile an, die ihnen qualitativ weit weniger abverlangten, als sie zu leisten in der Lage waren, sie aber unter das Diktat einer rigorosen, teils bereits von technischen Aggregaten bestimmten Arbeitsorganisation zwangen. Die erzieherische Dimension beruflicher Ausbildung, die in diesem Fall die Einordnung der Arbeiter in die fremdbestimmten, hochgradig analysierten und repetitiven Abläufe zu bewirken gehabt hätte, fiel mit zunehmender Paralysierung der Berufsausbildung aus. Die Folge: "Der Mangel an Ausbildung machte sich in den Fabriken als Mangel einer Sozialisation zur Industriearbeit, einer wichtigen Funktion von Schule und Berufsausbildung, bemerkbar."[48] Je weiter der Grad der Industrialisierung in den einzelnen Branchen vorangeschritten war, um so mehr ließen sich die Erwartungen an die Arbeitskraft auf die Formel bringen: "Kaum besondere Vorkenntnisse, aber ein hohes Maß an Unterordnung unter den Arbeitsrhythmus."[49]

---

48 SCHÖFER, ROLF: Berufsausbildung und Gewerbepolitik. Geschichte der Ausbildung in Deutschland. Frankfurt/Main 1981, S. 30
49 Ebd.

Die resultierenden Unzufriedenheiten mit den Arbeitsverhältnissen, gemeinsam mit der wachsenden Armut, führten zur Politisierung der Industriearbeiter und veranlaßten sie, die Analyse ihrer Lebens- und Arbeitsbedingungen zu intensivieren. Diese Vorgänge, ersichtlich werdend vor allem am Wachsen der sozialdemokratischen Bewegung, wurden in den Fabriken und in der Verwaltung gleichermaßen als Gefahr für den sozialen Frieden in den Fabriken und die wirtschaftliche Blüte betrachtet. Überlegungen zur Abhilfe brachten die in der Vergangenheit verläßlichen "Nebenwirkungen" beruflicher Ausbildung wieder in die Diskussion. Besondere Bedeutung kommt in diesem Zusammenhang dem Verein für Sozialpolitik zu, einem sich als überparteilich und nicht an bestimmte soziale Klassen gebunden verstehenden Kreis, in dem aber konservativ, nationalistisch und revisionistisch denkende Kräfte den Ton angaben. Dieser Verein griff in seinen umfangreichen Publikationen, ausdrücklich in den Gutachten und Berichten zum Thema "Die Reform des Lehrlingswesens" (1875), die Gegebenheiten im Bereich der Berufsausbildung als einen Schwerpunkt seiner Arbeit auf und betonte, daß diese volkswirtschaftlich und individuell unzureichend, teils skandalös seien und sich weiter verschlechterten. Als Hauptmißstand wurde die Lösung der Berechtigung zur Lehrlingshaltung vom Nachweis der beruflichen Qualifikation identifiziert, weil hiermit die verderblichen Folgen begründet würden: mangelhafte fachliche Qualifikation, das Sinken jeder Moral und die Zunahme des Ausbildungsabbruchs.[50] Was daran aber letztlich tatsächlich als bedenklich angesehen wurde, war nicht die Sorge um die Funktionsfähigkeit der Wirtschaft oder die Befähigung zur Selbsterhaltung über berufliche Arbeit. Als bedrohlich wurde es vielmehr empfunden,[51]

> "wenn junge Leute, die noch keine Lebenserfahrungen, in den weitaus meisten Fällen nur die notdürftigste Schulbildung genossen haben, mit an Aberglauben grenzender Leidenschaft den Phrasen über die ‚Freiheit' lauschen, wenn sie systematisch zu Haß und Neid gegen die über ihnen stehenden Gesellschaftsklassen erzogen, in einer Zeit, wo sie der väterlichen Zucht noch nicht entbehren sollten, bald die zuverlässigste Phalanx der Agitatoren bilden. Bedenkt man, daß auf ihren Ideen, auf ihrer sittlichen Kraft sich die Zukunft unseres gewerblichen und industriellen Lebens aufbauen wird, so drängt sich jedem Freunde der allgemeinen Wohlfahrt und guter Sitten der Gedanke auf, daß etwas zu geschehen habe, geeignet, die gefährdete Zukunft sicher zu stellen."

---

50 BLANKERTZ: Bildung im Zeitalter der großen Industrie, S. 119 f.
51 Die Reform des Lehrlingswesens. 16 Gutachten und Berichte. Schriften des Vereins für Socialpolitik, Bd. X. Leipzig 1875, Gutachten von CARL ROTH: Fabrikant in Chemnitz, S. 21-37, Zitat S. 23

Die Tatsache, daß "aus diesen Reihen frühreifer, mangelhaft ausgebildeter Lehrlinge ... die Socialdemokratie fortwährend den sichersten Zuwachs" erhielt[52], wurde zum Ansatzpunkt weiterer Überlegungen. Was sich daraus ergab, war eben das kuriose Lehrstück an grenzüberschreitender Bündnispolitik, das die Feinde "Handwerk" und "Industrie" zur Stärkung der jeweils eigenen Waffen für den Kampf des einen gegen den anderen zu gemeinsamer Strategie gegen die staatliche Ausbildungspolitik finden ließ.

Auf der einen Seite stand das Handwerk mit dem seit 1810 nicht geminderten Interesse an der Rückgewinnung der wettbewerbsfreien Seligkeiten der Zunftzeit, das sich aber gegenüber der eindeutig auf Liberalismus setzenden Gewerbepolitik kein Gehör verschaffen konnte. Ihm geht es um die Einführung von Zwangsinnungen, die durch ein System von Kontrollen die Konkurrenz eindämmen sollten. Die Berechtigung zur Haltung von Lehrlingen sollte wieder an Eingangsvoraussetzungen gebunden werden, und ein Prüfungswesen sollte zur Normierung der Ausbildung beitragen.

Mit dieser Politik des handwerklichen Mittelstandes ist es im übrigen zu erklären, daß eine Erforschung des Einflusses der Gewerbeausstellungen auf die Ausbildung im Handwerk weitaus mehr einschlägige Informationen zutage fördern dürfte, als sie für die Industrie referiert werden können. Die Ausstellungen in den ländlichen Regionen und diejenigen, die unter der Verantwortung von Vereinen mit vornehmlich handwerklicher Mitgliedschaft stattfanden, wurden mit Leistungsvergleichen und Wettbewerben der Lehrlinge bereichert. Diese Gewerbevereine nahmen Einfluß auf die Situation der Lehrlinge in den Betrieben und versuchten, die fehlende staatliche durch freiwillige Regulierung der Mitglieder zu ersetzen. Dabei ging es offenbar darum, in Zeiten der Auflösung aller Ausbildungsstrukturen ein Mindestmaß an Ausbildungskultur zu bewahren, Leistungsanreize für die Lehrlinge und gleichermaßen die Handwerker zu schaffen und wohl auch das politische Interesse an der Regelung der Ausbildung nach althandwerklichen Traditionen zu dokumentieren.[53]

Auf der anderen Seite standen in der Industrie sozialisatorische Interessen im Vordergrund, wenn Überlegungen zu einer Reorganisation von Ausbildungsstrukturen angestellt wurden. Gegen eigene Anstrengungen zum Aufbau betrieblicher Ausbildungswesen sprachen in der Hauptsache zwei Gründe: das Fehlen einer Notwendigkeit in Form betriebsspezifischer Qualifikationsbedarfe und die Kosten der Installation und Unterhaltung von Ausbildungseinrichtungen.

---

52 AXMACHER: Kritik der Berufsausbildung, S. 4
53 Solche Hinweise enthalten die Jubiläumsveröffentlichungen der Gewerbevereine aus der zweiten Hälfte dieses Jahrhunderts. Sie lohnten nach dem nur flüchtigen Eindruck, der im Rahmen dieser Arbeit möglich war, eine nähere Analyse unter dieser Fragestellung.

An dieser Stelle setzte die Argumentation der Handwerksvertreter an, die ihre Betriebe als die Horte einer untertänigst auf "Thron und Altar" bezogenen, scharf gegen die soziale Bewegung gerichteten Gesinnung und sich selbst als Vermittler einer die alten Handwerkstugenden aufgreifenden Arbeitsmoral zu profilieren wußten: "Handwerk als 'Lehrwerkstatt des Volkes', in dem Sinne, wie die Armee als 'Schule der Nation' galt."[54] Als sich also in diesem für alle Seiten wichtigen Punkt die Interessen übereinbringen ließen, d.h., als das Handwerk den Staat und die Industrie mit dem "trojanischen Pferd" gewinnen konnte, "Schutz vor der Sozialdemokratie" zu bieten, ließ sich die Novelle der Handwerksordnung von 1897 durchsetzen, mit der das Handwerk tatsächlich die Ausbildungs- und Prüfungsautonomie fast vollständig zurückgewann. Die Industrie, speziell Eisen und Stahl, konnte diesem Argument zustimmen, weil sie kein spezielles Qualifikationsinteresse hatte, ihr an der sozialisatorischen Wirkung einer solchen Ausbildung aber gerade nach den Wahlerfolgen der Sozialdemokraten bei den Reichstagswahlen von 1893 (von 35 auf 44 Sitze) um so mehr gelegen sein mußte. Für diese Beeinflussung sah man im relativ behüteten Handwerksmilieu bessere Voraussetzungen als in den Fabriken, in denen die Jugendlichen mit der politischen Aktivität der Sozialdemokraten unmittelbar zusammentrafen.

So erreichte der handwerkliche Mittelstand mit der Novelle der Gewerbeordnung von 1897 (dem sog. Handwerkerschutzgesetz) durch geschickte Bündnispolitik ausgerechnet mit der Industrie die Einführung von Kammern, Korporationsrechte für die Innungen und damit die erwünschte Einschränkung der Konkurrenz. Die Berechtigung zur Lehrlingsausbildung wurde mit einer Novelle 1908 an Eingangsvoraussetzungen gebunden ("Kleiner Befähigungsnachweis"). Nur im Handwerk konnten Auszubildende freigesprochen werden.[55] Damit mußten auch diejenigen den Weg über eine Prüfung im Handwerk gehen, die in der Industrie ausgebildet worden waren.

Formal erhielt der aufstrebende Industriestaat damit ein Ausbildungssystem, das von den Vorstellungen des rückwärtsgewandten handwerklichen Mittelstands geprägt war. Inhaltlich aber wurde die Ausbildung zum politischen Instrument gegen progressive Bestrebungen. "In den Vordergrund der Ausbildung der breiten Massen der in den Fabriken und kleingewerblichen Betrieben tätigen Arbeitskräfte trat eine im Medium manueller Geschicklichkeit und allgemeiner zivilisatorischer Techniken vermittelte politisch-ideologische Grundbildung, die als Waffe im Kampf gegen das Proletariat eingesetzt wurde."[56]

---

54 BLANKERTZ: Bildung im Zeitalter der großen Industrie, S. 127
55 Vgl. ebd., S. 127
56 AXMACHER: Kritik der Berufsausbildung, S. 39

Fazit: Eine Sache mit Haken und Punkt

In der Einleitung ist es vorweggenommen: Die Erkenntnisbildung zur hier verhandelten Thematik läßt sich treffend auf einen Haken und einen Punkt bringen.

Die Impulse aufzuspüren, die das Ausstellungswesen der Gewerbevereine der gewerblich-technischen Ausbildung in Industriebetrieben gegeben hat - diese Aufgabe stand am Anfang. Bei der Auseinandersetzung mit der Thematik verdichtet sich zunehmend die Erkenntnis, daß sich solche Anstöße nicht feststellen lassen. Das ist der Haken.

Das Interesse galt somit den Gründen dafür, daß die naheliegende Vermutung sich nicht bestätigt. Das Ergebnis: Die Aktivitäten der Gewerbevereine, die auf das Ausbildungswesen gerichtet waren, zielten unmittelbar auf die Institutionen und die Administration der Ausbildung und nahmen nicht den Umweg über die Ausstellungen. Was an Anstößen für die Ausbildung in der Industrie vorstellbar wäre, die Verbreitung der Kenntnis von neuen Techniken und Arbeitsverfahren und damit ggf. auch eines Bewußtseins von den mit ihnen verbundenen Qualifikationsnotwendigkeiten sowie geeigneter Formen ihrer Entsprechung im Rahmen der Ausbildung, beschränkte sich in der Wirklichkeit auf den ersten Aspekt. Zwar trugen die Ausstellungen, wie es Intention der staatlichen Gewerbeförderung war, zur Verbreitung der liberalistischen Wirtschaftstheorie sowie zur Akzeptanzbildung gegenüber industriellen Techniken und Produktionsformen nicht unerheblich bei. Diesen Teil ihrer Aufklärungsmission, die auf die Gewerbetreibenden gerichtete Weckung frühindustriellen Pioniergeistes, erfüllten die Vereine. Den anderen Teil konnten (oder mußten) sie nicht erfüllen: Die Qualifikationsnotwendigkeiten, die zur Durchsetzung der neuen Produktionskonzepte prognostiziert wurden und denen präventiv entsprochen werden sollte, beschränkten sich letztlich auf ein Maß, das bis weit ins 20. Jahrhundert hinein mit dem staatlich unterhaltenen Fachschulwesen im Bereich fachlich versierter Führungskräfte und ansonsten durch kurze Anlernphasen zur Spezifizierung von Alltagshandeln ausreichend zu decken war. Die Vertreter der industriellen Wirtschaft verhinderten deshalb sogar aktiv staatliche Maßnahmen zur Regelung der Ausbildung in den Fabriken.

Nur weil der fachliche Ausbildungsbedarf in den Fabriken hatte suspendiert werden können, konnte es dem handwerklichen Mittelstand gelingen, die Kleinbetriebe erfolgreich zum Verbündeten für den Kampf gegen die Gewerbefreiheit zu gewinnen und die Industrie mit dem Argument zu denunzieren, eine antisozialdemokratisch gestimmte Ausbildung sei im Handwerksmilieu besser zu gewährleisten als in den politisch agitierten Industriebetrieben. Nur aus diesem Grund konnte die Industrie dem Handwerk das Prüfungsmonopol ohne bedeutenden Widerstand zugestehen.

Entgegen den Prognosen der staatlichen Gewerbeförderer entstand also in den industriellen Betrieben kein spezifischer Qualifikationsbedarf in einem Maße, der strukturierte Ausbildung erfordert hätte, mithin auch nicht das Bezugsfeld, dem das Ausstellungswesen hätte Impulse geben können. Das ist der Punkt.

Zusammen bilden Haken und Punkt das Fragezeichen, das jetzt den Titel beschließt, womit in der Tat ein (Satz-)Zeichen die Quintessenz der Erkenntnisse zum Ausdruck bringt.

ÖFFENTLICHER ABSCHLUSSVORTRAG

Berufsausbildung und sozialer Wandel

Versuch einer berufspädagogisch-historischen Analyse der Epoche zwischen 1845 und 1897

KARLWILHELM STRATMANN

Wenn am Ende einer Veranstaltung über historische Probleme des Zusammenhangs von Berufsausbildung und sozialem Wandel das Thema noch einmal zum Gegenstand eines Vortrags gemacht wird, könnte das die Befürchtung wecken, es gehe im folgenden um eine Art Schlußkadenz, die die in den Referaten und Diskussionen der beiden Kongreßtage entfalteten Argumente in freier Variation wiederhole. Doch nicht allein, daß solche Kadenz, um im Bild zu bleiben, einer abgeschlossenen Partitur bedürfte - und wer wollte beim diesjährigen Kongreßthema beanspruchen, sie vorlegen zu können? -, die Funktion eines Schlußvortrages, so hatten wir es schon für den Frankfurter Kongreß 1989 verabredet, sollte es nicht sein, eine Reprise zu versuchen, vielmehr darin bestehen, zum Thema des nächsten Berufspädagogisch-historischen Kongresses einen Bogen zu schlagen. Das heißt in diesem Falle, die für 1997 annoncierten ausbildungssystemgeschichtlichen Analysen mit jenen Fragestellungen zu verbinden, die der Bochumer Tagung ihr Profil gaben. Das wiederum bedeutet, konnotiert durch die Frage nach den berufsbildungsgeschichtlichen Auswirkungen des sozialen Wandels, ein Stück weiter zu klären suchen, wie sich die Rahmenbedingungen der Berufserziehung während der in Rede stehenden Epoche veränderten, oder aus der Kenntnis dieser Veränderungen heraus gefragt: ob und wie es zwischen 1845 und 1897 gelang, öffentliche und private, gesellschaftliche und subjektive Interessen an der Ausbildung jugendlicher Arbeitskraft und an der Stabilisierung angemessener jugendlicher Lebensformen zu einem berufsbildungspolitisch tragfähigen Konzept zu verbinden, und wen man dabei als "treibende Kräfte" ausmachen kann.

Das verlangt freilich, die jeweils auf ihre Weise den diesjährigen und den nächsten Kongreß fokussierenden Gewerbeordnungen von 1845 und 1897 nicht allein als gewerberechtliches Regelwerk zu nehmen, sondern von jenem Forschungsansatz aus, dem das Programm des Bochumer Kongresses verpflichtet war, weiterzufragen. Sehr viel offener angelegt und breiter gespannt, als üblicherweise mit dem Begriff der Berufsbildungsgeschichte verbunden, orientierte es sich nämlich ausgesprochen-unausgesprochen an der rechtssoziologisch-sozialgeschichtlich begründeten These, daß die Gewerbeordnungen ihrerseits als Antwort auf den sozioökonomischen Wandel ihrer jeweiligen Epoche zu lesen seien und man darum gleichsam hinter die Gesetzestexte zurückzugehen und nach den sie bestimmenden sozialen Interessenlagen zu fragen habe. Wie so oft bei berufsbildungsgeschichtlichen Problemkonstellationen kann die so formulierte Aufgabe mittels eines engeren oder weiteren Fragerasters angegangen werden. Wir haben uns, das zeigt das diesjährige Kongreß-Programm, für das ausgreifendere, offenere entschieden. Eben deshalb galt es, in solcher Kontextuierung herauszuarbeiten, wie literarische und künstlerische Lebensdeutungen, publizistisch-gesellschaftspolitische Strömungen und ökonomisch-technische Entwicklungen den Prozeß des sozialen Wandels spiegelten und wie sie zu einem sowohl ordnungs- als auch wirtschaftspolitisch tragfähigen Ausgleich gebracht wurden - eine Problemstellung, die sich im übrigen nicht nur in Preußen, das bei berufsbildungsgeschichtlichen Untersuchungen nach wie vor im Vordergrund steht, sondern in gleichem Maße in anderen deutschen Bundesstaaten, wenn auch mit jeweils anderen Antworten, durch das ganze 19. Jahrhundert als Bemühen um die Verknüpfung gesellschafts- resp. ordnungs-, wirtschafts- und berufsbildungspolitischer Intentionen verfolgen läßt.[1] In diesen Kontext ist darum nicht nur jenes am 17. Januar 1845 alle preußischen Provinzialregelungen aufhebende und darum Allgemeine Gewerbeordnung genannte Gewerbegesetz einzufügen, sondern auch das, was gut fünfzig Jahre später unter wiederum neuen Bedingungen durch das Handelsgesetzbuch vom Mai 1897 und die Reichsgewerbeordnungsnovelle vom Juni desselben Jahres, das berühmte Handwerkerschutzgesetz, jene inzwischen hundert Jahre vorhaltende juristische Figurierung erfuhr, die wir duales System[2] nennen und über dessen Anpassungs-, ja Überlebensfähigkeit gegenwärtig eine breite Diskussion geführt wird[3].

Die wenigen Angaben zum Fächer der einzubeziehenden Diskurse und Fragen machen bereits klar, daß bei der angesprochenen Figurierung nicht allein nationalökonomische Interessen das Konzept bestimmten. Das zu betonen ist nicht neu. Dennoch sind Berufspädagogen nach wie vor gut beraten, die Einwände gegen jene Blickverengung ernst zu nehmen, die nichts anderes als "eine verkürzte Sicht des wirtschaftenden Menschen" kultiviert und die allein aus erreichbaren statistischen Daten "das Persönliche, das Schicksal der betroffenen Menschen ...

---

1 Zur Entwicklung in Preußen vgl. KÖRZEL, RANDOLF: Berufsbildung zwischen Gesellschafts- und Wirtschaftspolitik. Zur Ambivalenz der berufsbildungspolitischen Strategien der preußischen Verwaltung im Prozeß gesellschaftlicher Modernisierung. Diss. Phil. Bochum. Frankfurt/Main 1996. - Leider fehlen bisher entsprechende Analysen für andere Bundesstaaten, so daß hier von einem großen berufspädagogisch-historischen Forschungsdefizit gesprochen werden muß.
2 Zu dessen Geschichte siehe STRATMANN, KARLWILHELM/MANFRED SCHLÖSSER: Das Duale System der Berufsbildung. Eine historische Analyse seiner Reformdebatten. 2. Aufl., Frankfurt/Main 1992.
3 Vgl. dazu GREINERT, WOLF-DIETRICH: Das "deutsche System" der Berufsbildung. Geschichte, Organisation, Perspektiven. Baden-Baden 1993.

(zu) extrapolier(en)" versucht[4]. Um es zu pointieren: Wenn es, weil zum Auftrag der Geschichte der Berufserziehung gehörig, darum geht, den vom sozialen Wandel geprägten Schicksalen und den Mustern ihrer Verarbeitung nachzugehen, dann ist die Frage nach den berufspädagogisch relevanten Bedingungen, Formen und "Verarbeitungsweisen" des sozialen Wandels für die Historische Berufsbildungsforschung alles andere als beiläufig, und will sie dem damit gesetzten Anspruch genügen, hat sie mehr Facetten einzubeziehen, als zwischen Wirtschaftsentwicklung und Ausbildungsrecht unterzubringen sind.

Für einen Vortrag bedeutet das freilich, sich thematisch enorm zu begrenzen. So können weder die Gewerberechtsgeschichte noch die zugehörigen berufsbildungspolitischen Diskurse der im folgenden vorrangig in den Blick gerückten Epoche zwischen 1845 und 1897 zureichend entfaltet werden.[5] Zugleich ist das Thema "Berufsausbildung und sozialer Wandel" auf die Veränderung des Lehrlingssektors einzuengen, was für den behandelten Zeitraum zum einen zur Konsequenz hat, nur die Ausbildungsfragen von Jungen zu behandeln - eine thematische Verkürzung, die die epochentypischen Ausbildungsregelungen zwar nahelegen, die aber wenigstens bewußtzumachen ist[6] - und zum andern die Gesellenfrage auszuklammern bedeutet. Auch von daher stehen die folgenden Ausführungen unter einigem Vorbehalt. Dennoch will ich von drei Problemkreisen aus zu exemplifizieren versuchen, was bei einer so angelegten Analyse der Epoche zwischen zu Ende gehender Zunfttradition und ihrem Höhepunkt zutreibender Hochindustrialisierung an berufspädagogisch-historischen Einsichten zu gewinnen ist.

---

4   THOMPSON, EDWARD P. : Die "sittliche Ökonomie" der englischen Unterschichten im 18. Jahrhundert. In PULS, DETLEV (Hg.): Wahrnehmungsformen und Protestverhalten. Studien zur Lage der Unterschichten im 18. und 19. Jahrhundert. Frankfurt/Main 1979, S. 15

* 5   Die eingehendere Analyse der berufsbildungsgeschichtlichen Verläufe und der darauf bezogenen Diskurse vom Ende der ständischen Epoche bis zum Beginn der Hochindustrialisierung (1806 bis 1878) und für die Epoche der Hochindustrialisierung (1878-1918) ist als Bd. 2 und Bd. 3 der von mir initiierten "Geschichte der gewerblichen Lehrlingserziehung in Deutschland" in Vorbereitung. Wie Bd. 1: "Berufserziehung in der ständischen Gesellschaft (164-1806)" werden beide Bände im Verlag der Gesellschaft zur Förderung arbeitsorientierter Forschung und Bildung, Frankfurt/Main, erscheinen.

6   Zu den bis heute fortwirkenden spezifischen Schwierigkeiten der Berufsbildung für Mädchen siehe die Vorträge der AG 5 in diesem Band S. 45-105.

Erster Problemkreis:

Zur berufsbildungspolitischen Relevanz der Bemühungen um die Sicherung der politischen Loyalitäten oder zur Verschränkung von Traditionalität und Moderne

Angesichts der mit dem sozialen Wandel im berufs- und wirtschaftspädagogischen Kontext in der Regel primär assoziierten ökonomisch-technischen Umwälzungen des 19. Jahrhunderts den Einstieg in das Thema "Berufsausbildung und sozialer Wandel" ausgerechnet mit der Frage nach der Sicherung der Mentalitäten und politischen Loyalitäten zu eröffnen mag überraschen. Wenn sie hier an den Anfang gestellt wird, dann soll damit zum einen die Begrenzung deutlich gemacht werden, die mit der gängigen ökonomisch-technischen Fokussierung des Themas verbunden ist, und zum andern betont werden, daß es hinter den Forschungsstand unserer Disziplin zurückzufallen hieße, würde der Konnex von Berufserziehung, sozialen Milieus und politischen Prägungen ausgeblendet, allein auf die ökonomisch-technischen Veränderungen geblickt und obendrein so getan, als handele es sich bei ihnen um sich selbst steuernde oder gar interessenfreie Prozesse. Da sie dies nicht waren, griffe denn auch zu kurz, wer die Berufsbildungsproblematik einzig im Referenzsystem ökonomisch-technischer Anpassung sähe und das Problem zureichender Berufsdidaktik allein darauf verkürzte zu erforschen, was die Jugendlichen der verschiedenen Epochen an technischem oder kaufmännisch-betriebswirtschaftlichem Wissen zu rezipieren hatten. Wie wir auf dem Stuttgarter Kongreß gelernt haben, hätten selbst Beuth und Steinbeis, die beiden großen Gestalten der Gewerbeförderung des 19. Jahrhunderts, nachdrücklich bestritten, daß es ihnen bei all ihren qualifikationspolitischen Absichten nur um ökonomisch-technische Verbesserungen und die Ausbildung entsprechender beruflicher Leistungsfähigkeit und nicht zugleich um die Entwicklung politisch verläßlicher Einstellungen, damals Vaterlandsliebe und Königstreue genannt, ging.[7] Muß es da noch eigens betont werden, daß die Berufsbildungsreform sogar dort, wo sie, wie z.B. in Württemberg[8] und Baden[9], als Teil der Gewerbeförderung besondere Aufmerksamkeit erfuhr, auch unter mentalitätspolitischen Aspekten an Bedeutung gewann? Als Forschungsaufgabe formuliert bleibt zu klären, wie das

---

7   Siehe dazu BONZ, BERNHARD u.a. (Hg.): Berufsbildung und Gewerbeförderung. Zur Erinnerung an Ferdinand Steinbeis (1807-1893). 4. Berufspädagogisch-historischer Kongreß 6.-8. Oktober 1993 in Stuttgart. Bielefeld 1994.
8   Vgl. dazu BOELCKE, WILLY A.: "Glück für das Land". Die Erfolgsgeschichte der Wirtschaftsförderung von Steinbeis bis heute. Stuttgart 1992, S. 105 ff.
9   Vgl. HAVERKAMP, FRANK: Staatliche Gewerbeförderung im Großherzogtum Baden unter besonderer Berücksichtigung der Entwicklung des gewerblichen Bildungswesens im 19. Jahrhundert. Freiburg/Brsg. 1979.

19. Jahrhundert angesichts seiner unübersehbaren Turbulenzen dem mentalitätspolitischen Problem beizukommen bzw. die mit dem immer schnelleren Wandel verknüpften sozialen Unsicherheiten und Verunsicherungen wo schon nicht zu minimieren, so doch zumindest zu beherrschen suchte.

Ein darauf bezogenes Forschungsdesign verlangte freilich differenziertere Recherchen, als sie hier auch nur ansatzweise skizziert werden können, und es müßte weiter ausgreifen, als mit den Jahresangaben der beiden Gewerbeordnungen von 1845 und 1897 markiert ist. Da aber schon die Strukturierung eines solchen Designs, geschweige denn seine Ausführung, den Rahmen eines Vortrags sprengen würde, muß der Hinweis genügen, daß seit dem späten 18. Jahrhundert jede auf die Beförderung des sozialen Wandels gerichtete Politik den einen als für den Fortschritt unverzichtbar galt und als Einstieg in die Verbesserung der Verhältnisse begrüßt wurde, während sie den anderen als Angriff auf das etablierte Mentalitäten-, Loyalitäten- und Hierarchiegefüge und damit als unverantwortliche ordnungs- und staatspolitische Gefährdung erschien, die unter dem Mantel des Fortschritts nichts als die Zerstörung jener ordnungssichernden Formationen betreibe, die das Leben gruppenspezifisch normalisierten und darum auf keinen Fall verspielt werden dürften[10] - ein Argumentationsmuster, das, wenn auch in abgewandelter Form und im Vergleich zu der nach 1800 geführten Fortschrittsdebatte von anderen Gruppen getragen, gerade am Ende der hier betrachteten Epoche neue Kraft, ja geradezu Konjunktur bekam[11]. Trotz allseits gefeierter Hochindustrialisierung und ökonomisch-technischer Fortschritte stießen nämlich Legitimation und Akzeptanz der Moderne seit den 70er, verstärkt in den 90er Jahren des 19. Jahrhunderts auf zwar diffuse, aber tiefsitzende antimodernistische und nach und nach immer deutlicher antiindustriell besetzte Ängste[12], die, nicht zuletzt als Ausdruck einer Fin-de-siècle-Stimmung, trotz wachsender Attraktivität der Städte und fortschreitender Urbanisierung des Lebens in einer mit sich verfestigenden Agrarromantik[13], einer mit ihr korrespondierenden Groß-

---

10 Vgl. EPSTEIN, KLAUS: Die Ursprünge des Konservatismus in Deutschland. Der Ausgangspunkt: Die Herausforderung durch die französische Revolution 1770-1806. Frankfurt/Main 1966.
11 Vgl. dazu ZYMEK, BERND: Kultur hat Konjunktur! Warum gerade heute? Sozialhistorische und bildungssoziologische Anmerkungen zur Konjunkturabhängigkeit des Verständnisses von Bildung und Kultur. In: RÜSTEMEYER, DIRK/JÜRGEN WITTPOTH (Hg.): Kultur im Spannungsfeld von Politik und Wissenschaft. Berlin 1991, S. 13-27.
12 Erinnert sei hier an LAGARDE, PAUL: Deutsche Schriften (1. Aufl. 1885). Gesamtausgabe letzter Hand. 5. Aufl., Göttingen 1920; LANGBEHN, JULIUS: Rembrandt als Erzieher. Von einem Deutschen (1. Aufl. 1890). 50.-60. Aufl., Leipzig 1922; SPENGLER, OSWALD: Der Untergang des Abendlandes. Umrisse einer Morphologie der Weltgeschichte. (1. Aufl. 1923). München 1972.
13 Vgl. dazu BERGMANN, KLAUS: Agrarromantik und Großstadtfeindlichkeit. Meisenheim am Glan 1970, vor allem aber SIEFERLE, ROLF: Fortschrittsfeinde? Opposition gegen Technik und Industrie von der Romantik bis zur Gegenwart. München 1984.

stadtfeindlichkeit und einer auf all das "reagierenden" Lebensreformbewegung manifest wurden[14].

Diesen Befund berufspädagogisch gewendet, kann es kaum überraschen, daß der Fabriklehre, dank fortschreitender produktionstechnischer Rationalisierung immer stärker unter die Räder der sich auflösenden Berufsordnung zu geraten verdächtigt, von konservativer Seite jeder berufserzieherische Kredit abgesprochen wurde und daß sie geradezu als Indiz eben der heraufrückenden Gefahr erschien. Sich mit ihr unter das "Programm eines einheitlichen deutschen Lehrlingswesens" gestellt zu sehen, wie es Robert Garbe 1888 vorschlug[15], konnte nur auf unmißverständliche Ablehnung stoßen. So schlugen selbst im Berufsbildungsbereich, der eigentlich auf Modernisierung hätte setzen sollen, die antiindustriellen Vorbehalte in handfeste antimodernistische Aversionen um. Sie trugen schließlich dazu bei, die primär ordnungspolitisch motivierte Mittelstandspolitik des Kaiserreichs berufspädagogisch derart zu überhöhen, daß das Handwerk unter unverhohlen antiindustriell-antiaufklärerischem Vorzeichen zum gegenindustriellen Hort der gewerblichen Jugenderziehung stilisiert, ja mit einem berufsbildungstheoretischen Glanz versehen wurde, der bis in die späten 50er Jahre des 20. Jahrhunderts hinein nachwirkte und der längst ausgebildeten Industrietypik der Berufsausbildung ihre berufspädagogische Anerkennung verweigerte. Mochte die in solchem Kontext vorgenommene pädagogische Sanktifikation des Berufes auch von Anfang an ideologisch sein und qualifikationspolitisch an der Realität vorbeigehen, sie enthielt bekanntlich mehr als die Träumerei vom "pädagogischen Begriff der Arbeit", deren Gemeinschaftsbezug und einer damit wiedergewinnbaren Sozialdisziplin. In ihr zeigte sich vielmehr die trotz unübersehbarer Modernisierungsprozesse fortdauernde Faszination konservativer Leitbilder von Staat und Gesellschaft, von hierarchisch gefestigtem Gemeinwesen und politischer Ordnung, von gesellschaftlich geforderter Heteronomie und pädagogisch für unverzichtbar erklärter Erziehung zu Gehorsam und Hingabesittlichkeit, auch wenn der soziale Wandel und das in seinem Kontext ständig neu zu gestaltende Verhältnis von Individuum und Gesellschaft die alten, vorindustriellen Leitbilder zunehmend ausgehöhlt und die mit ihnen verbundenen Hoffnungen auf eine resurrectio societatis invulneratae längst als höchst problematisch erwiesen hatte[16] - ein Problembefund, dessen Konsequenzen gerade angesichts der jüngsten

---

14 Siehe dazu den Beitrag von JÜRGEN REULECKE in diesem Band, S. 27-43
15 Vgl. GARBE, ROBERT: Der zeitgemäße Ausbau des gesammten Lehrlingswesens für Industrie und Gewerbe. Berlin 1888, dort vor allem S. 139 ff.
16 Vgl. dazu STRATMANN, KARLWILHELM: "Zeit der Gärung und Zersetzung". Arbeitsjugend im Kaiserreich zwischen Schule und Beruf. Zur berufspädagogischen Analyse einer Epoche im Umbruch. Weinheim 1992, S. 255 ff.

Diskurse um die Berufsbildungs- und darüber hinaus um die "Lebensreform" sehr genau bedacht werden sollten.

Über die Wirkungen der in solcher Entwicklung sich spiegelnden, je nach sozialer Lage und sozialem Milieu verschieden erfahrenen, aber auch verschieden gedeuteten Wandlungsprozesse konnte allerdings niemand im unklaren sein, und die politisch Verantwortlichen des 19. Jahrhunderts wußten sehr wohl um die Schwierigkeit, angesichts der das Gemeinwesen auf seinem Weg in die Moderne erschütternden Auf- und Umbruchprozesse das nötige Ordnungsdenken samt der zugehörigen politischen Verläßlichkeit zu sichern und mögliche Opponenten unter Kontrolle zu halten.[17] Die das Land überziehenden bürokratischen Netze, und dazu gehörte nicht zuletzt eine perfektionierte polizeiliche Aufsicht[18], waren nur eines der angewandten "Instrumente". Ein anderes speiste sich aus dem Mißtrauen den sog. natürlichen Erziehungsagenturen gegenüber: Was früher Familie und Kirche an staats- und ordnungsdienlicher Normierung und Lebensdeutung leisteten - Stichwort "das ganze Haus" -, wurde mehr und mehr der öffentlich kontrollierten, sozialorientierenden und sozialdisziplinierenden Schule übertragen, die dafür zu sorgen hatte, daß die öffentlich gesetzten Verhaltens- und Einstellungsmuster zu privat akzeptierten und verinnerlichten wurden. Parallel dazu sah sich, was neben der geselligen Verbindung als Moment sozialer Strukturierung und Ort der vorparteilich-politischen Artikulation in und mit den Vereinen eine wichtige Funktion übernommen und an politischer Kraft gewonnen hatte[19], spätestens seit dem Hambacherfest von 1832 und dem daraufhin ergangenen Bundesbeschluß zur Sicherung der "inneren Ruhe und gesetzlichen Ordnung" von 1832[20], vor allem aber nach der Revolution von 1848 durch entsprechende Vereinsgesetze einer scharfen Aufsicht unterworfen, um eigenständige soziale Nor-

---

17 Die schon früh einsetzende nervöse Beobachtung der Gesellenvereine und die fortdauernde Angst vor einer möglichen Wiederholung der Revolution, sowohl der von 1789 als der von 1848, sind dafür ein auch berufsbildungsgeschichtlich beredtes Lehrstück.

18 Erinnert sei hier an den sog. Polizeiverein, den der Berliner Polizeipräsident Hinckeldey in den 50er Jahren des 19. Jahrhunderts auf den Weg gebracht und gesteuert hat, dessen Kontrollnetz kaum jemand unerkannt entkam; siehe dazu SIEMANN, WOLFRAM: Gesellschaft im Aufbruch. Deutschland 1849-1871. Frankfurt/Main 1990, S. 44 ff.

19 Vgl. NIPPERDEY, THOMAS: Verein als soziale Struktur in Deutschland im späten 18. und frühen 19. Jahrhundert. In: Geschichtswissenschaft und Vereinswesen im 19. Jahrhundert. Veröffentlichungen des MPI für Geschichte, Bd. 1. Göttingen 1972, S. 1-14.

20 Siehe dazu den Bundesbeschluß betreffend Petitionen und Protestationen gegen die von der Gesamtheit des Bundes im Interesse der inneren Ruhe und gesetzlichen Ordnung gefaßten Bundesbeschlüsse vom 9. August 1832 sowie den Bundesbeschluß über das Verbot des Wanderns, der Versammlungen und Verbindungen der deutschen Handwerksgesellen vom 15. Januar 1835, beide in: HUBER, ERNST R.: Dokumente zur deutschen Verfassungsgeschichte, Bd. 1: Deutsche Verfassungsdokumente 1803-1850. 3. Aufl., Stuttgart 1978, S. 150 und 150 f.

mierungsprozesse möglichst zu unterbinden[21]. Die Kontrolle griff schließlich so stark durch, daß das vordem blühende Vereinsleben im Laufe der Reaktionsphase mehr und mehr verkümmerte und, von den kirchlichen Vereinen abgesehen, gleichsam austrocknete - ein "Fortschritt", dessen antidemokratische Dimension den Zeitgenossen übrigens durchaus bewußt war[22], auch wenn sie, bis es Ende der 50er/Anfang der 60er Jahre zu richtigen Parteigründungen kam, sich dem politischen Druck zu beugen und in die politisch bedrückende Lage zu schicken lernten[23].

Kann es da, um das auf unseren Gegenstand zu applizieren, verwundern, daß die 45er Gewerbeordnung die Aufgabe der Innungen allein auf die Beförderung der gemeinsamen wirtschaftlichen Interessen ihrer Mitglieder beschränkte?[24] Wohl kaum, denn was auf den ersten Blick nur wie der endgültige Abbau zünftlerischer Mentalitäten aussieht, muß aus der Rückschau und in Kenntnis der

---

21 Vgl. dazu die "Punktation" zur Errichtung eines südwestdeutschen Sicherheits-Vereins zur Erhaltung der öffentlichen Ruhe und Ordnung vom 15. Juni 1832 (dazu SIEMANN, WOLFRAM: Vom Staatenbund zum Nationalstaat. Deutschland 1806-1871. München 1995, S. 350), ferner das bayerische Gesetz, die Versammlungen und Vereine betreffend vom 26. Februar 1850, in: Gesetz-Blatt für das Königreich Bayern 1849/50, Sp. 53-66, die preußische Verordnung über die Verhütung eines die gesetzliche Freiheit und Ordnung gefährdenden Mißbrauchs des Versammlungs- und Vereinigungsrechtes vom 11. März 1850, in: Sammlung der für die Königlich Preußische Rhein-Provinz seit dem Jahre 1813 hinsichtlich der Rechts- und Gerichts-Verfassung ergangenen Gesetze, Verordnungen, Ministerial-Reskripte etc., Bd. 10. Hg. von MARQUARDT. Berlin 1855, S. 207-212, und den Bundesbeschluß über Maßregeln zur Aufrechterhaltung der gesetzlichen Ordnung und Ruhe im Deutschen Reich, insbesondere das Vereinswesen betreffend. Vom 13. Juli 1854. In: HUBER, ERNST R. (Hg.): Dokumente zur deutschen Verfassungsgeschichte, Bd. 2: Deutsche Verfassungsdokumente 1851-1900. 3. Aufl., Stuttgart 1986, S. 7 f. - Zur polizeilichen Kontrolle im Vormärz siehe LÜDTKE, ALF: "Das Schwert der inneren Ordnung": Administrative Definitionsmacht, Polizeipraxis und staatliche Gewalt im Vormärz. In: Kriminologisches Journal, 2. Beiheft: Kriminologie und Geschichte 1987, S. 90-110.

22 Die "Fliegenden Blätter" veröffentlichten schon 1850 eine Karikatur mit der Frage: "Welche Aehnlichkeit hat das Jahr 1850 mit dem Seilerhandwerk? - Je mehr man in beiden rückwärts geht, desto mehr kommt man vorwärts." (Fliegende Blätter Bd. 11 (1850), S. 180)

23 Um zu zeigen, daß diese politische Mentalität im Vormärz scharf kritisiert wurde, sei hier statt vieler anderer Beispiele aus FRANZ DINGELSTEDTS Sammlung "Lieder eines kosmopolitischen Nachtwächters" (1842) zitiert: "Was ist, Ihr Herrn, ein deutscher Patriot? An alle Fakultäten diese Frage? - Ein Mann, der Sonntags dient dem lieben Gott und seinem König alle Werkeltage.- ... Wie denkt, Ihr Herrn, ein deutscher Patriot? - Wenn's hoch kommt, wie die Allgemeine Zeitung; vom Franzmann spricht er nur mit Haß und Spott und schwärmt für Preußens Gaslichts-Welt-Verbreitung."... (Nachdruck Leipzig 1923, S. 85)

24 Zwar wollte die Gewerbeordnung von 1845 in § 101 aus qualifikationspolitischen Gründen - Stichwort Meister- und Gesellenprüfung - die Entstehung neuer Innungen befördert wissen, beschränkte letztere aber in § 104 auf die "Förderung der gemeinsamen gewerblichen Interessen" ihrer Mitglieder, spezifiziert als Verwaltung der Kranken- etc. Kassen, "Fürsorge für die Wittwen und Waisen der Innungsgenossen" und die Aufsicht über "die Aufnahme, die Ausbildung und das Betragen der Lehrlinge, Gesellen und Gehülfen der Innungsgenossen".

vereinspolitischen und damit mentalitätssteuernden Praktiken der Restaurations- und vor allem der Reaktionszeit als Teil einer umfassenden und nachweislich schon früh einsetzenden Entpolitisierungsstrategie gelesen werden: Den Innungen wurde jedes Recht zur politisch eigenständigen Willensbildung entzogen. Sie hatten nur noch als ökonomistisch definierte Vereinigungen, restringiert einzig auf die Wahrnehmung wirtschaftlicher Interessen, zu fungieren. Jede Normierungsbefugnis, wie sie die Zünfte früher ihren Mitgliedern gegenüber reklamierten, wurde ihnen abgesprochen, und daran hielt das Innungsrecht bis zur GO-Novelle von 1881 fest.

Von daher muß es um so mehr überraschen, daß man sich, kaum daß die 48er Revolution, in der das Handwerk eine zwar lokal unterschiedliche, insgesamt aber wichtige Rolle gespielt hatte[25], "besiegt" war, wieder auf die Normierungs- und Loyalisierungspotentiale besann, die die Innungen im Hinblick auf ihre Mitglieder und nicht zuletzt auf deren Lehrlinge boten[26]. Bedenkt man außerdem, daß die ökonomisch bedrohliche Lage des Handwerks jener Zeit für die Kultivierung weitgespannter Ehrbarkeitsbegriffe wenig Raum ließ, dann ist es zu einfach, die im Oktober 1849 im preußischen Landtag bei der nachträglichen Diskussion über die Verordnung vom 9. Februar 1849[27] vorgebrachten Argumente als nostalgisch zu denunzieren und folglich zu übergehen. Zwar paßten sie in das konservative Schema der Kritik, die unter den Handwerkern grassierende Not und politisch nicht mehr zu übersehende Unruhe der 1810 eingeführten Gewerbefreiheit anzulasten und sie als die "saure Frucht am Baume der rationellen Politik" bzw. als typische Folge des "Geh.-Raths-Liberalismus"[28] zu interpretieren. Dennoch ist zu fragen, was es bedeutet, wenn gefordert wurde, die "Unordnung der Gewerbe-

---

25   Vgl. BERGMANN, JÜRGEN: Das Handwerk in der Revolution von 1848. Zum Zusammenhang von materieller Lage und Revolutionsverhalten der Handwerker 1848/49. In: ENGELHARDT, ULRICH (Hg.): Handwerker und Industrialisierung. Lage, Kultur und Politik vom späten 18. bis ins frühe 20. Jahrhundert. Stuttgart 1984, S. 320-346.
26   Zum folgenden siehe die Protokolle der 34.-36. Sitzung (17.-20. Okt. 1849) der Zweiten Kammer des preußischen Landtags. In: Stenographische Berichte über die Verhandlungen der durch Allerhöchste Verordnung vom 30. Mai 1849 einberufenen Zweiten Kammer, Bd. 2. Berlin 1849; die folgenden Zitate dort S. 738, 745, 739, 740, 742, 698 ff., 738, 759, 742.
27   Der Landtag beriet vom 17. bis 20. Oktober 1849 nachträglich über die Verordnung vom 9. Februar 1849, betreffend die Errichtung von Gewerberäthen und verschiedene Abänderungen der allgemeinen Gewerbeordnung (die VO in: Gesetz-Sammlung für die Königlichen Preußischen Staaten 1849, S. 93-110). Die nachträgliche Befassung des Landtags mit dieser Verordnung war gemäß § 105 der preußischen Verfassung vom 5. Dezember 1848, wonach "Verordnungen mit Gesetzeskraft", sofern "die Kammern [des Landtags] nicht versammelt sind, ... bei ihrem nächsten Zusammentritt zur Genehmigung sofort vorzulegen" waren, nötig geworden.
28   So Bismarck, der schon 1849 beidem die Schuld am Zulauf zur "rothen Demokratie" in die Schuhe schob.

freiheit" zu beseitigen und die Handwerker wieder zu "Zucht, Ordnung und Sittlichkeit" zurückzuführen, was nur gelinge, wenn man auf die moralische und die im Interesse des Staates erforderliche remoralisierende Kraft der Innungen setze. Ging es wirklich nur um die "Wohlfahrt des Handwerkerstandes", oder ging es um mehr? Was heißt es, wenn betont wurde, daß es, weil "der Mangel der wahren Geistes- und Herzensbildung die Mutter dieses Proletariats geworden" sei, darum gehen müsse, daß auf alle erdenkliche Weise "die Ehre des Handwerkerstandes geschützt und gewahrt werde", denn nur, wo die Handwerker "den Geist der Ehre bewahren, da wird es unausbleiblich sein, daß das reifere Alter auch auf das jüngere, die Gesellen und Lehrlinge, einwirke"?

Ohne dem im einzelnen nachzufragen: Es konnte nichts anderes bedeuten, als die Aufgabenreduktion der Korporationen aufzuheben oder zumindest zu lockern, böten sie doch nicht nur "eine größere Garantie zur Befähigung für die Gewerbe", sondern auch "einen größeren sittlichen Werth, und endlich für die politischen Verhältnisse eine größere Garantie", oder, wie es im "Bericht der Kommission für Handel und Gewerbe über die Revision der Verordnung vom 9. Februar [1849]" hieß, weil "die Erhaltung bestehender und ... [die] Einrichtung neuer Innungen ... das Ehrgefühl der Theilnehmer beleben" und "die Auflösung der Ordnung in den Verhältnissen zwischen Meistern, Gesellen und Lehrlingen" an ihr Ende bringen würden.

Daß es dabei um die Wiederherstellung des Ehrenkodex des alten Handwerks gehen sollte, kann ausgeschlossen werden. Im Zentrum standen 1849 vielmehr von Revolutions- und Sozialismusangst beflügelte Sorgen um die Neuordnung des sozialen Lebens, die in konservativen Kreisen zudem von liberalismuskritischen Argumenten gestützt wurden. Die gewünschte Restauration der Innungsverfassung zielte, das kann daran abgelesen werden, weit über die Heilung gewerberechtlicher Schäden der vergangenen dreißig Jahre hinaus auf die Wiedergewinnung einer tragfähigen konservativ bestimmten Gesellschaftsordnung. War das auch dreißig Jahre später das Motiv der Reichsregierung, angesichts der längst etablierten Klassengesellschaft ebenfalls mit dem Begriff der Standesehre zu operieren und in der GO-Novelle vom 18. Juli 1881 als erste Aufgabe der Innungen "die Pflege des Gemeingeistes sowie die Aufrechterhaltung und Stärkung der Standesehre unter den Innungsmitgliedern" fest-, ja vorzuschreiben, oder ging es dabei nur um die Abgrenzung des Handwerks gegenüber der Industrie? War Ehre das, was man der wachsenden Zahl von Fabrikarbeitern aufgrund der bekannten Assoziation Arbeiter - Arbeiterbewegung - Sozialisten - vaterlandslose Gesellen ab- und nur dem Handwerk zusprach und deshalb ihre Sicherung den Innungen übertrug? Was also ließ Bismarck die "Aufrechterhaltung und Stärkung der Standesehre unter den Innungsmitgliedern" in die GO-Novelle schreiben?

Als bloß handwerkspolitischer Reflex auf die seit den 60er Jahren immer mehr Anziehungskraft gewinnenden Handwerker- und Gewerbetage und das sich dort unüberhörbar artikulierende Selbstverständnis des Kleingewerbes kann die zitierte Formel jedenfalls nicht gelesen werden. Dafür muß die Verwendung des Terminus nicht zuletzt angesichts der Tatsache zu sehr irritieren, daß die nur ein Jahr nach der genannten Gewerbeordnung veröffentlichte Reichsberufszählung 1882 Industrie und Handwerk unter einem Rubrum zusammenfaßte und die Arbeitskräfte nur noch nach "gelernt" und "ungelernt" in Berufsabteilungen differenzierte[29], also den längst vollzogenen "Strukturwandel von der geburtsständischen Herrschaftsordnung zum bürgerlichen Berufssystem"[30] unterstrich, und daß es sich dabei um einen Wandel handelte, den das Handwerk seit langem mitvollzogen hatte, wie sich bereits aus dem "Entwurf einer allgemeinen Handwerks- und Gewerbeordnung" entnehmen läßt, den die im Juli 1848 in Frankfurt/Main zum sog. Deutschen Handwerker- und Gewerbekongreß zusammengetretenen Meister erarbeitet hatten[31]. Von Standesehre war darin keine Rede mehr. Bezweckte das Gebot der Aufrechterhaltung und Stärkung der Standesehre mehr als eine gruppenspezifisch-ideologische Handhabe gegen die mentalitäts- und loyalitätspolitischen Wirren der Hochindustrialisierungsphase, in der die soziale Frage sich zur politischen Bedrohung auswuchs - erinnert sei an die 1878 erlassenen Sozialistengesetze? Oder wurde der Konjunktureinbruch der 70er Jahre - bekannt unter dem Stichwort "Große Depression"[32] -, der Bismarck von der liberalen Gewerbe- auf eine durchgängige Schutzzollpolitik umschwenken und auch das Handwerk stärker unter Schutz stellen ließ, für gesellschaftspolitisch derart gefährlich eingeschätzt, daß es bei wirtschaftspolitischen Maßnahmen allein nicht bleiben konnte? Oder ging es darum, das Handwerk wenigstens auf der ideologischen Ebene gegen die Industrie zu stärken und dadurch zu verhindern, daß es erneut politisch abdriftete, in die Fänge der Sozialdemokratie geriet und wieder wie 1848 zum Unruheherd würde? Was also war der Grund dafür, den auch von der Reichsregierung beförderten Modernisierungsprozeß mit traditionalen Ordnungsvorstellungen zu verkoppeln und mentalitäts- und loyalitätspoli-

---

29 Vgl. dazu POELKE, KLAUS: Die Entstehung von Facharbeit. In: GREINERT, WOLF-DIETRICH u.a. (Hg.): Berufsausbildung und Industrie. Zur Herausbildung industrietypischer Lehrlingsausbildung. [1. Berufspädagogisch-historischer Kongreß 1987 in Berlin] Berlin 1987, S. 27-49.
30 SIEMANN: Vom Staatenbund zum Nationalstaat, S. 115
31 Vgl. Entwurf einer allgemeinen Handwerker- und Gewerbe-Ordnung für Deutschland. Beraten und beschlossen auf dem deutschen Handwerker- und Gewerbe-Congreß zu Frankfurt am Main, in den Monaten Juli und August 1848. Mit einem Anhange: Mittel zur Hebung des deutschen Handwerker- und Gewerbestandes und einer Beilage. Berlin 1848.
32 Zur sog. Großen Depression vgl. ROSENBERG, HANS: Große Depression und Bismarckzeit. Wirtschaftsablauf, Gesellschaft und Politik in Mitteleuropa. Berlin 1967.

tisch abzufedern? Weil die Norm der Standesehre trotz aller Unbestimmtheit immer noch staatsdienlicher war als ein sonst wie geartetes Klassenethos? Oder sollten, mentalitätsstrategisch gefragt, hier die psychologischen Mechanismen der Normierung durch Zu- und Festschreibung von Distinktionen mit der Folge der Identifikation mit der Vorgabe greifen? Das Handwerk, weil auf Standesehre gegründet, als staatserhaltende Macht, als der verläßliche Ort der Jugenderziehung, demgegenüber jeder andere nur als defizitär erscheinen konnte? Störte es gemessen daran nicht, daß das Handwerk die alte Zunftmentalität zugunsten der des individualisierten Wirtschaftsbürgers aufgegeben und die Meister selbst das Lehr- zum Arbeitsverhältnis umdefiniert hatten?

Meine Antwort: So wie die nur wenige Monate nach der zitierten GO-Novelle verkündete Kaiserliche Botschaft vom 17. November 1881 - der berühmte Einstieg in die Bismarcksche Sozialgesetzgebung - bei aller sozialen Intention Teil einer Ordnungspolitik war, die die Arbeiterschaft dem Staat zurückgewinnen, d.h. gegen die sozialistische Doktrin immunisieren und in die staatsloyale Mentalität einbinden sollte - übrigens einer der Gründe, warum Wilhelm I. den dreijährigen Militärdienst für unverzichtbar erklärte und gegen den Widerstand der Liberalen durchgesetzt wissen wollte -, so auch die zeitgleich einsetzende Handwerks- samt der in sie integrierten Berufsbildungspolitik. Beide dienten dazu, die Stabilität der dank des beschleunigten sozialen Wandels als fragil geltenden Ruhe und Ordnung im Kleinbürgertum gegen Störungen zu sichern. Die auf jede Weise zu fördernde Standesehre galt so als Instrument, das Handwerk trotz seiner nach wie vor nicht eben prosperierenden wirtschaftlichen Lage der ordnungs- und machtpolitischen Absicht des Staates gegenüber zu öffnen.

Wie schnell das Handwerk, das immerhin einer der Hauptträger der 48er Revolution und ein wichtiger Pfeiler der Arbeiterbewegung war, seine "Lektion gelernt" hatte, ist deutlicher kaum zu belegen als mit den Worten von Handwerksmeistern auf dem Deutschen Innungs- und Handwerkertag 1892 in Berlin[33]:

"Die deutschen Handwerker, die keine Revolution wollen, sondern fest auf dem Boden des Christenthums und treu zu Kaiser und Reich stehen, haben ... die Pflicht, laut und vernehmlich ihre Stimme zu erheben. Es muß wieder eine bessere Standesehre, eine christliche Jugenderziehung im Handwerk eingeführt werden ... Wo will man aber den Menschen besser erziehen, als in einer gut christlichen Handwerkerfamilie, im Gegensatz zur Fabrik, wo er nicht richtig erzogen und und auch nicht richtig ausgebildet werden kann? ... Wir lieben unsere christliche Familie und unsern Stand und gehen von unserer christlichen Anschauung nicht

---

33 Protokoll über die Verhandlungen des Deutschen Innungs- und Handwerkertages vom 14.-17. Februar 1892 in Berlin. Berlin 1892, S. 47 f. und S. 61 f.

ab, wonach die Familie im Paradiese anfing mit dem Vater als Vorsteher derselben und wonach aus den Familien Gemeinden, Provinzen und Staaten entstehen, wo nicht Staaten auf freie Kontrakte aufgebaut sind."

Hinsichtlich der Arbeiterschaft bezweckte das skizzierte Konzept den Kampf gegen die Sozialdemokratie, in der Bismarck noch 1893 einen Haufen "raub- und mordsüchtiger Feinde", ja "Ratten im Lande" sah, die "vertilgt werden" müßten.[34] Hinsichtlich des an den Staat zu bindenden Handwerks zielte die Verpflichtung auf einen gruppenspezifischen Ehrenkodex auf ein politisch tragfähiges Fundament, auf das sich im nächsten Schritt die organisatorische Reform sowie die überfällige Verbesserung der Lehrlingserziehung aufbauen ließen. Insofern ist - um einen bekannten Buchtitel zu verwenden - nicht nur die Berufsschule als Instrument sozialer Kontrolle und Objekt privater Interessen zu sehen[35], sondern die Berufserziehung im ganzen, auch wenn das in diesem Kontext 1897 rechtlich abgesicherte Modell der Verbindung von Betrieb und Berufsschule noch für längere Zeit ausgesprochen störanfällig blieb und es zu seiner faktischen Ausformung vor Ort immer neuer Kompromisse und vieler kleiner Schritte bedurfte. Das "Ergebnis" dieser Entwicklung war jene berufsbildungsorganisatorische Figuration, die bekanntlich bis heute fortbesteht, aber ebenfalls bis heute jene mühsam auszutarierende Koordination von öffentlichen und privaten Intentionen verlangt, die wir seit 1964 mit dem euphemistischen Terminus "duales System" umschreiben. Da sich der Berufspädagogisch-historische Kongreß 1997 in Berlin wie angezeigt auf dessen Analyse konzentrieren wird, bedarf es dazu an dieser Stelle keiner weiteren Ausführungen, allenfalls des Hinweises, daß eben wegen der ordnungspolitischen "Fracht", die dieses duale System zu tragen hat, die jeweiligen sozialgeschichtlichen Zusammenhänge der verschiedenen Ausbildungssysteme gegenüber dem Strukturvergleich nicht zu nonchalieren sind.

Zweiter Problemkreis:

Zu den ökonomischen und technischen Veränderungen und ihrer Bedeutung für die berufspädagogischen Umorientierungen des 19. Jahrhunderts

Die Liste der ökonomischen und technischen Veränderungen des 19. Jahrhunderts und der mit ihnen verbundenen Namen ist so lang, daß sie im Rahmen eines Vortrages nicht spezifiziert werden kann, allerdings vor diesem Kreis auch nicht

---

34 Zit. n. GALL, LOTHAR: Bismarck. Der weiße Revolutionär. Frankfurt/Main 1980, S. 715.
35 Vgl. GREINERT, WOLF-DIETRICH: Schule als Instrument sozialer Kontrolle und Objekt privater Interessen. Der Beitrag der Berufsschule zur politischen Erziehung der Unterschichten. Hannover 1975.

spezifiziert werden muß. Wie allein mit den Stichworten Entwicklung der Metallindustrie, wachsende Mechanisierung der Produktion und steigender Ausbau des Verkehrswesens anzuzeigen ist, kommt in kaum einem anderen Sektor des gesellschaftlichen Lebens der soziale Wandel so deutlich und zugleich so komplex, konflikt- und umbruchhaft zum Ausdruck wie auf dem Feld der ökonomisch-technischen Innovationen. Ist es da - um an die gestrigen Ausführungen von Dietmar Petzina über die Entwicklung des Ruhrgebietes anzuknüpfen[36] - ein Wunder, daß das Revier, jenes binnen weniger Jahrzehnte entstandene größte Industriegebiet Deutschlands, nicht nur für seinen Kohlebergbau und seine Stahlwerke, sondern zugleich für seine mentalitäts- und loyalitätspolitischen Probleme bekannt war und als "Deutschlands wilder Westen" bezeichnet wurde? Es war nicht nur bevölkerungspolitisch eine Problemregion, sondern strukturpolitisch von geradezu sprunghaftem Wachstum seiner Kommunen gekennzeichnet und zugleich von ständigen Erweiterungen der Betriebseinheiten geprägt. Es war außerdem technologiepolitisch vor die Bewältigung der Umbrüche von handwerklich-personenbezogenen zu "übermenschlich" großen personenunabhängigen Aggregaten gestellt - man denke nur an den berühmten "Dicken Fritz", jenen großen Senkhammer der Fa. Krupp in Essen, - und verlangte auf allen Ebenen ein neues Planungs-, Steuerungs- und Handlungswissen und vor allem ganz neue Verhaltensweisen. Dieses Ruhrgebiet macht wie in einem Brennspiegel die ökonomischen, technischen und sozialen Veränderungen und Schwierigkeiten sichtbar, die auch in anderen Regionen mutatis mutandis den sozialen Wandel als Weg in die Moderne prägten.

Für das Handwerk und damit für den noch lange wichtigsten Ausbildungsträger führte dieser Weg zunächst in die wohl schwerste Krise seiner Geschichte, auch wenn es, anders als prognostiziert, statt von der Expansion der "Großen Industrie" völlig erdrückt zu werden, nach und nach seine Marktnischen fand und die sich ihm bietenden Marktchancen zu nutzen lernte. Aber es ging als ein Verändertes aus dieser Krise hervor: als Kleingewerbe, das das ehemals das Handwerkerleben bestimmende konvivial-ganzheitliche Selbstverständnis zugunsten einer kommerzial segmentierten Orientierung der Betriebe und Produkte und vor allem das ehemals bestimmende patriarchalische Verhältnis zu den Gesellen und Lehrlingen aufgegeben hatte. Berufsdidaktisch implizierte das, daß nicht mehr ein vollberufliches Profil die Ausbildung des Lehrjungen bestimmte, sondern "die bei seinem Betrieb vorkommenden Arbeiten des Gewerbes", wie es ab 1878 in der Reichsgewerbeordnung hieß. Das aber bedeutete eine qualifikationspolitische "Öffnung", die, wenn sie nicht zum Kollaps der Lehre führen sollte, erhebliche,

---

36 Siehe dazu den Beitrag von Dietmar Petzina in diesem Band, S. 11-26.

auch öffentliche Anstrengungen und betriebsübergreifende Vorgaben verlangte, um das Berufskonzept nicht zuletzt mit Hilfe der Lehrabschlußprüfung wieder zum grundlegenden Prinzip der Lehrlingserziehung zu machen - alles in allem eine Entwicklung, von der ich annehme, daß sie ebenfalls Gegenstand des Berliner Kongresses sein dürfte, weshalb ich mich auf diese wenigen Andeutungen beschränken kann.

Ausbildungsrechtsgeschichtlich läßt sich die skizzierte Entwicklung nicht zuletzt an der Veränderung des Lehrlingsbegriffs ablesen. Galten nach der GO von 1845 nur diejenigen Personen als Lehrling, "welche in der durch einen Lehrvertrag ausgesprochenen Absicht bei einem Lehrherrn eintreten, um gegen Lehrgeld oder unentgeltliche Hülfsleistung ein Gewerbe bis zu derjenigen Fertigkeit zu erlernen, welche sie zu Gesellen befähigt" (§ 146), so wurde diese Definition schon vier Jahre später in der preußischen Verordnung vom 9. Februar 1849 dahin abgewandelt, daß als Lehrling derjenige zu betrachten sei, "welcher bei einem Lehrherrn zur Erlernung eines Gewerbes in Arbeit tritt" (§ 44). Zu erlernen, das macht diese Definition deutlich, war angesichts der Veränderungen der Arbeitswelt fortan ein Gewerbe, kein durch eine gesicherte Berufsordnung definierter Beruf, schon gar nicht mehr einer, der als selbstverständliche, dauerhafte Festlegung der Lebensgestaltung zu begreifen gewesen wäre. Zwar verpflichtete die GO von 1845 den Lehrmeister darauf, "den Lehrling durch Beschäftigung und Anweisung zum tüchtigen Gesellen auszubilden" (§ 150). Aber das war eine Zieldefinition - übrigens letztmalig in der Gewerbeordnung des Norddeutschen Bundes vom 21. Juni 1869 benutzt -, die mehr die Tatsache, sich berufliche Qualifikation nicht außerhalb des Handwerks vorstellen zu können, als die betriebliche Wirklichkeit spiegelte. Ihr entsprach, nach den Klagen über die schlechte Ausbildung zu urteilen, weit eher, was die österreichische Gewerbeordnung 1860 auf die prägnante Formel brachte[37]:

"Als Lehrling wird angesehen, wer bei einem selbstständigen Gewerbetreibenden zur praktischen Erlernung des Gewerbes in Verwendung tritt."

Wenn aber Arbeits- und Verwendungsfähigkeit des Jungen das Ausbildungsverhalten der Betriebe bestimmten, dann kann es zum einen nicht überraschen, daß der alte Lehrgeldbrauch immer mehr zugunsten eines auszuhandelnden Entgelts zurückging und die Lehrlinge immer weniger bei ihren Lehrherren wohnten. Zum andern aber erscheint es geradezu als arbeitsmarktrationales Verhalten, daß, wie beklagt, viele Lehrjungen ihre Lehrzeit nicht "aushielten", sondern vorzeitig "aus

---

37 § 88 des österreichischen Gewerbegesetzes vom 20. Dezember 1859. In: Gewerbeblatt für das Großherzogthum Hessen. Zeitschrift des Landesgewerbevereins 1860, Nr. 6/7, S. 41-56 und Nr. 8, S. 59-64. Das Gesetz trat am 1. Mai 1860 in Kraft.

der Lehre traten", in die Fabrik gingen oder sich als Gesellen um Arbeit bemühten, ja aus Furcht vor drohender oder gar erneuter Arbeitslosigkeit die "Flucht ... in die Selbständigkeit" als Ausweg aus ihrer prekären Lage wählten.[38] Da dieser Ausweg jedoch zumeist zu unter- oder allenfalls semiprofessionalisierter Tätigkeit geführt haben dürfte, öffnete sich hier ein berufspädagogischer Teufelskreis von bedrohlichem Ausmaß. Wenn nämlich solcherart "Meister" Arbeitskräfte benötigten, blieb ihnen - andere konnten sie nicht bezahlen - nur ein "billiger" Lehrling übrig. Mochte schlechte Arbeit trotz allem ihren Markt finden, berufsbildungspolitisch bedeutete sie für eine daran gebundene Ausbildung eine Katastrophe und jugendpolitisch das Risiko einer wachsenden sozialen Entwurzelung, Mitte des Jahrhunderts zynisch genug "emanzipiert im Genusse der Freiheit"[39] genannt. Solange aber die Betriebe nicht alles daransetzten, "aus einem solchen Lehrlinge einen ordentlichen und tüchtigen Gesellen heranzubilden", und sich "nur um seine Arbeit, nicht um seine Person (bekümmerten)"[40], konnte hier keine Besserung erwartet werden. Schon 1876 resümierte der Sekretär der Handelskammer und des Mittelrheinischen Fabrikantenvereins zu Mainz Julius Schulze: "Das Wort 'Lehrling' ist uneigentlich geworden"[41], so daß es ehrlicher war, gewerberechtlich überhaupt auf eine Definition des Lehrlingsbegriffs zu verzichten - so seit der GO-Novelle vom 17. Juli 1878 -, statt mit beschönigenden Worten zu vertuschen, was an Mißständen im Interesse der Jugendlichen und im Interesse des Zusammenhangs von gewerblicher Bildungsfrage und industriellem Rückgang, um es mit dem Titel der bekannten Anklageschrift Karl Büchers aus dem Jahr 1877 zu benennen[42], dringend aufgedeckt werden mußte.

So dürfte es denn auch kein Zufall gewesen sein, daß die Münchner Fliegenden Blätter bereits 1846 die Karikatur eines Handwerksgesellen veröffentlichten, der, orientierungslos geworden, nicht mehr wußte, wohin er seinen Weg lenken sollte[43], daß die Kirchen - Stichwort katholische Kolpings- und evangelische Jünglingsvereine - seit jener Zeit das normative Vakuum zu füllen suchten, das die

---

38 LENGER, FRIEDRICH: Zwischen Kleinbürgertum und Proletariat. Studien zur Sozialgeschichte der Düsseldorfer Handwerker 1816-1878. Göttingen 1986, S. 50
39 DOHNA, HERMANN GRAF ZU: Die freien Arbeiter im preußischen Staate. Leipzig 1847; auszugsweise in: JANTKE, CARL/DIETRICH HILGER (Hg.): Die Eigentumslosen. Der deutsche Pauperismus und die Emanzipationskrise in Darstellungen und Deutungen der zeitgenössischen Literatur. Freiburg 1965, S. 244-255, Zitat S. 244
40 Ebd.
41 SCHULZE, JULIUS: Das heutige gewerbliche Lehrlingswesen, seine Mängel und die Mittel zu deren Behebung. Leipzig 1876, S. 51
42 Vgl. BÜCHER, KARL: Die gewerbliche Bildungsfrage und der industrielle Rückgang. Eisenach 1877.
43 Fliegende Blätter, Bd. 3. München 1846, S. 53

Berufserziehung ließ, und daß, um die Langlebigkeit dieser Krisenphänomene anzudeuten, der Leipziger Fortbildungsschuldirektor Theodor Scharf 1896, also fünfzig Jahre nach dem oben zitierten Graf Dohna, immer noch darüber klagte,[44] daß

> *"die Freizügigkeit, die Gewerbefreiheit und ganz besonders der Industrialismus ... die Bande der gesellschaftlichen Verhältnisse früherer Zeiten gelöst" hätten. "Es ist eine gegenseitige Emanzipation eingetreten, und infolgedes sieht der Arbeitgeber, der Meister, der Lehrherr in dem Arbeiter, Lehrlinge oder Gehilfen nur die bezahlte Kraft, die möglichst hoch ausgenutzt werden muß ... Von einer Anteilnahme an dem physischen und seelischen Wohle dieser bezahlten Arbeitskraft will man in den meisten Fällen nichts wissen ... Was würden die alten Zunftmeister des Mittelalters sagen, wenn sie von solcher Ignoranz hören müßten",*

eine Klage, die dann besonderes Gewicht bekommt, wenn man weiß, daß eben in der Reichstagsdebatte über die oben zitierte GO-Novelle im Mai 1881 öffentlich betont wurde, daß die Berufserziehung "ein Theil des Bildungswesens überhaupt" sei und es zum "Beruf" des Staates gehöre, "wenn er Vorschriften erläßt, welche das Recht, Lehrlinge auszubilden, von gewissen Voraussetzungen abhängig macht"[45]. Waren - so müßte gefragt werden - Theodor Scharfs Befunde falsch oder wurden die angekündigten Vorschriften nicht erlassen oder griffen sie nicht, weil sie einmal mehr mit den wirtschaftlichen Zielen der Ausbildungsbetriebe konfligierten? Jedenfalls ist der Eindruck nicht so leicht zu verwischen, daß der Berufsbildungssektor, vermittelt über die im Gefolge der ökonomischen und technischen Veränderungen das Handwerk überrollende Strukturkrise, nicht eben zu den Gewinnern des sozialen Wandels zählte.

Dritter Problemkreis:

Zu den Bemühungen um eine Re-Normierung und Re-Pädagogisierung der betrieblichen Ausbildung und ihren berufspädagogischen Konkretionen

Dennoch lassen sich Indizien für Bemühungen um eine Besserung der Verhältnisse ausmachen, die, wenn ich recht sehe, wohl doch auf den sozialen Wandel und die Einsicht in die mit ihm verbundenen Probleme zurückzuführen sind, auch wenn es sich dabei auf den ersten Blick nicht um spektakuläre Schritte handelte. Aber folgt man den vielen Ausbildungskritiken des 19. Jahrhunderts, dann waren

---

44 SCHARF, THEODOR: Fortbildungsschule - Berufsschule. In: Die Deutsche Fortbildungsschule 5 (1896), 4, S. 89
45 Kommissar des Bundesraths Geh. Oberregierungsrath [Theodor] Lohmann auf der 45. Sitzung des Reichstags am 20. Mai 1881. In: Stenographische Berichte über die Verhandlungen des Reichstags, 4. Legislaturperiode, IV. Session, Bd. 2. Berlin 1881, S. 1179

die Schwierigkeiten, die die Berufserziehung niederdrückten, sehr wohl bewußt und nicht von konservativer Seite erfunden. Wenn allerdings Dohna und Scharf - ihre Stellungnahmen decken immerhin, um das noch einmal zu betonen, einen Zeitraum von fünfzig Jahren ab - die mit dem sozialen Wandel in Verbindung gebrachte berufserzieherische Entwicklung als "gegenseitige Emanzipation" beschrieben, dann hieß emanzipiert bei ihnen lediglich freigesetzt von Anleitung, Ausbildung und pädagogischer Aufsicht, nicht aber freigesetzt zu persönlicher, beruflicher und sozialer, schon gar nicht zu politischer Entfaltung. Im Gegenteil! Denn das hätte nicht nur dem mentalitäts- und loyalitätspolitischen Konzept des monarchischen Staates widersprochen, sondern auch dem berufspädagogischen Sanierungskonzept der Meister und Fortbildungsschullehrer. Was nämlich zur Heilung der aufgewiesenen Schäden empfohlen, ja gefordert wurde, war die Refamiliarisierung des Lehrverhältnisses, und dabei ging es primär um die Bindung oder, wie es Oskar Pache 1890 formulierte: um "die notwendige und innige Verschmelzung des Lehrlings mit dem von ihm erwählten 'Stande'[46], nicht um seine Freisetzung. Mit anderen Worten: Die Klagen über den Verfall der Berufserziehung thematisierten - auffällig genug - weit weniger, als man angesichts der in den 90er Jahren sich geradezu überschlagenden ökonomisch-technischen Fortschritte eigentlich erwarten sollte, die qualifikationspolitischen Defizite der Berufserziehung, sondern hoben auf die pädagogischen Verluste ab, die die Lehre so hätten herunterkommen lassen.

Die Betonung des Verlustes an Familienbindung wies zwar auf eine strukturelle Veränderung der Lehre hin, machte aber nicht minder nachdrücklich darauf aufmerksam, daß mit ihrer Preisgabe der berufspädagogisch wichtige Ort zu verläßlichem Gehorsamstraining und zur Einübung in vorgegebene normative Orientierungen verabschiedet war, mochten die Gewerbeordnungen seit 1845 auch regelmäßig und beinahe stereotyp wiederholen, daß "der Lehrling der väterlichen Zucht des Lehrherrn unterworfen" sei, und mit dieser Formel ein familienähnliches Verhältnis zwischen Lehrling und Lehrherrn suggerieren. Gerade der Verfall dieses Verhältnisses machte ja das berufspädagogische und jugendpolitisch beunruhigende Problem aus und provozierte den Leipziger Fortbildungsschuldirektor Theodor Scharf 1896 zu seiner besorgten Äußerung, die unmißverständlich an die Adresse der Handwerksmeister gerichtet war. Was nämlich in den Großbetrieben schon früh durch die Fabrikordnungen an äußerer und innerer Disziplinierung der Arbeiterschaft erreicht werden sollte[47], hätte in den Kleinbetrieben von den Meistern ausgehen müssen, die darin aber, wenn man

---

46 PACHE, OSKAR: Zur Lehrlingsfrage. In: Die Fortbildungsschule 4 (1890), 7/8, S. 50 f.
47 Vgl. FLOHR, BERND: Arbeiter nach Maß. Die Disziplinierung der Fabrikarbeiterschaft während der Industrialisierung Deutschlands im Spiegel von Arbeitsordnungen. Frankfurt/Main 1981.

Theodor Scharfs Klagen folgt, nur zu oft versagten, zumal für immer weniger Lehrlinge galt, was unter ständischen Verhältnissen so gut wie feste Regel war und was das sachsen-weimar-eisenachische Zunftgesetz von 1821 - wenn man nicht die bayerische "Bekanntmachung, die gesetzl. Bestimmungen über das Lehrlingswesen betr." vom 23. Sept. 1842 mit ihrer Vorschrift[48]:
"Die Lehrlinge sind für die Dauer der Lehrzeit unter die Aufsicht und häusliche Zucht ihrer Lehrherrn gestellt, haben diesen Achtung und Gehorsam zu erweisen, sich in die häusliche Ordnung zu fügen, und die ihnen übertragenen Arbeiten mit Eifer zu besorgen"
als eine jüngere Bekräftigung der Regel werten will - noch einmal und soweit ich sehe, ausbildungsrechtsgeschichtlich letztmalig festzuschreiben versucht hatte, daß nämlich der Lehrling für die Dauer seiner Ausbildung "in des Meisters Haus, Kost und Arbeit"[49] sein müsse. Angesichts der offenbar wachsenden Schwierigkeit, diesen Grundsatz durchzusetzen, dürfte es kein Zufall sein, daß schon die preußische Gewerbeordnung von 1845 eine entsprechende Vorschrift nicht mehr kannte und selbst in dem oben erwähnten Handwerksordnungsentwurf, den der Meisterkongreß 1848 in Frankfurt/Main erarbeitet hatte, keine Rede mehr davon war. Die in Frankfurt versammelten Meister wußten, so kritisch sie der modernen Entwicklung gegenüberstanden, nur zu genau, wie schwer die ehemals selbstverständliche Regel unter gewandelten Verhältnissen den Lehrlingen gegenüber durchzusetzen und wie schwer sie angesichts der auch im Kleingewerbe zunehmenden Trennung von Arbeiten und Leben, Werkstatt und Wohnraum ihren eigenen Familien zuzumuten war. Die zeitgleich betriebene Idyllisierung der bürgerlichen Familie verhinderte nicht die Verdrängung des Lehrlings aus der familialen Bindung an das Meisterhaus. Anders formuliert: Die Theorie des "ganzen Hauses" (Riehl) verkam zur berufspädagogisch rückwärtsgewandten Utopie, wo nicht zur konservativen Ideologie, der nicht einmal mehr die Anhänger konservativer Ordnungsvorstellungen erlagen. Zwar beklagte man - um einen großen Sprung zu machen - noch 1911 auf der Lehrlingskonferenz der Zentralstelle für Volkswohlfahrt das "Schwinden des patriarchalischen Charakters" der Lehre und das "Auswärtswohnen der Lehrlinge"[50], aber der Berichterstatter Josef

---

48 § 7 der bayerischen Bekanntmachung, die gesetzl. Bestimmungen über das Lehrlingswesen betr., vom 23. September 1842. In: Stadtarchiv München - Gewerbeamt, Fasz. Nr. 517
49 Großherzoglich Sachsen-Weimar-Eisenachisches Allgemeines Zunftgesetz. Vom 15. Mai 1821, § 36, zit. n. STRATMANN, KARLWILHELM/ANNE SCHLÜTER (Hg.): Quellen und Dokumente zur Berufsbildung 1794-1869. Quellen und Dokumente zur Geschichte der Berufsbildung in Deutschland, Bd. B/1. Köln 1982, S. 96
50 ALTENRATH, JOSEF: Das Lehrlingswesen im Handwerk. In: Das Lehrlingswesen und die Berufserziehung des gewerblichen Nachwuchses. Vorbericht und Verhandlungen der 5. Konferenz der Zentralstelle für Volkswohlfahrt am 19. und 20. Juni [1911] in Elberfeld. Schriften der Zentralstelle für Volkswohlfahrt, Heft 7 NF. Berlin 1912, S. 119 und S. 99

Altenrath hätte sein Auditorium getäuscht, wenn er diese Klage allein gegen die Lehrlinge gerichtet hätte. Mit anderen Worten: Das traditionelle Muster der Lehrlingserziehung war angesichts neuer Verhältnisse - also angesichts der auch das Kleingewerbe einholenden Folgen des sozialen Wandels, und dabei handelte es sich nicht um Konsequenzen der im engeren Sinne ökonomisch-technischen Entwicklungen - obsolet geworden und nicht länger durchzuhalten. Es galt, wie der preußische Handelsminister von Möller auf der Elberfelder Konferenz betonte, "dafür neue Formen zu finden"[51]. Welche aber konnten das sein?

Doch selbst wenn man zur Erklärung dieser Entwicklung nicht in die eingangs angesprochene Kultur- und Industriekritik einstimmen mag, die Klagen über den Verlust an Patriarchalität sind ausbildungsgeschichtlich nicht einfach abzutun. Sie machen nämlich über den Verlust an berufserzieherischer Kraft und Selbstgewißheit hinaus auf einen auch berufsdidaktisch gravierenden Auszehrungsprozeß aufmerksam: auf die Ökonomisierung der Lehre, wie es Heinrich Abel genannt hat, der damit einen Verfallsprozeß beschrieb, aus dem die Berufserziehung nur langsam befreit werden konnte - fraglos gegen den Widerstand so manches Lehrherrn, der, selbst ein "Kind" dieser Entwicklung, unter den neuen Bedingungen auf die billigen und ihn pädagogisch nichts "kostenden" Lehrlinge nicht verzichten wollte.

Allerdings: Die Meisterlehre spiegelte auch in diesem Fall nur die gesamtgesellschaftliche Entwicklung. Insofern haben denn auch die immer wiederholten Postulate, endlich einen berufspädagogischen Purgationsprozeß einzuleiten, einen weit über die Berufserziehung hinausgreifenden Horizont, der als gesellschaftspolitisches Thema schon sehr viel früher bewußt geworden war und längst vor dem Durchbruch der "Großen Industrie" neue sozial- und ordnungspolitische Lösungen hatte fordern lassen. Deren Notwendigkeit im einzelnen darzulegen, reichen weder Zeit noch Raum. So müssen an dieser Stelle folgende Hinweise für die Epoche der Frühindustrialisierung, also jene Jahre, in denen die preußische Gewerbeordnung von 1845 erarbeitet und erlassen wurde[52], genügen: Deutschland, an dessen politische Lage zu denken Heinrich Heine 1844 nächtens um den Schlaf brachte, dessen wirtschaftliche Entwicklung die Städte zu Industriezentren werden ließ und eine Bevölkerungsbewegung ungeahnten Ausmaßes, irreführenderweise mit Emanzipation gleichgesetzt, im Gefolge hatte, dessen Fabriken dank steigender Nutzung der Dampfkraft und optimierter Mechanisierungs-

---

51 Ebd., S. 348
52 Zur Vorgeschichte und Entstehung dieser Gewerbeordnung vgl. ROEHL, HUGO: Beiträge zur Preußischen Handwerkerpolitik vom Allgemeinen Landrecht bis zur Allgemeinen Gewerbeordnung von 1845. Staats- und socialwissenschaftliche Forschungen, Bd. 17, Heft 4. Leipzig 1900; SIMON, OSKAR: Die Fachbildung des Preussischen Gewerbe- und Handelsstandes im 18. und 19. Jahrhundert nach den Bestimmungen des Gewerberechts und der Verfassung des gewerblichen Unterrichtswesens. Berlin 1902, S. 132 ff.

formen immer mehr Menschen, darunter viele Ungelernte, zu beschäftigen vermochten, die mehr und mehr zu florieren wußten und sich darüber schrittweise zum zentralen Ort der Erwirtschaftung des Bruttosozialproduktes entwickelten, wodurch das Handwerk gleichsam im Gegenzug aus seiner Jahrhunderte alten Rolle als wichtigstem Träger der gewerblichen Güterproduktion verdrängt wurde, das dank eines immer weiter ausgebauten Straßen- und Eisenbahnnetzes den Personen- und Warenverkehr enorm beschleunigte und ausweitete, das also den Fortschritt für jedermann sichtbar und in doppeltem Sinne erfahrbar machte, das unübersehbar auf dem Weg zu einer Industriegesellschaft mit gegenüber dem Ausland technisch aufholenden Produktionsstätten war, in dem also die Modernisierung des gesellschaftlichen Lebens mit allen Vorzügen, aber auch mit allen Problemen, von wenigen ländlichen "Exklaven" vielleicht abgesehen, tagtäglich erlebbar wurde - dieses Deutschland lag für die gesellschaftspolitisch Sensibilisierten während der ersten Jahrhunderthälfte, weil ohne Hoffnung auf eine soziale und politische "Besserung", wie unter einem Leichentuch, von Malern und Dichtern nur noch mit dem Symbol für gescheiterte Hoffnungen: dem Bild des Winters einholbar - so für Caspar David Friedrich in seinem Gemälde "Das Eismeer" aus dem Jahre 1824 oder für den Dichter Wilhelm Müller, der in seinem Gedicht "Die Winterreise" 1826 nur noch den Ausweg in die heile Welt "am Brunnen vor dem Tore" wußte, aber selbst dort den Traum "von bunten Blumen" und "lustigem Vogelgeschrei" zerplatzen sah und am Ende nichts anderes als die klagenden Schlußzeilen über den "Leiermann" zu formulieren vermochte, der "drüben hinterm Dorfe", also ausgegrenzt und "barfuß", also nicht einmal mehr mit dem Nötigsten versorgt, auf dem Eise, also dem kalt gewordenen sozialen Boden hin- und herwankte, mithin am verheißenen Aufstieg keinen Anteil hatte und dessen "kleiner Teller", obwohl er "drehte", also sich abmühte, "was er kann", "immer leer" blieb - Worte, denen Franz Schubert 1827 die bekannten eindringlich-beklemmenden Töne leerer Quinten gab, von Heinrich Heines "Weberlied" aus dem Jahre 1844 und seinem aus demselben Jahr stammenden und eben bereits zitierten "Wintermärchen" gar nicht erst zu reden. Gerade den Dichtern des Vormärz wurde die soziale und politische Not zur bissigen Anklage, womit angezeigt ist, daß sich ihre ernstgemeinte und von den politisch Verantwortlichen bekanntlich auch ernstgenommene Interpretation der Probleme ihrer Zeit auf die Möglichkeiten eines "besseren", was einschloß: eines politisch freien Lebens und unverhohlen gegen "das Eiapopeia vom Himmel, womit man einlullt, wenn es greint, das Volk, den großen Lümmel"[53], richtete, womit sie das "Thema" der 48er Revolution vorwegnahmen, dies auch wußten und dafür mit Gefängnis, Ausweisung oder Flucht "bezahlen" mußten.

---

53 HEINE, HEINRICH: Deutschland, Ein Wintermärchen (1844). In: DERS.: Sämtliche Werke, hg. von Hans Kaufmann, Bd. II. München 1964, Caput I, S. 149

Die mit der Gewerbefreiheit verknüpften Hoffnungen auf die allgemeine Freisetzung und den Wohlstand der vielen entpuppten sich offenbar für die meisten als Weg in eine brutale Ausbeutung, als Zwang zu oft unmenschlich harter Arbeit, als unmittelbare Bedrohung der Existenz und vermittelt über beides als ein gesellschafts- und staatspolitisches Risiko, bei dem je länger je mehr die politische Ordnung und die verläßlichen Formen sozialer Normalität aufs Spiel gesetzt wurden und das es folgerichtig zu fürchten und durch entsprechende "Maßnahmen" zu minimieren galt. Eines der Instrumente aber, diesem Risiko zu begegnen, war die eben nicht allein wirtschafts-, sondern auch, wo nicht sogar vor allem ordnungspolitisch motivierte Re-Pädagogisierung der Lehrlingserziehung. Wenn sich nämlich die berufspädagogische Situation für die Lehrjungen nicht änderte, so das immer mehr verbreitete und akzeptierte Argument gegen den berufserzieherischen "Schlendrian", dann lief die Lehre pädagogisch und damit jugendpolitisch ins Leere. Sie mochte ihren Absolventen eine arbeitsmarktdienliche Qualifikation vermitteln, die oben zitierte Kritik Theodor Scharfs macht deutlich, daß sie darin nicht aufgehen konnte, und zeigt zugleich, wie präzise man um die pädagogischen Defizite der Meisterlehre wußte. Da aber das Gegenkonzept zur "gegenseitigen Emanzipation", die immer wieder geforderte Re-Familiarisierung der Lehrlingserziehung, offenbar nicht griff und je länger desto deutlicher an dem sich auch im Handwerk durchsetzenden Leitbild der bürgerlichen Familie, in der außer für Dienstboten kein Platz mehr für "Fremde" war, scheiterte, blieben sogar Lehrlinge, zumal diejenigen, die "von außen" in die Städte zur Ausbildung kamen, sich mehr oder weniger selbst überlassen und hausten in irgendwelchen Schlafstellen[54]. Schon 1876 heißt es bei dem oben zitierten Sekretär der Handelskammer zu Mainz Julius Schulze[55]:

"Von dem früheren Zusammenleben des Lehrlings mit der Meisterfamilie ist nur noch unter ganz besonderen Ausnahmeverhältnissen die Rede ... Genug, der heutige Lehrling ist durchgehends auf seine eigene Familie oder auf Kost- und Schlafhäuser angewiesen. Ersteres wiegt z.Z. vor ... Doch ist es auch nicht selten,

---

54 Vgl. dazu CALWER, RICHARD: Das Kost- und Logiswesen im Handwerk. Ergebnisse einer von der Kommission zur Beseitigung des Kost- und Logiszwanges veranstalteten Erhebung. Berlin 1908. - Die Elberfelder Konferenz der Zentralstelle (siehe dazu Anm. 50) beschloß 1911 Thesen zu einer berufsbildungspolitischen Reform. In These 7 heißt es zwar: "Dem Lehrling ist aus wirtschaftlichen und erzieherischen Gründen Kost und Wohnung oder eine angemessene, mit der Zeit steigende Geldentschädigung zu gewähren" (a.a.O., S. 505), wobei die Konferenzteilnehmer die Augen nicht davor verschließen konnten, daß die Geldentschädigung die auf Dauer einzig tragende Alternative war.
55 SCHULZE: Das heutige gewerbliche Lehrlingswesen, seine Mängel und die Mittel zu deren Behebung, S. 29

daß dem Lehrlinge ein solcher Anhalt fehlt und er sich also auf Wirtshaus und Schlafstelle angewiesen sieht."

Die davon betroffene Gruppe mag nicht sehr groß und statistisch vielleicht auch nicht repräsentativ gewesen sein, aber ihr Entstehen war symptomatisch für den systemischen Wandel der Lehre und vor allem für den darin sich abzeichnenden Wandel des Berufserziehungsverständnisses des 19. Jahrhunderts. Daß die unter solchen Bedingungen entstehende "Jugendlichenkultur" den Meistern auf Grund ihres fortbestehenden patriarchalisch-omnipotenten Selbstverständnisses wenig willkommen war, liegt auf der Hand, und so kann es nicht verwundern, daß die oben bereits zitierten Fliegenden Blätter die Lehrlinge nur noch als schnippisch-freche Bengel zeigten - für Münchener Ohren schon dadurch symbolisiert, daß diese Burschen alle berlinerten -, die man mittels, bis weit in unser Jahrhundert hinein falsch verstandener "väterlicher Zucht" meinte, unter Kontrolle halten zu müssen.[56] Mochte man sich in Pädagogenkreisen der Jahrhundertwende auch noch so sehr am "Jahrhundert des Kindes" delektieren und dem reformpädagogischen Mythos vom guten Kind und einer gewaltfreien Schule nachhängen, die Erziehungswirklichkeit der Lehrlinge sah anders aus, und bei ihnen hörte wie schon einmal im sog. "pädagogischen Jahrhundert" der "pädagogische Spaß" schon früh auf. Schlimmer noch: Ihre Probleme kamen in der Pädagogik nicht vor, und eine pädagogisch angemessene Gestaltung ihrer Situation war auch in der reformpädagogisch bestimmten Utopie kein Thema. Jedenfalls würde es einem groben Mißverständnis gleichkommen, die im oben erwähnten sachsen-weimar-eisenachischen Zunftgesetz von 1821 verwandte Formel: "Der Lehrmeister oder Lehrherr ist verbunden, bei dem Lehrlinge Vatersstelle zu vertreten, er hat denselben mit Güte und Sorgfalt zu behandeln"[57] als von allen Lehrherren des 19. Jahrhunderts beachtete Maxime zu sehen, auch wenn niemand bestreiten wird, daß das Lehrverhältnis in vielen Fällen von "Güte und Sorgfalt" bestimmt gewesen sein wird.

---

56 Daß Meister dabei zu unvorstellbarer Brutalität griffen, belegen die entsprechenden Berichte in der Zeitschrift "Arbeiter-Jugend", ist also weder zu leugnen noch mit dem Hinweis auf die damals weit verbreitete und in vielen Kreisen übliche Prügelstrafe zu beschönigen. Selbst die Tatsache, daß sich sogar die Fortbildungsschullehrer durch höchstrichterlichen Entscheid das Züchtigungsrecht bestätigen ließen - so durch das Reichsgerichtsurteil vom 16. 5. 1911 (siehe dazu HOMMER, OTTO: Das Recht der gewerblichen, kaufmännischen und hauswirtschaftlichen Berufs- und Fachschulen. Eine Sammlung der wichtigsten gesetzlichen Bestimmungen und gerichtlichen Entscheidungen nebst Erläuterungen. Essen 1925, S. 460 ff.), hilft hier nicht weiter. - Zu den Konsequenzen, die Lehrlinge aus ihrer Lage zogen, siehe KLEIN, RALF/RANDOLF KÖRZEL: Sozialpolitische Antworten selbstorganisierter Jugendlicher auf die Lehrlingsfrage zu Beginn des 20. Jahrhunderts. Die Zeitschrift "Arbeitende Jugend" 1905-1909. In: Zeitschrift für Berufs- und Wirtschaftspädagogik 86 (1990), 7, S. 581-593.

57 Sachsen-Weimar-Eisenachisches Allgemeines Zunftgesetz (1821), § 37

Zugleich sollte man die pädagogische Not der Lehrherren angesichts einer veränderten berufs- und jugendpädagogischen "Landschaft" und einer vor allem gegen Ende des 19. Jahrhunderts in ihrem Selbstbewußtsein derart auffällig veränderten Jugendlichenklientel, daß sich seit den 90er Jahren große Konferenzen mit ihr beschäftigten[58], nicht unterschätzen, und noch steht eine von dieser Frage geleitete Auswertung der Innungs- und vor allem der Kammerakten aus. Sie würde - so meine These - zeigen, daß das, was sich im letzten Jahrzehnt des 19. Jahrhunderts zu einem breit diskutierten Thema auswuchs, auch die Meister beschäftigt hat, und das nicht erst seit den 90er Jahren des 19. Jahrhunderts. Es muß nämlich gerade im berufspädagogischen Raum und auf dem "Gipfel" der skizzierten "Ökonomisierung der Lehre" bereits um 1860 ein Bewußtsein für derartige jugendpädagogische und daraus resultierende berufserzieherische Veränderungen gegeben haben. Anders ist nicht zu erklären, daß Ende der 50er Jahre, also ziemlich zeitgleich mit der zitierten österreichischen Gewerbeordnung, die den Lehrling zur "Verwendung" freigab, in mehreren deutschen Städten "Denksprüche und Verhaltungsregeln für die Lehrlinge" verschiedener Handwerke auftauchten, die offenkundig von berufserzieherischer Not der Meister diktiert waren und ein zwar nicht neues, aber doch ausgearbeitetes Konzept der Lehrlingserziehung spiegeln[59].

Dabei ist die historische Einordnung dieser "Denksprüche" nicht ganz leicht. Sie können auf der einen Seite als Reflex auf die im Handwerk nicht so schnell verklingenden politisch-mentalitären und insofern auch erzieherischen Nachwirkungen der 48er Revolution, auf die aus bürgerlich-konservativer Sicht aufmüpfigen Forderungen der Arbeiter nach direkten und gleichen Wahlen zur Frankfurter Nationalversammlung, an denen auch die Arbeiter und Gesellen teilnehmen können sollten und die mit dem Anspruch auf politische Gleichheit verbunden wurden, vor allem aber auf die trotz polizeilicher Kontrollen und Verfolgungen in den 50er Jahren wachsende Arbeiterbewegung, in der die 1789er Forderung nach

---

58 Zu den seit 1892 durchgeführten jugendpolitischen Konferenzen des Evangelisch-sozialen Kongresses siehe STRATMANN: "Zeit der Gärung und Zersetzung", S. 76 ff.; zu den entsprechenden Konferenzen der Zentralstelle für Arbeiter-Wohlfahrtseinrichtungen (ab 1906: für Arbeiterwohlfahrt) KAERGER, RUDI: Die Zentralstelle für Arbeiter-Wohlfahrtseinrichtungen (Zentralstelle für Volkswohlfahrt). Das Selbstverständnis einer halbamtlichen Institution des Kaiserreichs im Spiegel ihrer Konferenzen und Debatten (1890 bis 1920). Diss. Bochum 1996 (erscheint im Verlag der Gesellschaft zur Förderung arbeitsorientierter Forschung und Bildung, Frankfurt/Main).

59 Zu diesen Denksprüchen vgl. STRATMANN, KARLWILHELM: "... und auf Gehorsam beruht dein ganzes jetziges Verhältnis". Pädagogische Normierung im Spiegel alter Lehrlingsregeln (1751 bis 1860). Ein Werkstattbericht zur historischen Rekonstruktion betrieblicher Sozialisationsprozesse. In: HOFF, ERNST-H./LOTHAR LAPPE (Hg.): Verantwortung im Arbeitsleben [Festschrift für Wolfgang Lempert]. Heidelberg 1995, S. 65-88.

einer auf Freiheit, Gleichheit und Brüderlichkeit gegründeten Gesellschaftsordnung sowie die Appelle auf Herstellung einer "demokratischen Verfassung" nicht zu unterdrücken waren, gedeutet werden, und das waren Vorgänge, die, eben weil sie politisch so bewegend waren und sich in ihnen ein neues mentalitäts- wie loyalitätspolitisches Selbstverständnis der Gesellen und Arbeiter profilierte, mit Sicherheit in den Werkstätten und den Arbeiterfamilien besprochen wurden, also die Lehrlinge aus der Sicht "von unten" über ihre Rolle aufklärten und in ihrem politisch-mentalitären Bewußtsein so prägten, daß eine entsprechende Reaktion der Meister nicht überrascht.

Für diese Deutung spricht nicht zuletzt die Tatsache, daß die mir (zwei in Druck-, eine in handschriftlicher Fassung) vorliegenden, im Wortlaut fast gleichen, aber an jeweils verschiedene Berufe adressierten "Denksprüche"-Exemplare aus Köln und Leipzig stammen, also aus sowohl für die 48er Revolution als auch für die Arbeiterbewegung wichtigen Städten, und daß eine weitere Fassung für Magdeburg angegeben wird[60], wo die Arbeiterbewegung ebenfalls einen ihrer "Orte" hatte. Doch selbst wenn man die "Denksprüche" als politisch bestimmte Abwehrversuche der Meister gegenüber unliebsamen Verhaltensweisen der Lehrlinge interpretiert und historisch als Ausdruck einer sowohl politisch als auch pädagogisch konservativen Grundhaltung einordnet, sie spiegeln - dies die andere Seite - einen pädagogischen Handlungsbedarf, der als formalisierte Normalisierung manifest wurde. Deren Double-bind-Effekt kommt freilich nicht zuletzt darin zum Ausdruck, daß die "Denksprüche" zwar "nach außen" für die Lehrlinge gedacht, aber leicht als pädagogische Leitsätze und Orientierungsmuster auch für die Meister zu dechiffrieren sind und sie "spiegelbildlich" versetzt in gleicher Weise banden. Verlangte der Meister nämlich von seinem Lehrling diszipliniertes Verhalten, Höflichkeit, Pünktlichkeit und Sparsamkeit in allen Lebenslagen, konnte er sich seinerseits, ohne auf Dauer statt Vertrauen und Respekt kalte Verachtung zu ernten und so das pädagogische Verhältnis zu seinem "Zögling" zu zerstören, nicht ungeniert undiszipliniert aufführen - ein Effekt, der in noch stärkerem Maß zu beobachten sein dürfte, wo schriftliche Lehrverträge abgeschlossen wurden. Sie enthielten nämlich neben den Vorschriften für den Lehrling in der Regel auch entsprechende Vereinbarungen über das Verhalten des Lehr-

---

60 Die in dem Kölner Exemplar erwähnten "Denksprüche" der Magdeburger Tapeziererinnung sind lt. Auskunft des Magdeburger Stadtarchivs nicht (mehr) aufzufinden. - Eine jüngere Fassung solcher "Verhaltungs-Vorschriften für Lehrlinge" der Chemnitzer Weberinnung findet sich in dem 1875 für den Verein für Sozialpolitik über die Lehrlingsfrage erstellten Gutachten des Chemnitzer Fabrikanten Carl Roth, abgedruckt in: Die Reform des Lehrlingswesens. Sechzehn Gutachten und Berichte. Schriften des Vereins für Socialpolitik, Bd. X: Die Reform des Lehrlingswesens. Leipzig 1875, S. 27.

meisters seinem Lehrjungen gegenüber, und so dürfte es kein Zufall sein, daß der Kölner Bürgermeister seinem Schreiben an den preußischen Handelsminister über Fragen der Gewerbeordnungsrevision am 3. Dezember 1861 neben dem erwähnten Exemplar der "Denksprüche" ein Lehrvertragsmuster beifügte und dieses als Vorlage für ein generell einzuführendes Vertragsformular empfahl[61]. Insofern haben, was oft übersehen wird, die seit den 80er Jahren des 19. Jahrhunderts eingeführten schriftlichen Lehrverträge nicht nur eine ausbildungsrechtliche, sondern eine nicht minder wichtige ausbildungspädagogische Bedeutung gehabt.[62]

Natürlich änderten sie die Machtverhältnisse in der Lehre nicht. Sie standen auch für die Verfasser der "Denksprüche" von vornherein nicht zur Disposition, denn bevor ein Lehrling meinte, die betriebliche Ordnung zu seinen Gunsten verändern zu können, bekam er als Ermahnung mit auf den Weg: "... auf Gehorsam beruht dein ganzes jetziges Verhältniß", eine Maxime, die vierzig Jahre später im Lehrvertrag der Fürstlich Wächtersbacher Steingutfabrik in Schlierbach, den die Zentralstelle für Arbeiter-Wohlfahrtseinrichtungen immerhin im Anhang zu ihrem Konferenzbericht über "Die Fürsorge für die schulentlassene gewerbliche männliche Jugend" 1901 als vorbildlich publizierte, dahin "präzisiert" wurde, daß der Lehrling alle ihm "überwiesenen Arbeiten unweigerlich (!) auszuführen, seinen Vorgesetzten Gehorsam zu leisten und sich eines bescheidenen und guten Betragens in und außerhalb der Fabrik (!) zu befleißigen" habe, und das "jederzeit". Keine Frage also: Der Merksatz aus den 1860er "Denksprüchen", wonach das Lehrlingsleben auf Gehorsam und nichts anderem beruhe, war ausbaufähig und spiegelte, zumal durch entsprechende Vorgaben der Gewerbeordnungen gestützt, so etwas wie ein durchgängiges pädagogisches Prinzip der Lehrlingserziehung, das sich seinerseits jedoch durch den aus der Kinderpsychologie und Kinderpädagogik des 19. Jahrhunderts bekannten Satz bestätigt sehen konnte, daß es eine gesunde Entwicklung des Kindes verlange, seinen Wildwuchs zu zügeln

---

61 Schreiben des Kölner Bürgermeisters an die Königliche Regierung zu Köln, die Aufnahme der Lehrlinge betreffend, vom 3. Dezember 1861. In: Staatsarchiv Preußischer Kulturbesitz, Ministerium für Handel, Gewerbe und öffentliche Arbeiten, Abtlg. IV, Akten betreffend die in Folge der Circular-Verfügung vom 22. Juli 1861 erstatteten Regierungs-Berichte wegen Abänderung der Gewerbeordnung (1861-1862), Rep. 120 B, Abtlg. I, Fach 1, Nr. 62, adh. 11, Vol. 11, Bll. 18-25 b

62 Je elaborierter diese Vertragstexte wurden, desto mehr erübrigten sie die Bindung des Lehrlings durch besondere "Denksprüche". Daß dennoch nicht ganz auf die mit ihnen beabsichtigte Normierung verzichtet wurde,:zeigen die um die Jahrhundertwende publizierten "Lehrlingsratgeber". Siehe dazu STRATMANN: "Zeit der Gärung und Zersetzung", S. 69 ff. - Zur Ratgeberliteratur vgl. BERG, CHRISTA: "Rat geben". Ein Dilemma pädagogischer Praxis und Wirkungsgeschichte. In: Zeitschrift für Pädagogik 37 (1991), 5, S. 709-734; DIES.: "Die Fabrikation des zuverlässi- gen Menschen". Der Spargedanke in der Ratgeber-Literatur 1850 bis 1914. In: Zeitschrift für bayerische Sparkassengeschichte, Heft 7. Wolnzach 1993, S. 69-98.

und seinen Willen zu brechen. "Wer einst befehlen will, lerne gehorchen" nannten das die "Denksprüche", oder, wenn Sie es lieber mit Georg Kerschensteiners Worten aus der berühmten Preisschrift von 1901 hätten[63]:
> "*Nicht nach eigener Einsicht, sondern nach fremdem Willen und vorgeschriebenen Gesetzen (!) erfolgt die ... erste Erziehung des Menschen im täglichen Gange der Arbeit, und nur auf der Grundlage dieser heteronomen Erziehung kann sich die autonome entwickeln.*"

Wie der zitierte Lehrvertrag zeigt, war dieses Prinzip aber auch "elastisch". Es konnte zu "unweigerlichem" Zwang, mußte aber nicht in jedem Fall zu berufserzieherischer "Härte" führen. Anders formuliert: Statt aus ihnen eine geradezu galoppierende und durch den Druck der Hochindustrialisierung zusätzlich beschleunigte "Verhärtung" der Lehre abzuleiten, können die zitierten Dokumente auch als Indizien für ein wachsendes berufspädagogisches Bewußtsein genommen werden. Bezieht man nämlich außerdem die Argumente der Lehrwerkstattbewegung und die positive Würdigung der subsidiären Möglichkeiten dieses neuen Lernortes durch die Arbeitgeber, schließlich sogar des Handwerks, die sich nach und nach ändernde Haltung der Fortbildungsschule gegenüber sowie das sich verstärkende Engagement der Industrie auf dem Ausbildungssektor mit ein, dann ist die berufspädagogische Bilanz insgesamt nicht so negativ, wie man angesichts der zitierten Klagen über die Defizite der Lehrlingserziehung vermuten sollte - ein Urteil, das zum einen das am Schluß der Überlegungen zum zweiten Problemkreis formulierte ausbildungsdidaktisch begründete Fazit über die problematischen Folgen des sozialen Wandels für die Berufsbildung ein wenig entschärft, das aber zum andern als zu pauschal abgetan werden möchte und ohne Frage durch detaillierte Forschungen zu überprüfen wäre, zumal es kaum für alle Ausbildungsfälle gelten dürfte. Dennoch: Überblickt man den durch die Gewerbeordnungen von 1845 und 1897 markierten Zeitraum, auf den ich mich hier zu beschränken hatte, dann wird der Zuwachs an berufspädagogischem Problembewußtsein kaum zu bestreiten sein. Daran haben die verschiedenen öffentlichkeitswirksamen Diskussionsforen - erwähnt seien der Verein für Sozialpolitik, die Katholikentage, auch die Kolpingvereine, der Evangelisch-soziale Kongreß und nicht zuletzt die Zentralstelle für Arbeiter-Wohlfahrtseinrichtungen bzw. für Volkswohlfahrt - ebenso ihren Anteil wie die Kammern. Nur mit ihrer Hilfe gelang es, das öffentliche und dank personeller Verbindungen in die Parlamente auch das politische Bewußtsein und Gewissen wachzurütteln und auf das Lehrlingsproblem aufmerksam zu machen. Vor allem aber den Kammern ist es zu verdanken, und damit

---

63 KERSCHENSTEINER, GEORG: Staatsbürgerliche Erziehung der deutschen Jugend. 5. Aufl., Erfurt 1911, S. 38

schließt sich der Kreis meiner Analyse ein erstes Mal, daß die Lehrlingsfrage als zur Standesehre gehörig auf die Tagesordnung gesetzt wurde und die Handwerks-, auf ihre Weise auch die Industriebetriebe auf sie verpflichtet blieben. Nicht zuletzt diese Gremien und Foren haben geholfen, die Gefahr abzuwenden, die Berufserziehung, wo nicht überhaupt einzustellen, so doch inhaltlich und kapazitär erheblich zu reduzieren, und wie stark diese Gefahr war, geht aus einer Äußerung auf der zitierten Elberfelder Zentralstellen-Konferenz von 1911 hervor. Dort nämlich hieß es für das Lehrlingswesen im Handelsgewerbe[64]:

"Man könnte ... darauf kommen, ... für das Gros der Handelslehrlinge die Ausbildung zur Teilkraft als das richtige System hinzustellen. Bei einer derartigen Zielsetzung würde man natürlich in dem heutigen Lehrlingswesen keine Mängel entdecken können. Man würde vielmehr konsequenterweise zur Abschaffung der Lehre kommen, eine Forderung, die ja von radikaler Seite auch schon erhoben wurde. Extreme Verteidigung eines egoistischen Arbeitgeberstandpunktes und extremer Radikalismus würden sich hier begegnen."

Es mag als unzulässig gelten, sich ob solcher Argumente in gegenwärtige Diskussionen versetzt zu sehen. Aber wenn Ernst gemacht werden soll mit jenem Anspruch an die Historische Berufsbildungsforschung, den ich gestern in meiner Begrüßung zu formulieren versuchte[65], dann kann der bloße Nachweis von historischen Argumentationsmustern nicht genügen. Vielmehr ist zu fragen, was es für die heutige Auseinandersetzung um den mit "Krise des dualen Systems" mehr vernebelten als erklärten Ausbildungsstellenabbau zu bedeuten habe, daß auf der oben erwähnten Elberfelder Zentralstellenkonferenz 1911, an anderer Stelle übrigens in bezeichnender, fast als Freudsche Fehlleistung zu lesender Verdrehung der Bücherschen Argumente gegen die Meisterlehre, mit Verweis auf den Rückgang jener Betriebe, die ihr Handwerk noch "in der alten Weise" ausübten und folglich einen Lehrling umfassend ausbildeten, sowie unter Berücksichtigung der auch im Kleingewerbe immer tiefer einschneidenden "Arbeitsteilung" allen Ernstes davon gesprochen wurde, "es sei überhaupt dem heutigen Gewerbebetriebe gar nicht mehr nötig [sic!], daß der Lehrling in richtiger und zweckentsprechender Weise ausgebildet werde". War das nur eine Folge des ökonomisch-technischen Wandels oder standen ganz andere Interessen dahinter? Die Zentralstelle hat die weitere Diskussion über dieses Ansinnen damals mit dem Satz: "Diese Dinge sollen jedoch hier nicht näher erörtert werden" regelrecht unter-

---

64 Das Lehrlingswesen im Handelsgewerbe. In: Das Lehrlingswesen und die Berufserziehung des gewerblichen Nachwuchses. Elberfelder Konferenz der Zentralstelle 1911, S. 243-268, Zitat S. 268

65 Siehe dazu STRATMANN, KARLWILHELM: Begrüßungsansprache, in Band I dieser Veröffentlichung, S. 11

drückt.[66] Wer aber stemmt sich heute im Interesse der Heranwachsenden gegen die ganz ähnlich lautenden Argumente? Wer - und auch das gehört zum Thema dieses Vortrages - prüft die jüngsten Forderungen der Arbeitgeberseite nach sog. neuen Berufen auf ihre berufspädagogische Stichhaltigkeit und auf das, was eigentlich mit ihnen verfolgt wird?

Daß historische Parallelisierungen problematisch, ja oft mehr als gefährlich sind und leicht zur Untiefe werden können, weiß ich sehr wohl. Aber es ist schon auffällig, wie sich bestimmte Argumente im Laufe der Zeit wiederholen. Wer vor zwei Jahren auf dem Stuttgarter Kongreß Jürgen Zabeck gehört hat, wird sich an seine Warnung erinnern, "es künftig nicht nur mit lean-production und lean-management zu tun zu haben, sondern auch mit lean-qualification"[67], weil es mit Hinweis auf ökonomisch-technische Veränderungen und Erfordernisse als unvermeidbar ausgegeben werde, auf die breite Ausbildung zu verzichten. Liegt dem sozialen Wandel doch nur so etwas wie ein betriebswirtschaftliches und ein allein daraus abgeleitetes ausbildungspolitisch-ausbildungsdidaktisches "Naturgesetz" zugrunde, gegen das sich zur Wehr zu setzen berufspädagogisch und berufsbildungspolitisch wenig Sinn macht?

Da diese alles andere als rhetorisch gemeinte Frage die mir aufgetragene historische Analyse des 19. Jahrhunderts überschreitet, soll sie hier nicht weiter aufgegriffen werden, zumal sie einen eigenen, neuen Vortrag verlangte, den ich mir gut als Schlußvortrag des Berliner Kongresses 1997 vorstellen kann. Ich will meine Ausführungen damit beenden, auf die Schwierigkeit zu verweisen, das Thema "Berufsausbildung und sozialer Wandel" zwischen Skylla und Charybdis, zwischen Verfalls- und Fortschrittsthese, die sich beide mit dem sozialen Wandel verbinden lassen, historisch verläßlich hindurchzubringen, ohne der Faszination der ökonomisch-technischen Innovationen und ihrer berufsbildungsdidaktischen Bedeutung zu erliegen. Daß sie gerade auf die Berufserziehung auch ihre negative Wirkung hatten und den Ausbildungssektor enorm beeinträchtigten, sollte deutlich geworden sein. Daß die auf dem Gipfel des wirtschaftlichen "take-off" 1881 und gegen alle fortschreitende Industrialisierung des Lebens wieder in das Gewerberecht eingefügte Maxime "Stärkung und Aufrechterhaltung der Standesehre" über die mentalitäts- und loyalitätspolitische Rückbindung des Handwerks an den monarchischen Staat hinaus auch eine eminent berufsbildungsstrukturpolitische Bedeutung gewann - Stichwort duales System -, habe ich, weil das auch noch die Geschichte der Berufsschule einbezogen und das Thema vollends zu einem

---

66 Das Lehrlingswesen im Handelsgewerbe, S. 268
67 ZABECK, JÜRGEN: Berufsbildung und Ökonomie. In: BONZ u.a.: Berufsbildung und Gewerbeförderung, S. 486

Durchgang durch die letzten Berufspädagogisch-historischen Kongresse ausgeweitet hätte, absichtlich nicht näher erläutert, bildete aber selbstverständlich die Folie für viele diesbezügliche Argumente. Sie schließlich nicht auf die Strukturreform der Lehre zu fokussieren, sondern auf die pädagogische Revision des Berufserziehungsverständnisses - als Topos formuliert: vom "Verwendungs-" zurück zum Erziehungsprinzip -, nimmt ohne Frage den Kerngedanken des mentalitätspolitischen Problems des 19. Jahrhunderts und vor allem des Kaiserreichs wieder auf. Insofern schloß sich da der Kreis zum zweiten Mal, machte aber auch die historische Grenze deutlich, die diesem Kreis gezogen war. Keiner würde ohne "pädagogisches Grausen" derartige Erziehungsziele heute formulieren wollen, wie sie die Meister der betrachteten Epoche für richtig und nötig erachteten.

Geradezu schwindelig aber wird einem bei dem Gedanken, der ökonomisch-technische Fortschritt mache eine Berufsausbildung überflüssig, wie es vor dem Ersten Weltkrieg diskutiert wurde. Nur - und damit will ich schließen - sind wir davon gegenwärtig sehr viel weiter entfernt als die Elberfelder Zentralstellenkonferenz von 1911? Was bedeutet es, wenn inzwischen die Ausbildungskapazitäten derart radikal "heruntergefahren" werden, wie wir es zur Zeit erleben, wenn ausgerechnet von denen, die einmal ausgezogen waren, den Zusammenhang von Ausbildung und Herrschaft aufzudecken, in jüngerer Zeit mit Hinweis auf veränderte Produktions- und Qualifikationsanforderungen der Betriebe dafür plädiert wird, die Ausbildung zur Beförderung der Flexibilität und zur Gewinnung weiterer Ausbildungsplatzkapazitäten stark zu verkürzen, sie inhaltlich als eine Art Anlernverhältnis zu strukturieren und die "eigentliche" Ausbildung in die Weiterbildung zu verlagern, die dann nur jenen zuteil wird, die einen Arbeitsplatz bekommen bzw. behalten? Daß das berufspädagogisch ernst zu nehmende Folgen hat, die sehr genau bedacht werden müssen, ist hoffentlich allen klar. Nicht minder bewußt aber sollte werden, daß mit dem Hinweis auf solche aktuellen Bezüge das Thema des diesjährigen Kongresses eine ganz neue Dimension bekommt, oder anders formuliert: daß es sich als ausgesprochen produktiv zwischen dem Stuttgarter Kongreß 1993, auf dem es um das Verhältnis von Berufsausbildung und Gewerbeförderung ging, und dem nächsten Kongreß 1997, auf dem die Ausbildungssystemanalyse im Vordergrund stehen soll, plaziert erweist, und ich bin sicher, daß wir an der Verknüpfung dieser drei Themen auf dem Berliner Kongreß 1997 nicht vorbeigehen, sondern den eingangs angekündigten Bogen zwischen den Kongreßthemen weiterführen werden.

Autoren

BORMANN, MANFRED, Prof. Dr.,
   Rektor der Ruhr-Universität Bochum, 44780 Bochum

BRAKELMANN, GÜNTER, Prof. Dr.,
   Ruhr-Universität Bochum, 44780 Bochum

COFFIELD, FRANK, Prof. Dr.,
   University of Durham, School of Education, Durham DH 1 1 TA England

DREES, GERHARD, Dr.,
   z.Zt. Universität der Bundeswehr Hamburg (priv. Ortsmühle 10, 44227 Dortmund)

FRIEDEMANN, PETER, Dr.,
   Ruhr-Universität Bochum, 44780 Bochum

FRIESE, MARIANNE, Dr.,
   Universität Bremen, Forschungsschwerpunkt "Arbeit und Bildung", Universität Bremen, 28334 Bremen

GÖRS, DIETER, Prof. Dr.,
   Universität Bremen, 28334 Bremen

GREINERT, WOLF-DIETRICH, Prof. Dr.,
   Technische Universität Berlin, 10587 Berlin

HARNEY, KLAUS, Prof. Dr.,
   Universität Trier, 54286 Trier

HEIKKINEN, ANJA, Dr.,
   Universität Tampere, PL 346, 13 131 Hämmeenlinna, Finnland

HIERSEMANN, LOTHAR, Dr.,
   Jonny-Schehr-Str. 15, 04157 Leipzig

HOLTZ-BACHA, CHRISTINA, Prof. Dr.,
   Johannes Gutenberg-Universität Mainz, 55099 Mainz

HUISINGA, RICHARD, Prof. Dr.,
   Otto von Guericke-Universität Magdeburg, 39016 Magdeburg

HÜLS, RAINER,
   Ruhr-Universität Bochum (priv. Auf der Wenge 144, 44329 Dortmund)

KAISER, JOSEPH, Prof. Dr.,
   Universität Gesamthochschule Paderborn, 33095 Paderborn

KIPP, MARTIN, Prof. Dr.,
   Universität Gesamthochschule Kassel, 34132 Kassel

KRAEGELOH, LARS,
   Ruhr-Universität Bochum (priv. Wielandstr. 113, 44791 Bochum)

KRÜGER, HELGA, Prof. Dr.,
   Universität Bremen, FB 11, 28334 Bremen

KRUSE, WILFRIED, Dr.,
   Sozialforschungsstelle Dortmund, 44139 Dortmund

KUTSCHA, GÜNTER, Prof. Dr.,
   Gerhard Mercator Universität Duisburg, 47048 Duisburg

LANGE, HERMANN, Prof. em. Dr.,
   Universität Hamburg (priv. Moltkestr. 12, 22926 Ahrensburg)

LISOP, INGRID, Prof. Dr.,
   Johann Wolfgang Goethe-Universität Frankfurt/Main, 60054 Frankfurt/Main

MAYER, CHRISTINE, PD Dr.,
   Universität Hamburg (priv. Krumdals Weg 1, 22587 Hamburg)

PÄTZOLD, GÜNTER, Prof. Dr.,
   Universität Dortmund, 44227 Dortmund

PAUL, JOHANN, Dr.,
   Sonnenweg 16, 51503 Rösrath

PEEK, HELMUT, OStd.,
   Kollegschule Bachstraße, 40223 Düsseldorf

PETZINA, DIETMAR, Prof. Dr.,
   Ruhr-Universität Bochum, 44780 Bochum

RAHN, SYLVIA,
   Ruhr-Universität Bochum (priv. Kreuzkamp 10, 44803 Bochum)

REICHELT, BERND, Dr.,
   Herrmann-Liebmann-Str. 20, 04315 Leipzig

REULECKE, JÜRGEN, Prof. Dr.,
  Universität Gesamthochschule Siegen, 57012 Siegen

RUHLAND, HANS-JOSEF, OStD.,
  Vorsitzender des Bundesverbandes der Lehrer an beruflichen Schulen, 53175 Bonn

SCHMIDT, HERMANN, Dr. Dr. h.c,
  Präsident des Bundesinstituts für Berufsbildung, 10702 Berlin

SCHOLL, LARS U., Dr.,
  Schiffahrtsmuseum Bremerhaven, 27568 Bremerhaven

STRATMANN, KARLWILHELM, Prof. Dr.,
  Ruhr-Universität Bochum, 44780 Bochum

STÜTTLER, JOSEF ANTON, Prof. Dr. lic. phil., abs. jutr. jur.,
  Katholische Fachhochschule NW, Abteilung Köln, 50668 Köln

THURMANN, PETER, Dr.,
  Kunsthalle Kiel, 24109 Kiel

WEBER, WOLFHARD, Prof. Dr.,
  Ruhr-Universität Bochum, 44780 Bochum

WUNDER, DIETER,
  Vorsitzender der Gewerkschaft Erziehung und Wissenschaft, 60489 Frankfurt/Main

LASZLO ALEX,
MANFRED TESSARING (HRSG.)

NEUE QUALIFIZIERUNGS- UND BESCHÄFTIGUNGSFELDER

DOKUMENTATION DES BIBB/IAB-WORKSHOPS
AM 13./14. NOVEMBER 1995

1996,   309 Seiten
Bestell-Nr: 110.316
ISBN: 3-7639-0705-X
Preis: 35.00 DM

Arbeitgeber- und Gewerkschaften hatten den gemeinsamen Workshop des Bundesinstituts für Berufsbildung (BIBB) und des Instituts für Arbeitsmarkt- und Berufsforschung der Bundesanstalt für Arbeit (IAB) angeregt.
Er diente einer Bestandsaufnahme der Forschungsaktivitäten in beiden Instituten zu „neuen" Ausbildungsgängen und -berufen.
Die breite Palette von Referaten und Statements der Teilnehmer ist im vorliegenden Band dokumentiert. Dabei geht es vor allem um solche Themenbereiche wie
- die Entstehung neuer Berufe
- Entwicklungstendenzen im Beschäftigungssystem
- neue Berufs- und Tätigkeitsbezeichnungen auf dem Arbeitsmarkt und am Arbeitsplatz
- Entwicklung von Dienstleistungsaufgaben an industriellen Arbeitsplätzen und in traditionellen Handwerksberufen
- Qualifizierung in ausgewählten Beschäftigungsfeldern
- Neugründungen und neue Beschäftigungsformen.

Zahlreiche Übersichten, Grafiken und Tabellen veranschaulichen und vertiefen die interessanten Ausführungen.

▶ Sie erhalten diese Veröffentlichung beim
W. Bertelsmann Verlag GmbH & Co. KG
Postfach 10 06 33
33506 Bielefeld
Telefon (0521) 911 01-0
Telefax (0521) 911 01-79

Die Zeitschrift zur Berufsbildung

BWP – „Berufsbildung in Wissenschaft und Praxis" mit Beilage BIBB-aktuell

BWP informiert über aktuelle Themen der beruflichen Bildung, insbesondere über wesentliche Arbeits- und Forschungsergebnisse aus Wissenschaft und Praxis. Die Beiträge befassen sich u.a. mit Fragen über neue Ausbildungsordnungen, die Qualifizierung des Berufsbildungspersonals, neue Methoden und Konzepte der Weiterbildung, die Entwicklung neuer Ausbildungsmittel, Umweltschutz in der Berufsbildung, Frauen und Berufsbildung, internationale Aspekte der Berufsbildung sowie über Ergebnisse, Analysen und Prognosen aus Forschungsprojekten und Modellversuchen.

Jede Ausgabe erscheint mit der Beilage „BIBB aktuell", in der neueste Nachrichten aus dem BIBB und anderen Bereichen der Berufsbildung enthalten sind.

BWP wendet sich an Berufsbildungsexperten in Wissenschaft, Praxis und Politik.

Bezugspreise:
Einzelheft 15,00 DM
Jahresabonnement 64,50 DM
Auslandsabonnement 73,00 DM
zuzüglich Versandkosten
Erscheinungsweise zweimonatlich

Bestellungen sind zu richten an den
W. Bertelsmann Verlag GmbH & Co. KG,
Postfach 10 06 33,
33506 Bielefeld
Telefon: 0521/91101-26
Telefax: 0521/91101-79

GISELA WESTHOFF (HRSG.)
**ÜBERGÄNGE
VON DER AUSBILDUNG
IN DEN BERUF**
DIE SITUATION AN DER ZWEITEN SCHWELLE
IN DER MITTE DER NEUNZIGER JAHRE

1995, 356 Seiten,
Bestell-Nr. 104.023,
Preis 35.00 DM

▶ Sie erhalten diese Veröffentlichung beim
W. Bertelsmann Verlag GmbH & Co KG
Postfach 10 06 33
33506 Bielefeld
Telefon (0521) 911 01-0
Telefax (0521) 911 01-79

Das vorliegende Kompendium basiert auf einer Fachtagung mit dem Titel "Übergänge von der Ausbildung in den Beruf. Die Situation an der zweiten Schwelle", die das Bundesinstitut für Berufsbildung (BIBB) in Kooperation mit dem Deutschen Jugendinstitut (DJI) und dem Institut für Arbeitsmarkt- und Berufsforschung der Bundesanstalt für Arbeit (IAB) im Juli 1994 in Bonn-Bad Godesberg durchführte.
Experten und Expertinnen aus unterschiedlichen Arbeits- und Forschungsbereichen suchen nach Lösungen, um der nachwachsenden Generation Perspektiven zur Integration in das Beschäftigungssystem zu bieten. Im Mittelpunkt stehen drei Fragenkomplexe:
• die Entwicklung des Arbeitsmarktes für junge Fachkräfte und seine mögliche Beeinflussung,
• die Möglichkeiten, um über Veränderungen im Bildungssystem die Chancen der jungen Erwachsenen zu verbessern,
• die Reaktion der jungen Menschen auf diese Probleme.
Die Beiträge des Bandes stellen den aktuellen Stand der Forschung dar, zeigen auf, welche Aktivitäten entwickelt worden sind und verdeutlichen den weiteren Forschungs-, Handlungs- und Diskussionsbedarf.